상거래 대화의 구조와 전략

상거래 대화의 구조와 전략

김 정 선 著

한국학술정보㈜

책 머리에

이 책은 상거래 대화의 진행 구조와 설득 전략을 분석하는 데 목적이 있다. 상거래 대화는 일상 대화와는 달리, 특정 상황에서 특정 목적을 수행하기 위한 대화이다. 목적 달성을 위하여 단계적으로 진행되는데, 단계마다는 화행에서 특징적인 양상을 보였다. 또한 상거래 대화는 판매자와 구매자가 참여하는 설득 대화이다. 따라서 이 대화에서는 판매자와 구매자가 어떤 설득 전략을 가지고 대화를 진행하는가를 고찰하였다.

2장에서는 상거래 대화의 진행 단계 원형 구조를 '(시작 단계)-매매 준비 단계-매매 흥정 단계-매매 결정 단계-매매 행위 단계-(종결 단계)'로 분석하였다. 진행 단계 원형 구조에서 매매 결정 단계와 매매 행위 단계가 매매를 성립하는 핵심적인 단계였고, 매매 흥정 단계는 국어 상거래 대화에서 볼 수 있는 특징적인 단계였다. 이와 같은 원형 구조를 분석함으로써 실제 대화 현장에서 무질서하게 존재하는 것처럼 보이는 대화에 대한 설명이 가능해졌다. 실제 대화 현장에서 우리가 접하는 대화는 원형 구조에서 진행 단계의 생략, 반복, 추가 등을 통하여 이루어진 변이 구조라고 설명하였다.

3장에서는 상거래 대화의 화행에 대하여 논의하였다. 우선 상거래 대화에 나타나는 화행의 유형과 빈도를 조사하여 상거래 대화 화행의 일반적인 특징을 분석하였다. 그리고 응대의 개념을 도입하여 화행에 대한 상호작용적인 접근을 시도하였다. 각 진행 단계별로 나타나는 화행과 응대를 분석하여 상거래 대화 화행의 역동적인 양상을 기술한 것이다. 각 진행 단계별 화행과 응대의 양상을 구체적으로 살펴보면, 시작 단계에서 판매자는 [인사] 화행을 수행하였고, 이에 대한 구매자의 응대는 없었다. 구매자는 부름말을 사용하였고, 이에 대한 판매자의 응대는 '네, 어서 오세요' 등이었다. 매매 준비 단계에서 판매자는 구매자를 매매 상황으로 끌어들이기 위하여 [진술] 화행, [요구] 화행 등을 수행하였고, 이에 대한 구매자의 응대는 [질문] 화행으로 자신의 욕구를 드러내었다. 그 다음 판매자는 [질문] 화행으로 구매자의 욕구를 탐색하였고, 이에 대한 구매자의 응대는 직접, 단순, 즉각 응대를 하거나 확인 질문을 하는 단계적인 응대를 수행하였다. 매매 준비 단계에서 구매자는 매매 행위에 필요한 정보를 수집하기 위하여 [질문] 화행을 수행하였다. 구매자의 [질문] 화행에 대한 판매자의 응대는 직접, 부연 확장 응대를 하는 것이 특징이었다. 그리고 구매자는 [진술] 화행을 통한 평가 화행도 수행하는데 긍정 평가일 경우에 판매자는 동의하는 응대를 수행하고, 부정 평가일 경우에는 응대를 회피하고자 하였다. 매매 흥정 단계에서 구매자는 가격 흥정을 하는 [요구] 화행을 수행하였고, 판매자는 이를 [거절] 화행으로 응대하였다. 매매 결정 단계에서 구매자는 [요구] 화행을 수행하였고, 판매자는 [수락] 화행으로 응대하였다. 매매 행위 단계는 언어보다 행동이 우선시되는 단계이다. 이 단계에서는 매매 행위를 하며 [진술] 화행으로 가격 정보에 대한 발화를 하기도 하였다. 종결 단계에서는 판매자와 구매자의 [인사] 화행을 볼 수 있는데 시작 단계와 달리 판매자와 구매자가 모두 [인사] 화행을 수행하는 특징이 있었다.

마지막으로 4장에서는 설득 대화인 상거래 대화의 언어 책략에 대하여 분석하였다. 상거래 대화는 판매자와 구매자 모두가 설득 책략을 사용하는 대화로 판매자는 '정보 제공하기, 칭찬하기, 동의하기, 구매자의 동의 이끌어내기, 부정적 응대 회피하기, 구매자 이익 강조하기, 대안 제시하기, 희소성 강조하기, 과장하기, 단정적 태도 드러내기, 비교하기' 등의 설득 책략을 사용하였다. 구매자는 '요구하기, 이유·근거 제시하기, 비교하기, 구매 포기 의사 진술하기, 부정적 평가하기, 반복하기' 등의 설득 책략을 사용하였다. 상거래 대화에서는 판매자와 구매자가 모두 설득 책략을 사용하지만 판매자는 구매자에게 이익을 준다는 구매자 중심적 설득 책략을 사용하면서 대화를 계속 진행시키려 하였고, 구매자에게 협조적인 태도로 대화에 임하였다. 이에 반해 구매자는 구매자의 이익을 위한 태도로 대화에 참여하였으며 언제든지 구매자 자신이 만족스럽지 않으면 대화를 중단하였다.

이 책이 나오기까지에는 여러 분들의 도움의 컸다. 우선, 늘 부족한 제자이지만 진정한 학자의 길이 무엇인지 몸소 가르쳐 주시고, '師父一體'라는 말의 참뜻을 가슴깊이 느끼게 해 주신 장경희 선생님께 감사와 존경의 마음을 전하고 싶다. 그리고, 필자가 대학원에서 국어학이라는 학문에 깊이를 더하도록 가르침을 주신 이명규 선생님, 김정수 선생님, 이필영 선생님과 필자의 학위논문을 꼼꼼하고 치밀하게 지적해 주신 신현숙 선생님께도 이 자리를 빌어 감사의 인사를 드리고 싶다. 그리고 지금은 각자의 가정에서 행복한 삶을 꾸려가고 있는 동생 경은, 지은에게 학위 논문을 쓰며 받았던 많은 도움에 대해 고맙다는 말을 전하고 싶다. 마지막으로 당신들의 몸은 돌보시지도 않으신 채 자식들을 위해 한평생 살아오신 부모님께 이 책이 조그만 위안이 되어 힘든 병마와의 싸움에서 꼭 이기시기를 바란다.

목 차

〈표 차례〉

〈그림 차례〉

1. 서   론

　최근 국내 언어학계에서 대화에 관한 연구가 활발히 진행되고 있다. 대화의 원리와 구조를 비롯하여, 개별 화행이나 말차례 교체, 반복 표현 등과 같이 세부적인 현상에 대한 구체적인 논의가 이루어지고 있다. 그러나 이들은 대부분 일상 대화를 대상으로 하고 있는데 우리가 실생활에서 접하는 대화는 일상 대화만이 아니다. 우리는 특정 상황에서 특정 목적을 달성하기 위하여 다양한 유형의 대화를 하고 있으며, 이들 특정 대화는 일상 대화와는 다른 특징이 존재하리라 예상된다. 일상 대화와 더불어 특정 대화에 관한 연구는 국어 대화의 구조와 원리를 밝히기 위하여 필요한 분야이다. 상거래 대화를 포함한 국어의 특정 대화에 대한 개별 연구가 진행되면 국어의 대화 전반에 걸친 원리와 구조가 보다 선명해질 것이다.

　이 연구에서는 국어 대화의 여러 유형 가운데 상거래 대화를 분석하고자 한다. 상거래 대화는 우리가 일상생활에서 자주 접하는 대화로, 특정 상황에서 뚜렷한 대화 목적과 일정한 과정이 존재하는 대화이며, 목적 달성을 위한 다양한 언어 전략을 볼 수 있는 대화이다. 또한 다양한 매체의 발달로 상거래의 유형이 점점 세분화되고 있는 이때에, 상거래 대화의 원형 구조에 대한 연구는 필요하다고 본다.

　논의의 구성은 1장에서는 연구의 목적과 연구 방법, 연구 자료, 이론적 배경과 선행 연구에 대한 검토로 이루어지고, 2장에서는 상거래 대화의 진행 단계의 원형 구조와 변이 구조를 분석한다. 3장에서는 진행 단계에 따른 화행에 대하여 논의한 후,

마지막으로 4장에서는 상거래 현장에서 사용되는 다양한 설득
전략에 대하여 살펴본다.

1.1 연구 목적

이 연구의 목적은 국어 상거래 대화의 진행 단계 구조를 분
석하여 진행 단계에 따른 화행의 특징을 밝히고, 상거래 대화에
서 나타나는 설득 전략에 대하여 살펴보는 데에 있다. 특정 목
적이 존재하는 대화는 일상 대화와 달리 목적 달성을 위하여
일정한 단계를 거치는데 이들 각각의 단계에서는 화행상의 특
징이 있을 것이며, 이들은 개별 대화마다 다를 것이다. 상거래
대화는 매매 행위를 중심으로 진행되는데, 진행 단계의 개념을
이용하여 상거래 대화 진행 단계의 원형 구조를 분석할 것이다.
원형 구조를 분석하면 실제 생활에서 무질서하게 존재하는 것
처럼 보이는 대화를 변이 구조로 설명할 수 있다. 즉 다른 언어
현상과 마찬가지로 대화도 일정한 구조가 있음이 밝혀지고 실
제 현장에서 수행되는 대화를 분석하는 것이 가능해질 것이다.
또한 대화에서는 대화 참여자와 상황, 목적에 따라 다양한 언
어 전략이 사용되는데, 상거래 대화에서는 대화 참여자들이 설
득 전략을 사용한다. 상거래에서 판매자와 구매자는 모두 설득
전략을 사용하는데 이들은 설득 목적이 다른 만큼 설득 전략에
서도 차이를 보여주고 있다. 이 연구에서는 이들 설득 전략에
대한 논의를 통하여 상거래 대화 참여자들의 대화 참여 태도를
밝히고자 한다.

1.2 연구 방법

이 연구에서는 실제 대화 현장에서 자료를 녹음하고 이를 전사하여 분석하는 귀납적인 방법을 취한다. 분석 자료는 연구자가 직접 녹음기를 가지고 현장에서 녹음하거나, 다른 사람이 물건을 살 때 연구자가 동행하여 녹음하여 수집하였다. 다른 사람이 물건을 살 때 연구자가 함께 간 경우에는 가능한 대화에 참여하지 않으려고 하였다. 그리고 다양한 구매자의 자료를 수집하기 위하여 녹음 방법에 대한 설명을 들은 조사원이 물건을 사며 녹음을 한 경우도 있다. 또 연구자가 시장이나 백화점 등에서 물건을 구경하거나 사는 척하며 다른 사람들의 대화를 녹음한 경우도 있다.

녹음 작업은 녹음기가 모두 보이지 않는 상태에서 실시하였다. 녹음을 한 후 이들에게 녹음 사실을 알려야 하지만 이 연구에서는 모두 대화 참여자를 판매자와 구매자라 일컬어 개인의 신분이 노출되지 않기 때문에 알리지 않았다.[1] 그리고 판매자에게 미리 녹음을 할 수 있냐고 물었을 때 대부분의 판매자가 거절하였기 때문에 녹음 전에도 녹음 사실을 알리지 않았다.

상거래 대화는 구매 여부, 장소, 시간, 물건 등의 변인에 의해

---

1) 박용익(1998: 122-137)에서는 대화 분석의 사전 준비 사항과 대화의 수집과 문자화 방법에 대하여 자세히 기술하고 있다. 특히 대화를 채집할 때에 대화가 수행되는 기관이나 대화 참여자로부터 채집하는 대화를 사용하겠다는 승낙을 받는 절차를 거쳐야 한다고 한다. 이원국 옮김(1998: 362-380)에서도 화용론적 조사 연구의 성격, 자료 수집, 전사 규약 등에 대하여 설명하면서, 자료를 수집할 때 동의 요청은 수집 이전, 이후, 그리고 동의 없는 녹음 등으로 대화 유형에 따라 달라진다고 기술하고 있다.

다양한 유형이 나타나는데, 이 연구에서는 변인에 따른 연구에
초점을 두지 않았기 때문에 자료 수집에서도 이들 변인을 크게
고려하지 않았다. 변인에 따른 연구를 하기 위해서는 인적, 물적
으로 보다 광범위한 자료 수집이 이루어져야 한다고 본다.

녹음한 자료는 분석에 용이하도록 전사 기호에 따라 전사하
였다. 전사 기호는 에치슨 & 헤리티지(Atkinson & Heritage
1984)에서 제시한 것을 따르기로 한다.2)

<표 1> 전사 기호

기 호	설 명
?	상승 억양을 표시한다.
↗	강한 상승 억양을 표시한다.
(--)	잘 들리지 않아 전사한 내용이 정확하지 않거나 전사를 할 수 없는 것을 표시한다. 또는 정확하지 않거나 확실하지 못한 내용은 괄호 안에 전사한다.
<>	말차례가 교체되는 곳에서 약간의 휴지가 있을 때 표시한다.
=	하나의 말차례가 끝나자마자 다음 말차례가 시작되는 경우에 표시한다.
[	겹침이 일어나는 경우 앞쪽 발화에서 겹침을 받는 부분이 시작되는 곳에 표시한다.
[[	겹침이 일어나는 경우 뒤쪽 발화에서 겹침을 일으키는 부분이 시작되는 곳에 표시한다.
-	겹침이 일어난 부분을 표시하기 위하여 한 말차례를 둘 이상으로 나눌 때, 나누어진 앞부분의 뒤와 뒷부분의 앞에 표시한다.
(( ))	발화 이외의 소리나 몸짓에 대한 설명을 표시한다.
{}	맞장구를 표시한다.

---

2) 이밖에도 전사 체계와 기호는 연구자마다 다르게 사용하고 있는데, 대표적인 것으로는 Jefferson(1979), Brown & Yule(1983), Schiffirin (1987), Tannen(1989), Dubois(1991)에서 제시한 것들이 있다.

　<표 1>의 전사 기호는 간략 전사를 위한 것이다. 자료 전사는 정밀 전사와 간략 전사로 나뉘는데 상거래 대화는 주변 상황이 매우 시끄러워 녹음 상태가 좋지 않아 간략 전사를 하기로 한다.3) 억양과 같은 운율적 요소나 휴지 등에 대한 세밀한 전사는 하지 않는다.

　또한 이 연구에서는 대화 참여자를 판매자와 구매자로 구분하여 표시하기로 한다.4) 판매자나 구매자가 여럿일 경우에는 판매자, 구매자 뒤에 숫자를 붙여 '판매자1, 판매자2' 등과 같이 표시한다. 한편 말차례는 장경희(1999b)에서 사용한 원문자 번호를 사용하여 위첨자로 '[1]구매자, [2]판매자'와 같이 표시한다. 대화 자료를 제시할 때는 대화 상황에 대한 정보를 간략하게 제시한다. 대화마다 어디에서 어떤 물건을 거래하는 것인지를 제시한다.

(1) [대화 상황//장소: 백화점/물건: 옷]
　[1]판매자1: 허리 한 40 되세요?
　[2]구매자3: 예? 40은 [그럴거에요
　[3]구매자2:　　　　　[[그 정도 되죠.
　[4]구매자1: 40 으 웃긴다.
　[5]판매자1: 40이면 작은 싸이즈가 아니거든요
　　　　　　제일 큰 싸이즈에요.

---

3) 그밖에도 이원국 옮김(1998: 271-380)에서는 표준 철자 표시에 의한 전사에 대하여 자세하게 설명하고 있다.
4) 흔히 대화 참여자는 화자와 청자로 구분하여 표시한다. 그러나 상거래 대화는 대화 참여자를 역할에 따라 구분하는 것이 여러 가지 이점이 있다고 보아 '판매자'와 '구매자'로 표시한다. 판매자와 구매자는 역할에 따른 힘의 관계를 대우법, 말차례 교체, 체면 위협 행위 등 여러 현상을 통하여 보여주기 때문이다.

⑥구매자1: 어휴 커도 보통 큰 게 아니죠.

　　　　　　　　　　　　　　　{판매자1: 예}5)

⑦구매자1: 40이 뭐 있어

⑧판매자2: 손님 이거 입어나 보실래요?

⑨구매자1: 응 입어나 봐요.　　　　　<자료 5>

(1)의 대화는 백화점에서 옷을 구매하며 나눈 대화로, '백화점, 옷'이라는 대화 상황 정보를 제시하고, 대화참여자로는 판매자 2명, 구매자 3명이어서, 각각 '판매자1, 판매자2, 구매자1, 구매자2, 구매자3'과 같이 표시한다. 그리고 말차례 교체(turn-taking)는 '①구매자1, ②판매자1'과 같이 원문자 번호 위첨자를 사용하여 보여준다.

　대화를 인용하는 과정에서 대화가 너무 길어 중간 생략을 하는 경우나 대화 상황에 대한 연구자의 설명이 필요한 부분에서는 괄호 '( )' 안에 '※' 기호를 함께 사용하여 설명한다.

(2) [대화 상황//장소: 남대문 시장/물건: 옷]

　　(※ 물건을 보며 다시 첫 번째에 본 가게로 옴.)

　　①판매자: 이 색깔이 이뻐요

　　②구매자: 이 이게 아닌데

　　③구매자: 근데 중요한건 사이즈를

　　　　　　　몰라 [바보 아냐

　　④판매자: 　　　 [[싸이즈는 허리하고 키만 알면 돼요.

　　　　　　　　　　　　　　　<자료 23>

---

5) '{ }' 기호는 이 연구에서 두 가지로 사용한다. 하나는 대화의 전사 자료에서 맞장구를 표시하는 것이고, 다른 하나는 본문 기술에서 대화의 내용을 인용할 때 시각적인 효과를 위하여 표시하는 것이다.

(3) [대화 상황//장소: 화장품 소매점/물건: 화장품]

①판매자: 이건 썼을 때 느낌이 어떠셨어요?

②구매자: 이거요?

③판매자: 예

④구매자: 그냥 괜찮아요.

⑤판매자: 예 그럼 이거 쓰는 게 날 것 같아요.

⑥구매자: 이거 얼마에요?

⑦구매자: 1만 3천 6백 원이요.

(※ 중간 생략)

⑧구매자: 이거는요?

⑨판매자: 똑같애요. 두 개 다 한 면이
　　　　　　아니라 양면이예요.

　　　　　　　　　　　　{구매자: 예}

⑩구매자: 아하.

⑪구매자: 이거 주세요.

(※ 이하 생략)　　　　　　　　　　<자료 51>

(2)의 대화는 옷을 사기 위하여 도매 시장에서 이 가게 저 가게 돌아다니다가 이미 가 봤던 가게로 다시 돌아온 상황인데 이를 대화 첫머리에서 '(※)'를 사용해서 대화 상황에 대해 설명하고 있다. (3)의 대화에서는 논의에 필요한 부분만을 보여주기 위하여 전체 대화 가운데 중간과 뒷부분을 생략해서 제시한 것인데 이를 '(※ 중간 생략), (※ 이하 생략)'이라고 표시하고 있다.

　그밖에 대화를 제시하면서 분석의 내용도 함께 표시하고자 한다. 이때 진행 단계는 '<매매 준비 단계>'와 같이 '< >'를 사용해서, 화행은 '← [진술] 화행'과 같이 '←'과 '[ ]'를 사용해서, 설득 전략은 '⇐ 정보 제공하기'와 같이 '⇐'를 사용해서 표시한다.

1.3 연구 자료

이 연구에 사용한 자료는 1998년 10월부터 2000년 6월까지 상거래 현장에서 녹음한 88개 대화를 전사한 것이다.6) 자료는 구매 여부, 구매 장소, 판매자와 구매자의 나이와 성별, 물건 등을 기록하여 정리하였다. 이들 자료를 연도별, 변인별로 정리한 목록은 다음 <표 2>와 같다.

<표 2> 자료 수집 현황

변 인 \ 연 도		1998년 (38개)	1999년 (33개)	2000년 (17개)	합계
구매여부	구매 성립	18	18	10	47
	구매 실패	20	14	7	41
장 소	백화점	20	0	0	20
	도매점	15	13	17	45
	소매점	3	20	0	23
물 건	의 류	21	7	0	28
	식 품	7	19	17	43
	액세서리	3	6	0	9
	가전제품	3	0	0	3
	기 타	4	1	0	5

<표 2>에 따르면 전체 88개의 대화는 각각 1998년에 39개, 1999년에 32개, 2000년에 17개를 수집한 것이다. 구매가 성립된

---

6) 전사한 자료 88개는 뒤에 전문을 부록으로 제시한다.

경우는 47개, 구매가 실패한 경우는 41개이다. 장소별로는 백화
점이 20개, 남대문 시장과 수산 시장 등의 도매 시장이 45개, 동
네 시장이나 가게 등의 소매점이 23개이다. 또한 물건의 종류는
양복, 코트, 속옷 등 의류가 28개, 야채, 과일, 횟감, 빵 등 식품
이 43개, 시계, 패물 등 액세서리가 9개, 청소기, 믹서기 등 가전
제품 3개, 기타가 5개이다.

이와 함께 안정근(1997)이 제시한 대화도 연구 자료로 사용한
다. 이 자료는 전주 시내의 재래시장에서 수집한 자료로 흥정의
다양한 모습을 보여주고 있기 때문에 사용하는데, 이들을 인용
할 때는 재인용 표시를 한다.

1.4 이론적 배경

이 연구는 민족방법론적 회화분석론, 화행론, 대화분석론 등의
이론을 토대로 이루어진다.7) 어느 하나의 이론 틀에 맞추어 논
의하기보다는 이들 이론에서 제시한 개념이나 현상에 대한 분
석 시각을 바탕으로 하여 분석한다. 이들에 대하여 간략하게 소
개하면 다음과 같다.8)

민족방법론적 회화분석론은 현재 언어학에서 연구되는 대화 연
구의 출발점이라고 볼 수 있는 것으로 1960년대 가핑겔(Garfingel)

---

7) Schiffrin(1994)은 대화 분석의 접근 방법을 화행론(Speech acts),
   상호작용사회언어학(Interactional Sociolinguistics), 민족지학 의사
   소통(Ethnography of Communication), 화용론(Pragmatics), 대화
   분석(Conversational Analysis), 변이분석(Variation Analysis) 등 6
   가지로 나누고 있다.
8) 여기에 소개한 이론에 대한 개관은 박용익(1998, 1999), 장경희(1998b)
   의 내용을 정리한 것임을 밝혀 둔다.

이 주도한 사회학의 한 분파이다. 이 이론에서는 낱말이 가지고 있는 뜻 그대로 하나의 특정한 사회를 이루는 구성원들이 사회적 질서와 사실성을 구성하기 위해서 상호작용의 과정 속에서 사용하는 방법에 대해서 연구하였다. 오늘날 이 이론은 무엇이 이 연구 분파의 핵심이라고 말할 수 없을 만큼 여러 갈래로 서로 다르게 발전하였고 사회학계에서는 연구 방법론이 지나치게 급진적이라는 이유로 그 명맥을 유지하지 못하는 실정이다. 민족방법론적 회화분석론의 목적은 자연적 상호작용을 경험적으로 분석함으로써, 상호작용을 구성하는 개개의 행위를 규명하는 것이다. 또한 이 행위가 수행되는 여러 실제적 상황이 각각 의미를 가질 수 있도록 조직하고 배열해서 체계와 질서의 형태를 갖추게 하는 의사소통의 원칙과 장치를 찾아내는 데에 있다. 민족방법론적 회화분석론의 방법론은 귀납적이어서 철저하게 경험적이며, 대상을 연구하기 이전에 그와 관련된 이론을 설정하거나 모형을 미리 상정하는 것을 회피한다. 연구의 대상인 대화 혹은 상호작용에 대한 이론이나 그에 대한 모형 등은 연구의 대상을 실제적이고 경험적으로 분석함으로써만 설정된다. 그러므로 연구를 위해서 꾸민 대화나 상상을 통해서 만들어진 이상적인 대화가 아니라 자연적인 의사소통 상황에서 실제로 수행된 대화를 확보하는 것이 무엇보다도 중요하다. 민족방법론적 회화분석론이 연구의 대상으로 다루는 부분은 다양하지만 그 중에서 가장 중요하게 다루어지는 것은 무엇보다도 대화의 국지적 구성과 관련되는 말차례 교체, 인접쌍(adjacency), 발화의 중첩(overlapping), 발화와 발화 상의 공백(gap), 침묵(silence) 및 교정(repair) 등 대화 행위의 특징적 현상 등이다. 민족지학적 회화분석론이 언어학적 분석에 수용되어 대화에 대한 연구가 급속히 진전되고 있는데 이러한 이론의 발전과 접맥은 화행론의 존재에 의한다(박용익

1999: 2-4).

화행론은 실제로 사용된 언어 형식인 발화가 수행하는 행위에 관한 이론을 말한다. 오스틴(Austin 1962)은 일상 언어에는 참이나 거짓의 진술을 표현하기 위해서 사용되지 않고 어떤 일을 능동적으로 행하는 발화가 있음을 보이고, 이러한 발화를 수행문이라 하였다. Austin(1962)은 수행문의 특성, 화행의 개념과 유형, 화행의 적절 조건과 규칙 등을 분석, 수립함으로써 화행이론을 정립해 갔다. 수행문이 수행하는 행위를 발화 행위(locutionary act), 발화 수반 행위(illocutionary act), 발화 효과 행위(perlocutionary act)라는 세 가지 행위로 구분하고, 화자가 발화 행위를 행할 때 지향하는 목적이 되며 일정한 통사 구조를 통하여 수행되는 발화 수반 행위를 가장 중심적인 화행으로 보았으며, 수행문이 기능을 적절하게 수행하기 위하여 만족하여야 하는 필요조건으로, 발동 조건, 집행 조건, 성실 조건이라 부를 수 있는 세 유형의 조건을 제시, 설명하였다. 오스틴(Austin 1962)의 이론은 썰(Searle 1969, 1976)에서 보완, 수정되었다. 썰(Searle)은, 말하는 것을 법칙에 따르는 행위를 수행하는 것으로 파악하고, 먼저 화행을 발화 행위(utterance acts), 명제 행위(propositional acts), 발화 수반 행위로 구분한 다음, 여기에 발화 효과 행위를 추가하였다. 오스틴(Austin)의 발화 행위 가운데 음성 행위와 형태 행위에 해당하는 것을 발화 행위라 본 것이다. 그리고 오스틴(Austin)의 발화 행위의 또 하나의 하위 범주인 의미 행위에 상응하는 행위를 명제 행위라 하고 이를 지칭과 서술로 구분하였다. 지칭과 서술도 발화 수반 행위와 구분되는 또 다른 유형의 화행으로 보았다. 화행론은 발화 분석에서 나아가 대화, 담화, 텍스트 등에 대한 분석에 확대 적용되었으며, 언어학 영역의 확대와 하위 범주 확립에 기여하였다. 화행론은 주로 화용론적 이론 및 분석에 적용되었고,

텍스트 및 대화분석에 적용 내지 접맥되어 발전되는데 이때의 화행론을 확대 화행론이라고 부르기도 한다(장경희 1998b: 42-44).

　대화분석론은 화용 언어학이 언어학의 한 분야로 정립되기 시작하던 1970년초 이후로 민족방법론적 회화분석론, 썰(Searle 1969)의 화행론 등과 같은 여러 분야로부터 영향을 받으며 유럽의 언어학계에 새로운 연구 분야로 발전해 왔다. 대화분석론은 대화의 표층 구조가 구성 원칙도 체계도 없는 혼합체인 것처럼 보이지만 그 현상의 이면에는 대화의 정연한 구성 원리와 체계가 숨겨져 있다는 인식에서 출발한다. 대화분석론자들은 보통의 말할이들이 의식하고 있지 않은 대화의 심층적 구성 원리와 구조를 기술하고 재구성하여 가시화시키는 일을 연구의 주된 과제로 본다(박용익 1998: 11). 대화분석론은 대화를 분석하기 위해서 사용하는 이론과 방법론, 연구 목적 등의 차이점에 따라서 여러 가지 모형으로 나눌 수 있다. 현재 독일 언어학에서 활발히 연구가 진행되고 있고 대화분석론에는 회화분석론을 모태로 하는 헤네/레복(Henne/Rehbok 1979)의 모형과 싱클레어/쿨사드(Sinclair/Coulthard 1977)를 중심으로 하는 버밍햄 학파, 그리고 분덜리히(Wunderlich 1979)와 에엘리히/레바인(Ehlich/Rehbein 1986)을 중심으로 하는 독일의 담화분석론이 있다. 또한 스위스의 제네바를 중심으로 연구되고 있는 제네바 모형과 구동독에서 연구되었던 활동 이론을 바탕으로 하는 기능적-의사소통적 대화분석론 그리고 기존의 대화분석론을 종합하여 정리한 브링커/자거(Brinker/Sager)의 모형과 독일의 뮌스터 대학을 중심으로 연구되고 있는 대화문법론 등도 독일어권의 대표적인 대화분석 모형으로 꼽을 수 있다.(박용익 1998: 55-120)

1.5 선행 연구

대화에 대한 연구는 이제 활발히 진행되기 시작한 영역으로, 아직까지 특정 목적이나 상황에 대한 연구는 부족한 실정이다. 따라서 이 연구에서는 특정 대화에 한정시켜 선행 연구를 살펴보기보다는 일상 대화를 비롯하여 국어 대화를 대상으로 한 선행 연구들과 함께, 화행, 설득 전략과 같이 이 연구에서 다루고자 하는 하위 주제에 대한 기존의 연구 성과를 검토한다.

국어 대화의 구조와 일반 원리에 대한 연구에는 황적륜(1990), 구자은(1991), 구현정(1997), 이두헌(1994) 등이 있다. 이들 연구는 주로 외국에서 논의되고 있는 대화 이론 소개와 이를 국어 대화에 적용하여 국어 대화의 구조와 원리를 설명하고 있다. 그러나 분석 대상이 모두 일상 대화여서 다양한 장면에서 발생하는 대화의 구조와 원리에 대한 논의가 부족하다.

다양한 장면에서 발생하는 대화에 대한 연구는 박용익(1998, 1999)에서 볼 수 있는데, 여기에서는 독일에서 활발히 진행되고 있는 대화분석론에 대한 이론 소개와 길 묻기 대화, 상담 대화, 판매 대화 등과 같이 여러 대화의 하위 유형에 대한 설명이 있다. 그리고 대화의 진행 과정에 대하여 '기능 단계'라는 개념을 사용하여 분석하고 있는데 이것은 이 연구에서 분석하는 '진행 단계'와 같은 개념이다. 장경희(1998a, 1999b)에서는 대화의 계층 구조와 진행 단계 구조를 밝히고, 대화의 확장 방법을 접속과 내포에 의해 이루어지는 것으로 파악하고 있다. 특히 장경희(1999b)에서 제시한 요구 발화 행위와 응대 발화 행위는 대화의 최소 형식을 특성화한 것으로 이러한 기본 구조에 근거하여 교환 행위 구성시의 화행 및 발화 행위의 이중 기능을 설명하고 있다. 이러한 요구 발화 행위와 응대 발화 행위의 특성에 대한 분석을 토대로 이 연구에서는 상호작용의 관점에서 화행을 분석하고자 한다.

특정 목적이나 장면에서 발생하는 대화에 대한 연구로는, 독일의 대화분석론을 토대로 수업 대화(박용익 1994), 예약 대화(박여성 1999), 일정협의 대화(박혜은/이민행 1998) 등이 있다. 이들 연구들은 모두 대화가 일정한 단계를 거쳐 진행된다고 분석하고 있으며 이들의 화행이나 대화 행위에 초점을 두고 있다.9) 특히 예약 대화와 일정 협의 대화에 대한 연구는 음성언어 시스템 개발을 위한 것으로 대화 연구가 순수 연구로 그치는 것이 아니라 많은 응용이 가능함을 보여주는 연구들이다. 그밖에 방송 대화의 화용적 특징에 대한 연구(이현호 1998), 토론 대화나 청문회 대화를 분석한 연구(박용익 1997, 송경숙 1998, 이원표 1998, 이동은 2000)와 매체에 따른 대화 유형인 전화 대화(이유진 1995)와 통신 대화(이선희 2000, 전은진 2000)를 분석한 연구 등이 있다.

이 연구에서는 상거래 대화의 화행에 대하여 분석하고자 한다. 화행에 대한 연구는 개별 화행을 대상으로 한 것이 많은데, 진술 화행(장경희 1999c), 질문 화행(이원표 1998, 이은영 1999, 장경희 2000, 2001), 칭찬 화행(이원표 1996, 백경숙 1998) 등에 대한 논의가 그것이다. 특히 이은영(1999), 장경희(2000, 2001a)에서는 선행 화자의 화행에 후행 화자의 응대가 필요하다고 지적하며 응대의 다양한 방법에 대하여 기술하고 있다.

다음으로 대화 전략에 대한 연구에는 유동엽(1997)과 세가와

---

9) 박용익(1994)에서는 수업 대화가 '안내 단계-복습 단계-주제 전개 단계-예고 단계'로, 박여성(1999)에서는 열차 예약 대화가 '개시 단계-예약 단계-종료 단계'로 진행된다고 한다.

교코(1997) 등이 있다.10) 이들은 일상 대화에서의 대화 전략에 대하여 논의하고 있는데, 유동엽(1997)에서는 대화 층위에 따른 대화 전략을, 세가와 교코(1997)에서는 화자와 청자로 나누어 대화 전략을 살펴보고 있다.

설득 전략에 대한 연구는 언어학적인 관점보다는 다른 영역에서의 논의가 활발하다고 할 수 있다. 언어적 설득 전략에 대한 연구는 경영학, 화술론 등에서 이루어진 송원재(1998), 서림능력개발(1999) 등이 있는데, 이들 연구에서는 주로 상황별 대처 방법들을 제시하고 있다.

마지막으로 상거래 대화를 대상으로 하는 연구에 대하여 살펴보면, 상거래 대화를 다루고 있는 연구는 안정근(1997)이 유일하다. 안정근(1997)에서는 사회언어학적인 관점에서 한국의 재래시장에서 이루어지는 흥정에 초점을 맞춰 흥정의 다양한 유형을 제시하며 한국 고유의 흥정 담화 유형을 찾고자 하였다. 요즘처럼 백화점이나 정찰제가 보편화되고 있는 시점에서 흥정이라는 한국 상거래의 특성에 대한 연구는 의미 있는 작업이라고 본다. 그러나 안정근(1997)에서는 흥정의 유형 분류에 초점을 두어 상거래의 기본적인 구조와 흥정을 위한 언어 전략에

---

10) 'strategy'라는 용어는 '책략' 또는 '전략'이라고 번역되고 있다. 책략의 사전적 의미는 '어떤 일을 처리하는 꾀와 방법'이고, 전략은 '전쟁 수행의 방법이나 전략, 정치·사회 운동 등에 있어서의 전략'이다(금성판 국어대사전 1992). 사전적 의미만으로는 '책략'이라는 용어가 더 타당한 것으로 생각되나, 현재 '전략'이라는 용어가 '경영 전략, 광고 전략, 판매 전략, 선거 전략, 학습 전략' 등 전쟁의 테두리를 넘어 사회 각 분야에서 다양하게 사용되는 보다 일반적인 용어이고, 그 의미도 '어떤 일을 이루기 위한 효과적이고 적합하고 효율적인 방법과 그것을 실행하기 위해서 짠 계획(박용익 2001: 219)'로 파악될 수 있어 이 연구에서는 '전략'이라는 용어를 사용하기로 한다.

대한 설명이 부족하다.

따라서 이 연구에서는 상거래 대화의 구조를 분석하고 그 특징을 밝히는데 주력하고자 한다. 일상 대화와 동떨어진 것이 아니라 일상 대화에서의 구조와 화행, 언어 전략 등이 상거래라는 상황에서 어떻게 특징적으로 나타나는지를 살펴보고자 한다. 이러한 특정 대화에 대한 연구 성과들이 쌓이면 국어 대화의 원리와 구조 등이 명확해지고, 한편 국어 대화의 정보 구축에 필요한 구체적인 정보를 제공할 수 있을 것이다.

2. 상거래 대화의 진행 단계 구조

대화의 구조는 대화의 성격을 이해하는 데에 가장 기초가 되는 것으로 모든 대화는 합의된 일정한 구조를 바탕으로 이루어진다. 흔히 대화는 '시작－전개－종결'의 구조로 이루어진다고 논의되고 있는데, 특정 상황에서 수행되는 목적이 있는 대화는, 전개 단계에서 목적 달성을 위하여 일정한 과정을 거쳐야 한다.11) 그리고 대화 유형을 나눌 때도 전개 단계에서 수행하는 대화 목적과 구조, 특성 등은 중요한 기준으로 작용한다. 그런데 지금까지의 대화 연구에서는 전개 단계에 대한 세밀한 분석이 이루어지지 않았다. 대화를 하위분류할 수 있는 근거도 전개 단계의 목적과 구조, 특성 때문인데 단순히 전개 단계라 뭉뚱그려 다루어져 왔다.12) 이 연구에서는 대화의 진행 과정을 세분화하여 논의하고자 한다. 대화가 진행되면서 거쳐야 하는 일정한 과정을 '진행 단계'라 부르고 상거래 대화의 원형 구조를 분석하고자 한다.13) 진행 단계의 원형 구조를 분석하면, 실제 생활에서 접하는

---

11) 이창덕 외(2000: 229)에서는 '시작 단계, 중간 단계, 종료 단계'를 화법의 거시 구조라 부르고 있다.

12) 박용익(1998: 141-142)에서는 "기획 대화, 매매 대화 등과 같은 복합 대화는 의사소통 목적이 여러 단계를 거치며 또한 그 안에서 여러 개의 완결된 대화 이동 연속체가 수행되어야 실현되어지는 복합 언어 행위이다. 복합 대화의 부분 용도가 실현되는 복합 대화의 일부 혹은 하나의 단계를 기능 단계라고 한다."라고 하며 "이러한 기능 단계는 회화분석론이 대화를 단순히 시작－전개－종료의 세 단계로 나누어 정작 하나의 특수한 대화 유형으로 규정짓는 전개 단계 안에서 이루어지는 언어 행위의 과정과 구조에 대하여 분석하지 않는 것이 문제"라고 지적하고 있다.

13) '진행 단계'라는 용어는 장경희(1998a: 232)에서 제시된 것을 따른 것

무질서하게 보이는 다양한 대화에 대한 설명이 가능해진다.

2.1 상거래 대화의 원형 구조

상거래 대화는 일정한 단계를 거쳐 진행된다. 두 사람의 이상의 대화 참여자가 '매매'라는 행위를 수행하기 위하여 절차를 밟으며 의사소통을 하는 것이다. 상거래 대화는 일상 대화의 전개 단계에 해당하는 부분이 '매매'라는 행위를 중심으로 하여 세분화될 수 있다.14) 상거래에서 수행되는 대화 (4)를 보면, 판매자와 구매자는 '매매' 행위를 위하여 정보를 주고받고, 가격에 대하여 흥정을 한 후 구매자가 구매 결정을 하여 매매 행위가 이루어진다.

이다. 대화분석론에서 '기능 단계'라 부르는 것에 해당하는 것이다.
14) Franke(1985)는 상거래 대화가 '문제 규정 단계-문제 해결 단계-협상 단계-합의 단계'의 기능 단계로 이루어진다고 한다. 한편, 소비자학에서는 구매자가 제품을 구매하고 사용하기까지 다음과 같은 일련의 단계를 거쳐야 한다고 기술하고 있다(장홍섭/안승철 1998: 432-434). "첫째, 구매자는 구매에 대한 필요성을 인식해야 한다. 둘째, 구매자의 욕구를 충족시킬 만한 제품에 대한 정보를 수집해야 한다. 셋째, 구매자는 대안에 대한 정보 탐색 및 평가 후에 가장 좋은 제품을 선택하게 되는데 이때 선호하는 제품을 결정하기 위하여 많은 요인들을 비교 검토한다. 넷째, 구매 행동을 한다. 다섯째, 구매와 사용이 끝나면 제품에 대한 평가를 하고 제품에 대한 태도를 조정한다."

(4) [대화 상황//장소: 모란 시장/물건: 야채]

①판매자: 어서오세요.　　　　　　　　　　　— <시작 단계>

②구매자: 고구마는 얼마에요?

③판매자: 거 삼천 원이요

④구매자: 이런 거 밤고구마에요?

⑤판매자: 예 예예 틀림없이

⑥구매자: (--)

⑦판매자: 예?

⑧판매자: 할머니 거 저저저저 신체검사　　　　<매매 흥정 단계>
　　　　　할 것이 없어 이것은 KBS에
　　　　　등록된 것이라 신체검사 할 것
　　　　　이 없이

⑨구매자: 머 어떻게 등록이 돼 있어 (--)

⑩판매자: (--) 6시 내 고향 6번 틀어보면은

⑪구매자: 이거 2개 오천 원 줄래요?

⑫판매자: 아니요

⑬구매자: 아니 2개 오천 원이면 사고 아
　　　　　니면 안 사

⑭판매자: 그럼 놔둬요 나도 할머니처럼
　　　　　이쁜 딸이 아홉이나 돼요 퇴직
　　　　　금이 없는 것이 요것이 근데　　　<매매 흥정 단계>
　　　　　천 원을 깎아 버리면 근디 다
　　　　　팔아도 천 원이 안 남아

⑮판매자: 그래서 그래 할머니 내가 하
　　　　　나 더 드릴게 두 개 가져가시
　　　　　오 잉↗ 잉↗

⑯구매자: 담아 봐요 밑에 뭐 안 깔았나 ― <매매 경정 단계>

⑰판매자: 킬로에요 삼천 원씩이에요 할 ⎤
　　　　　머니　　　　　　　　　　　│

⑱판매자: ((저울에 잰다)) 봐봐요 1kg에 │
　　　　　600그램이 넘었는디 할머니라 │ <매매 행위 단계>
　　　　　그라 안 하시거는디 어쩨 오 │
　　　　　늘 (--)　　　　　　　　　　│

⑲판매자: (물건을 주며) 자 우리 할머니 │
　　　　　이쁘장한 걸로 드렸는디 ⎦

⑳판매자: 자 맛있게 잡수세요 맛있게 잡 ⎤
　　　　　수시고 맛없으면 요리 오시오 잉 │

㉑구매자: 네　　　　　　　　　　　　　│ <종결 단계>

㉒2판매자: 오시면은 내가 틀림없이 책임 │
　　　　　져 드리니깐 ⎦

대화 (4)에서 ①은 시작 단계이고, ②-⑩은 매매 준비 단계, ⑪-
⑮는 매매 흥정 단계, ⑯은 매매 결정 단계, ⑰-⑲는 매매 행위
단계, ⑳-㉒는 종결 단계이다. 상거래 대화의 진행 단계는 (5)와
같은 원형 구조로 분석할 수 있다.

(5) 시작 단계 ― 매매 준비 단계 ― 매매 흥정 단계 ― 매매 결정 단
　계 ― 매매 행위 단계 ― 종결 단계15)

(5)에서 보인 원형 구조의 각 진행 단계마다의 특징에 대하여

---

15) 상거래 대화 진행 단계의 원형 구조는 매매가 이루어진 경우를 전
　　제로 분석한 것이다. 매매가 이루어지지 않은 경우는 변이 구조로
　　보고 뒤에서 논의하기로 한다.

살펴보기로 한다.

2.1.1 시작 단계

상거래 대화의 시작 단계는 대화 행위가 시작되는 단계를 말한다. 상거래의 시작이 아니라 대화 행위의 시작을 의미하는 것이다. 대화 행위의 시작 단계는 대화를 진행하기 위한 준비 작업이나 대화 전개에 필요한 준비가 이루어지는 단계로 인사나 관심 표명, 호출 등의 행위로 시작된다(장경희 1998a: 232). 상거래 대화에서는 (4)의 ①에서 볼 수 있듯이 {어서 오세요}와 같은 인사를 통하여 대화가 시작되고 있다.

그러나 상거래 대화에서 시작 단계는 필수적이지 않다.16) 상거래의 시작 부분을 관찰할 수 있는 40개의 대화 가운데 시작 단계가 나타나는 것은 13개뿐이다. 이때 판매자와 구매자 중 누가 대화를 시작하느냐에 따라 시작 단계의 존재 양상은 다르게 나타난다. 다음의 <표 3>은 판매자가 대화를 시작하는 경우와 구매자가 대화를 시작하는 경우로 나누어 시작 단계의 존재 여부를 조사한 것이다.

---

16) 일상 대화에서도 시작 단계가 나타나는 경우와 나타나지 않는 경우로 나누어 설명할 수 있다. 장경희(1998a: 234)에서 일상 대화 가운데서도 격식을 갖출 필요가 없는 대화, 위험에 대한 경고, 급한 상황에서의 문제 해결 등 격식을 갖출 여유가 없는 상황의 대화에서는 시작 단계가 필수적인 단계가 아니라고 한다. 그러나 부탁을 하거나 충고하는 등의 부담스러운 주제가 다루어지는 때, 예의를 갖춰야 하는 어려운 사이나 낯선 사람과의 대화에서는 시작 단계가 나타난다고 한다.

<표 3> 판매자와 구매자에 따른 시작 단계 양상

대화참여자	시작 단계 존재 [+]	시작 단계 존재 [-]	합 계
판매자	11(45.83%)	13(54.17%)	24(100%)
구매자	2(12.5%)	14(87.5%)	16(100%)

위 표에서 보듯이 판매자가 대화를 시작하는 24개의 대화 가운데 11개의 대화에서 시작 단계를 볼 수 있다. 그러나 구매자가 먼저 시작하는 경우에는 시작 단계가 나타나지 않을 때가 더 많다. 구매자가 먼저 시작한 16개의 대화 가운데 시작 단계가 나타난 것은 2개뿐이다. 즉 상거래 현장에서는 구매자가 대화를 시작할 때에는 시작 단계 없이 뒤에서 살펴볼 매매 준비 단계부터 시작되는 경우가 많은 것이다.17)

2.1.2 매매 준비 단계

매매 준비 단계란 물건과 돈을 주고받는 '매매 행위'를 수행하기 이전에 이를 위해 준비하는 단계를 일컫는다. 매매 준비 단계에서 판매자와 구매자는 서로 다른 의도와 목적을 가지고 있다. 판매자는 구매자를 매매 상황으로 끌어들이고, 이들의 욕구를 탐색하며 정보를 제공하려 하고, 구매자는 자신의 욕구를 표현하며 매매 행위에 필요한 정보를 수집하려 한다. (4)에서 ②-⑩이 매매 준비 단계에 해당하는데, 판매자는 구매자에게 고구마에 대한 정보를 제공하고 있고 구매자는 사려고 하는 고구마

---

17) 시작 단계가 판매자와 구매자에 따라 다르게 나타나는 이유에 대해서는 3장 진행 단계에 따른 화행에서 논의하기로 한다.

에 대한 정보를 수집하고 있는 모습을 볼 수 있다.

매매 준비 단계는 상거래가 본격적으로 시작되는 단계이다. 이러한 사실은 판매자와 구매자가 다루는 화제에서부터 드러난다. 판매자와 구매자는 매매 행위를 위하여 매매와 관련된 화제로 대화를 이끌어간다. 구체적인 양상은 다음 예를 통해서 보기로 한다.

(6) [대화 상황//장소: 노량진 수산 시장/물건: 오징어]
　①구매자: 오징어 어떻게 해요?　　　　<매매 준비 단계>
　②판매자: 오천 원.　　　　<자료 34>

(7) [대화 상황//장소: 동네 시장/물건: 야채]
　①구매자: 아줌마 콩나물 500원어치 주세요. <매매 준비 단계>
　②판매자: 응.　　　　<자료 59>

(8) [대화 상황//장소: 도매 시장/물건: 옷]
　①판매자: 뭘 드릴까요?　　　　<매매 준비 단계>
　②구매자: 예. 이런 거 얼마에요?　<자료 39>

(9) [대화 상황//장소: 모란 시장/물건: 옷]
　①판매자: 구경하세요.　　　　<매매 준비 단계>
　②구매자1: 이런 거 얼마에요?　<자료 67>

(10) [대화 상황//장소: 남대문 시장/물건: 가방]
　①판매자: 여기가 진짜 왕 싼데 왕 예↗　<매매 준비 단계>
　　　　　진짜 싸게 드릴게 예↗
　②구매자: 잠깐만 구경　　　　<자료 21>

위에서 제시한 (6)-(10)의 자료는 매매 준비 단계로 들어서며 화
제를 도입하는 양상을 볼 수 있는 대화이다. (6), (7)은 구매자의
화제 도입으로 매매 준비 단계에 들어서는 대화이고, (8)-(10)은
판매자의 화제 도입으로 매매 준비 단계에 들어서는 대화이다.
구매자가 화제를 도입한 경우부터 살펴보면, 구매자는 오징어의
가격 정보를 묻거나(6), 물건을 달라는 요구를 하며(7) 화제를 도
입하고 있다. 판매자는 구매자에게 질문을 통해서(8), 상품을 구
경하고 가라고 행동을 요구하며(9), 가격이 저렴한 곳이라고 진
술하며(10) 화제를 도입하고 있다.

　매매 준비 단계에서는 도입된 화제가 판매자와 구매자의 말
차례 교환 행위를 통하여 전개된다.[18] 이들은 일상 대화의 화제
가 상위 화제와 하위 화제의 계층화가 가능한 것처럼 계층적
구조를 지니며 전개된다. 그러나 일상 대화보다 뚜렷한 계층화
가 이루어지는 특징이 있다.

(11) [대화 상황//장소: 화장품 소매점/물건: 화장품]
　①구매자: 메이컵 베이스　　　　　　　　　<매매 준비 단계>
　②판매자: 어디 걸로 드려?
　③구매자: (라끄베르)
　④판매자: 요걸로 써요, 언니 요걸로 써요?
　　　　　요걸로 드릴까요?=
　⑤구매자: =이거랑 이거 차이가 뭐예요?
　⑥판매자: 요게 건성인 분들이 쓰
　　　　　는 거구요. 요건 언니
　　　　　　　　　　{구매자: 예}

─────────────
18) 박성현(1996: 92)에서는 화제가 말차례 가지기 체계가 잘 돌아갈
　　수 있게 하는 중심축의 역할을 한다고 지적하고 있다.

처럼 좀 지성인 분들

　　{구매자: 예}

⑦구매자: 근데 많이 일어나거든요.

⑧판매자: 좀 땡겨요? 이건 썼을 때 느낌

　　이 어떠셨어요?

⑨구매자: 이거요?

⑩판매자: 예.

⑪구매자: 그냥 괜찮아요.

⑫판매자: 예 그럼 이거 쓰는 게　　　　　　　　<매매 준비 단계>

　　날 것 같아요.

⑬구매자: 이거 얼마예요?

⑭판매자: 만 3천 6백 원.

⑮구매자: 만 3천 6백 원이요.

⑯판매자: 예　　　　　　　　<자료 51>

자료 (11)에서 구매자는 화장품을 사기 위하여 화장품의 종류별 특징과 사용하였을 때의 느낌, 화장품의 가격 등을 화제로 판매자와 대화를 진행시키고 있다. 이때 전개되는 화제는 다음 (12)와 같이 계층화해 볼 수 있다.

(12) 메이컵 베이스

　　메이컵 베이스 종류

　　　　메이컵 베이스 종류별 특징

　　　　메이컵 베이스 종류별 사용 시 구매자 느낌

　구매자의 피부 문제

　　　　특정 메이컵 베이스 사용 시의 구매자 느낌

　　　　특정 메이컵 베이스 가격

대화 전개에 따른 화제의 구조인 (12)을 보면 크게 '구매자가 사려는 화장품과 구매자의 피부'가 상위 화제이고, 이들의 하위 화제인 '종류, 종류별 특징, 사용했을 때의 느낌, 가격' 등이 하위 화제이다. 이들은 대화 전개 순서에 따라 화제를 도식화한 것으로 상거래 대화의 화제가 계층적으로 구조화되어 있다는 사실을 보여주고 있다.

2.1.3 매매 흥정 단계

매매 흥정 단계는 구매자와 판매자가 원하는 값으로 물건을 사고팔기 위하여 서로 의논하여 값을 정하는 단계이다. (4)의 ⑪-⑮가 흥정 단계로, 구매자는 '2개 6천 원짜리를 오천 원에 사려고' 가격을 깎고 있고, 판매자는 이를 거절하고 있다.

요즘과 같이 정찰제가 자리 잡고 있는 때에 매매 흥정 단계는 자주 생략되고 있다. 그러나 우리나라 상거래의 단계에는 '흥정'이 필수적으로 존재한다고 본다.19) 물건을 사면서 물건 값을 흥정하는 것은 한국인에게는 아주 자연스러운 상거래의 모습으로 한국 사회에 뿌리 깊게 자리 잡혀 내려오고 있다.20) 한국의

---

19) 대형 할인 매장이나 백화점, 정찰제 가게와 같은 장소 변인에 의해 흥정 단계는 요즘 도시의 상거래에서는 사라져가고 있다. 그러나 이 연구에서는 이들 정찰제 가게만이 아니라 재래시장에서의 대화도 다루고 있으며, 아직까지 백화점에서도 선물을 달라고 조르는 대화를 볼 때 흥정 단계는 원형 구조에 포함시킬 수 있다고 본다. 그러나 앞으로 얼마 지나지 않아서 원형 구조에서 흥정 단계는 사라질 것으로 예상된다.

20) 안정근(1997: 302-341)에서는 전주 재래시장에서 행해지는 가격 흥정 담화의 모습을 구매자의 입장에서 여덟 가지 유형으로 나누어 기술하고 있다. 그 유형은 '막무가내형, 수긍형, 줄행랑형, 애걸복걸형, 여유형, 절충형, 포기형, 감정유발형'이다.

재래시장이나 특히 5일마다 열리는 시골 장터에 가보면 누구나 이러한 사실을 어렵지 않게 확인할 수 있다. 그리고 이와 같은 양상은 정찰제로 운영되는 백화점 등에서도 종종 목격되기도 하고 있다.21) 따라서 이 연구에서는 상거래 대화 진행 단계의 원형 구조에 포함시킨다.

매매 흥정 단계에서는 매매 준비 단계에서 전개되던 여러 하위 화제 가운데 하나의 하위 화제로 화제가 정해지게 된다. 구매자가 사고자 하는 물건을 정한 후 그것에 대하여 판매자와 흥정을 하기 때문이다. 물건에 대한 여러 층위에서의 정보를 수집하고, 그 가운데 사고자 하는 물건을 정해서 흥정을 하게 되어 하나의 화제로 한정하는 것이다.22)

2.1.4 매매 결정 단계

판매자와 구매자는 매매 준비 단계와 매매 흥정 단계를 거친 후에 매매를 결정하는 단계에 들어선다. 매매 결정 단계는 구매자가 사고자 하는 물건을 결정하는 단계로 자신의 결정된 의사를 밝히고 판매자에게 물건의 제공을 요구하는 단계이다. (4)의 ⑯에서 구매자는 판매자에게 {담아 봐요}와 같이 물건을 담는 행위를 요구하며 자신의 매매 결정 의사를 드러내고 있다. 이 단계는 매매의 결정권을 구매자가 쥐고 있기 때문에 구매자의 주도로 이루어진다. 판매자는 구매자로 하여금 매매를 결정하도록 유도할 수는 있지만 결정은 구매자가 하게 되는 것이다.

---

21) 실제 연구자가 수집한 자료에서도 백화점에서 물건 값을 깎는 예를 발견할 수 있었다.
22) 특정 대화마다의 화제 전개 구조가 어떠한 양상일지에 대해서는 구체적인 검토가 필요하다.

　　매매 결정 단계의 화제는 앞서 흥정 단계에서 이미 정해진 화제이다. 이들은 앞서 매매 준비 단계에서나 매매 흥정 단계에서 논의하던 화제가 결정된 것이다. (4)의 대화에서도 ⑮까지 흥정을 하며 다루어졌던 화제가 ⑯에서도 계속적으로 다루어지고 있다.

2.1.5 매매 행위 단계

　　매매 행위 단계는 실제로 매매 행위가 이루어지는 단계이다. 물건과 돈의 교환 행위가 판매자와 구매자의 상호 행위 수행으로 이루어진다. (4)의 ⑰-⑲에서 판매자는 물건을 저울에 재고 나서 건네주는 행위를 하고 있다.

　　이 단계는 언어를 통해서가 아니라 행동을 통하여 이루어진다. 따라서 언어가 없이 행동으로만 진행될 수도 있고, 이때의 언어는 행동에 대한 설명이거나 중요한 정보에 대한 진술 등이다. 대화 (4)의 ⑰-⑲에서 볼 수 있듯이 {킬로에요 삼천 원씩이에요 할머니}라고 하며 가격에 대하여 다시 한번 언급하거나, {자 우리 할머니 이쁘장한 걸로 드렸는디}와 같이 판매자 자신이 좋은 상품을 주었다고 칭찬하는 것 등이 이에 해당하는데 이들 언어는 상거래 대화에서 생략이 가능하다. 그러나 물건과 돈을 주고받는 행위의 생략은 거래의 실패를 의미하므로 생략이 불가능하다.

2.1.6 종결 단계

　　상거래 대화에서 대화를 종결한다는 것은 매매가 이루어진 다음, 대화를 마무리하는 단계를 의미한다. 대화의 종결 단계에서는 종결을 위한 준비와 대화가 끝났음을 나타내는 인사 등 대화의 마무리 작업이 이루어진다(장경희 1998a: 232).[23] 상거래 대화에서는 (4)의 ⑳-㉒와 같이 매매 행위를 마치고 대화 행위를 끝내기 위한 발화를 하는 단계이다. {맛있게 잡수세요}, {오시면은 내가 틀림없이 책임져 드리니깐}과 같이 인사나 다음번의 구매를 부탁하는 말로 대화가 끝나고 있다.

종결 단계는 시작 단계와 마찬가지로 상거래 대화에서는 필수적이지 않다. 매매가 이루어진 전체 48개의 대화 가운데 종결 단계가 존재하는 경우는 22개밖에 없었다. 이들을 판매자가 종결하는 경우와 구매자가 종결하는 경우로 나누어 보면 다음과 같다.[24]

〈표 4〉 판매자와 구매자에 따른 종결 단계 양상[25]

대화참여자	종결 단계 존재 [+]	종결 단계 존재 [-]	합 계
판매자	11(23.4%)	25(53.2%)	47(100%)
구매자	11(23.4%)		

<표 4>를 통하여 알 수 있듯이 종결 단계는 판매자와 구매자에 따라 크게 다른 양상을 보이지 않는다. 이는 매매 행위를 통하여 판매자와 구매자가 모두 자신들의 목적을 달성하였기 때문에 종결 단계에 대한 부담이 비슷하기 때문인 것으로 보인다.

---

23) 종결 단계에 대한 연구에는 한국어와 영어의 종결을 비교한 김현진(1997)과 전화 대화를 분석한 Schegloff(1972) 등이 있다.
24) 원형 구조는 구매가 이루어진 것만을 대상으로 한다.
25) 종결 단계가 없는 것은 누가 종결하지 않았는지를 판단할 수가 없다. 따라서 <표 4>에서 종결 단계가 없을 때는 판매자와 구매자로 나누지 않는다.

　이상과 같은 상거래 대화의 진행 단계 구조는 <그림 1>과 같이 대화 행위의 진행과 상거래의 진행인 이중의 구조로 이루어진다. 상거래 대화에서 '시작 단계'와 '종결 단계'는 대화 행위를 시작하고 종결하는 단계로 다른 모든 대화와 마찬가지로 원형 구조에 포함된다. 그러나 상거래 대화에서 '시작 단계'와 '종결 단계'는 생략이 가능하기 때문에 괄호로 표시한다.26) '매매 준비 단계, 매매 흥정 단계, 매매 결정 단계, 매매 행위 단계'가 상거래 대화를 구성하는 단계로 이들 단계의 존재가 곧 상거래의 성립을 의미한다. 이들 매매와 관련된 단계들은 상거래 대화에서만 볼 수 있는 단계들이다.

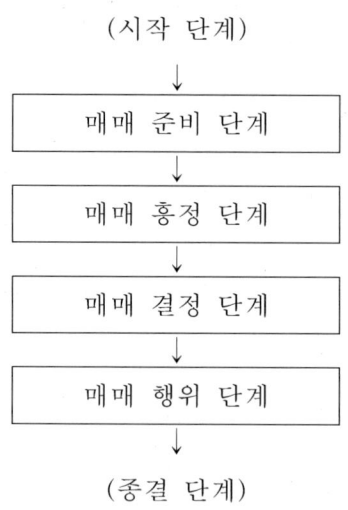

(시작 단계)

매매 준비 단계

매매 흥정 단계

매매 결정 단계

매매 행위 단계

(종결 단계)

<그림 1> 상거래 대화의 원형 구조

---

26) 그러나 백화점 등에서는 반드시 시작 단계와 종결 단계가 나타난다. 판매 사원 교육을 통하여 이들을 필수적으로 수행하도록 하기 때문이다.

2.2 상거래 대화의 변이 구조

우리가 실제 생활에서 접하는 상거래 대화는 원형 구조의 모습 그대로가 아니라 상황에 따라 많은 변이가 일어난 다양한 형태이다. 무질서하게 존재하는 것처럼 보이는 이들 변이 구조는 원형 구조의 여섯 단계를 근거로 하여 설명이 가능하다. 이들은 진행 단계의 생략, 추가, 반복 등에 의해 변이 구조를 생성하는 것이다(박용익 1997: 195).27) 여기에서는 상거래 대화의 변이 구조를 살펴보고, 이들 변이 구조를 동기화시키는 이유에는 무엇이 있는지 살펴보기로 한다.

2.2.1 생략에 의한 변이 구조

실제 대화에서는 상거래 대화의 원형 구조로 설정한 여섯 단계가 모두 나타나는 대화보다는 단계의 생략이 일어난 대화를 더 자주 볼 수 있다. 생략되는 단계는 여섯 단계 가운데 한두 단계일 수도 있고, 여러 단계일 수도 있다. 그리고 특정 단계의 생략은 상거래 성립에 영향을 미치는 경우도 있다.

가장 쉽게 볼 수 있는 것은 시작 단계와 종결 단계의 생략이다. 원형 구조에서 필수 단계가 아닌 시작 단계와 종결 단계는 생략되는 경우가 많다.

---

27) 박용익(1997: 195)에서 기능 단계의 생략, 추가 외에도 치환, 혼합, 삽입 등에 의해서 변이 구조가 실현될 수 있다고 보고 있다. 치환은 단계의 순서가 바뀌는 것이고, 혼합은 단계의 구성 요소들이 서로 뒤엉켜 나타나는 것이고, 삽입은 단계가 진행되는 동안 다른 단계가 끼어드는 것이다. 이 연구에서 분석한 자료에는 이들에 의한 변이 구조는 발견되지 않았다.

(13) [대화 상황//장소: 분당 삼성 플라자/물건: 옷]
　①구매자: 이건 어딨어요?　　　　　　　　<매매 준비 단계>
　②판매자: 어느 분이 입으실거에요? 싸이
　　　　　즈 몇 입으세요?
　③구매자: 85요.
　④판매자: 이게 어떤 거냐면 지금 이게 없
　　　　　어 싸이즈가 많이 빠져 가지구
　　　　　요 미디움이 있나 모르겠네 싸
　　　　　이즈는 (--) 색깔이 틀린데
　　　　　　　　　　　　<자료 1>

(14) [대화 상황//장소: 빵집/물건: 초콜릿]
　①구매자: 얼마에요?
　②판매자: 2천 2백 원이요.
　③구매자: 여기요　　　　　　　　<매매 행위 단계>
　④판매자: 예.　　　　<자료 38>

　대화 (13)은 구매자가 상점에 들어가서 마네킹에 걸려 있는 옷을 가리키며 대화가 시작되는 것으로, 시작 단계가 생략되어 있다. 물건이 어디 있느냐고 판매자에게 묻는 매매 준비 단계에서부터 대화가 시작되고 있다. (14)의 대화는 매매 행위를 수행한 후 판매자와 구매자 모두 인사 등의 종결 단계 없이 대화를 끝낸 것으로, 종결 단계가 생략된 경우이다. 구매자가 물건 값을 지불하고, 판매자가 이를 받으며 대화가 종결된 것이다. 일상 대화에서 볼 수 있는 작별 인사와 같은 종결 단계 없이 대화가 끝나고 있다.
　다음은 시작 단계, 종결 단계 이외에도 매매 준비 단계, 매매 흥정 단계가 생략된 것이다. 이미 물건에 대한 정보를 가지고 있고 대화 현장에서 시각적으로 확인 가능한 경우에 발생할 수 있는 대화로, 매매 결정 단계와 매매 행위 단계만으로 이루어진 대화이다.

(15) [대화 상황//장소: 동네 시장/물건: 콩나물]
　①구매자: 콩나물 500원어치 주세요.　　　<매매 결정 단계>
　②판매자: 예.　　　　　　　　　<자료 59>

(15)의 대화는 판매자와 구매자가 각각 한 번씩의 발화 수행만으로 진행되고 있다. 시작 단계도 없고, 매매를 위하여 정보 제공이나 수집과 같은 준비 단계가 없이 매매가 성립되었다. {콩나물 500원어치 주세요}와 같이 물건을 요구하는 발화와 이에 대한 응대로만 구성되어 있으며 매매 결정 단계는 언어로 수행되었지만 매매 행위 단계는 행동으로만 수행되고 있다. 매매 결정 단계와 매매 행위 단계만으로 이루어진 대화이지만 매매는 성립된 것으로, 이를 통하여 매매 결정 단계와 매매 행위 단계가 상거래 대화 진행 단계의 핵심 단계임을 확인할 수 있다.
　매매 결정 단계와 매매 행위 단계가 원형 구조의 핵심 단계라는 사실은 이들 단계의 생략이 상거래의 실패를 의미하는 것에서 알 수 있다. 즉 매매가 이루어지지 않은 경우는 상거래의 원형 구조 가운데 매매 결정 단계와 매매 행위 단계의 생략으로 인한 변이 구조인 것이다.

(16) [대화 상황//장소: 도매 시장/물건: 옷]
　①구매자: 이거는 싸이즈가 어느 정도까지 있어요?
　②판매자: 싸이즈 한 싸이즈에요　　　<매매 준비 단계>

③구매자: 아 이 싸이즈요

④판매자: 예.   <자료 43>

(16)의 대화는 제시된 발화만으로 하나의 상거래를 구성하고 있는데, 구매자는 옷의 싸이즈에 대한 정보 제공을 요구하고 있고, 이에 판매자는 정보를 제공하고 있다. 매매 준비 단계에 후행하여 매매 결정 단계와 매매 행위 단계가 생략된 채로 대화가 끝이 난 것으로,28) 이는 매매의 실패를 의미한다. 그리고 매매 행위 단계는 매매 결정 단계가 선행해야만 존재할 수 있는 것으로 매매 결정 단계의 생략은 매매 행위 단계의 생략까지를 포함하고 있다.

그러나 매매 결정 단계가 존재한다고 해서 반드시 매매 행위 단계가 나타난다고 볼 수는 없다. 매매 결정 후에 이를 번복할 수 있기 때문이다.

(17) [대화 상황//장소: 동네 시장/물건: 야채]

①구매자: 아이 이거 2500원이라면서, 한(--)

②판매자: 풋마늘?

③구매자: 예

④판매자: 3500원

⑤구매자: 2500원이라고 하지 않았어요?

⑥판매자: 3500원

⑦구매자: 어 금방 2500원이라 그러셨어

---

28) 설득의 과정은 정보를 제공하고 태도를 변화시키는 것이다. 상거래에서의 설득은 구매자에게 판매자가 정보를 제공하여 구매자의 구매 행동을 이끌어내는 것을 말한다. 매매가 이루어지지 못했다는 것은 구매 행동을 이끌어 내지 못한 것으로 결국 정보 제공만으로 끝나 설득에 실패한 것이다.

　　　　요. 아줌마가

⑧판매자: 아이 아녀. 3500원. 2500원이라

　　　　그랬어 내가? 3500원

⑨구매자: 그러면은

⑩판매자: 예?

⑪구매자: 대파하고 요거만 가지 갈께.

⑫판매자: 그러면

⑬구매자: 난 2500원 이라고 그러는 줄 알고, 지금

⑭판매자: 아녀, 2500원에 가져오지도 못해.

⑮구매자: 요거하고 대파.

<자료 52>

(17)의 대화에서는 구매자가 가격을 잘못 알아 매매 결정을 취소하고 있다. 구매자는 풋마늘이 2500원이라고 알고 있고, 계산하는 과정에서 3500원이라는 사실을 발견하여 (17)의 ⑪에서 이미 구매하기로 결정한 물건을 취소하고 있다. (17)의 대화는 여러 가지 물건을 사는 과정이기 때문에 매매 행위 단계가 이루어졌지만 매매 결정을 취소한 물건에 대해서는 매매 행위 단계가 이루어지지 않는다. 하나의 물건을 사는 과정에서 (17)과 같은 매매 결정 취소가 일어나면 매매 행위 단계는 나타나지 못한다. 즉 매매 결정 단계의 존재가 항상 매매 행위 단계의 존재를 포함하지는 않는다는 것이다.

　지금까지 살펴본 생략에 의한 변이 구조를 그림으로 나타내면 <그림 2>와 같다. 원형 구조에서 시작 단계, 매매 준비 단계, 매매 흥정 단계, 매매 결정 단계, 매매 행위 단계, 종결 단계의 생략이 가능하기 때문에 괄호로 표시한다. 특히, 매매 결정

단계와 매매 행위 단계의 생략은 매매 실패를 의미하는 것이다.

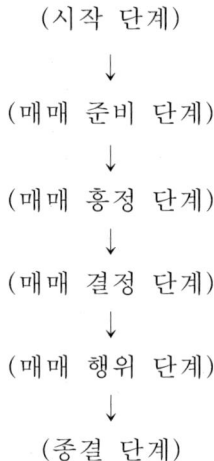

(시작 단계)

↓

(매매 준비 단계)

↓

(매매 흥정 단계)

↓

(매매 결정 단계)

↓

(매매 행위 단계)

↓

(종결 단계)

<그림 2> 생략에 의한 변이 구조

2.2.2 반복에 의한 변이 구조

상거래 대화에서는 진행 단계가 반복되어 나타나기도 한다. 반복이 가능한 진행 단계는 매매 준비 단계와 매매 흥정 단계, 매매 결정 단계, 매매 행위 단계이다. 시작 단계나 종결 단계의 반복은 발생하지 않는다.

(18) [대화 상황//장소: 화장품 소매점/물건: 화장품]

①판매자: 이건 썼을 때 느낌이 어떠셨어요?

②구매자: 이거요?   <매매 준비 단계>

③판매자: 예

④구매자: 그냥 괜찮아요.

⑤판매자: 예 그럼 이거 쓰는 게 날 것 같아요.

⑥구매자: 이거 얼마에요?

⑦판매자: 만3천 6백 원.

⑧구매자: 만 3천 6백 원이요.

⑨판매자: 예

⑩구매자: 이거 주세요.　　　　　　　　　　<매매 준비 단계>

⑪판매자: 예

(※ 중간 생략)

⑫구매자: 이거는요?

⑬판매자: 똑같애요. 두 개다 한 면이 아
　　　　　니라 양면이예요.

⑭구매자: 아하, 이거 주세요.　　　　　　<매매 준비 단계>

⑮판매자: 예, 다 사셨어요 언니?

⑯구매자: 예.　　　　　　　　　<자료 51>

(18)에서 제시한 대화는 화장품 가게에서 수집한 것이다. 구매자는 메이크업 베이스와 립라이너라는 두 종류의 화장품을 사고 있다. 두 번의 매매 준비 단계와 매매 결정 단계가 나타나고 있는데, ①-⑪까지는 메이크업 베이스를 사기 위한 매매 준비 단계와 매매 결정 단계이고, ⑫-⑮까지는 립라이너를 사기 위한 매매 준비 단계와 매매 결정 단계이다. 이와 같이 진행 단계의 반복은 한 상점에서 여러 가지의 물건을 살 경우에 발생한다.

　반복에 의한 변이 구조를 그림으로 나타내면 다음과 같다. 시작 단계와 종결 단계의 반복은 일어나지 않고, 매매와 관련된 단계들만이 반복될 수 있다.[29]

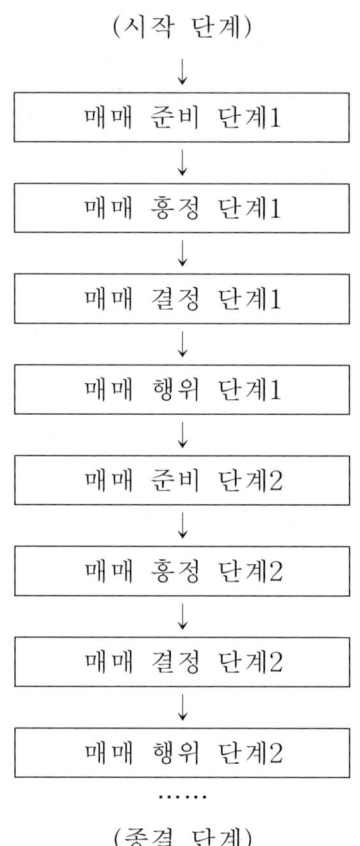

(시작 단계)
↓

매매 준비 단계1
↓

매매 홍정 단계1
↓

매매 결정 단계1
↓

매매 행위 단계1

매매 준비 단계2
↓

매매 홍정 단계2
↓

매매 결정 단계2
↓

매매 행위 단계2
……

(종결 단계)

<그림 3> 반복에 의한 변이 구조

2.2.3 추가에 의한 변이 구조

실제 대화에서는 원형 구조에서 제시한 여섯 단계 외에 추가되는 진행 단계가 존재한다. 추가되는 진행 단계들은 상거래를

---

29) 매매 결정 단계2 다음에 있는 '……'은 이들의 반복이 2번에서 그치는 것이 아니라 계속될 수 있다는 것을 의미한다.

위해서 필수적으로 존재해야 하는 것이 아니어서 원형 구조에 포함될 수는 없다. 그러나 이들은 실제 대화 현장에서는 많이 볼 수 있는 것이고 상거래와 관련이 있는 것도 있기에 추가 단계로 설정한다. 추가되는 진행 단계의 유형은 배달을 할 때 이에 대한 발화나, 매매가 끝난 후 정보를 덧붙여 제공하는 발화, 매매와 관련 없는 발화 등이다.

배달을 하는 경우 추가 단계가 나타날 수 있다. 물건을 사고파는 행위를 마친 후에 배달을 위하여 대화하는 것으로, 모든 상거래 대화에서 배달을 필요로 하지 않기 때문에 추가 단계로 설정한다.

(19) [대화 상황//장소: 백화점/물건: 청소기]
  ①구매자2: 언니 그럼 배달을 좀 늦게 하
        면요?   <추가 단계>
  ②판매자: 늦게 하셔도 상관없어요 늦게
        하면은―
  ③구매자2: ―주소 바꿔도 돼요?
  ④판매자: 예 안 그러시면 배달을 내일 모
        레 받는 것으로 하시구요 내일
        2시 전까지 전화 주세요.
              {구매자2: 예}
        그렇게 할 수는 있잖아요.
  ⑤구매자2: [네.
  ⑥구매자1: [[그래 그면
  ⑦판매자: 이쪽에 일단 저기 일단 주소 받
        으실 분
                            <자료 27>

(19)는 백화점에서 물건을 산 구매자가 집으로 배달을 원해서 이에 대해 대화하는 것이다. 구매자는 판매자와 배달 날짜, 배달 주소 등에 대한 정보를 주고받고 있다.

  매매 행위 단계에서 판매자가 구매자에게 구매한 물건과 관련된 정보를 추가로 제공하기도 한다. 매매 준비 단계에서의 정보 제공이 아니라 매매 행위 단계에서 이루어지기 때문에 추가 단계로 본다.

(20) [대화 상황//장소: 백화점/물건: 청소기]
    판매자: 14만 원 받았습니다. 손님 이거   <추가 단계>
         AS 스티커니깐 이거 노란 거
         떼면 떼지 거든요 그분 보구
          {구매자: 예}
         요 저기 청소기에다 꼭 부착하
          {구매자: 예}   {구매자: 예}
         셔 가지구 쓰시라고 그러세요.
         보증서랑 똑같은 거니깐 안 붙
         이면 안 되니깐
               {구매자: 예}   <자료 27>

(20)의 자료는 구매자가 청소기를 구매하기로 매매 결정을 끝낸 후의 대화이다. 판매자는 매매 결정이 끝나고 매매 행위를 수행하며 구매자가 구매한 청소기에 AS스티커를 붙여야 한다고 하며 추가로 정보를 제공하고 있다.

  배달을 위한 추가 단계나 매매 결정 후의 정보 제공 등의 추가 단계는 매매와 관련이 있는 추가 단계이다. 그러나 상거래에서는 매매와 직접 관련이 없는 단계도 볼 수 있다.

(21) [대화 상황//장소: 화장품 소매점/물건: 화장품]
　①판매자: 언니 이거 스킨, 로션인데. 도브　　　<추가 단계>
　　　는 유리병에 안 담겨 나오고 요
　　　　　　　　　　{구매자: 예}
　　　렇게 팩으로 나와요.
　　　　　　　　{구매자: 아 예}
　②판매자: 병원에서 오셨죠?
　③구매자: 저요?
　④판매자: 예.
　⑤구매자: 아니요.
　⑥판매자: 아니예요?
　⑦구매자: 왜요?
　⑧판매자: 그냥요. 핸드크림 드릴께요.
　⑨구매자: 아, 고맙습니다. 왜 병원에서　　　<추가 단계>
　　　와요?
　⑩판매자: 여기 병원 직원들이 많이 오니깐.
　⑪구매자: 아, 그래요.
　⑫판매자: 가끔 들려주세요.　　　　　　<종결 단계>
　⑬구매자: 예.　　　　　　　　<자료 51>

(21)은 화장품을 사며 나누는 대화인데, ①에서 판매자가 구매
자에게 사은품에 대한 정보를 제공한 후 ②에서 갑자기 구매자
가 병원에서 오지 않았냐고 묻고 있다. 그 상점 근처에 큰 병원
이 있어 병원 직원들이 많이 오기 때문이라고 설명을 하고 있
다. (21)의 대화는 매매 행위와는 아무 관련이 없는 단계가 추
가된 것이다. 판매자가 구매자와 좀더 친밀감을 드러내기 위하
여 발화한 것으로 보인다.

　추가에 의한 변이 구조를 그림으로 나타내면 다음과 같다. 추가 단계가 나타날 수 있는 단계에는 제한이 없다. 그러나 가장 많이 나타나는 단계가 매매 결정 단계와 매매 행위 단계에 걸쳐서인 것으로 생각된다.

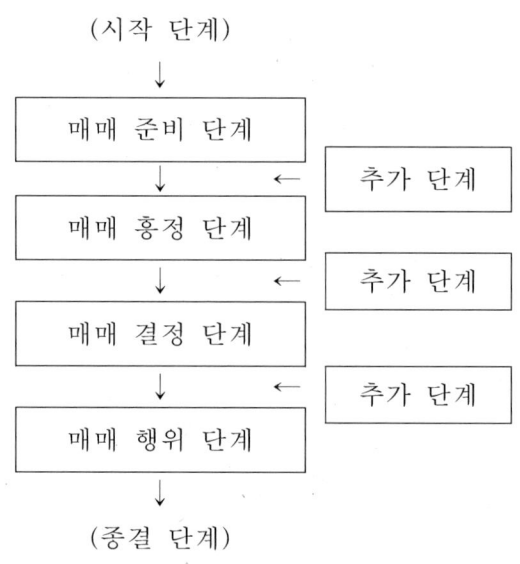

(시작 단계)
↓
매매 준비 단계
↓　←　추가 단계
매매 흥정 단계
↓　←　추가 단계
매매 결정 단계
↓　←　추가 단계
매매 행위 단계
↓
(종결 단계)

<그림 4> 추가에 의한 변이 구조

　지금까지 2장에서 논의된 내용을 정리하면 다음과 같다: 상거래 대화의 원형 구조를 '시작 단계 ― 매매 준비 단계 ― 매매 흥정 단계 ― 매매 결정 단계 ― 매매 행위 단계 ― 종결 단계'로 분석한다.. 이 가운데 시작 단계와 종결 단계는 필수 단계가 아니므로 생략이 가능하다. 매매 준비 단계는 매매 행위 수행을 위하여 판매자는 구매자를 매매 상황으로 끌어들여 정보를 제공하는 단계이고, 구매자는 욕구를 표현하며 정보를 수집하는 단계이다. 이 단계의 화제는 계층적이고 한정적인 것이 특징이다. 매매 흥

정 단계는 판매자와 구매자가 원하는 값으로 물건을 사고팔기 위하여 의논하여 값을 정하는 단계로 한국의 상거래 대화에서는 필수적인 성격이 강하기 때문에 원형 구조에 포함시킨다. 그러나 점점 흥정 단계는 생략되고 있는 추세이다. 매매 흥정 단계는 매매 준비 단계에서 다루어졌던 화제 가운데 한 가지로 정해지며 이 화제는 뒤의 매매 결정 단계와 매매 행위 단계의 화제로 계속 다루어지고 있다. 매매 결정 단계는 구매자의 주도로 이루어지는 단계로 구매자가 사고자 하는 물건을 결정하는 단계이다. 매매 행위 단계는 물건과 돈의 교환 행위가 이루어지는 단계로 행동이 주가 되는 단계이다.

실제 생활에서 접하는 상거래 대화는 무질서하게 존재하는 것처럼 보이나 이들 여섯 단계를 가지고 설명할 수 있다. 변이 구조는 진행 단계의 생략, 반복, 추가에 의해서 나타난다. 진행 단계의 생략은 시작 단계와 종결 단계, 매매 준비 단계 등의 생략이 가능하고, 매매 결정 단계와 매매 행위 단계의 생략은 거래의 실패를 의미한다. 진행 단계의 반복은 한 상점에서 여러 가지 물건을 사는 경우에 볼 수 있는데 매매 준비 단계와 매매 흥정 단계, 매매 결정 단계, 매매 행위 단계의 반복이 있다. 진행 단계의 추가에 의한 변이 구조는 배달을 하거나 매매 결정 후 정보를 제공하거나 할 때 추가 단계가 나타나며, 매매와 관련 없는 단계가 나타나기도 한다.

3. 상거래 대화의 진행 단계에 따른 화행

대화에서 선행 화자와 후행 화자가 수행하는 화행은 상호작용의 관점에서 논의되고 있다. [질문] 화행은 [대답] 화행을 필요로 하며, [명령]은 [수락] 또는 [거부] 화행을 필수적으로 요구하고 있는 것으로 파악되고 있다. 아울러 [진술] 화행도 [긍정]과 [부정]의 응대를 필요로 하고 있다(유동엽 1997, 이필영 1999, 장경희 1999c). 이 장에서는 상거래 대화의 화행에 대하여 상호작용의 관점에서 살펴보기로 한다. 이를 위하여 장경희 (1999b)에서 제시한 '응대' 화행의 개념을 도입하기로 한다.30) 응대 화행은 대답, 수락, 거부, 동의 등의 화행을 말하는데 이들의 공통 특성은 정보 접수 요구, 정보 제공 요구, 정보 판정 요구, 행동 실행 요구 등의 화행에 부응하여 수행된다는 점이다. 또한 응대 화행의 특성은 응대 화행을 수행하는 화자의 발화 행위가 발화 교환 행위의 후반부를 이루며 발화 교환 행위를 완성하게 된다는 것이다.

이 장에서는 상거래 대화에서 수행되는 화행의 일반적인 특징부터 살펴본다. 특정 목적이 있는 대화는 화행에서도 그 목적 달성을 위한 화행들이 출현할 것이다. 상거래 대화에서 나타나는 화행의 유형과 이들의 출현 빈도를 조사한 후, 다른 목적 대

---

30) 대화에서 응대의 필요성은 신현숙(2001: 267-288)에서도 지적한 바 있다. 신현숙(2001)에서는 담화 대용 표지 {그래}가 [담화대용]과 [담화연속]이라는 두 가지 추상의미를 가지고 있기 때문에 {그래}를 사용하여 선행 화자의 발화에 관심을 보이거나 대화를 이어가는 것이 원활한 대화 진행에 도움이 된다고 한다.

화와의 비교를 통해 상거래 대화만이 지닌 고유 특성은 무엇인
지 밝혀내고자 한다.

그러나 빈도 조사는 화행의 전반적인 특징은 고찰할 수 있지
만 대화에서 화행이 수행되는 역동적인 양상은 설명할 수 없다.
진행 단계 구조를 지닌 상거래 대화는 진행 단계에 따라 화행
과 응대의 양상이 다를 것이다. 따라서 이 장에서는 상거래 대
화 화행의 빈도 조사를 살펴본 후, 진행 단계에 따른 화행과 응
대 양상에 대해 논의하기로 한다.

3.1 상거래 대화 화행의 일반적 특징

상거래 대화 화행의 일반적 특징을 화행 유형과 빈도 조사를
통하여 살펴보기로 한다. 특정 목적을 수행하는 대화는 각 대화
마다 나타나는 화행의 유형과 빈도가 다를 것이기 때문이다.

3.1.1 화행 유형

상거래 대화에서 사용되는 화행의 유형을 진술－긍정/부정, 질
문－대답, 요구－수락/거절, 확인요구－ 확인 등의 선행 화행과
후행하는 응대 화행과의 관계를 중심으로 구분한다. 즉 대화에서
수행되는 화행을 상호작용적인 관점에서 분석하는 것인데, 이 연
구에서 설정한 상거래 대화의 화행 유형과 정의는 다음과 같다.31)

---

31) 서정연(1993)에서 구매 또는 상담의 대화 자료에 사용된 화행의 유
형으로 '응답, 질문, 호응, 정보 제공, 확인 질문, 확인, 요청' 등을
분류하고 있다.

〈표 5〉 상거래 대화의 화행 유형과 정의

화 행	정 의
진 술	명제 내용이 나타내는 사태가 사실임을 주장하거나 사실 가능한 것임을 주장하는 화행
긍 정	진술의 내용이 사실임을 긍정하는 응답의 화행
부 정	진술의 내용이 사실임을 부정하는 응답의 화행
질 문	화자가 청자에게 의문사에 해당하는 정보나 예-아니오의 응답을 요구하는 화행
대 답	질문 화행에 대한 응답의 화행
요 구	화자가 청자에게 어떤 행위를 요구하는 화행
수 락	요구 화행에 대하여 받아들인다는 화행
거 절	요구 화행에 대하여 거절한다는 응답의 화행
확인요구	선행 발화나 대화 현장에서의 사물에 대하여 확인을 요구하는 화행
확 인	확인요구 화행에 대한 응답의 화행
인 사	인사말에 해당하는 화행
맞 장 구	선행 화자의 발화 행위를 지지하거나 동의하는 화행

〈표 5〉에서 제시한 화행 유형 가운데 설명이 필요한 몇 가지만 구체적으로 살펴보면, [진술] 화행은 사태가 사실임을 진술하거나 주장하는 화행으로 상거래 대화 속에서는 상품에 대한 정보를 진술하기 위해 주로 사용되고 있다. 특히 판매자가 구매자의 요구가 없는데도 정보를 제공하는 예가 많이 나타난다.

(22) [대화 상황//장소: 도매시장/물건: 옷]
　　①구매자: 이런 건 얼마 하는데요?
　　②판매자: 요거는 좀 가격이 쎄 9만 8천 원. **요거는**　← [진술] 화행

이 밑에 털 같은 거 붙이는 거 수공 다
받고 하는 거기 때문에 시간이 많이 걸
려요. 운임이 좀 많이 들어가요. 그 대
신 이런 거는 한 번 하시면 후회는 안
하지. 아이 고급스럽고 요런 건 오래
입잖아요 요거는 밑에 가면은 폴라포
리스 같은 걸로 만들어 주고 있는데 그
런 거는 한 번만 입으면은 다 일어나요
이거는 모직이잖아. 소재두 좋은 거구
코트 가격이라 생각하시면 돼요.
　③구매자: 가격이 너무 비싸요.　　　<자료 40>

(22)에서 판매자는 구매자의 [질문] 화행에 가격이 9만 8천 원
이라고 [대답]을 한다. 이어서 판매자는 구매자에게 [진술] 화행
으로 상품에 대한 자세한 정보를 제공하고 있다.

　[진술] 화행은 판매자와 구매자가 대화 현장에서 자신의 의견
이나 행동, 감정 등을 진술할 때 사용되기도 한다.

(23) [대화 상황//장소: 노량진 수산 시장/물건: 조개]
　①판매자: 아, 그럼 괜찮은데. 이거 까서 보여
　　　　　드릴께요. 그리고 이게 수명이 저거
　　　　　보다 짧아요 저고는 수명이 3일 가
　　　　　는데 이건 명이 하루밖에 못가. 그
　　　　　냥 이렇게 약간씩 뻘이 있어 이렇
　　　　　게 씻어

　　　　　　　　　　　{구매자: 음}
　②구매자: **아 저거 되겠구나 모래가 씹히는구나.**　　← [진술] 화행

③판매자: 모래는 안 씹히는데 해금을 좀 소금
　　　　물에 간해 해보면 안 씹히는데 근데
　　　　근데 전혀 조개가 뻘없다는 말은 거
　　　　짓말이에요. 알은 이렇게 좋은데 이
　　　　게 물어밭이라구 수명이 짧아요.

〈자료 81〉

(23)의 ②에서 조개에 대하여 자세하게 설명하는 판매자의 발화
에 뒤이어 구매자는 수집한 정보와 관련하여 자신이 현장에서
인식하게 된 내용에 대하여 진술하고 있다.

　상거래에서 [진술] 화행은 명제 내용이 평가의 내용으로 이루
어지기도 한다.

(24) [대화 상황//장소: 백화점/물건: 옷]
　①구매자1: 요건 얼마야 언니야
　②판매자: 그게 218,000원
　③구매자1: 218,000원
　④구매자2: **비싸다**　　　　　　　　　　← [진술] 화행
　⑤구매자1: **너무 비싸다**　　　　　　　　← [진술] 화행

〈자료 14〉

(24)에서 구매자는 판매자가 제공한 가격 정보에 대하여 비싸다
는 평가를 [진술] 화행으로 수행하고 있다.

　다음은 [요구] 화행에 대하여 살펴본다. 상거래 대화에서의 요
구의 대상은 여러 가지가 있다. 물건을 사라는 요구를 할 수 있
고, 물건을 달라는 요구를 할 수도 있다. 이와 더불어 돈을 달라
고 요구하는 경우도 있다. [요구] 화행은 '-주세요, -해라'와

같은 언어 형식으로 실현되는데 물건 값을 요구하는 언어 형식으로는 '얼마 주세요'의 [요구] 화행의 언어 형식뿐만이 아니라 '-입니다'의 [진술] 화행의 언어 형식으로 나타난다.32)

(25) [대화 상황//장소: 빵집/물건: 빵]
　①판매자: 다 요거 같이 하신 건가? **7천 6백 원이요.**

　　　　　　　　　　　　　　　　　← [요구] 화행

　②구매자: 7천 6백 원이요.
　③판매자: 예
　④판매자: 감사합니다.　　　　　<자료 50>

대화 (25)에서 판매자의 발화 ①인 {7천 6백 원이요}는 {7천 6백 원 주세요}의 기능을 수행하는 것이기 때문에 [요구] 화행으로 본다.

　[요구] 화행에 대한 응대인 [수락]과 [거절]은 언어적 형식 없이 행동으로만 이루어지기도 한다. 이처럼 행동으로 이루어진 [수락]과 [거절]도 모두 화행 유형에 포함시킨다.

(26) [대화 상황//장소: 동네 가게/물건: 과일]
　①구매자: 천 원에 4개요. 3천 원어치 주세요.

　　<>

　((판매자 과일을 담는다))　　　　← [수락] 화행
　②판매자: 으차.
　③구매자: 왜 더 주실려다 마세요?　<자료 49>

---

32) 그러나 물건 값을 묻는 질문에 대한 [대답] 화행에 나타나는 물건 값은 [대답] 화행으로 본다.

(26)에서 {3천 원어치 주세요}라는 구매자의 [요구] 화행에 판매자는 언어적인 수락 표지를 사용하지 않고 행동으로 [수락]을 수행하고 있다. 이때의 [수락]도 [요구] 화행에 대한 [수락]이기 때문에 비록 언어적 표지가 없어도 [수락] 화행으로 본다.

상거래 대화에서 볼 수 있는 [확인요구] 화행은 선행 화자의 발화만을 확인하려는 것이 아니라 현장에서의 사물을 확인하려는 경우에도 사용된다.

(27) [대화 상황//장소: 화장품 소매점/물건: 화장품]

①구매자: 어떤 거요?

②판매자: 그거 지금 사는 거.

③구매자: **이거요?**   ← [확인요구] 화행

④판매자: 응. 립라인 어떤 색깔 쓰세요?

<자료 51>

(27)의 대화는 판매자가 물건에 대하여 설명을 하고 있는데 구매자가 구체적으로 어떤 물건인지를 묻고 있는 상황이다. 이때 구매자의 질문에 판매자는 구매자가 지금 사고 있는 물건이라고 대답하자 구매자는 물건을 직접 가리키며 지시어 {이거}를 사용하여 판매자에게 확인을 요구하고 있다.33) 이와 같은 현장

---

33) 이와 같이 상거래 대화에서는 장면에 의존하여야만 사용할 수 있는 비언어적 지시어가 자주 사용된다. <1>의 '그거, 그, 요거, 고, 그게, 이게' 등은 장면을 공유하지 않고서는 무엇을 지시하는지 알 수 없는 것들이다.

　<1> [대화 상황//장소: 금은방(종로3가)/물건: 패물]

　　①구매자1: 어떤 거?

　　②구매자2: 그거랑 그 밑에 있는 거 그거 하구요

　　③판매자2: 요거?

　　④구매자2: 네. 고 밑에 아니 네 그거요

지시 확인 요구도 [확인요구] 화행에 포함시킨다.

　제시한 화행 유형 가운데 마지막으로 [맞장구]에 대하여 살펴보기로 한다. [맞장구]는 화자의 발화를 듣고 있는 청자가 화자의 발화 행위를 계속하라고 지지하고 있거나 화자의 발화 내용에 동의하는 화행이다(김순자 1999). 이들 [맞장구]는 [진술] 화행의 응대 화행인 [긍정]과 비슷한 언어 형식을 가지고 있다. 그러나 이 둘 사이에는 뚜렷한 차이점이 존재한다. [긍정] 화행은 말차례를 가지지만 [맞장구]는 그렇지 않다는 점이다. [긍정] 화행 다음에는 말차례를 가진 화자가 대화를 계속 진행시킬 수 있지만 [맞장구] 화행을 통해서는 말차례를 가져오지 못하고 말차례를 가진 선행 화자가 계속 대화를 진행한다. 또한 이들은 나타나는 위치에서도 차이가 난다. [긍정] 화행은 선행 화자의 발화가 끝난 다음에 나타나지만 [맞장구]는 문장 종결, 연결어미 뒤에서 나타난다(김순자 1999: 62-67). 심지어 선행 화자의 발화와 겹쳐 나타나기도 한다.

(28) [대화 상황//장소: 남대문 시장/물건: 옷(남방)]
　①구매자: 이게 더 난거 같애 이건 얼마에요?

―――――――――――――――――

　　< >
　　⑤구매자1: 그게 그게 이거 이거 아이가
　　⑥구매자2: 아니 쫌 달라요.　　<자료 25>
　　상거래 대화에서 비언어적 지시어 사용이 많다는 것은 대화의 총 어절 가운데 비언어적 지시어가 차지하는 비율을 보면 알 수 있다. 이 사실은 일상 대화나 통신 대화와 비교하면 보다 뚜렷이 그 차이를 알 수 있다. 자료 88개를 개략적으로 조사해 본 결과, 상거래 대화에서 비언어적 지시어는 약 20% 정도가 사용되는데, 박성현(1996)의 자료6을 분석한 일상 대화에서는 비언어적 지시어가 5.84%가 차지하고 있다. 또한 시간은 공유하지만 공간을 공유할 수 없는 통신 대화는 전은진(2000)의 갈무리 자료를 분석한 결과 비언어적 지시어가 6.53%가 차지하고 있다.

②판매자: 고건 7천 원
③구매자: **이건 7천 원이요.** 예쁘다 이거.　←[긍정] 화행
＜자료 23＞

(29) [대화 상황//장소: 남대문 시장/물건: 옷]
①구매자: 어떻게 짤러?
②판매자: －짤르는 거를 짤르질 말고 세
　　　　탁소 가서 요로케 해서 싹 때
　　　　려 갖고 요기다 스티치 때려달
　　　　　　{구매자: **그렇겠다**}　　　←[맞장구]
　　　　라고 그래요 그러면 이러케 덧
　　　　입은 느낌 그러면은 오히려 더
　　　　　　　　{구매　　　←[맞장구]
　　　자: **아아 응응**}
　　　이뻐요. 짤라서 이거 프릴 넣고
　　　그를래믄 돈 더 들구 그냥 이
　　　러케 접어서 기장 원하는 만큼
　　　요로케 해갖구 싹 때려 주믄
　　　　{구매자: **응**}　　　　　←[맞장구]
　　　속에다 속치마 덧입은 느낌.＝
＜자료 20＞

(28)의 대화에서 구매자의 발화 (28)의 ③은 판매자의 발화에
동의하는 것으로 이때의 반복 표현은 [긍정] 화행을 수행하는
것이다. 구매자는 말차례를 가지고 있기 때문에 {예쁘다 이거}
와 같은 후행 발화를 계속 하고 있다. (29)의 대화는 구매자가
옷의 길이가 길다고 하자 판매자가 자르는 방법에 대해서 자세

하게 설명하고 있다. 판매자의 자세한 정보 제공에 구매자는 청
자로서 대화를 듣고 있다는 표시 내지는 의견에 동의한다는 표
시로 {그렇겠다, 아아 응응, 응} 등을 사용해 [맞장구]를 치고
있다. 그러나 이때 구매자는 말차례를 가져오지 못하고 있다.

이상과 같이 상거래 대화에서는 [진술]-[긍정]/[부정], [질문]
-[대답], [요구]-[수락]/[거절], [확인요구]-[확인], [인사], [맞
장구] 등의 화행 유형이 나타남을 알 수 있다. 이제 이 화행 유
형을 가지고 빈도를 조사해 보기로 한다.

3.1.2 화행 빈도

화행 빈도 조사는 대화 유형에 따른 대화의 특징을 보여준다.
매매 행위를 목적으로 하는 상거래 대화의 화행 빈도를 조사하
여 이를 다른 목적 대화와 비교하면 주된 화행이 무엇인지 드
러나 상거래 대화 고유의 특징이 밝혀질 것이다.[34]

상거래에서 나타나는 화행 빈도 조사는 구매자와 판매자의
대화를 대상으로 한다. 판매자와 구매자의 대화 역할에 따른 특
징이 파악하기 위한 것이기 때문에 구매자끼리의 대화, 판매자
끼리의 대화는 제외한다. 단 구매자 사이의 대화에 판매자가 응
대를 하는 경우는 포함시킨다.

(30) [대화 상황//장소: 동네 시장/물건: 달걀]
　①구매자2: 달걀도 가져가자 달걀 응? 달

---

34) 화행 빈도는 대화의 처음부터 끝까지 모두 전사한 자료를 대상으
로 한다. 앞부분이나 뒷부분이 짤린 대화 자료는 빈도 조사에서 제
외한다. 전체 88개의 대화 가운데 47개가 구매가 성립된 대화이고,
41개가 구매가 성립되지 않은 대화인데 빈도 조사는 이중 각각 37
개, 32개를 대상으로 실시한다.

　　　　　　걀 한판 가져갈까?

②구매자1: 응

③구매자2: 반판

④구매자2: 달걀도 반판 주시구요.

<자료 60>

(31) [대화 상황//장소: 남대문 시장/물건: 옷]

　①구매자1: 저 쫌 뚱뚱해 보일 것 같지

　　　　　　않냐? [봐봐

　②판매자:　　　　[[아니 전혀 안 뚱뚱해 보여요.

<자료 20>

(30)의 대화는 구매자가1, 2가 서로 구매할 물건에 대해 대화하는 것이기 때문에 화행 계산에서 제외한다. 반면에 (31)의 대화는 구매자가 2명인 경우인데 구매자1이 동행한 친구인 구매자2에게 자신이 선택한 옷에 대한 의견을 묻고 있다. 이에 구매자2가 응대한 것이 아니라 판매자가 응대하여 구매자와 판매자의 대화가 이루어졌기 때문에 화행 빈도에 포함시킨다.

　상거래 대화의 화행 빈도를 조사한 결과는 <표 6>과 같다.

〈표 6〉 상거래 대화에 나타난 화행의 출현 빈도와 백분율

순 위	화 행	출현 빈도	백분율(%)
1	진 술	965	26.4
2	질 문	726	19.9
3	대 답	559	15.3
4	요 구	276	7.6
5	맞 장 구	230	6.3
6	긍 정	209	5.7
7	확인요구	189	5.2
8	확 인	159	4.4
9	수 락	130	4.6
10	부 정	90	2.5
11	거 절	66	1.8
12	인 사	50	1.4
합 계		3,649	100.0

위 표를 보면 상거래 대화에서는 [진술] 화행이 가장 많이 나타
남을 알 수 있다. 상거래 대화에서 [진술] 화행은 판매자와 구매
자가 정보를 제공하기 위해서나, 자신의 의견 또는 인지 내용을
진술하기 위해서 사용하고 있다. 또한 '비싸다, 예쁘다'와 같이
가격이나 물건에 대한 평가를 위해서도 사용하고 있다. 그 다음
으로 [질문] 화행과 [대답] 화행이 높은 빈도로 나타나는데 판매
자와 구매자가 정보 제공과 정보 수집을 위하여 이들 화행을
많이 사용한 것으로 보인다. 네 번째 고빈도 화행은 [요구] 화행
이다. 판매자가 구매자에게 물건을 구매하라고 요구하기도 하고,
구매자가 물건을 사기 위하여 판매자에게 요구하기도 하며 [요
구] 화행을 사용하고 있다. 상거래 대화에서는 [맞장구]가 많이

나타나는 것 또한 특징적인데, 이는 [진술] 화행이 많이 나타나
는 것과 관련지어 생각해 볼 수 있다. 화자가 [진술] 화행을 수
행할 때 청자는 말없이 듣기만 하는 것이 아니다. 화자의 발화
를 듣고 있다는 표시를 하여야 하는데 이것이 [맞장구]이다. [진
술] 화행이 가장 높은 빈도로 사용된 상거래 대화에서 [맞장구]
는 당연히 많이 출현하게 되는 것이다. 그리고 [확인요구] 화행
이 다음 빈도로 나타나는데 이는 특정 목적을 수행하는 대화가
가진 특징 중의 하나이다(이현호 1998: 147). [확인요구] 화행은
최재웅(1996)에서 분석한 호텔 예약 대화에서도 관찰되었는데,
호텔 예약 대화의 경우도 요금, 날짜, 방의 종류 등 정확하게 확
인해 두어야 할 사항들이 정해져 있고 이들 정보를 확인하는
화행의 수행은 빈번하기 때문에 나타난다고 한다. 이와 마찬가
지로 상거래 대화에서도 매매를 위하여 판매자와 구매자는 물
건 종류, 가격 등 확인할 사항들이 있기 때문에 [확인요구] 화행
이 많이 사용하는 것이다.

　매매 행위라는 목적이 존재하는 상거래 대화의 화행 빈도는
일상 대화와 비교해 보면 그 특성이 보다 뚜렷해진다. 이 연구
에서는 일상 대화의 예로 이현호(1998)에서는 분석한 방송 대담
프로그램과 비교해 보기로 한다.35) <표 7>은 이현호(1998)에서
제시한 방송 대화의 화행 분석 결과이다.36)

---

35) 이현호(1998)에서는 토크쇼라는 비교적 형식이 자유로운 방송 대담
　　프로그램을 분석하며 일상 대화와 크게 다르지 않다고 전제하면서
　　논의를 진행시키고 있는데, 일상 대화의 화행 빈도를 조사한 결과
　　가 없기 때문에 이 연구에서는 이를 활용하였다.
36) <표 7>은 이현호(1998: 147)에 제시된 것을 연구자가 고빈도순으
　　로 재배열한 것이다.

〈표 7〉 방송 대화에 나타난 화행의 발현빈도수와 백분율

화 행	발현빈도수	백분율(%)
정보제공	3,357	46.7
질문(정보요구)	1,856	25.8
응 답	1,379	19.2
요 청	269	3.7
확인응답	162	2.3
확인질문	164	2.3
합 계	7,187	100

<표 12>의 결과는 <표 11>과 비교해 볼 때 출현 화행의 종류와 빈도에서 뚜렷한 차이를 보이고 있다. 우선 정보 제공 화행이 46.7%로 거의 절반을 차지하고 있어 26.4%의 상거래 대화에 비해 두 배 가까이 나타나고 있다. 또한 매매 행위를 목적으로 하는 상거래 대화에서는 [요구] 화행과 이에 대한 [수락]과 [거절] 화행, 그리고 [확인요구], [확인] 화행이 출현하는데 비해, 방송 대화에서는 이들 화행은 거의 볼 수 없거나 낮은 빈도로 출현하는 것을 볼 수 있다.

상거래의 대화 참여자인 판매자와 구매자는 대화 목적이 다른 만큼 수행하는 화행의 양상도 다르다. 이들의 화행 수행상의 특징을 보기 위해 판매자와 구매자로 나누어 출현 화행을 고빈도 순으로 정리하였다(<표 8> 참조). 결과의 비교를 용이하게 하도록 하기 위해 그림으로 나타내면 <그림 5>와 같다.

〈표 8〉 판매자와 구매자에 따른 화행의 출현 빈도

순 위	판매자		구매자	
	화 행	출현 빈도(%)	화 행	출현 빈도(%)
1	진 술	691(34.7)	질 문	452(27.3)
2	대 답	385(19.3)	진 술	274(16.5)
3	질 문	274(13.8)	맞장구	183(11.0)
4	요 구	114(5.7)	대 답	174(10.5)
5	긍 정	110(5.5)	요 구	162(9.8)
6	확 인	93(4.7)	확인요구	106(6.4)
7	확인요구	88(4.2)	긍 정	99(6.0)
8	수 락	74(3.7)	확 인	66(4.0)
9	거 절	47(2.4)	수 락	56(3.4)
10	맞장구	47(2.4)	부 정	49(3.0)
11	부 정	41(2.1)	거 절	19(1.1)
12	인 사	33(1.7)	인 사	17(1.0)
	합 계	1,992(100.0)	합 계	1,657(100.0)

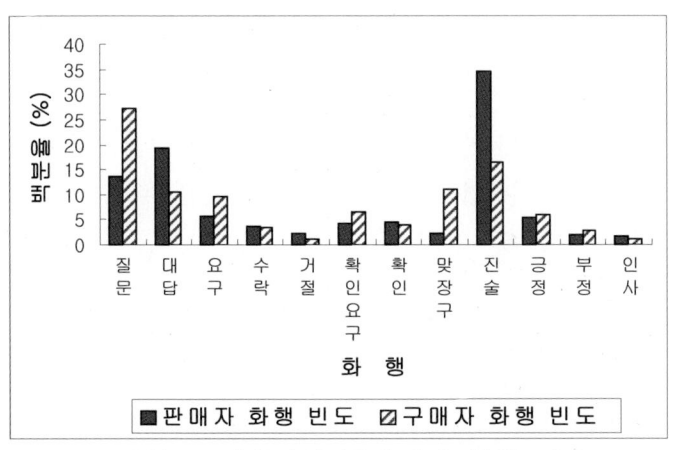

<그림 5> 판매자와 구매자의 화행 비교

분석 결과를 보면, 고빈도 화행의 유형과 순위에서 차이가 나는 것을 알 수 있다. 판매자는 고빈도 화행이 '진술>대답>질문'의 순으로 나타난 반면에, 구매자는 '질문>진술>맞장구'의 순으로 나타나고 있다. 판매자의 화행에서는 [진술] 화행과 [대답] 화행이 각각 34.7%와 19.3%로 가장 높은 빈도를 나타내고 있다. 판매자가 구매자에게 정보를 제공하는 역할을 하기 때문인 것으로 추측된다. 이에 반해 구매자의 화행에서는 정보 수집을 위하여 [질문] 화행이 27.3%로 가장 높은 빈도로 사용되고 있고, [요구] 화행이 판매자보다 높은 비율로 수행되고 있다. 특징적인 점은 [맞장구]를 구매자가 판매자보다 많이 사용한다는 사실이다. 판매자가 판매를 위해 구매자의 말에 맞장구를 더 적극적으로 수행할 것이라 예상되었지만 결과는 정반대로 나왔다. 이와 같은 결과는 앞서 판매자의 화행 중 [진술] 화행이 가장 많이 출현하는 것과 관련지어 설명할 수 있다. 판매자가 [진술] 화행으로 제공하는 정보를 받는 구매자는 정보를 제공받는 과정에서 청자로서 [맞장구]를 수행하는 것이다. [맞장구]의 기능이 발화 내용 지지와 발화 내용 동의로 나누어 볼 수 있는데, 이 가운데 상거래에서는 구매자가 발화 행위 지지의 기능을 수행하며 사용하는 것으로 보인다.

상거래 대화에서는 구매 성사 여부에 따라서도 화행에서 다른 특징을 보인다. 화행 빈도를 정리한 것을 보면 다음과 같다 (<표 9>, <그림 6> 참조).

<표 9> 구매 여부에 따른 화행의 출현 빈도

순위	구매 성립		구매 실패	
	화 행	출현 빈도(%)	화 행	출현 빈도(%)
1	진 술	800(26.2)	진 술	165(27.8)
2	질 문	591(19.3)	질 문	135(22.7)
3	대 답	462(15.1)	대 답	97(16.3)
4	요 구	240(7.9)	요 구	36(6.1)
5	맞장구	208(6.8)	확인요구	33(5.6)
6	긍 정	183(6.0)	긍 정	26(4.4)
7	확인요구	156(5.1)	부 정	26(4.4)
8	확 인	134(4.4)	확 인	25(4.2)
9	수 락	110(3.6)	맞장구	22(3.7)
10	부 정	64(2.1)	수 락	20(3.4)
11	거 절	61(2.0)	거 절	5(0.8)
12	부 정	46(1.5)	인 사	4(0.7)
합 계		3,055(100.0)	합 계	594(100.0)

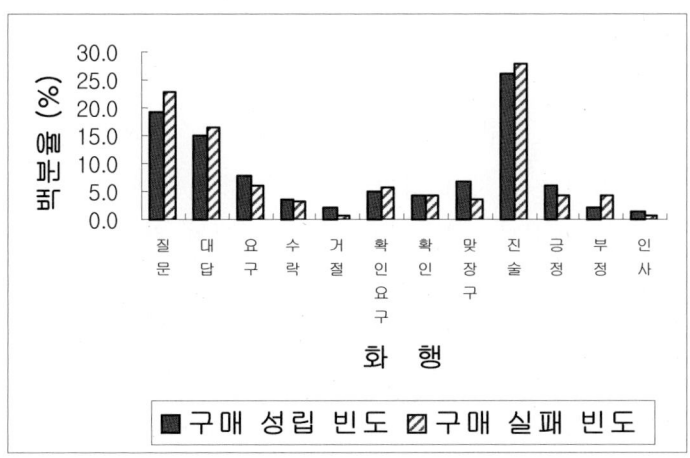

<그림 6> 구매 여부에 따른 화행 비교

구매가 성립된 경우와 실패한 경우는 화행의 총합에서부터 차이가 난다. 구매가 이루어진 대화는 37개이고, 구매가 이루어지지 않은 대화는 32개인데 발화의 합계에서 각각 3,055개와 594개로 크게 차이가 나고 있다. 구매 성사 여부가 대화의 지속에 영향을 주어 실제 수행된 발화의 수에서 차이가 나는 것이다.

구매 여부에 따른 화행 빈도의 특징을 살펴보면, 구매에 실패한 경우는 [진술], [질문], [대답], [확인요구] 화행이 구매를 성립한 경우보다 높게 나타난다. 그리고 [요구] 화행은 구매를 한 경우가 구매를 안 한 경우보다 높게 나타난다. 두 사실을 종합해 보면, 구매 실패 시에는 정보 수집과 정보 제공으로 대화가 끝난다는 것이다. 그러나 구매를 한 경우에는 [진술], [질문], [대답] 화행뿐만이 아니라 물건을 사라고 또는 가격을 깎아 달라고 요구해야 하기 때문에 [요구] 화행이 구매를 안 한 경우보다 더 높은 빈도로 나타나는 것이다. 그리고 흥미로운 사실은 [맞장구]가 구매를 성립한 경우에 더 많이 나타나고, [진술] 화행이 구매에 실패한 경우에 많이 나타난다는 점이다. 앞서 설명한 [진술] 화행이 많을수록 [맞장구]가 많다는 [맞장구]와 [진술] 화행과의 관계와 어긋나는 결과가 나온 것이다. [진술] 화행에 대한 [맞장구]는 화자의 발화를 듣고 있고 화자로 하여금 계속 발화하도록 하는 기능을 수행하는 것인데, 매매가 이루어지지 않는 상황에서는 청자가 화자의 [진술] 화행이 계속 진행되기를 바라지 않기 때문에 자연히 [맞장구]를 치지 않는 것으로 보인다. 따라서 구매를 하지 않은 경우에 [진술] 화행이 더 많이 나타났는데도 불구하고 [맞장구]는 적게 나타나고 있다.

지금까지 상거래 대화의 화행 유형과 빈도를 조사하여 이를 방송 대화와 비교해 보았다. 그 결과 대화 목적이 다른 두 대화는 각각 화행 유형과 빈도에서 차이를 보여주고 있었다. 그러나 화행 유형과 빈도 조사만으로는 개별 화행과 이에 대한 응대의 구체적인 양상을 고찰할 수 없다. 다음의 [질문] 화행이 실현된 두 가지 자료를 살펴보기로 한다.

(32) [대화 상황//장소: 동네 가게/물건: 귤]
　①구매자: 얼마예요?　　　　　　　　　← [질문] 화행
　②판매자: 천 원에 4개요.　　　　　　　← [대답] 화행
　　　　　　　　　　<자료 49>

(33) [대화 상황//장소: 동네 가게/물건: 빗]
　①구매자: 롤빗 있어요?　　　　　　　　← [질문] 화행
　②판매자: 롤빗이요?　　　　　　　　　← [확인요구] 화행
　③구매자: 예　　　　　　　　　　　　← [확인] 화행
　④판매자: 네　　　　　　　　　　　　← [대답] 화행
　　　　　　　　　　<자료 36>

실제 상거래에서는 (32)와 같이 [질문] 화행에 대하여 [대답] 화행이 나타나기도 하지만, (33)과 같이 [질문] 화행 다음에 [대답] 화행이 아닌 [확인요구] 화행과 [확인] 화행이 나타나기도 한다. 그리고 이와 같은 화행과 응대 양상은 진행 단계에 따라 다를 것이다. 이제 진행 단계에 따른 화행과 응대에 대하여 살펴보기로 한다.

3.2 진행 단계에 따른 화행

상거래 대화는 진행 단계에 따라 나타나는 화행과 이에 대한 응대 양상이 다르다. 여기에서는 각 단계별 화행과 응대에 대하여 살펴보기로 한다.

3.2.1 시작 단계

상거래 대화의 시작 단계는 판매자가 시작하는 대화에서 더 많이 볼 수 있다. 이때 시작 단계에서 판매자는 주로 [인사] 화행을 수행한다.37) 상거래 대화에서 수행되는 [인사] 화행은 {어서 오세요}가 대부분을 차지한다.

(34) [대화 상황//장소: 도매 시장/물건: 액세서리]
　　①판매자: **어서 오세요.**　　　　　　← [인사] 화행
　　②구매자: 이런 목걸이는 어느 정도 하나요?
　　　　　　　　　　　　　　　　<자료 42>

(35) [대화 상황//장소: 분당 삼성 플라자/물건: 컵]
　　①판매자: **어서 오십시오.**　　　　　← [인사] 화행
　　②구매자1: 이런 거 어때? 이건 어때?
　　③구매자2: 괜찮아 5갠가 부다.　<자료 3>

---

37) Ventola(1979)에서는 '부름말, 인사, 접근, 신분 확인'으로 대화가 시작된다고 하였다.

(36) [대화 상황//장소: 도매 시장/물건: 액세서리]

　①판매자: **어서 오세요.**　　　　　　　← [인사] 화행

　②구매자: ((물건을 본다))

　③판매자: 메 보세요 언니. 2만 3천 원이요.

　　　　샤넬라인 (여기) 짤라드리고요.

　　　　　　　{구매자: 응}

　　　　　　　<자료 45>

(34-36)의 자료는 모두 시작 단계를 볼 수 있는 대화이다. 세 대화 모두 판매자는 {어서 오세요}라는 [인사] 화행으로 대화를 시작하고 있다.

　판매자의 [인사] 화행에 대한 구매자의 응대를 살펴보면, 구매자는 (34)와 같이 [인사] 화행에 대한 응대가 아니라 매매 준비 단계로 들어가는 질문을 하거나, (35)와 같이 응대를 하지 않은 채 동행한 다른 구매자에게 의견을 묻거나, (36)과 같이 물건을 보는 행위를 하거나 한다. 모두 판매자의 [인사] 화행에 응대를 하지 않은 것으로 볼 수 있다. 그러나 이는 구매자가 판매자의 [인사] 화행에 응대를 하지 않는다기보다는 {어서 오세요}라는 [인사] 화행의 인접쌍이 없는 것으로 보는 것이 더 타당하다고 본다. {어서 오세요}에는 다른 [인사] 화행인 {안녕하세요-안녕하세요}, {안녕히 가세요-안녕히 계세요}와 같은 [인사]의 인접쌍이 없기 때문이다.[38)]

---

38) 조선일보사/국립국어연구원 편(1992: 394-398)에서 '어서 오세요'라는 [인사] 화행이 사용되는 또 다른 상황은 일반 가정에 손님이 방문하였을 때라고 한다. 이때 집주인의 '어서 오세요'라는 [인사] 화행에 손님은 '네, 안녕하세요'와 같은 응대를 할 수 있다고 한다. 인사에 대한 응대가 상거래 대화에서와 일상 대화에서 다르게 나타나고 있는 것이다.

 구매자가 대화를 시작하는 경우에는 '부름말'을 사용하는 경우가 많다.39) 판매자가 시작 단계의 여러 요소 중 [인사] 화행으로 시작하는 것과는 다른 점이다.

(37) [대화 상황//장소: 백화점/물건: 옷]
 ①구매자: **언니야**   ← 부름말
 ②판매자: 네
 ③구매자: 요거 요거 회색 반코트 있죠?
 ④판매자: 예   <자료 16>

(38) [대화 상황//장소: 전주 중앙시장/물건: 오이]
 ①구매자: **아줌마**   ← 부름말
 ②판매자: 예
 ③구매자: 오이 이거 얼마에요?
 ④판매자: 이천 원   (안정근 1997: 327)에서 재인용

자료 (37)의 ①, (38)의 ①에서는 구매자는 각각 판매자를 {언니야}, {아줌마} 등의 부름말을 사용해 대화에 끌어들이며 시작하고 있다.40) 구매자의 부름말에 판매자는 {네}, {예}로 응대를 하고 있다.41)

---

39) 상거래 대화의 시작 단계에서는 일상 대화에서 볼 수 있는 신분 확인이나 안부 등은 나타나지 않는다.
40) 부름말은 대화를 시작하기 위하여 상대방의 주의를 끌거나 또는 대화 중 자신의 감정을 표현하는 기능을 수행하는 것으로 자신과 상대방과의 관계, 그리고 주어진 상황에 따라 적절한 부름말의 형태가 존재한다.
41) 수집한 자료에서는 구매자의 부름말에 대한 판매자의 응대가 '네' 밖에 없었지만 그밖에도 '어서오세요'와 같은 인사로 응대하는 것이 가능하다고 예상된다.

3.2.2 매매 준비 단계

매매 준비 단계의 화행을 판매자와 구매자로 나누어 살펴본다. 매매 준비 단계에서 판매자는 구매자를 매매 상황으로 끌어들이고, 이들의 욕구를 탐색하며, 정보를 제공한다. 구매자를 유인하는 화행에는 [진술] 화행을 통한 정보 제공 화행이나 평가화행이 있다. 그밖에 [요구] 화행도 있는데 이들 화행은 상거래를 구성하는 요인인 물건의 존재, 물건의 가격에 대한 정보를 제공하거나 평가하고, '물건을 고르다, 물건을 보다'와 같은 매매를 구성하는 행위를 요구한다.

(39) 감자가 한 근에 천 원입니다/아가씨   ← [진술] 화행
　　　아가씨 오징어도 있어요

(40) 감자가 쌉니다/맛좋은 감자가 있습니다   ← [진술] 화행

(41) 골라 골라/감자 좀 사세요/감자 좀   ← [요구] 화행
　　　들여가세요/한 번 보세요/한 번 입
　　　어 보세요/아가씨 한 번만 딱 보고
　　　가요/아가씨 여기 만 원씩만 주세
　　　요 만 원씩 만요 진짜 두 마리에
　　　만 원 주세요/아니 진짜 싸게 줄게
　　　이쪽도 한 번 보고 가야지

(39)의 자료에서 판매자는 상거래 현장에서 {감자가 한 근에 천원입니다}, {오징어도 있습니다}와 같은 정보를 [진술] 화행으로제공하고 있다. (40)은 {감자가 쌉니다, 맛좋은 감자가 있습니

다}와 같은 평가를 덧붙여 제공하고 있으며, (41)은 {골라, 사세요, 보세요, 만 원씩만 주세요}와 같이 매매를 위하여 수행하는 행위를 요구하고 있다. (39-41)에서 나타난 화행들을 통해서 판매자는 구매자를 매매 상황으로 끌어들이려 하고 있다.

이에 대한 응대로, 구매자는 [질문] 화행을 수행한다. 매매에 관심을 보여 [질문] 화행으로 자신의 욕구를 드러내어 매매를 시작하기 위한 것이다.

(42) [대화 상황//장소: 동네 시장/물건: 야채]
　①판매자: (도라지) 4000원이요. 저 앞에　　←[진술] 화행
　　　　　　2000원짜리 3000원짜리 있구.
　②구매자: **아줌마 도라지 한 근에 얼마에요?**　←[질문] 화행
　③판매자: 4000원이요. 1근 4000원. 이거 금방
　　　　　　까 찢어놨기 때문에 좋아요 예
　　　　　　　　　　　　　　　　<자료 56>

(43) [대화 상황//장소: 모란 시장/물건: 옷]
　①판매자: 구경하세요.　　　　　　　　←[요구] 화행
　②구매자: **이런 건 얼마에요?**　　　　←[질문] 화행
　③판매자: 8천 원.　　　　　　<자료 67>

(42)에서는 판매자가 {도라지 4000원이요, 저 앞에 2000원짜리 3000원짜리 있구}와 같이 가격 정보에 대한 [진술] 화행을 통하여 구매자를 매매 상황으로 끌어들이고 있다. 이에 대하여 구매자는 이미 제시된 도라지 가격을 다시 물으며 응대하고 있다. (43)에서는 {구경하세요}라는 [요구] 화행을 통하여 구매자의 관심을 끌어 매매 상황에 끌어들이고 있는데 구매자는 이에 대하

여 역시 가격 정보를 묻는 [질문] 화행으로 사고자 하는 물건에 대한 정보를 수집하며 응대하고 있다.

판매자는 구매자의 욕구가 무엇인지를 [질문] 화행을 통하여 탐색한다. 의문사 의문문이나 선택 의문문으로 정보 제공을 요구한다.

(44) [대화 상황//장소: 남대문 시장/물건: 가방]
　①판매자: **한 얼마짜리 찾으세요?**　　　← [질문] 화행
　②구매자: 이정도면 돼요.　　　<자료 21>

(45) [대화 상황//장소: 백화점/물건: 옷]
　①판매자: **통이 좁은 바지요 넓은 바지요?** ← [질문] 화행
　②구매자: 넓은 바지.
　③판매자: 넓은 바지요.　　　<자료 27>

(44)에서 판매자는 구매자에게 어떤 물건을 원하는지 ①에서 의문사가 있는 [질문] 화행을 통하여 정보 제공을 요구하고 있다. (45)에서는 바지를 사려는 구매자에게 통이 좁은 바지를 원하는지 넓은 바지를 원하는지를 선택 의문문을 이용한 [질문] 화행을 수행하고 있다.

판매자의 [질문] 화행에 대한 구매자의 응대는 크게 두 가지로 나눌 수 있다. 직접, 단순, 즉각적인 대답으로 응대를 하는 것이고, 또 하나는 [확인요구] 화행을 통한 단계적인 응대를 하며 대답하는 것이다.42)

---

42) 장경희(2000: 149-174)에서는 판정 질문에 대한 긍정과 부정의 응대를 응대 내용과 응대 진행 절차의 관점에서 논의하고 있다. 응대 내용의 관점에서 접근할 때, 판정 질문에 대한 긍정 또는 부정의 응대

(46) [대화 상황//장소: 남대문 시장/물건: 가방]

  ①판매자: 싼 거 찾으세요 좀 좋은 거   ← [질문] 화행

      찾으세요?

  ②구매자: **좋은 거요.**   ← [대답] 화행

<자료 21>

(47) [대화 상황//장소: 화장품 소매점/물건: 화장품]

  ①판매자: 좀 땡겨요? 이건 썼을 때   ← [질문] 화행

      느낌이 어떠셨어요?

  ②구매자: **이거요?**   ← [확인요구] 화행

  ③판매자: 예.   ← [확인] 화행

  ④구매자: 그냥 괜찮아요.   ← [대답] 화행

<자료 51>

(46)에서 {싼 거 찾으세요 좋은 거 찾으세요}라는 판매자의 [질문] 화행에 구매자는 {좋은 거요}라고 요구한 정보만을 즉각적이고 단순하게 제공하고 있다. (47)에서는 화장품에 대해서 설명하며 사용했을 때의 느낌이 어떠냐고 질문하였는데 구매자는 [확인요구] 화행을 통하여 단계적인 응대를 하고 있다.

구매자의 욕구가 무엇인지 알아낸 다음에, 판매자는 [대답] 화행이나 [진술] 화행 등으로 정보를 제공한다. 판매자가 정보를 제공하는 경우는 구매자의 [질문] 화행에 대한 [대답] 화행을 수행할 때이거나, 구매자의 [질문] 화행이 없이 [진술] 화행으로 정보를 제공할 때이다.

는 응대 내용의 직접성 여부, 응대 내용의 확실성 여부의 관점에서 살펴보고 있다. 그리고 응대의 진행과 관련해서는 응대 진행의 부연 확장 여부와 응대의 즉각성 여부 등의 관점에서 분석하고 있다.

(48) [대화 상황//장소: 분당 삼성 플라자/물건: 컵]

  ①구매자: 이게 지금 머그잔이에요?   ← [질문] 화행

  ②판매자: **예 머그잔으로 나온 거구요**   ← [대답] 화행

        뒤에 건 커피 잔 이구요.

  ③판매자: **요건 (--) 잔에 21120원이구** ← [진술] 화행

        요 5잔에 23500원이요.

<자료 3>

(49) [대화 상황//장소: 분당 삼성 플라자/물건: 악세사리]

  ①판매자: 어떤 디자인 찾으세요?

  ②구매자: 요 정도 머리에 할 수 있는 거요.

  ③판매자: 중간 머리요?

  ④구매자: 예

  ⑤판매자: **중간 머리에 꽂으실 수 있는**   ← [진술] 화행

        싸이즈는 집게 정도가 있구

        요 예 요런 것두 다 중간 머

        리에 하실 수 있어요. 중간

        에 하시면 (--) 좀 화려한

        걸로 (--) 요런 디자인도 중

        간에 하실 수 있거든요.

<자료 4>

(48)의 ②에서는 ①의 판정 [질문] 화행에 판매자는 ②에서 [대답] 화행으로 부연 응대를 하고 ③에서 구매자가 말차례를 가져가지 않자 ②에 덧붙여 가격 정보까지 [진술] 화행으로 제공하고 있다. (49)의 대화에서는 구매자가 어떤 디자인을 찾는지 [질문] 화행을 통하여 파악한 후, ⑤에서 제품의 장점에 대한 정보

를 [진술] 화행으로 자발적으로 제공하고 있다.

또한 판매자는 [진술] 화행이나 [대답] 화행으로 정보를 제공
하며 자신이 제공한 정보에 대하여 [진술] 화행으로 평가를 수
행하기도 한다. 이때 판매자는 긍정적인 평가를 주로 한다.

(50) [대화 상황//장소: 백화점/물건: 옷]
   판매자: 요건 요 기장으로 반코트로 나
          온거에요. 롱은 아니구 모직은
          조고보다 짧아지죠 **고 기장도**   ← [진술] 화행
                {구매자: 응}
     괜찮아요.

<자료 17>

(50)에서 판매자는 코트에 대한 정보를 제공하며 {괜찮아요}와
같은 긍정적인 평가를 내리고 있다.[43]

다음은 매매 준비 단계에서의 구매자의 화행에 대하여 살펴
본다. 구매자는 매매 준비 단계에서 매매 행위에 필요한 정보를
수집하며 자신의 욕구를 표현한다. 욕구를 표현하고 정보를 요
구한 다음에 그 정보에 대하여 평가하는 순으로 진행된다.

먼저 구매자는 매매 준비 단계에서 [요구] 화행을 통하여 자
신의 욕구를 표현한다. (51)의 ①에서는 가게에 들어서며 구매
자는 고기를 달라는 요구를 하며 자신이 사고자 하는 것이 '고
기'라는 점을 드러내고 있다.

---

43) 판매자가 정보를 제시하며 이에 대하여 긍정적으로 평가하는 것은
    4장 설득 전략에서 볼 칭찬하기와 같다. 칭찬하기와 그 응대에 대
    해서는 4장에서 자세히 논의하기로 한다.

(51) [대화 상황//장소: 정육점/물건: 고기]

  ①구매자: **고기 주세요. 저기 만두거리로**   ← [요구] 화행

           갈아서 1근만.

  ②판매자: 만두거리 갈아줘?

  ③구매자: 응응

  ④판매자: 얼마나?

  ⑤구매자: 1근만 갈아줘.

  ⑥판매자: 1근.   <자료 54>

매매 준비 단계에서 구매자의 [요구] 화행은 자신의 욕구를 드러내는 것이 일차적인 목적인데 이에 대한 판매자의 응대는 [확인요구] 화행으로 수행된다.

(52) [대화 상황//장소: 백화점/물건: 옷]

  ①구매자: 어딨어 이거 **얘 얘 맞는 거**   ← [요구] 화행

           쥐색 같은 거 쥐색 같은

           거 하나 줘요.

  ②판매자: 쥐색이요?   ← [확인요구] 화행

  ③구매자: 응

  ④판매자: 싸이즈 얼마 입으시죠?

                  <자료 9>

(53) [대화 상황//장소: 동네 시장/물건: 야채]

  ①구매자: **파 하나 주세요.**   ← [요구] 화행

  ②판매자: 요거 드려?   ← [확인요구] 화행

                <자료 60>

(52)에서 구매자가 쥐색 옷을 하나 보여 달라고 요구하자 판매자는 {쥐색이요}라고 확인을 요구하고 있다. (53)에서도 {파 하나 주세요}라는 구매자의 [요구] 화행에 판매자는 현장에 존재하는 물건을 지시하며 [확인 요구] 화행을 수행하며 응대하고 있다.

매매 준비 단계에서 구매자는 [질문] 화행으로 정보를 수집한다. (54)의 ①에서는 구매자는 찾는 물건인 생강이 있는지에 대하여 물어보는 [질문] 화행을 통하여 정보를 수집하고 있다.

(54) [대화 상황//장소: 동네 시장/물건: 야채]
　①구매자: **생강 있어요?**　　　　　← [질문] 화행
　②판매자: 깐 거 있구 안 깐 거 있구 그래요.
　　　　　　　　　　　<자료 61>

정보를 수집하기 위하여 [질문] 화행을 수행하는 구매자의 발화에 판매자의 응대는 직접 응대, 부연 확장 응대를 하는 것이 특징이다. 구매자가 요구한 정보를 직접적으로 제공하고, 요구한 만큼의 정보만을 제공하는 것이 아니라 덧붙여 다른 정보도 함께 제공하는 부연 확장 응대를 하는 것이다.

(55) [대화 상황//장소: 백화점/물건: 옷]
　①구매자: [[이거 11월 달에 입어도 돼?　← [질문] 화행
　②판매자: **어휴 11월 달에 입는 옷이에**　← [대답] 화행
　　　　　　요. 어머님 제가 보여드릴께
　　　　　　요 그동안 11월 달까지 팔
　　　　　　았던 소재가요 안감 있는
　　　　　　요거 였어요 어머님.
　　　　　　　　　　　<자료 14>

(55)에서 판매자가 보여주는 옷을 보며 구매자는 11월 달에 입어도 되는지를 물어보고 판매자는 이 질문에 대한 대답만이 아니라 지금까지 팔았던 옷의 소재에 대해서 덧붙여 설명하는 부연 확장 응대를 하고 있다.

매매 준비 단계에서 구매자는 자신이 수집하거나 판매자가 제공한 정보에 대하여 [진술] 화행으로 평가하기도 한다. 판매자의 매매 준비 단계에서의 평가가 긍정적인 평가가 대부분이었다면 이와 달리 구매자의 평가는 긍정적 평가와 부정적 평가가 모두 나타난다.

(56) [대화 상황//장소: 한복집(종로3가)/물건: 한복]

①판매자1: (--) 여러 종류 나오는데 이게 젤
  이뻐여. (--) 요것이 얇고 요거 있고

②구매자2: **이쁘다**   ← [진술] 화행

③판매자1: 또 요형 있고 그래요

④구매자2: **너무 이쁘다**   ← [진술] 화행
  {판매자1: 예}

⑤구매자2: **너무 이쁘다**   ← [진술] 화행
  {판매자1: 예}

⑥판매자1: 너무 이뻐요 이뻐서 공전이기
  {판매자2: 네}
  때문에 알아 주고 이 시시한
  건 요기 다 있는 거에요. 종
  류가 무척 많아요 또−

<자료 24>

(57) [대화 상황//장소: 노량진 수산시장/물건: 생선]

  ①구매자: 그럼 그거 키로에 어떻게 하는데요?

  ②판매자: 만 오천 원이요.

  ③구매자: **아이 너무 비싸다.**   ← [진술] 화행

  ④판매자: 아니면 요 도미를 하나 사도

              괜찮고. 인원 이 많으시니까.

  ⑤구매자: [아니 도미   <자료 30>

(56)의 ②④⑤에서 구매자는 판매자가 제공한 제품에 대하여 {이쁘다, 너무 이쁘다}와 같은 긍정적 평가를 계속하고 있다. 반면 (57)에서는 판매자가 제공한 가격 정보에 대하여 구매자가 (57)의 ③에서 {아이 너무 비싸다}와 같은 부정적인 평가를 내리고 있다.

구매자의 [진술] 화행을 통한 평가에 대한 판매자의 응대는 긍정 평가일 경우에는 동의하고, 부정 평가일 경우에는 직접적인 부정적 응대를 회피하려고 한다. 앞의 (56)에서 구매자의 긍정 평가에 판매자는 [맞장구]와 반복 발화를 통한 동의의 응대를 하고 있다. 이에 반해 (57)의 부정 평가에는 다른 물건을 제시하며 부정적 응대를 하지 않으려 하고 있다. 부정 평가에 대한 [맞장구]나 동의는 자신이 제시한 정보에 대한 구매자의 불만에 동의하는 것이기 때문이다.

3.2.3 매매 흥정 단계

매매 흥정 단계의 화행은 구매자의 [요구] 화행과 이에 대한 판매자의 [거절] 화행으로 나타난다. 구매자의 [요구] 화행은 직접적으로 수행되기도 하고, [진술] 화행이나 [질문] 화행 등을

통해 간접적으로 수행되기도 한다.

　우선 직접적인 [요구] 화행의 경우부터 보기로 한다. (58)에서 구매자와 판매자는 가격에 대하여 흥정을 하고 있다. 구매자는 계속 오천 원을 깎아 달라고 조르고 있다. 이때 '－해 주세요'의 [요구] 화행을 통하여 흥정을 하고 있다.

(58) [대화 상황//장소: 남대문 시장/물건: 옷]

　①구매자: **쫌만 더 깎아주세요.**＝　　　　　← [요구] 화행

　②판매자: ＝더 안돼요. 예? 돼면은 해드리
　　　　　는데 더 안돼.

　③구매자: **5천 원만 해주세요.**　　　　　　← [요구] 화행

　④판매자: 예?

　⑤구매자: 오천 원.

　⑥판매자: 아니 그렇게는 안돼. 지금 다 디
　　　　　씨 된 가격이에요. 그거 팔아도
　　　　　언니 손해에요 우리 만 이천 원.
　　　　　물건 더 나오지도 않구.

　⑦구매자: 차비하게 더 빼＝

　⑧판매자: ＝아니 오천 원 되면은 빼주는데
　　　　　안돼요. 되면은 [아까

　⑨구매자: 　　　　　　　[[이천 원만 더 빼
　　　　　주시면 돼잖아요?

　⑩판매자: 아니 되면은 빼주죠 언니. 되면은
　　　　　싸울 필요가 없죠. 다 싸게 도매
　　　　　로 드리는 거에요. 거기서 삼천
　　　　　원을 더 빼면 완전 밑지는데.

　⑪구매자: **2천 원만 더 빼주세요.**　　　　← [요구] 화행

⑫판매자: 안돼요 언니. 되면은 아까 오천
　　　　 원 빼준다고 그러죠 차라리. 뭐
　　　　 하러 삼천 원만 빼준다고 그래요.
　　　　 되면은 5천 원 빼준다구 그러죠.
　　　　　　　　　　　　　 <자료 18>

　직접적인 [요구] 화행과 더불어 구매자는 가격을 깎아달라고
흥정할 때 [진술] 화행이나 [질문] 화행을 통하여 간접적으로
[요구] 화행을 수행하기도 한다. (59)에서 구매자는 가격이 너무
비싸다고 생각하고 지금 {아이 제가 8만 원밖에 없거든요}의
[진술] 화행을 통하여 가격을 깎으려고 하고 있다. (60)에서도
구매자인 할머니는 감자를 사며 천 원을 깎기 위하여 ①에서는
[질문] 화행을 통해서, ③에서는 구매를 포기한다는 의사를 [진
술] 화행으로 드러내며 가격을 흥정하고 있다.

(59) [대화 상황//장소: 도매 시장/물건: 옷]
　①구매자: 가격이 너무 비싸요.
　②판매자: 그죠 비싸죠. 그니깐 손님들이 이
　　　　　　 거를 딱 보셨을 때 굉장히 맘에
　　　　　　 들어 하시는데 가격 때문에 조금
　　　　　　 망설이세요. 근데 요런 거는 한
　　　　　　 번 해 두면은 계속 입을 수 있는
　　　　　　 거니깐.
　③구매자: **아이 제가 팔만 원밖에 없거든요**　← [진술] 화행
　④판매자: 언니 그 가격에는 해 드릴 수 없
　　　　　　 어요. 제가 9만 원까지 해드릴 수
　　　　　　 는 있어요 9만 원

⑤구매자: 진짜 돈이 없어갖고 그러거든요
⑥판매자: 그러세요 언니 그럼 나중에 오세요.
<자료 40>

(60) [대화 상황//장소: 모란 시장/물건: 야채]
　①구매자: **이거 2개 오천 원 줄래요?**　　　← [질문] 화행
　②판매자: 아니요
　③구매자: **아니 2개 오천 원이면 사고 아**　← [진술] 화행
　　　　　　니면 안 사
　④판매자: 그럼 놔둬요 나도 할머니처럼 이
　　　　　　쁜 딸이 아홉이나 돼요 퇴직금이
　　　　　　없는 것이 요것이 근데 천 원을
　　　　　　깎아 버리면 근디 다 팔아도 천
　　　　　　원이 안 남아 그래서 그래 할머니
　　　　　　내가 하나 더 드릴게 두 개 가져
　　　　　　가시시오 잉↗ 잉↗
<자료 70>

흥정 단계에서 나타나는 구매자의 [요구] 화행에 대한 판매자의
응대 화행은 [거절] 화행이다. 앞서 제시한 대화에서도 모두 [요
구] 화행에 대하여 [거절] 화행의 응대를 보여주고 있는데 (58)
에서는 판매자가 {안돼요, 아니 그렇게는 안돼}라고 하며 [거절]
화행을 수행하고 있고, (59)에서는 {그 가격에는 해 드릴 수가
없어요}라고 하며, (60)에서는 {그럼 놔둬요}라고 하며 [거절]
화행을 수행하고 있다.
　구매자의 [요구] 화행에 대하여 판매자가 [거절] 화행만을 수
행한다면 상거래는 실패하게 될 것이다. 흥정 단계에서는 구매

자가 홍정을 위한 [요구] 화행을 포기하든가, 판매자가 구매자의 [요구] 화행에 대하여 [거절] 화행으로 응대하다가 결국 [수락] 화행을 수행해야 다음 단계인 매매 결정 단계로 들어서게 되는 것이다. 앞의 (60)은 판매자가 구매자의 [요구] 화행에 [거절] 화행으로 응대하여 거래가 실패로 끝난 대화이다. (59)와 (60) 대화의 계속되는 뒷부분을 보면 다음과 같다.

(61) [대화 상황//장소: 남대문 시장/물건: 옷]
 ①구매자: 그러면 이거 빼주세요.   <매매 결정 단계>
 ②판매자: 삼만 원만. 팔만 칠천 원이에요.
          삼만 원 뺐으니까.   <매매 행위 단계>
                    <자료 18>

(62) [대화 상황//장소: 모란 시장/물건: 야채]
 ①구매자: 담아 봐요 밑에 뭐 안   <매매 결정 단계>
          깔았나
 ②판매자: 킬로에요 삼천 원씩이   <매매 행위 단계>
          에요 할머니
                    <자료 70>

(61)에서는 구매자가 결국 2천 원을 깎아달라는 [요구] 화행을 포기하고 물건 하나를 사지 않는 방법으로 홍정을 끝내고 있다. (62)도 마찬가지로 구매자가 더 이상 가격을 깎아달라고 요구하지 않고 매매 결정 단계로 들어서는 [요구] 화행을 수행하며 홍정을 마치고 있다.

  홍정 단계에서 구매자의 [요구] 화행과 판매자의 [거절] 화행은 홍정에 반드시 나타나는 화행이다. 그리고 구매자의 [요구]

화행과 판매자의 [거절] 화행으로 대화가 끝난다면 상거래는 성사되지 않음을 의미한다. 구매자가 [요구] 화행을 포기하거나 판매자가 [수락] 화행을 수행하여야 거래가 성사되는 것이다.

3.2.4 매매 결정 단계

매매 결정 단계는 구매자의 주도로 이루어지는 단계인데, 구매자는 [요구] 화행을 통하여 매매 결정을 실현한다.[44] [요구] 화행은 '-주세요'의 언어 형식을 통해서 수행된다.

구매자는 판매자가 제시한 정보를 바탕으로 매매 결정 단계에서 '-주세요'의 [요구] 화행으로 매매 결정을 수행하게 된다. (63)의 ②와 (64)의 ③에서 구매자는 {매운 거 반 근만 주세요}, {가는 걸로 주세요}에서 볼 수 있듯이 모두 '-주세요'의 [요구] 화행을 통하여 매매를 결정하고 있다.

(63) [대화 상황//장소: 동네 시장/물건: 야채]
　①판매자: 예, 요거 2,500원. 요거 안 매운 거.
　②구매자1: **매운 거 반 근만 주세요 반근.**　← [요구] 화행
　　　　　　　　　　　　{구매자2: 반 근}
　③판매자: 네, 2,000원어치 드릴께요.

---

44) '-주세요'의 [요구] 화행은 매매 준비 단계에서도 볼 수 있었다. <1>에서 ①은 매매 준비 단계로 보아야 한다. 구체적 행위를 요구한 것이 아니라 자신의 욕구 즉, 구매하고자 하는 물건이 감자라는 사실을 표현한 것이다. 일단 욕구를 표현한 후 자신이 필요로 하는 정보를 수집하고 그 다음에 ③에서와 같이 [요구] 화행을 통하여 매매 결정을 하는 것이다.
　<1> ①구매자: 감자 좀 주세요. 얼마에요?
　　　 ②판매자: 1관에 3000원이요.
　　　 ③구매자: 3000원이요. 1관만 주세요.

94

④구매자1: 그래요 예.   <자료 60>

(64) [대화 상황//장소: 동네 가게/물건: 빗]

①구매자: 같은 거에요?

②판매자: 틀리잖아 이게 쬐금 굵고 가늘고

③구매자: **가는 걸로 주세요**   ← [요구] 화행

④판매자: 이걸로? 천 원이요.

⑤구매자: 천 원이요.   <자료 36>

이밖에 구매자는 매매 결정의 [요구] 화행을 수행하기 위하여
(65)의 ② {담아 봐요}와 같이 매매 행위를 구성하는 행동을 요
구하여 결정 의사를 표시하기도 한다. 물건을 담는 행위를 요구
하여 매매 결정 의사를 드러내는 것이다.

(65) [대화 상황//장소: 모란 시장/물건: 야채]

①판매자: 그럼 놔둬요 나도 할머니처럼 이
         쁜 딸이 아홉이나 돼요 퇴직금이
         없는 것이 요것이 근데 천 원을
         깎아 버리면 근디 다 팔아도 천
         원이 안남아

②판매자: 그래서 그래 할머니 내가 하나 더 드
         릴게 두 개 가져가시시오 잉↗ 잉↗

③구매자: **담아 봐요** 밑에 뭐 안 깔았나   ← [요구] 화행

④판매자: 킬로에요 삼천 원씩이에요 할머니
                    <자료 70>

매매 결정 단계에서 구매자가 매매를 결정하여 매매 의사를

드러내며 판매자에게 물건을 요구할 경우, 판매자는 [수락]의 응대를 한다. 그 구체적인 방법은 다음과 같은 기준에 의해 여러 가지로 유형화시킬 수 있다. 이 때 판매자는 행동으로 [수락]을 드러내기도 하며, 행동과 함께 언어 표지를 사용하며 [수락] 의사를 나타내기도 한다. 언어 표지는 {예}와 같은 간투사나 선행 화자 즉 구매자의 발화를 반복하기도 하고, 앞의 (63)의 ③에서 {네 2000원어치 드릴게요}와 같이 판매자의 행동에 대하여 진술하기도 한다.45) (66)의 ④에서 판매자는 {예}라는 간투사를 통하여 [수락] 의사를 드러내고 있다.

(66) [대화 상황//장소: 화장품 소매점/물건: 화장품]
　①구매자: 이거 얼마예요?
　②판매자: 1만 3천 6백 원.
　③구매자: 1만 3천 6백 원이요.
　④판매자: 예
　⑤구매자: 이거 주세요.
　⑥판매자: **예**　　　　　　　　　　　　　← [수락] 화행
　　　　　　　　　　　<자료 51>

또한 구매자의 매매 결정의 [요구] 화행에 대한 응대로 판매자는 [확인요구] 화행을 사용하기도 한다. 앞서 특정 목적이 존재하는 대화에서 [확인요구] 화행이 높은 빈도로 나타난다고 하였는데 매매 결정 단계는 상거래에서 가장 핵심이 되는 단계로 물건이나 행위, 가격에 대한 정보를 확인하기 위한 [확인요구]

---

45) 이필영(1999: 77)에서는 '네, 예'가 질문, 명령, 청유, 진술, 약속 등 모든 화행에 대한 긍정의 응답으로 동일하게 쓰일 수 있다고 지적한 바 있다. 이밖에도 '네'의 의미와 기능에 대해서는 김하수(1989)와 오승신(1995: 87-91)에서 고찰한 바 있다.

화행이 많이 나타난다.

(67) [대화 상황//장소: 남대문 시장/물건: 옷]

①판매자: 칠십이믄은 엑스라지로 입으시면
되거든요. 이거 라지니까 이거보다
한 치수 큰 거 입으시면 맞아요.

②구매자: 고걸로 주세요.

③판매자: **이걸루 드려요?**   ← [확인요구] 화행

④구매자: 예

⑤구매자: 이거에요?

⑥판매자: 에 엑스라지. 칠십이면은 고거 입
으시면 돼요.=   <자료 18>

(68) [대화 상황//장소: 남대문 시장/물건: 옷]

①구매자: 껌정색 주세요 껌정이요.

②판매자: **껌정으로 줘요?**   ← [확인요구] 화행

③구매자: 예.

<>

((물건 준다))   <자료 19>

(67)의 ③에서 판매자는 ②의 {고걸로 주세요}라는 [요구] 화행
에 지시어를 사용한 [확인요구] 화행을 통하여 응대하고 있으며,
(68)의 ②에서 선행 발화 {껌정으로 주세요 껌정으로}의 일부분
을 반복하는 발화를 통하여 확인이 이루어지고 있다.

구매자의 매매 결정은 판매자가 유도하여 이루어지기도 한다.
판매자가 구매자의 결정을 유도할 경우 구매자가 이에 따라 매
매를 결정하는 것이다.

(69) [대화 상황//장소: 모란 시장/물건: 닭]

①판매자: 킬로수대로 가격대 틀려요 육계닭은

②구매자2: 3000원짜리 사자

③구매자1: 그래

④판매자: **한 마리 드려요?**　　　　　　← [질문] 화행

⑤구매자2: 예　　　　　　　<자료 71>

(70) [대화 상황//장소: 남대문 시장/물건: 옷]

판매자: **고거 넣어 드릴까요?**　　　　← [질문] 화행

((다른 물건을 또 고른다))　　<자료 20>

(69)의 ④에서 판매자가 매매 의사를 구매자에게 [질문]을 통하여 확인하고 이에 대하여 (69)의 ⑤와 같이 구매자가 [긍정] 대답을 하면 매매가 결정된다. 그러나 이때 구매자가 판매자의 유도를 따르지 않으면 매매 결정은 이루어지지 않는다. 즉 매매 결정권은 구매자에게 있음을 보여주는 것인데, (71)에서와 같이 판매자가 매매를 결정하려고 질문하지만 구매자는 대답을 하지 않고 다른 물건을 고르는 행위를 하여 매매 결정에 실패하고 있다.

3.2.5 매매 행위 단계

매매 행위 단계에서는 [진술] 화행이 많이 사용된다. 판매자와 구매자 모두 행동과 함께 {여기요}나 가격에 대한 발화를 [진술] 화행을 통하여 수행하는 것이다. 매매 행위 단계에서 가장 중요한 것은 가격과 물건의 교환이다. 물건의 양, 가격에 대하여 진술하는 발화의 기능은 확인을 위한 것이다. 구매자와 판매자

모두 자신의 행동에 대하여 명확하게 인식시키기 위해서이다.

구매자는 돈을 건네주며 자신이 지불하는 돈의 액수에 대하여 [진술] 화행으로 언급한다. 그리고 판매자도 물건을 주며 [진술] 화행을 사용한다. (71)의 ②에서 구매자가 가격에 대한 발화와 함께 {여기요}라는 발화를 하고 있다. (72)의 ①에서는 판매자가 물건의 양을 확인하며 매매 행위를 수행하고 있다.

(71) [대화 상황//장소: 동네 시장/물건: 야채]
　①판매자: 저 9000원. 김치하고 9000원.
　　　　　 계란이 1800원
　　　　　　　　　　　{구매자2: 예}
　　　　　 10800원.
　②구매자: **10800원 여기요.**　　　　← [진술] 화행
　　　　　　　　　　<자료 60>

(72) [대화 상황//장소: 동네 탕수육 가게/물건: 탕수육]
　①판매자: **3인분 여깄습니다**　　　　← [진술] 화행
　②판매자: 넣어서 드릴께요. 7천 원.
　③구매자1: 예. 고맙습니다.　　<자료 53>

특히, 가격 정보에 대한 언급은 상거래에서 가장 중요한 것이다. 백화점, 편의점 등에서는 판매자가 돈을 얼마 받았다고 분명하게 발화하는 경우를 자주 볼 수 있다.

(73) [대화 상황//장소: 백화점/물건: 청소기]
　판매자: **14만 원 받았습니다.**　　　　← [진술] 화행
　　　　　　　　　<자료 27>

(73)은 백화점에서의 대화인데 판매자가 14만 원을 받았다고 분명하게 발화하여 구매자에게 확인시키고 있다.

　매매 행위 단계에서는 판매자가 물건 매매에 대한 감사 [인사] 화행을 사용하기도 한다. 이 [인사] 화행은 매매 행위에 대한 고마움을 표현하는 인사이기 때문에 매매 행위 단계로 포함시킨다.

(74) [대화 상황//장소: 빵집/물건: 초콜릿]
　①구매자: 얼마에요?
　②판매자: 2천 2백 원이요
　③구매자: 여기요
　④판매자: 예 **감사합니다.**　　　　　← [인사] 화행
　　　　　　　　　　　　<자료 38>

(74)에서 판매자는 매매 행위를 수행하며 ④에서 돈을 주는 구매자에게 {감사합니다}라고 [인사] 화행을 사용하여 매매가 이루어진 것에 대한 고마움을 표시하고 있다.

3.2.6 종결 단계

　종결 단계의 화행은 시작 단계와 마찬가지로 [인사] 화행으로 수행되는 것이 특징이다. 판매자가 종결하는 경우부터 살펴보기로 한다.

(75) [대화 상황//장소: 빵집/물건: 빵]
　①구매자: 7천 6백 원이요.
　②판매자: 예.
　④판매자: 감사합니다. **안녕히 가세요.**　← [인사] 화행
　　　　　　　　　　　　<자료 50>

(76) [대화 상황//장소: 화장품 소매점/물건: 화장품]
   ①판매자: **가끔 들려주세요.**   ← [인사] 화행
   ②구매자: 예   <자료 51>

(77) [대화 상황//장소: 노량진 수산시장/물건: 생선]
   ①구매자: 에이 뭐 아저씨 싸게 주지도
           않으면서 뭐 에이
   ②판매자: 매운탕감도 더 넣고 신경 많이
           썼다니까요((웃음)) 예 **맛있게**
           잡서요.   ← [인사] 화행
                <자료 30>

(75-77)에서 판매자는 {안녕히 가세요, 가끔 들려주세요, 맛있게 잡서요}와 같은 인사를 하며 대화를 종결짓고 있다.

  상거래 대화를 구매자가 종결하는 경우를 보기로 한다. 구매자가 사용하는 [인사] 화행에는 {안녕히 계세요, 수고하세요} 등이 있다. (78), (79)에서 구매자는 이와 같은 [인사]로 대화를 종결하고 있다.

(78) [대화 상황//장소: 동네 시장/물건: 양말]
   ①판매자: 오천 원.
   ②구매자: **안녕히 계세요.**   ← [인사] 화행
   ③판매자: 네.   <자료 37>

(79) 구매자: **수고하세요.**   ← [인사] 화행

  종결 단계에서는 시작 단계와는 달리 구매자나 판매자 서로

가 상대방의 인사에 응대하는 것을 볼 수 있다. (80)에서 구매자는 {많이 파세요}로 인사를 하고 판매자는 {안녕히 가세요}로 응대하고 있다. 시작 단계의 [인사] 화행이 인접쌍을 지니지 못하는 것과는 달리 종결 단계에서는 [인사]-[인사]의 인접쌍을 볼 수 있다.

(80) [대화 상황//장소: 동네 시장/물건: 야채]
　①구매자: **많이 파세요.**　　　　← [인사] 화행
　②판매자: 예 **안녕히 가세요**　　← [인사] 화행
　　　　　　　<자료 60>

지금까지 3장에서 논의한 내용을 정리하면 다음과 같다: 먼저 상거래 대화 화행의 일반적 특징을 상거래 대화의 화행 유형을 설정한 후 이를 빈도 조사하여 방송 대화와 비교하여 살펴본 결과, 상거래 대화는 [진술] 화행과 [질문] 화행, [대답] 화행이 많이 사용되고, 매매 행위를 목표로 하기 때문에 [요구] 화행과 이에 대한 응대 화행인 [수락]과 [거절] 화행도 볼 수 있다. 그리고 목적이 있는 대화의 특징인 [확인요구] 화행도 볼 수 있다.

그러나 화행 빈도 조사는 상거래 대화 화행의 전체적인 특징은 알 수 있지만 화행에 대한 응대 양상의 구체적인 모습을 볼 수 없는 단점이 있다. 그리고 대화가 진행되면서 진행 단계에 따라 화행과 응대 양상은 다르게 나타난다. 따라서 화행 빈도 조사와 더불어 진행 단계에 따른 화행에 대하여 분석한다. 진행 단계에 따른 화행의 특징은 다음 <표 10>과 같다.

〈표 10〉 상거래 대화의 진행 단계에 따른 화행과 응대

진행 단계	판매자의 선행 화행	구매자의 응대 화행	구매자의 선행 화행	판매자의 응대 화행
시작 단계	[인사] 화행	없음	부름말	네, 어서 오세요
매매 준비 단계	[진술] 화행, [요구] 화행(구매자를 매매 상황으로 끌어들이기 위하여)	[질문] 화행	[질문] 화행(정보를 수집하기 위하여)	[대답] 화행(직접, 부연 확장 응대)
매매 준비 단계	[질문] 화행(구매자의 욕구 탐색 위하여)	−[대답] 화행 (직접, 단순, 즉각 응대) −[확인요구] 화행(단계적인 응대)	[진술] 화행(평가 수행)	[긍정](긍정 평가일 경우) 응대 회피(부정 평가일 경우)
매매 흥정 단계	없음	없음	[요구] 화행	[거절] 화행
매매 결정 단계	없음	없음	[요구] 화행	[수락] 화행
매매 행위 단계	[진술] 화행 [인사] 화행	[긍정] 화행	[진술] 화행 [인사] 화행	[긍정] 화행
종결 단계	[인사] 화행	[인사] 화행	[인사] 화행	[인사] 화행

4. 상거래 대화의 설득 전략

이 장에서는 상거래 대화의 설득 전략에 대하여 살펴보기로 한다. '말만 잘하면 공짜'라는 말이 있듯이 상거래에서는 어떻게 말하느냐가 중요하다. 판매자는 물건을 많이 팔기 위하여, 구매자는 물건을 싸게 사기 위하여 다양한 설득 전략을 사용한다. 이 연구에서 살펴보려는 설득 전략은 언어적인 면으로 제한한다. 실제 상거래에서는 억양이나, 말투 등과 같은 준언어적인 요소들도 설득을 위하여 사용되고, 판매자의 표정과 옷차림, 가게의 분위기 등 언어 외적인 요소들도 설득을 위하여 사용되고 있다. 그러나 이 연구에서는 언어 전략에 초점을 맞추어 논의하기로 한다.

설득 전략을 보기에 앞서 설득의 개념에 대하여 정리한 후, 상거래 대화의 설득이 지닌 특징에 대하여 살펴본다. 다음으로 상거래 대화의 설득 전략을 판매자와 구매자로 나누어 고찰한다.

4.1 상거래 대화와 설득

상거래 대화는 대표적인 설득 대화이다.[46] 설득이란 의사소통

---

46) 이옥련/민현식 외(1996: 43)에서는 상거래 대화를 '상담(商談) 화법'이라 이르며 '설득 화법'으로 분류하였고, 전영우(1987: 289-291)에서도 '판매 대화'는 '설득 대화'와 동일한 순서로 진행된다고 지적한 바 있다.

자들이 다른 의사소통자들의 생각, 느낌, 행동을 변화시키고자
하는 의도, 행동이다(임칠성 1997). 청자에게 어떤 사실을 이해
시킴과 동시에 나아가 청자를 화자의 의사대로 움직여 납득시
켜야 하는 것이다. 설득에 대한 논의는 설득 원리, 설득 전략 등
을 대상으로 활발히 이루어지고 있다.47) 특히 어떻게 하면 효과
적으로 설득할 수 있는가에 초점이 맞추어져 있다.48)

　대화 참여자의 목적을 기준으로 대화를 분류할 때 상거래 대
화는 설득 대화에 속한다.49) 즉 상거래 대화에서는 매매 행위의
수행을 위하여 대화 상대방을 설득해야 하는 것이다. 흔히 상거
래 대화에서 설득은 판매자의 몫으로만 인식되어 왔다. 즉 판매
자는 이윤을 남기기 위하여 물건을 팔아야 하는데 이를 위해서
구매자에게 정보를 제공하며 구매의 행위를 실행하도록 설득해

---

47) 미국의 심리학 교수인 로버트 치알디니는 과학 잡지인 사이언티픽
　　아메리칸 최신호에서 모금이나 상품 판매에서 긍정적인 답을 얻을
　　수 있는 설득의 6가지 원칙으로 '상호성, 일관성, 사회적 증거, 호
　　감, 권위, 희소성 등을 제시했다. 동아일보 2001년 2월 8일자 <과
　　학적 설득 "과연 솔깃하네">
48) 이창덕 외(2000: 303-304)에서는 설득 화법의 전략으로 '호감 유인
　　전략, 난처함 감소 전략, 위안 전략, 속이기 전략, 갈등 해결 전략'
　　등을 소개하고 있다.
49) 대화 유형을 나누는 기준은 대화 목적, 장면, 전달 매체, 공식성 유
　　무 등 다양한 관점에서 세울 수 있다. 이 가운데 대화 유형에 가장
　　큰 영향을 미치는 것은 목적이다. 대화 참여자들에게는 대화 수행
　　의 출발점이며 대화 연구자에게는 대화 분석의 첫 번째 실마리가
　　되는 것이 대화를 수행할 때 대화 참여자들이 추구하는 대화 목적
　　이다. …… 대화 목적은 언어적 대화 행위의 과정을 조정하고 대화
　　의 전체 과정을 일관되게 유지시켜 주는 등의 중심 역할을 한다.
　　또한 복잡하게 진행되는 대화 행위의 기저에 일정한 구조를 갖추
　　게 하고 목적 달성을 위해서 필요한 행위를 유발하게 하기도 한다.
　　대화 내에서 이루어지는 대화 참여자의 태도, 주제 전개, 화행과
　　같은 행위 모두가 대화 목적을 중심으로 이루어지므로, 대화를 분
　　석할 때 이를 규명하는 것이 중요하다(박용익 1998: 139).

야 한다는 것이다.

그러나 구매자가 판매자를 설득할 때도 있다. 흥정을 할 때인데 이때는 구매자가 판매자를 설득하려고 한다. 구매자가 자신이 원하는 물건을 원하는 가격에 사기 위하여 흥정을 하며 판매자를 설득하는 것이다. 특히 우리나라 상거래에서는 흥정이 상거래 대화 진행 단계의 원형 구조에 포함될 정도로 자주 나타난다. 이처럼 구매자와 판매자 모두가 상대방을 설득하기 위하여 다양한 전략을 사용한다는 사실은 상거래 대화의 특징으로 볼 수 있다. 다른 설득 대화는 설득하는 사람과 설득 당하는 사람의 역할이 고정되어 있다. 이에 비해 상거래 대화에서는 판매자가 설득하는 사람의 역할뿐만 아니라 설득 당하는 사람의 역할도 수행하고 있다. 즉, 구매자도 설득 당하는 사람의 역할만이 아니라 설득하는 사람의 역할도 수행한다는 것이다.

상거래 대화 설득의 또 다른 특징은, 설득하여 그 결과로 행위의 변화를 이끌어내야 한다는 것이다. 설득의 결과는 청자의 신념이 변화하거나, 태도가 변화하거나, 행동이 변화하는 것이다. 상거래 대화에서 설득의 결과는 행위의 변화로 나타난다. 판매자의 물건을 파는 행위와 구매자의 물건을 사는 행위를 수행하여야 설득이 완성되는 것이다. 즉 설득을 한 결과가 행위로 나타나야 하는 것이다.

(81) ①구매자: 이거 얼마에요?

　　②판매자: ㄱ. 1000원이요.

　　　　　　ㄴ. 1000원 주세요.

　　　　　　ㄷ. 1000원에 팔아요.

　　　　　　ㄹ. 1000원에 가져가세요.

　　　　　　ㅁ. *1000원이라고 생각해요.

ㅂ. *1000원이라고 알고 있어요.

(81)에서 구매자는 구매를 위하여 정보를 수집하려고 질문하는데 이에 대한 판매자의 응대 발화는 행위를 중심으로 이루어진다.50) 가격 정보를 물어보는 구매자의 발화는 인지적 속성을 지닌 것이다. 판매자는 이에 대하여 '주다, 팔다, 가져가다'와 같은 행위적 대응을 하고 있다. (81ㄴ-ㄹ)에서 보듯이 판매자와 구매자는 매매 행위를 중심으로 대화하고 있다. (81ㅁ, ㅂ)와 같이 인지적 상태를 기술하는 대응은 상거래 대화 장면에서는 어색하다.51)

　선행 화자의 발화에 대한 응대에서만이 아니라 정보를 제공한 후 덧붙이는 발화에서도 행위 수행을 요구하고 있다.

(82) [대화 상황//장소: 남대문 시장/물건: 옷]
　①구매자1: 이게 여까지 어깨까지 올라가지 응
　　　　　　　　　　　　　　　　　{구매자2: 응}

---

50) 상거래 대화에서 판매자의 모든 발화는 구매자의 구매 행동을 이끌기 위한 설득 전략으로 볼 수 있다. 따라서 물건을 사라고 요구하는 것뿐만이 아니라 질문에 대한 대답도 설득 전략이라 볼 수 있다.

51) 장경희(1999a: 25-44)에서는 대화에서 선행 화자의 발화에 대한 후행 화자의 응대는 인지적, 행위적, 정서적 관점에서 이루어질 수 있다고 하며 다음과 같이 설명하고 있다. "인지적 관점의 응대는 선행 화자의 발화 내용과 화행이 지니는 사실성, 가치, 타당성 등을 평가하는 방식으로 이루어지기도 하고, 발화 내용이나 화행과 관련하여 추론한 내용을 알린다든지, 화자의 앎이나 믿음 등을 나타내는 방식으로 이루어진다. 행위 수행의 의지를 응대 발화의 내용으로 하는 행위적 관점의 응대는, 화자 자신의 행위에 대한 계획이나 실행의 의지 또는 다른 사람의 행위에 대한 지시, 요구 등이 응대의 내용이 된다. 정서적 관점의 응대는, 응대 화자가 선행 화자의 발화 내용과 화행에 직면하여 그가 체험한 기쁨, 슬픔, 고마움, 섭섭함 등의 정서를 나타내는 방식으로 이루어지는 응대를 말하는데 기쁨, 즐거움 등과 같은 적극적 정서나 슬픔, 괴로움 등의 소극적 정서가 모두 응대 발화의 내용이 될 수 있다."

②판매자: **그렇게 해서 요로케 해 노면은 딱**
맞을 거에요. [요걸로 하세요
③구매자1:　　　　　　　[[질질 끄실 것 같은데
④판매자: 요런 건 기장 줄이기도 좋아요 그
냥 이르케 집어느쿠

<자료 20>

대화 (82)에서 판매자는 물건에 대한 정보를 제공한 후 {요걸로
하세요}와 같은 구매 행위 수행을 요구하는 발화를 하고 있다.
　구매자가 판매자를 설득하려는 모습은 다음의 대화를 통하여
볼 수 있다. 이때도 구매자는 판매자의 행위를 변화시키고자 하
는 것이다.

(83) [대화 상황//장소: 백화점/물건: 옷]
①구매자: 이거를 40%로 해 줘.
②판매자2: 안돼요. 어머니
③구매자: 그럼 얼마까지 해 줘?
④판매자2: 833,000원
⑤구매자: 그 알로는 안돼?
⑥판매자2: 응 양말 파는 거 양말 드릴게.
⑦판매자2: 색깔별로
⑧구매자1: 넥타이
⑨구매자2: 넥타이를 줘야지
⑩판매자2: 에이
⑪구매자2: 와이셔츠나((웃음))
⑫구매자1: 넥타이 와이셔츠를 줘야지.

<자료 5>

대화 (83)에서 구매자는 가격을 깎아 주지 않겠다고 하자 넥타
이를 선물로 달라고 요구하고 있다. 이에 판매자는 양말을 주겠
다고 하는데, 흥정이 이루어지고 있는 이때 구매자는 판매자를
설득하여 '넥타이라는 선물을 주는 행위'를 달성하고자 하고 있
다.

상거래 현장에서 판매자와 구매자가 수행하는 대화는 궁극적
으로는 판매자와 구매자의 물건을 사고파는 행위를 이끌어내기
위한 것이다. 즉 설득하여 행위를 이끌어내고자 하는 대화인데
이 사실은 정보 전달이 주가 되는 수업 대화와 비교해 보면 보
다 차이가 뚜렷해진다.

(84) ①교사: 핀란드의 수도가 어디지?

　②학생: ㄱ. 헬싱키입니다.

　　　　ㄴ. 헬싱키라고 생각합니다.

　　　　ㄷ. 헬싱키라고 알고 있습니다.

(84)에서 {핀란드의 수도가 어디지?}라는 교사의 질문에 학생은
{헬싱키라고 생각합니다}, {헬싱키라고 알고 있습니다}와 같은
인지적 관점에서의 대응을 하고 있다.

교사가 정보를 제공하며 덧붙이는 발화도 '알다, 기억하다'와
같은 인지적 상태를 점검하려는 것이다.

(85) ①교사: 야, 우리 시조는 3글자 한 덩어리를
　　　　　　이룰 때에도 4박자로 음송하는데
　　　　　　그럴 때 앞은 기일게 늘이면서 (※
　　　　　　듣지 않고 무언가를 적는 학생을
　　　　　　발견하고) 야(※ 칠판을 두드리자

모두 주의 집중함). 시조는 우리 전
통 문학 중에서 가장 대표적인 장
르라고 할 수 있어요. 그런데 시조
는 단순한 문학, 이 글로만 붙박혀
있는 그런 문학이 아니구 여러분이
랩 하듯이 우리 선조들이 음송한
우리 문학 이예요. 우리가 그 기본
적인 창법 정도는 **알아야지**. 그러
니까 한 번 **기억해 두도록 해야지**.
시조는 읽을 때 두 박자를 짝으로
해서 어느 쪽을 길게?
②학생들: 앞쪽. (장은아 1999에서 재인용)

(85)에서 교사는 시조에 대한 정보를 학생들에게 제공하며 자신
이 제공한 정보를 {알아야지, 기억해 두도록 해야지}라고 하며
인지적 관점에서의 점검을 하고 있다.

4.2 판매자의 설득 전략

상거래 대화에서 판매자는 구매자에게 정보를 제공하고 구매
의 행동을 이끌어 내고자 한다. 구매자를 설득하기 위하여 판매
자는 다양한 전략을 사용하는데 이에 대하여 자세히 살펴보기
로 한다.

4.2.1 정보 제공하기

설득은 정보를 제공한 후 태도나 행동의 변화를 요구하는 것으로, 태도나 행동의 변화를 요구하기 이전의 정보 제공은 설득의 바탕을 마련하는 것이다. 판매자가 제공하는 정보는 구매자의 구매 행위에 동기를 부여할 수 있는 것으로 설득의 기본이라 할 수 있다. 따라서 판매자는 구매자에게 정보를 제공하려는 적극적인 태도를 보이게 된다.

판매자가 구매자에게 정보를 제공하는 상황은 크게 두 가지로 나누어 볼 수 있다. 하나는 판매자가 구매자의 [질문] 화행을 통하여 정보 제공을 요구하는 것에 대한 응대에서 [대답]을 수행하며 정보를 제공하는 것이고, 또 하나는 구매자의 [질문] 화행을 통한 정보 제공 요구가 없이, 판매자가 자발적으로 정보를 제공하는 것이다. 특히 구매자가 질문하였을 때 판매자는 구매자가 요구한 것 이상의 정보를 제공하려 한다. 단순 응대보다는 부연 확장 응대를 하여 요구한 것 이상의 정보를 제공하는 것이다.

(86) [대화 상황//장소: 분당 삼성 플라자/물건: 가방]

①구매자: 이게 얼마에요?

②판매자: **이거요 지금 가격이 129,300원** ⇐ 정보제공하기
이요 (할인-) 수납이 되게 편
{구매자: 어}
하게 나왔어요 안에가 (--) 대
개는 핸드폰 있으니깐 지갑
같은 건 뒷지퍼도 있구도 장
식 자체도 그렇고 실버로 들

어가서 오래 쓰셔도 보통 색
상이 안 변하거든요. (--)
　{구매자1: 음}　　　　　　<자료 2>

(87) [대화 상황//장소: 백화점/물건: 믹서기]
　①구매자: 이거 혹시 텔레비에서 중소기업
　　　　　박람회 그걸로 나온거죠?
　②판매자: 그럼요. **히트 상품으로 나온 거구**　⇐ 정보제공하기
　　　　　일반적으로 이제 믹서기에서 칼
　　　　　날2개를 드리는데 십자칼날하
　　　　　고 십자칼날하고 아 왜 이래 십
　　　　　　　{구매자: 어}
　　　　　자칼날은 이제 물기 있는 거
　　　　　하시는 거구요 일자 칼날은 물
　　　　　기 없는 거 하시는 거거든요
　　　　　일반적으로 이제 믹서기가 쌀
　　　　　알콩을 잘 못 빻잖아요 못 갈
　　　　　아요 그러니깐 이렇게 갈아 주
　　　　　　　　{구매자: 네}
　　　　　시고 쌀 넣으면 이유식이나 선
　　　　　식 같은 거 해 드릴 수 있고 콩
　　　　　볶으면 미숫가루 할 수 있고 갈
　　　　　아주신 다음에 주의하실 게
　　　　　　{구매자: 네}
　　　　　뭐냐면 요기 날개가 있고 홈이
　　　　　있잖아요 홈이 있으니깐 이렇
　　　　　게 맞춰주셔야 돼요.
　　　　　(※ 이하 생략)　　　　<자료 29>

(86)의 ①에서 구매자는 판매자에게 가방의 가격을 묻고 있다. 이에 대하여 판매자는 ②에서 129,300원이라고 가격 정보를 제공하고 있다. 그러나 판매자의 발화는 여기에서 끝나는 것이 아니다. 가격 정보뿐만 아니라 수납이 편하고, 장식도 실버로 되어서 색상이 변하지 않는다는 등 가방의 장점에 대하여 덧붙여 설명하는 부연 확장 응대를 하고 있다. (87)에서 구매자는 현장에 있는 제품을 텔레비전에서 본 기억이 있어 이에 대하여 질문하고 있다. 판매자는 '예, 아니오'로 대답할 수 있는 판정 질문에 {그럼요}라는 긍정의 대답을 일단 한 후, 제품의 사용법과 특징에 대하여 길고 자세하게 설명하고 있다.

구매자의 정보 제공에 대하여 판매자가 부연 확장 응대를 수행하는 것은 거래를 성사시키려는 판매자의 적극적인 태도를 보여주는 것으로 구매자의 구매를 유도하려는 설득 전략이라 할 수 있다. 상거래 현장에서 [질문] 화행을 통한 구매자의 정보 제공 요구에 판매자가 요구한 양의 정보만 제공하는 단순 응대의 경우에는 매매가 이루어질 확률이 부연 확장 응대보다 낮다.

(88) [대화 상황//장소: 모란 시장/물건: 옷]
　①구매자: 저런 연두색 원피스는 얼마에요?
　②판매자: 만 삼천 원이요.
　③구매자: 만 삼천 원이요.　　　　＜자료 68＞

(88)은 상거래의 시작 단계로 구매자가 물건의 가격에 대한 정보를 요구하고 있는 장면이다. {저런 연두색 원피스는 얼마에요?}라는 구매자의 [질문]에 판매자는 단지 가격 정보만을 제공하며 응대하고 있다. 제품의 특징이나 장점에 대한 부연 확대 응대가 일어나지 않은 것이다. 이와 같은 응대는 앞의 (86-87)

에서 본 부연 확장 응대와 비교해 보면 판매자의 태도가 다르
다는 것을 알 수 있다. (88)의 판매자는 구매자가 관심을 갖는
제품에 대하여 자세하게 설명하지 않으며 적극적으로 구매를
권유하려는 태도를 보이지 않는 것이다. 구매자도 적극적인 매
매 권유 의사가 없는 즉, 물건을 팔려는 의지가 없는 판매자의
가게에서 굳이 구매할 의사를 보이지 않는다. 결과적으로 매매
는 실패로 끝나게 된다.

판매자는 자발적으로 정보를 제공하기도 한다. 구매자의 [질
문]을 통한 정보 제공 요구에 대한 응대에서만이 아니라 판매자
스스로가 정보를 제공하는 것이다. 적극적으로 물건에 대한 정보
를 제공하며 구매자로 하여금 물건을 사도록 하기 위해서이다.

(89) [대화 상황//장소: 남대문 시장/물건: 가방]
　①판매자: 좋은 거요. 한 얼마짜리 찾으세요?
　②구매자: 이정도면 돼요.
　③판매자: 요건 혹시 어떠세요 요거?
　④구매자: 어 이것두 괜찮다.
　⑤판매자: **360도 회전에 배는 기아 식**　　⇐ 정보제공하기
　　　　　　　{구매자: 예}
　　　　　　이면서 색깔도 잘 나왔고
　　　　　　요렇게도 끌구요 요렇게
　　　　　　끌 수 있게끔 나온 거거든
　　　　　　요. 제품은 많이 나갔어요.
　⑥구매자: 이건 얼마에요?
　⑦판매자: 십오만 오천 원.

　　　　　　　　　　<자료 21>

(89)에서 여행용 가방을 구매하려는 구매자에게 판매자는 직접 물건을 보여주며 설명하고 있다. ①에서 판매자는 구매자에게 어느 정도 가격의 물건을 찾느냐고 묻고 있고, ②에서 구매자는 대답하고 있다. 그 다음 ③에서 판매자는 구매자에게 물건을 보여주며 권유하고 있다. ④에서 구매자가 긍정적 평가를 하며 관심을 보이자 판매자는 ⑤에서 제품에 대한 정보를 자발적으로 제공하고 있다. 구매자의 [질문]을 통하여 정보 제공 요구가 없는 데도 판매자 스스로가 제품에 대한 정보와 장점에 대하여 자세하게 설명하고 있다. 구매를 권유하려는 판매자의 적극적인 태도를 볼 수 있는 대화이다.

이와 같이 정보 제공하기는 상거래 대화의 기본적이며 필수적인 설득 전략이다. 특히 구매자의 [질문] 화행을 통한 정보 제공 요구 없이 자발적으로 정보를 제공하는 것은 구매자를 매매로 이끌려는 판매자의 적극적인 태도가 반영된 전략이라 볼 수 있다.

4.2.2 칭찬하기

칭찬하기는 '상대방에 대하여 무엇인가 좋은 것을 말하는, 호의적인 판단이나 의견으로써, 이를 통하여서 상대방과의 취향이나 흥미에서의 공통성을 표현하여, 대화 참여자 상호 간에 유대감을 창조하거나 강화하는 것'이다(Manes & Wolfson 1981). 칭찬하기는 본질적으로 상대방에 대한 긍정적 평가의 기능을 바탕으로 하기 때문에 호감을 표시하여 대화자간의 관계를 돈독히 하는 유대 기능까지 겸하고 있다.

상거래 대화에서 판매자는 구매자에게 호의적인 태도를 드러내어 대화의 분위기를 부드럽게 이끌기 위하여 칭찬하기를 사

용한다. 또한 구매자의 구매 행위를 요구하는 데에 칭찬하기를
사용하여 행위 요구가 지닌 강제성을 완화시키거나 요구의 근
거를 제시한다.

상거래에서의 칭찬 전략은 칭찬의 대상 자체에 대한 평가와
상대방의 능력이나 노력에 대한 평가가 주를 이룬다. 이는 상거
래라는 대화 상황으로 인한 결과로 보이는데 이와 관련지어 칭
찬이 사용될 수 있는 상품에도 제한이 따른다. 옷, 신발, 보석
등과 같이 구매자가 착용할 수 있어 외적으로 평가가 가능한
제품에 칭찬 전략이 주로 사용된다. 판매자가 칭찬하는 것의 대
상부터 살펴보기로 한다. 판매자는 구매자를 대상으로 하여 칭
찬하거나 판매하고자 하는 제품을 대상으로 하여 칭찬한다.

(90) [대화 상황//장소: 백화점/물건: 옷]
　①판매자: 바지 있으시죠? **얼굴이랑**　　　⇐ 칭찬하기
　　　　　　너무 잘 어울리시네요.
　②구매자: 딴 데 한 번 더 안 봐도 되겠어.
　　　　　　　　　　　　　<자료 17>

(91) [대화 상황//장소: 백화점/물건: 옷]
　①판매자: **회색이 잘 받죠. 회색을 잘**　　　⇐ 칭찬하기
　　　　　　입구 오셔서. 그르구 회색
　　　　　　이 잘 받어.
　②구매자: 아니 투피스가 회색이니까
　③판매자: 아 (--)
　　　　　　　　　　　　　<자료 17>

(90)은 옷가게에서의 대화로, 판매자가 구매자에게 팔려고 하는 옷을 입게 하고 {얼굴이랑 너무 잘 어울리시네요}라고 하며 구매자를 긍정적으로 평가하여 칭찬하고 있다. 즉 잘 어울리니까 구매하라는 의도로 판매자는 구매자를 칭찬하고 있는 것이다. (91)은 앞의 (90)에 계속되는 대화로, 구매자가 사고자 하는 옷을 입은 후 구매자가 사려는 옷과 입고 온 회색 옷이 잘 어울린다고 하며 판매자는 칭찬하고 있다. 구매자가 마침 회색 옷을 잘 입고 왔다고 하며 구매자의 준비성까지도 칭찬하고 있다.52) 구매자를 칭찬할 때 특히 구매자가 관심을 보이거나 구매할 의사를 밝힌 물건과 관련지어 칭찬하는 것은, 물건 구매를 유도하려는 설득 전략이다.

칭찬하기의 대상은 구매자만이 아니다. 판매자는 판매하는 물건에 대하여 칭찬하며 구매하라고 설득하기도 한다.

(92) [대화 상황//장소: 노량진 수산시장/물건: 생선]
　①판매자1: 내 크고 좋은 거 잡아드릴게
　　　　　　[몇 분이에요?
　②판매자2: [[지금 금방 온 거라 맛있어요.　⇐ 칭찬하기
　　　　　　　　　　　　<자료 30>

(92)는 수산물 시장에서의 대화이다. 판매자는 자신이 판매하는 생선이 {금방 온 거라 맛있어요}라고 칭찬을 하고 있다. 신선하고 맛있는 생선이라고 제품에 대하여 칭찬하는 것은 궁극적으

---

52) 이원표(1996:121-122)에서는 칭찬 전략을 '칭찬의 대상 자체에 대한 평가(62.4%), 상대방의 능력이나 노력에 대한 평가 또는 감사의 표시(18.2%), 칭찬의 대상과 관련된 질문(11.3%), 인지 및 부러움의 표시(2.1%), 농담(5.0%), 의성어의 사용이나 놀람의 표현(0.5%)'으로 분류하고 있다.

로는 구매자에게 사라고 요구하는 것이다.

  이와 같이 상거래 대화에서 칭찬하기는 판매자가 구매자에게 물건을 사라고 요구하는 의도에서 사용되는 것이기 때문에 표면적으로도 [요구] 화행과 칭찬하기가 함께 나타나는 경우가 많다. 상거래 대화의 궁극적 목적인 물건을 사라는 요구를 할 때 [요구] 화행이 지닌 행동 강요성을 감소하기 위하여, 그리고 요구의 근거를 제시하기 위하여 칭찬하기를 사용하는 것이다.

(93) [대화 상황//장소: 백화점/물건: 옷]

  ①구매자2: 여성스러워 보이네요

                    {판매자: 네}

  ②구매자1: 특이 특이하구나.

  ③판매자: 예 흔하지 않죠. 모직코트도 흔하고.

  ④판매자: 요거 입으세요. 독특하고   ⇐ 칭찬하기

      쎄련되고. 쎄련돼요 요게.

      요런 거 [이제

  ⑤구매자1:   [[근데 이거 투피

      스:: 바지에다가 입으면 어

      떨까?

  ⑥판매자: 검정 바지나 요렇게 입으시면＝

                    <자료 17>

(94) [대화 상황//장소: 남대문 시장/물건: 옷]

  ①구매자: 프릴이 더 예쁘지?

  ②판매자: 요거 하세요. **손님한테는 요**   ⇐ 칭찬하기

      런 디자인이 더 이쁠거에요.

  ③구매자: 저기 이거에두 지금 이거처

럼 프릴 있어요?=

{판매자: 그렇지요}

<자료 20>

(93)에서 판매자는 직접적으로 {요거 입으세요}라고 행동을 요구하면서 그 근거로 {독특하고 쎄련돼요}라고 물건의 장점을 들고 있다. 칭찬하기와 함께 나타나는 행동 요구는 {요거 입으세요}만으로 행동을 요구할 때보다 좀더 완곡한 표현이 될 수 있다. (94)에서도 여러 물건들 사이에서 고민하는 구매자에게 판매자는 하나를 선택해서 그것으로 사라고 요구하고 있다. 판매자는 자신이 사라고 요구하는 디자인이 구매자에게 더 예쁠 것이라고 칭찬하며 요구의 근거를 제시하고 있다. 이처럼 행동을 요구하는 화행과 같이 나타나는 칭찬하기는 매매 결정 단계로의 유인을 위한 설득 전략이라고 볼 수 있다.

그런데 상거래에서 판매자가 수행하는 칭찬하기는 물건의 구매를 유도하기 위한 의례적이고 형식적인 칭찬이라고 구매자들은 생각한다.53) 이는 칭찬하기에 대한 구매자의 응대 발화에서 알 수 있다.

(95) [대화 상황//장소: 남대문 시장/물건: 옷]
　①구매자: 아 이걸요.
　②판매자: 예 **그래서 손님한테는 고게 딱**　⇐ 칭찬하기
　　　좋아요.

　　<>

---

53) 백경숙(1998: 245)에서 "…… 상점이나 미용실에서 흔히 있을 수 있는 매우 의례적이고 상투적인 칭찬으로 보고 응답하지 않은 것일 수 있다. 즉 그것이 의례적인 만큼 응답 행위 자체를 회피함으로써 칭찬의 효과를 극소화하려는 것이다"라 하고 있다.

③판매자: 기장두 안 줄여두 될꺼야 고게

　　　　기장이 쪼금 짧게 나와 가지구.

<자료 20>

(95)에서 판매자는 구매자에게 잘 어울릴 만한 것을 추천한 후 그것이 제격이라고 칭찬하고 있으나, 구매자는 이에 응대를 하지 않고 있다. 그러자 판매자는 다시 말차례를 가져다가 권유하는 근거로 {길이를 안 줄여도 될꺼야 고게 기장이 쪼금 짧게 나와 가지구}라고 하며 제품의 장점에 대하여 설명하고 있다.

　일상 대화에서 칭찬하기에 대한 응대는 수락, 비껴가기, 거절, 무응답의 순으로 나타난다(이원표 1996, 백경숙 1998). 반면에 상거래 대화에서는 비껴가기나 무응답인 응대 회피나 응대 거절이 주로 나타난다. 앞서 살펴본 예들인 (90)에서는 칭찬의 진실성에 대한 의구심을 표시하며 칭찬하기를 비껴가고 있고, (91)에서는 칭찬 받는 것에 대한 설명을 하며 칭찬하기를 비껴가고 있다. (95)에서는 칭찬에 대답을 하지 않으며 칭찬을 거절하고 있다. 구매자들이 판매자의 칭찬을 단순한 긍정적인 평가가 아닌 구매를 유도하기 위한 전략으로 사용한다고 인식하여 칭찬의 효과를 약화시키기 위한 응대를 하는 것이다.

4.2.3 동의하기

　판매자는 구매자의 구매 행위에 도움을 주고 있다는 태도를 보여주어 구매를 유도하려고 한다. 즉 판매자가 자신의 이익을 위하여 판매를 하는 것이라기보다는 구매자의 욕구 해결에 도움을 주기 위하여 판매를 한다는 태도를 보여주는 것이다. 구매자의 구매 행위를 돕고 있다는 태도는 구매자와 같은 의견임을 나타내는 동의하기를 통하여 드러난다.

 동의하기는 선행 화자의 [진술] 화행에 대한 응대로 나타나는 것이다. 상거래에서 볼 수 있는 동의하기는 선행 화자인 구매자의 발화를 반복하거나 구매자의 발화에 [맞장구]를 치는 것으로 수행된다.

(96) [대화 상황//장소: 한복집(종로3가)/물건: 한복]
　①구매자: 이왕 하는 거 좋은 거 해야지.
　②**판매자: 이왕 하시는 거 좋은 거 해야**　　⇐ 동의하기
　　　　　지. 이것이 인자 세트로 나가
　　　　　는 거에요. 이게 똑같은 것 이것
　　　　　을 여자 반두루마기 하잖아요.
　　　　　　　　　　　　　<자료 24>

(97) [대화 상황//장소: 시계점(종로 3가)/물건: 시계]
　①구매자2: 근데 제 저희 집에서요 저희
　　　　　　어머님께서요 부로바거를
　　　　　　　{판매자: 예}　　　　⇐ 동의하기
　②구매자2: 예전에 하셨나봐요
　　　　　　　{판매자: 아 예전에}　　⇐ 동의하기
　④구매자2: 근데 그게 계속 쓰시거든요 몇 십
　　　　　　년을 계속 쓰셔가지고 그게 좋다고
　　　　　　　{판매자: 예}　　　　⇐ 동의하기
　　　　　　　　　　　<자료 26>

(96)에서 판매자는 {이왕 하는 거 좋은 거 해야지}라는 구매자의 발화를 반복하여 발화하며 구매자의 의견에 동의한다는 태

도를 드러내고 있다. (97)에서 구매자는 자신이 원하는 물건에 대하여 자세하게 설명을 하고 있는데 판매자는 구매자의 의견에 계속 [맞장구]를 치며 동의하고 있다.

판매자의 동의하기는 구매자의 생각, 의견, 판단 등을 존중하는 것으로 판매자 자신의 의견을 발화하기 이전에 동질감을 형성하여 구매를 유도하려는 설득 전략이다. 판매자는 구매자로 하여금 동일한 생각, 의견 등을 가지고 있다고 생각하게 하는 것이다. 판매자가 구매자와 대립 관계에 있는 것이 아니라 구매자와 함께 물건을 고르고 있다는 생각을 갖도록 하여 보다 호의적인 대화를 이끌 바탕을 마련하는 것이다.

(98) [대화 상황//장소: 도매 시장/물건: 옷]
　①구매자: 가격이 너무 비싸요.
　②판매자: **그죠 비싸죠.** 그니깐 손님들이　　　⇐ 동의하기
　　　　　　이거를 딱 보셨을 때 굉장히 맘
　　　　　　에 들어 하시는데 가격 때문에
　　　　　　조금 망설이세요. 근데 요런 거
　　　　　　는 한 번 해 두면은 계속 입을
　　　　　　수 있는 거니깐.
　③구매자: 아이 제가 팔만 원밖에 없거든요.
　　　　　　　　　　　　　　　　　<자료 40>

(98)에서 구매자는 가격 정보를 제공받은 후 그 가격이 비싸다고 발화하고 있다. 판매자는 이에 대한 응대로 {그죠 비싸죠}라고 하며 구매자와 같은 생각임을 드러낸다. 판매자도 비싸다는 사실을 알고 있다고 하며 구매자의 선행 발화에 대하여 동의한다. 일단 구매자의 의견과 같이 판매자 자신도 비싸다고 생각하

지만 그래도 구매할 만한 이유가 있다고 설명하며 구매를 유도
하는 것이다. '근데'라는 전환 표지를 사용하기에 앞서 일단은
동의한다는 태도를 드러내는 것이다.

　그런데 판매자의 동의하기는 실제로 구매자의 의견에 동의하
기 때문이 아니라 구매를 유도하기 위한 설득 전략으로 사용된
것이다.

(99) [대화 상황//장소: 남대문 시장/물건: 옷]
　①판매자: 일단 싸이즈는 멧이에요. 허리하고.
　(※ 중간 생략)
　②판매자: 72. 정확하게 100사이즈네.
　③구매자: 100이요↗ 전엔 95도 입었는데
　　　　　[요즘에 살쪄가지구
　④판매자: [[**95도 입죠** 95를 입으면은 따　　　⇐ 동의하기
　　　　　악:: 끼는 거지.
　　　　　　{구매자: 네}
　　　　　　　　　　　　　　　　　　<자료 23>

(100) [대화 상황//장소: 백화점/물건: 옷]
　①판매자: 요거 입으세요. 독특하고 쎄
　　　　　런되고. 쎄런돼요 요게. 요런
　　　　　거 [이제
　②구매자1:　　[[근데 이거 투피스:: 바지
　　　　　에다가 입으면 어떨까?
　③판매자: 검정 바지나 요렇게 입으시면=
　④구매자1: [=아니 쥐색바지
　⑤구매자2: [[쥐색바지

⑥판매자: **쥐색바지도 괜찮아요.** 색상은 있   ⇐ 동의하기

　　　　잖아요. 요게 소재가 틀리기 때문

　　　　에 이거는 뭐 청바지를 입어두 되

　　　　고 그냥 쥐색바지나 껌정바지 아

　　　　무데나 (입으셔두 돼요).

<자료 17>

(99)는 옷을 구매하는 대화인데, 구매자가 정확한 사이즈를 모르자 판매자가 100사이즈라고 단정적으로 말하고 있다. 이에 대하여 구매자가 예전에 95를 입었었다고 하자 판매자는 즉각 말차례를 겹쳐가면서까지 적극적으로 95도 입는다고 자신의 의견을 수정하여 구매자와 동일한 의견임을 드러내고 있다.54) (100)에서도 판매자가 검정 바지와 어울린다고 설명하는 도중에 구매자가 {쥐색바지}라는 다른 의견을 제시하자 판매자는 쥐색 바지도 괜찮다며 그 의견까지 동의하여 수용한다. 구매자와의 의견 차이를 피하며 대화를 지속시키며 구매를 유도하기 위한 동

---

54) 말차례 겹침은 말차례 가지기 규칙의 위반이나 침해로 보아 부정적인 것으로 간주되기도 하고(Goldberg 1990), 이런 입장과는 달리 대화 상대자의 말에 대한 관심이나 참여, 또는 관여의 의미 표시인 긍정적인 것으로 인식되기도 한다(Tannen 1981, Murata 1994). 국어 토크쇼 대화를 대상으로 한 이원표(1999)에서는 말차례 겹침을 '말 끼어들기'라 부르며 그 유형을 청자 반응신호(backchannel), 우발적 말 끼어들기, 우호적 말 끼어들기, 비우호적 말 끼어들기와 같이 크게 네 가지로 나누고 있다. 이 가운데 우호적 말 끼어들기란 추이적정지점(transition-relevance point)으로 볼 수 없는 곳에서 고의적으로 말을 시작하여 (순간적으로) 발언권을 빼앗는 것으로, 청자가 현 화자가 하고 있는 말의 흐름을 막기는 했으나, 결과적으로 그리고 의도적인 면에서 그의 말에 도움을 주거나 의사소통상의 효율성을 높이기 위하여 끼어들었다는 점에서 우호적 성격을 갖는 경우라고 하였다. 자료 (100)에서의 말 겹침은 이런 '우호적' 성격을 지닌 것으로 볼 수 있다.

의인 셈이다.

4.2.4 구매자의 동의 이끌어내기

동의하기가 구매자의 의견에 판매자가 동의하는 것이라면 동의 이끌어내기는 판매자가 자신의 발화에 구매자가 동의하도록 만드는 것이다. 판매자는 대화가 진행되면서 자신의 정보 제공이나 요구에 대하여 구매자의 동의를 이끌어 내려 한다. 구매자의 태도 변화를 유도하기 위한 것으로 판매자의 발화에 동의한다는 점을 확인하고 같은 의견임을 확인하면서 결국 판매자의 구매 요구를 수락하도록 하기 위한 것이다.

구매자의 동의를 이끌어 내기 위하여 판매자는 종결 어미에 '지'와 선어말 어미 '잖'을 사용한다.55)

(101) [대화 상황//장소: 한복집(종로3가)/물건: 한복]

    ①판매자1: 예 요렇게서 요기다가 자주색   ⇐ 구매자 동의

           자주색 **있죠**   이끌어내기

               {구매자2: 예}

         자주색 깃 고름 [다는 거에요

    ②판매자2:   [[깃 고름 요다가

                   <자료 24>

(102) [대화 상황//장소: 백화점/물건: 믹서기]

    ①구매자: 이거 혹시 텔레비전에서 중소기

        업 박람회 그걸로 나온거죠?

---

55) '잖'이 지닌 확인의 기능은 손세모돌(1999: 213-240)에서 언급한 바 있다.

②판매자: 그럼요. 히트상품으로 나온거구
일반적으로 이제 믹서기에서 칼
날2개를 드리는데 십자칼날하고 십
자칼날하고(※칼날이 이상해서 고
　　{구매자: 어}
함치는 것임. 아 왜 이래 십자
칼날은 이제 물기 있는 거 하시
는 거구요 일자 칼날은 물기 없
는 거 하시는 거거든요 일반적
으로 이제 믹서기가 쌀알콩을 잘
못 **빻잖아요** 못 갈아요 그러니깐　⇐ 구매자 동의
이렇게 갈아 주시고 쌀 넣으면　　이끌어내기
　　{구매자2: 네}
면 이유식이나 선식 같은 거 해
드릴 수 있고 콩 볶으면 미숫가
루 할 수 있고 갈아주신 다
　　　　{구매자2: 네}
음에 주의하실 게 뭐냐면 요기
날개가 있고 홈이 **있잖아요** 홈　⇐ 구매자 동의
이 있으니깐 이렇게 맞춰주셔야　　이끌어내기
돼요. 어느 어머님네는 아침에
는 돌아가고 저녁에 하실려니깐
이렇게 맞춰주셔 가지고 안 돌
아가고 오셔갔구 이게 안 된다
고 말씀하시는데 이제 미리 주
의하시고 그냥 돌리면 안 되니
깐 약간만 요렇게 해가지고 눌

러만 주시면 돼요. 한 번씩 흔
들고 주시고 흔들어 주시고 마
늘 빻는걸 보여드리면 일반 믹
서에다 마늘 빻으면 으깨고 물
만 나오고 즙만 **냈잖아요** (ㅡ)   ⇐ 구매자 동의
컵에다 넣으시고   이끌어내기
　　　{구매자2: 네}

<자료 29>

(101)은 한복집에서의 대화인데 판매자가 구매자에게 한복 색깔
을 맞춰서 입는 것에 대하여 설명하고 있다. 판매자는 정보를
제공하며 이에 대하여 구매자의 동의를 {있죠}의 'ㅡ지'라는 종
결어미를 통하여 이끌어 내고 있다. (102)는 믹서기에 대하여
판매자가 자세하게 설명하면서 '잖'을 사용하며 계속 구매자의
동의를 구하고 있다.

　구매자의 동의를 이끌어내는 또 하나의 형식은 부가의문법이
다. (103)에서 판매자는 {이거 싸이즈 딱 맞네요}라는 발화 뒤에
자신의 발화에 동의하도록 {그죠}를 사용하고 있다.

(103) [대화 상황//장소: 금은방(종로3가)/물건: 패물]
　①구매자1: 음 그게 쫌 특이하네.
　②판매자2: 어머님 볼수록 이쁘죠?
　③구매자1: 작은 메누리라 이제 아랫사랑이
　　　　　　라고 이제 막내니까 더 이뻐.
　④구매자1: 음 고거 좋다 음 아 잘 고르네. 고ㅡ
　⑤판매자2: 이거 싸이즈 딱 맞네요 **그죠?**   ⇐ 구매자 동의
　⑥구매자1: ㅡ비니루 들었는데 어떻게 알았   이끌어내기

나 너 그거를. 젤 낫네 이거는 금
겉다.   <자료 25>

판매자가 구매자의 동의를 이끌어내는 것은 결국 구매자를
판매자의 구매 매매 요구를 수락하도록 하기 위한 것이다.

4.2.5 부정적 응대 회피하기

구매자의 발화에 응대를 할 때 판매자는 갈등이 발생하는 상
황은 가능하면 피하려고 한다.56) 즉 구매자의 질문이나 요구,
명령 등에 부정적인 응대를 하지 않으려 한다. 구매자의 요구에
부정적인 응대를 해야 할 경우에는 직접 부정의 응대는 회피하
려 한다. 질문, 요구, 명령 등은 청자의 대답이나 행동을 필요로
하는 화행으로 이에 부정적으로 응대한다는 것은 화자의 질문,
요구, 명령 등을 수행하지 않겠다는 거절의 의사 표시이다. 거절
은 화자와 청자 사이에 갈등을 유발할 수 있는 것이고, 화자의
진술에 대립되는 의견을 제시하는 것도 갈등을 불러일으킬 수
있는 것이다.
부정적 응대를 해야 할 경우에 직접적으로 하지 않는다. 원하
는 제품을 보여 달라고 요구하는 구매자의 선행 발화에 만약
그 제품이 없어도 '없다'고 판매자는 직접적으로 부정적 응대를

---

56) 일상 대화에서도 부정적 응대는 회피하려고 한다. 일상 대화를 대
상으로 분석한 세가와 교코(1997: 82-85)에서는 "대화에 있어서 청
자는 화자에게 조화적인 태도를 보임으로써 상호작용을 유지하고
있다. 그러한 조화적인 태도를 보이는 방법으로서는, 청자가 화자
와 공통의 기반에 서 있다는 것을 나타냄으로써 실현된다. 그러한
것에는 동의, 공감을 나타내는 전략, 반대 의견을 피하는 전략, 감
정을 나타내거나 평가를 하는 전략이 있다"고 한다.

하지 않는 것이다. 요구를 수락할 수 없다고 응대하기보다는 오히려 보상적인 방법으로 구매자가 찾는 제품이 가진 단점을 제시하여 그 제품의 필요성을 떨어뜨리려 한다.

(104) [대화 상황//장소: 백화점/물건: 옷]
　①구매자1: 짧은 건 없구?
　②판매자1: **요건 요기장으로 반코트로 나**　⇐ 부정적 응대
　　　　　　온거에요 롱은 아니구 모직은　　　회피하기
　　　　　　조고보다 짧아지죠.
　　　　　　　　　　　　　{구매자1: 응}
　③판매자1: 고 기장도 괜찮아요.
　(※ 중간 생략)
　④구매자2: 까만색은 어때?
　⑤판매자1: **까만색은 [까만색두 이쁠텐데**　⇐ 부정적 응대
　　　　　　쯤 신경을 쯤 쓰셔야지.　　　　회피하기
　⑥구매자1: 　　　　　　　[[이게 이게 까만색
　　　　　　이지. 아니 이거루다 까만색은
　　　　　　없어?
　⑦판매자: **고거 주문하셔야 돼요. 지금은**　⇐ 부정적 응대
　　　　　　없고.　　　　　　　　　　　회피하기
　　　　　　　　　　　<자료 17>

판매자는 (104)에서 길이가 짧은 코트를 요구하는 구매자에게 {없다}고 직접적으로 말하지 않고 판매자가 제시한 제품에 대하여 계속 설명하고 있다. 또다시 까만색이 없냐고 질문하며 까만색에 대하여 거듭 보여줄 것을 요구하자 이번에는 까만 코트가 지닌 단점에 대하여 설명하고 있다. 판매자가 단점을 제시했는

데도 불구하고 구매자가 까만색을 요구하자 비로소 까만 코트가 지금 없기 때문에 구매하려면 주문을 해야 한다는 설명을 하고 있다. 이때도 {없다}는 정보는 후치시켜 제시하며 부정적 응대를 피하려는 모습을 보여주고 있다.

부정적 응대 회피하기는 판매자의 부정적 응대로 인한 구매자의 거부감이나 반발 심리를 축소하기 위한 것일 뿐만 아니라 거절로 인한 대화의 단절을 피해서 대화를 지속시키기 위한 것이기도 하다. 부정적 응대 대신 여러 대응 방안을 모색하여 대화를 지속시키는 것이다.

상거래 대화에서 부정적 응대를 회피하는 방식에는 농담으로 응대하는 것도 있다. 농담은 화자와 청자가 친밀한 사이일 때 할 수 있는 것으로 서로의 거리감을 줄일 수 있고 대화의 긴장을 풀어줄 수 있는 장치이다.[57] 상거래 현장에서 처음 만난 구매자와 판매자는 농담을 주고받을 만큼 친밀한 사이가 아니다. 그럼에도 불구하고 부정적 응대를 해야 할 때 판매자는 구매자와의 거리감을 줄이며 분위기를 부드럽게 하기 위하여 농담을 한다. 보다 친밀한 관계에서 상거래를 하기 위해서이다. 이런 농담하기는 주로 재래시장에서 볼 수 있다.

(105) [대화 상황//장소: 모란 시장/물건: 야채]
　①구매자: 이런 거 밤고구마에요?
　②판매자: 예 예예 틀림없이
　③구매자: (--)
　④판매자: 예?
　⑤판매자: **할머니 거 저저저저 신체검사**　　⇐ 부정적 응대

---

57) 이원국 옮김(1998: 293)에서 불쾌감을 농담으로 표현하는 것은 상대방의 체면 손상 정도를 최소화시키는 방법이라고 지적한 바 있다.

　　　　　할 것이 없어 이것은 KBS에　　　　회피하기
　　　　　등록된 것이라 신체검사 할
　　　　　것이 없이

⑥구매자: 머 어떻게 등록이 돼 있어 (--)

⑦판매자: (--) 6시 내 고향 6번 틀어 보면은

⑧구매자: 이거 2개 오천 원 줄래요?

⑨판매자: 아니요

⑩구매자: 아니 2개 오천 원이면 사고
　　　　　아니면 안 사

⑪판매자: 그럼 놔둬요 **나도 할머니처럼 이쁜**　⇐ 부정적 응대
　　　　　딸이 아홉이나 돼야 퇴직금이 없　　회피하기
　　　　　는 것이 요것이 근데 천 원을 깎
　　　　　아 버리면 근디 다 팔아도 천 원이
　　　　　안 남아

⑫판매자: 그래서 그래 내가 하나 더 드릴게
　　　　　두 개 가져가시시오 잉↗ 잉↗

　　　　　　　　　　　　　　　　　<자료 70>

자료 (105)에서 판매자는 구매자가 물건의 품질을 의심하고, 가격을 무리하게 깎아 달라고 하는 요구에 응대하는 방법으로 농담을 선택하고 있다. 믿지 못하겠다는 구매자의 태도는 판매자의 체면을 위협하는 것으로 판매자를 불쾌하게 만들 수도 있지만 농담으로 응대하며 부정적 응대를 회피하고 있다. 판매자가 불쾌한 감정을 드러내면 구매자와의 관계에서 갈등이 발생할 수 있고 이는 매매의 실패로 이어질 것이다. 가격을 무리하게 깎아 달라고 요구하는 구매자에게 {그럼 놔둬요}로 판매자가 발화한다면 매매는 이루어지지 않은 채로 대화가 끝났을 것이다.

그러나 판매자는 자신의 거절을 약화시키기 위하여 농담을 하고 있다. 거절로 인한 구매자의 체면 위협을 최소화한 것으로 농담을 사용해 한층 부드러운 분위기를 만들어 대화를 진행시키며 구매를 하도록 유인하고 있다.

4.2.6 구매자 이익 강조하기

상거래 대화에서 판매자는 구매자를 설득하기 위해서 구매를 통하여 구매자가 이익을 얻을 수 있다고 강조한다.58) 상품을 사는 행위가 판매자에게 이익을 남기기 위한 행위가 아니라 구매자 스스로의 이익 때문이라는 사실을 강조하며 구매자에게 분명하게 인식시키는 것이다. 상거래에서 구매자에게 이익이 된다는 것은 다른 말로 하면 구매자가 좀더 싸게 원하는 물건을 산다거나 보다 좋은 조건으로 구매하는 것을 의미한다.

구매자의 이익을 강조하기 위하여 판매자는 원래 마땅히 받아야 할 가격이 있지만 현장의 구매자에게만 특별히 싸게 팔겠다고 주장하거나 배달을 해 주겠다고 하며 이익을 약속한다.

(106) [대화 상황//장소: 남대문 시장/물건: 가방]

①판매자: 예. **지금 내가 택시비 정도는 뽑을** ⇐ 구매자 이익

정도로 해드릴게. 되겠습니껴?　　　 강조하기

<>

②판매자: 장사가 하도 안돼서 웬만하면 **내가** ⇐ 구매자 이익

잘해드려서 해드릴려구. [배달두 　 강조하기

해 드리니까 아니　　　 <자료 21>

---

58) 송원재(1998: 106)에서는 '설득력＝상품의 특징＋특징이 고객에게 주는 이익'의 관계로 나타낼 수 있다고 하였다.

(107) [대화 상황//장소: 노량진 수산시장/물건: 생선]

　①구매자1: [[그러면은 얘 이만 원에 주세요.

　②판매자1: ((웃음)) **내가 싸게 드린다고**　　　⇐ 구매자 이익

　　　　　　그랬잖아. 이게 [양이 많이 나　　　　　강조하기

　　　　　　와요.

　③구매자1:　　　　　　　　　　[[아니 이만 원

　　　　　　에 그니까.

　　　　　　　　　　　　　<자료 30>

(106)에서 판매자는 구매자에게 자신이 택시비 정도의 이익을
구매자에게 주겠다고 약속하며 잘 해주겠다고, 배달도 해주겠다
고 거듭 발화하며 구매자의 이익을 강조하고 있다. (107)에서도
판매자가 싸게 팔 것이라고 주장하고 있다.

　구매자 이익 강조하기의 전략은 재래시장에서 특히 자주 볼
수 있다. 재래시장의 판매자들에게 하나의 설득 전략으로 형식
화되어 있는 듯하다.

(108) [대화 상황//장소: 평촌 수산물시장/물건: 생선]

　①판매자: 이것도 만 삼천 원씩이요

　②구매자2: 크기가 다른데?

　③판매자: **원래 20,000원 받는 건데**　　　⇐ 구매자 이익

　　　　　　17,000원에 드릴께요 될　　　　　강조하기

　　　　　　수 있는 대로 싸게 드릴

　　　　　　께요

　　　　　　　　　　　　　<자료 63>

(109) [대화 상황//장소: 도매시장/물건: 옷]
　　①구매자: 예 이런 거 얼마에요?
　　②판매자: **그거 원래는 13만 원까지**　　　⇐ 구매자 이익
　　　　　　　나갔는데요{구매자: 예} 지　　　　강조하기
　　　　　　　금은:: 첫날이니깐 10만 원
　　　　　　　까지 드릴께요 그냥.
　　　　　　　　　　　　　　<자료 39>

(108)은 원래 20,000원 받아야 하는 것인데 지금 구매자에게는
싸게 17,000원에 주는 것이라고 하며 될 수 있는 대로 싸게 주
겠다고 약속하고 있다. (109)도 가격 정보를 요구하는 구매자에
게 세일 기간이어서 그것도 첫날이니까 특별히 싸게 주는 것이
라고 설명하고 있다.

4.2.7 대안 제시하기

　판매자가 권유하는 제품을 구매자가 거부를 할 때나 구매자
의 부정적 평가에 뒤이어 판매자는 신속하게 대안을 제시하여
야 한다. 대안을 제시하지 않고 구매자의 거부를 수용하는 응대
를 하면 거래는 성사되지 않는다.
　판매자의 권유에 구매자가 거부하여 판매자가 새로운 대안을
제시하는 것을 다음 (110)과 (111)의 대화를 통하여 살펴보기로
한다.

(110) [대화 상황//장소: 백화점/물건: 옷]
　　①판매자1: 요 싸이즈로. 주문하면 검
　　　　　　　정 내일이면 오는데

②구매자1: 그르게

③판매자1: 이거는 막 뭐가 붙어요. 겨
울엔 또 특히 니트도 입잖
아요 속에 그러면 털옷 이
렇게 많이 붙어=

(구매자: 응)

④구매자1: =그럼 색상이 이거하고 이
거 두 가지에요?

⑤판매자1: 예.

< >

⑥판매자1: **아니면 이제 면세 무자켓**   ⇐ 대안 제시하기
반코트로

⑦구매자1: 면세 무자켓은 뭐야?

< >

((옷 찾아온다))

⑧구매자1: 그 색깔뿐이 없어요?

⑨판매자1: 어 색깔은 여러 가지에요.

<자료 17>

(111) [대화 상황//장소: 남대문 시장/물건: 옷]

①판매자1: 색깔이요 무슨 색을 원하시
는데? 흰색서부터 껌정까지

②구매자1: 벽돌색인데

③판매자1: 요색 말고 쪼금 빨간 게 있고

④구매자1: 아니 빨간 거 말고 벽돌색
이요.

⑤판매자1: 아 벽돌색. 저 색을 말씀하

시는 건가 부다.

⑥판매자1: **이런 색은 아니고?**   ⇐ 대안 제시하기

⑦구매자1: 이거는 황토색이고.

⑧판매자: **이 색깔이 아니면은 이 색**   ⇐ 대안 제시하기
　　　　깔이에요? 저기 저기 저
　　　　정도 색? 이 정도 이 색도
　　　　아니고.?

⑨구매자1: 예.

⑩판매자1: 이 색?

⑪판매자2: **이런 것도 아니고 요것도**   ⇐ 대안 제시하기
　　　　아니고?

⑫판매자1: 다 나왔는데.

⑬판매자1: 이 정도 색이면 다 나와 있
　　　　는 거거든.

<자료 22>

자료 (110)에서 판매자는 구매자가 찾는 물건이 대화 현장에 없고 주문해야 오는 것이라는 단점을 지적하며 자신이 권유하는 물건을 구매하도록 유인하고 있다. 구매자는 판매자가 권유하는 물건의 색상에 대하여 질문을 하며 관심을 보이는 듯하지만 물건을 보며 더 이상의 발화를 하지 않으며 관심을 보이지 않는다. 그러자 판매자가 곧 다른 제품을 제시하며 다시 권유를 시도하고 있다. (111)에서도 구매자는 자신이 원하는 벽돌색을 찾기 위하여 계속 판매자가 제시하는 물건에 대하여 거부 의사를 표현하고 있다. 이에 판매자는 구매자의 계속되는 거부에도 불구하고 구매자의 마음에 들어 하는 색깔을 찾기 위하여 새로운 대안을 제시하고 있다.

새로운 대안 제시는 구매자의 부정적 평가와 함께 나타나기
도 한다. 구매자가 물건에 대하여 부정적 평가를 한다는 것은
그 제품에 대한 구매 의사가 없다는 점을 의미하는 것이기 때
문에 이때 판매자는 부정적 평가를 부정하는 응대를 수행하는
것이 아니라 대안을 제시하여 구매자의 구매 행위를 이루도록
한다.

(112) [대화 상황//장소: 노량진 수산시장/물건: 생선]
　①구매자2: [[그럼 그거 키로에 어떻게
　　　　　　하는데요?＝
　②판매자1: ＝만 오천 원이요.
　③구매자1: 아이 너무 비싸다.
　④판매자1: **아니면 요 도미를 하나 사**　　⇐ 대안제시하기
　　　　　　도 괜찮고. 인원이 많으시
　　　　　　니까.
　　　　　　　　　　　　　　　　<자료 30>

(112)에서 구매자가 가격 정보를 요구하고 이에 대하여 판매자
가 가격 정보를 제공하자 구매자가 {아이 너무 비싸다}고 하며
부정적 평가를 내리고 있다. 구매자가 부정적 평가를 하면 판매
자는 그 물건에 대한 구매 의사가 없는 것으로 판단하고 {아니
면 요 도미를 하나 사도 괜찮고}와 같이 곧 다른 물건을 제시하
고 있다.

　판매자의 요구나 권유에 대한 구매자의 거부를 판매자가 받
아들여서 새로운 대안을 제시하지 않으면 거래는 중단된다.

(113) [대화 상황//장소: 도매 시장/물건: 악세사리]

①구매자: 이게 금색이었으면 좋겠는데

②판매자: 줄이 얼마나 굵어요?

③구매자: 줄이요? 어느 정도냐면

④판매자: 이 줄 정도 되면 금줄이 이
　　　　　정도면 이것도 괜찮지

⑤구매자: 아 저기요 아니 훨씬 두꺼워요.

⑥판매자: 금줄이 두꺼워요?

⑦구매자: 예

⑧판매자: 그럼 이거로 해도 돼

⑨구매자: 아니 근데 이게 금으로 된 거
　　　　　이게 금색으로 된 거

⑩판매자: **없어요**

⑪구매자: 은색만 있구요?

⑫판매자: 응　　　　　　　　　　　　　<자료 47>

(113)에서 구매자는 금색으로 된 줄을 요구하는데 판매자는 은색 줄만 있고 금색 줄은 없다고 얘기하고 있다. 구매자가 원하는 물건이 없는데도 새로운 대안을 제시하거나 판매자가 제시한 제품에 대한 보충 설명이 없자 구매자는 구매를 포기하고 만다.

　판매자는 자신이 원하는 물건을 판매하는 것이 아니라 구매자가 원하는 물건을 판매하는 것이다. 따라서 판매자가 권유하는 것에 대한 거부나 물건에 대한 부정적 평가에 판매자가 새로운 대안을 신속하게 제시해야 하는 것이고 이와 같은 응대가 구매자의 구매 행위를 이끌어 내기 위한 판매자의 설득 전략인 것이다.

4.2.8 희소성 강조하기

제품이 하나밖에 남지 않았다고 주장하거나 판매자의 가게에
서만 판매한다고 하는 등 제품의 희소성을 강조하며 매매를 설
득하기도 한다. 지금 당장 그 가게에서 구매하지 않으면 안 된
다고 하며 구매자의 조바심을 자극하는 것이다.

다음의 (114)와 (115)를 통하여 희소성 강조하기의 설득 전략
을 살펴보기로 한다.

(114) [대화 상황//장소: 도매 시장/물건: 옷]
　①구매자: 예 한 번 보께요.
　②판매자: 좋아하실거에요 아마. 굉장히　　⇐ 희소성 강조
　　따뜻하고 **이건 저희 집밖에**　　하기
　　없거든요. 소재도 좋고
　③구매자: 이런 건 얼마 정도 해요?

<자료 41>

(115) [대화 상황//장소: 모란 시장/물건: 옷]
　①판매자: 8천 원 원피스 끝내주죠.
　②구매자1: 이 작은 거 같다.
　③판매자: **거 하나 남았네요**　　⇐ 희소성 강조
　④구매자1: 이거보다 큰 거 없어요?　　하기
　⑤판매자: **하나 남았어요**　　⇐ 희소성 강조
　⑥구매자2: 분홍색도 이쁘네.　　하기

<자료 67>

판매자는 (114)에서 따뜻하고 소재도 좋은 물건인데 그 물건이

판매자의 가게에만 있다고 하며 다른 곳에서는 살 수 없기 때문에 이곳에서 살 수밖에 없다고 하며 구매를 설득하고 있다. (115)에서는 원피스를 사려고 정보를 수집하고 있는 구매자에게 구매자가 관심을 보이는 물건이 하나밖에 남지 않았다고 하는데 이 발화는 '지금 사지 않으면 살 수 없다'는 함축으로 해석할 가능성이 있다.

희소성을 강조하는 설득 전략은 재래시장에서 많이 볼 수 있다. 특히 재래시장에서 볼 수 있는 (116)의 표현은 어느 정도 고정화된 표현이라고 생각된다.

(116) 날이면 날마다 오는 것이 아닙니다.

(116)은 옛날 우리나라의 5일장에서 유래한 것으로 추측된다. 그때는 장이 서는 날이 따로 정해져 있어서 장날 사지 못하면 다음 장날까지 기다려야 하고, 고정된 상점이 아닌 장돌뱅이들이 물건을 팔았기 때문에 언제든지 물건을 살 수 있는 지금과는 많이 달랐을 것이다. 그래서 (116)과 같은 표현이 가능하고 이 표현은 그 대화 현장에서 물건을 사야한다는 의미를 함축하고 있는 것이다.

4.2.9 과장하기

상거래 현장에서 가장 흔하게 볼 수 있는 설득 전략에는 과장 표현이 있다. 판매자가 자신이 판매하고 있는 물건들에 대하여 실제보다 과장하여 설명하고 있는 것이다.

자료 (117-120)은 모두 과장 표현이 들어간 대화들이다. (117)에서는 {진짜}, {왕} 싸게 판매한다고, (118)에서는 {우리나라 최고 브랜드}만 가져와서 판다고 주장하고 있다. (119)는 구매자가

{최고급} 물건만 샀었다고 하며, (120)에서는 판매자의 가게는
{100퍼센트} 도매가격으로 판다고 하며 구매자를 설득하고 있다.

(117) [대화 상황//장소: 남대문 시장/물건: 가방]

　　판매자: 여기가 **진짜 왕** 싼데 예 **진짜**　　　⇐ 과장하기

　　　　　싸게 드릴게

　　　　　　　　　　　　　　　<자료 21>

(118) [대화 상황//장소: 시계점(종로3가)/물건: 시계]

　　판매자: 네 먼발치서 한 번 봐봐요 (이게 더)

　　　　　잘 나가는 겁니다. 잘 나가는 거 부로

　　　　　바 카르타스 산도스 우리나라 **최고**　　⇐ 과장하기

　　　　　브랜드만 가져오거니깐 그 중에서

　　　　　도 아무리 많아도 놓고 고르면

　　　　　{구매자: 예}

　　　　　못 골라요 그러니깐 우리가 추천해

　　　　　서 주는 거

　　　　　　　　　　　　　　　<자료 26>

(119) [대화 상황//장소: 한복집(종로 3가)/물건: 한복]

　　①판매자2: 예예 워낙 뭐 관록이 있으

　　　　　　　시잖아요

　　②판매자2: 그러고 물건을 저기 싼 거

　　　　　　　쓰시는 손님은 상대를 안

　　　　　　　하시고 고급 가져가셔도

　　　　　　　[**최고급**으로 해요　　　　　　⇐ 과장하기

　　　　　　　　　　　<자료 24>

(120) [대화 상황//장소: 남대문 시장/물건: 옷]

　판매자2: 어디 찾으세요? 여기 여기

　　　　　많잖아요. **100퍼센트** 도매　　　　　⇐ 과장하기

　　　　　에요. **100퍼센트** 도매.

<자료 22>

　자료에서 제시한 표현을 과장 표현으로 보는 이유는 {우리나라 최고 브랜드}, {최고급}을 사용한 제품들의 품질이 진짜 {최고, 최고급}인지는 대화 현장에서 확인할 길이 없기 때문이다. 이들 대화는 모두 재래시장에서 이루어진 것으로 우리나라 최고는 아닐 것이다. 또한 이들 제품이 최고, 최고급이 아니라는 사실은 판매자와 구매자 모두가 알고 있다. 그러나 상거래가 진행되는 현장에서는 이 같은 표현을 사용해 판매자는 구매자의 관심을 얻으려고 하며 구매자 역시 좋은 물건을 산다는 인식을 하게 만드는 효과가 있다.

4.2.10 단정적 태도 드러내기

　구매자를 설득하기 위해서 판매자는 구매자에게 구매 행동을 요구하면서 머뭇거리거나 결정을 내리지 못하는 태도를 보이지 않아야 한다. 또한 구매를 요구하는 태도도 분명하게 수행하여야 한다. 그래야 판매자와 그가 권유하는 물건에 대하여 구매자가 신뢰감을 갖게 되고 구매하라는 요구에 응대할 것이기 때문이다.

(121) [대화 상황//장소: 시계점(종로 3가)/물건: 시계]

　①판매자: **제가 드리는 거는 뭐든지 이**　　⇐ 단정적 태도

확신이 스고 재질을 고급 재   드러내기

    {구매자: 예}

질을 한 사람들만 취급했기

때문에 확실한 것만 드리니

깐 좋고 나쁘고는 6개월만

써 봐요 이상 있으면 우리

가 다 책임집니다 그 정도

로 완벽하게 해 드리니깐

②구매자3: (--)

③구매자2: 이게 남자건가?   <자료 26>

(121)에서 판매자는 권하는 제품의 품질에 대한 강한 확신을 드러내고 있다. 이상이 있으면 책임을 지겠다고 하며 제품의 품질에 대하여 강하게 자신감을 보이고 있다.

    또한 정보를 제공하는 과정에서도 판매자는 확실한 태도를 가지고 전달해야 한다. 판매자 자신도 확신하지 못하는 정보를 구매자에게 제공할 수는 없기 때문이다.

(122) [대화 상황//장소: 모란 시장/물건: 야채]

    ①구매자1: 이런 거 밤고구마에요?   ⇐ 단정적 태도

    ②판매자: 예 예예 **틀림없이**   드러내기

                     <자료 70>

(123) [대화 상황//장소: 남대문 시장/물건: 옷]

    ①판매자1: 키는?

    ②구매자1: 72요.

    ③판매자1: 72?

④구매자1: 네

⑤판매자1: **정확하게** 100사이즈네.   ⇐ 단정적 태도

⑥구매자1: 100이요↗   드러내기

<자료 23>

(122)에서 판매자는 구매자가 밤고구마이냐고 묻자 {틀림없이}
라고 장담을 하며 대답하고 있다. (123)에서도 옷의 정확한 사
이즈를 모르는 구매자가 신체 치수를 알려주니까 {정확하게
100}이라고 말하고 있다. 두 대화에서 모두 {틀림없이, 정확하
게}와 같은 부사를 이용해 단정적 태도를 드러내고 있다. 이처
럼 확실하고 단정적인 태도도 구매자의 구매를 유도하기 위한
설득의 하나로 볼 수 있다.

4.2.11 비교하기

구매자의 구매를 유도하기 위한 전략으로 판매자는 다른 장
소와의 가격이나 제품의 품질을 비교하는 방법을 사용하기도
한다.

(124) [대화 상황//장소: 남대문 시장/물건: 옷]

①구매자1: 이거 넥타이는 어떻게 해요?

②판매자1: 고거는 오천 원. **백화점에서**   ⇐ 비교하기

　　　　만 오천 원 하는 거

<자료 23>

(125) [대화 상황//장소: 한복집(종로 3가)/물건: 한복]

①구매자3: 91만 원이요?

144

②판매자1: **딴 데 가서 고급 한 벌밖에**   ⇐ 비교하기
　　　　안 나오는 거에요
　　　　　　　　　　　　　　　＜자료 24＞

(126) [대화 상황//장소: 시계점(종로 3가)/물건: 시계]
　①판매자: 저기 **이게 시중에 가면여 어**   ⇐ 비교하기
　　　　80만 원 부르는 거에요 근
　　　　데 여기서는 두 개에 40 만
　　　　원만 주세요 내가 41만 원
　　　　받기도 뭐하고 그래서 어 우
　　　　리 이리 도매 시세로 나가는
　　　　[거니까 에
　②구매자3: [[그렇지 사장 보고 오는 거
　　　　이지 뭐 딴
　　　　　　　　　　　　　　　＜자료 26＞

(124-126)의 대화는 다른 가게와의 가격 비교를 하는 것이다.
(124)는 재래시장에서의 대화인데 구매 현장의 가게에서는 5000
원에 파는 것이지만 이 물건은 백화점에서 1만 5천 원의 가격
으로 판매되고 있는 것이라고 하며 가격 정보를 비교하고 있다.
(125)에서도 판매자는 여러 벌의 옷값인 91만 원은 다른 곳에서
의 고급 옷 한 벌 값밖에 되지 않는 것이라고 하며 싼 것이니
사라고 요구하고 있다. (126)에서도 시중 가격의 4분의 1에 판
매자는 것이라고 한다.
　가격만 비교하는 것이 아니라 제품의 품질도 비교 대상이 된
다. (127)은 다른 가게의 제품은 {폴라포리스}로 판매자의 가게
에서 파는 모직 제품보다 질이 떨어진다고 하며 품질 비교를

하고 있다.

(127) [대화 상황//장소: 도매 시장/물건: 옷]

　　판매자: 요거는 좀 가격이 쩨 9만 8천
　　　　　　 원. 요거는 이 밑에 털 같은
　　　　　　 거 붙이는 거 수공 다 받고
　　　　　　 하는 거기 때문에 시간이 많
　　　　　　 이 걸려요. 운임이 좀 많이 들
　　　　　　 어가요. 그 대신 이런 거는 한
　　　　　　 번 하시면 후회는 안하지. 아
　　　　　　 이 고급스럽고 요런 건 오래
　　　　　　 입잖아요 **요거는 밑에 가면은**　　⇐ 비교하기
　　　　　　 폴라포리스 같은 걸로 만들
　　　　　　 어 주고 있는데 그런 거는
　　　　　　 한 번만 입으면은 다 일어나
　　　　　　 요 이거는 모직이잖아. 소재두
　　　　　　 좋은거구 코트 가격이라 생각
　　　　　　 하시면 돼요.　　<자료 40>

　　이와 같은 비교하기는 구매자로 하여금 다른 장소에서의 구매보다 이익을 얻는 것이라는 인식을 갖게 하는 것으로 매매를 유도하기 위한 설득 전략이라고 볼 수 있다.

4.2.12 친족 호칭 사용하기

　　판매자는 구매자를 부를 때 친족 호칭을 사용하기도 한다.[59] 친족 간에나 사용할 수 있는 호칭을 사용함으로써 판매자와 구

매자 사이의 거리감을 줄이기 위한 전략으로 보인다.60) 판매자
와 구매자 사이의 거리감을 줄여서 보다 부드러운 분위기에서
매매를 유도하기 위한 전략인 셈이다.

　판매자는 나이든 여성 구매자에게 흔히 {어머니}라는 친족 호
칭을 자주 사용한다.

(128) [대화 상황//장소: 백화점/물건: 옷]
　①판매자2: 요거를 바지를 한 번 입어보세요
　　　　　　그러면
　②판매자2: 바지를.
　③판매자2: [요 색깔이 근데 이 밑이 **어머니**　⇐ 친족 호칭
　④구매자1: [[여기야 근데 가만있어 여기서는　　사용하기
　　　　　　겨울 거하고 가을 거하고 두 개예요?
　⑤판매자2: 그쵸. 겨울 거하고 가을 거
　　　　　　　　　　　　<자료 5>

(128)에서 판매자는 구매자에게 {어머니}라는 친족 호칭을 사용
하고 있는데, 나이든 여성 판매자에게 구매자는 {어머니}라는
호칭을 사용하지 않는다. 이때 구매자는 {아주머니}라는 호칭을
사용한다. 즉 판매자는 구매자에게 거리감을 줄이려고 친족 호

─────────────

59) 호칭은 그 사회 내에서 개인에 대한 정체성과 서로의 관계에서 상
　대방이 어떻게 인식되는가를 나타낸다. 그러므로 화자는 사회적으
　로 용인되는 규칙을 따름으로써 자신이 사회의 규칙을 지키고 있
　음을 나타내거나 또는 고의적으로 이를 어김으로써 자신의 감정
　상태를 나타낸다.
60) 가족 호칭은 화자와 청자가 모두 동일한 집단에 속해 있음을 나타
　내는 가장 확실한 표지가 된다(구현정 1997: 249). 특히 여성 어에
　서는 가족 호칭의 쓰임이 확대되어 나타나는데 이것은 가족과 같
　은 친화력을 바탕으로 하여 상호 인간적인 관계를 유지하기 위한
　노력으로 이해된다(손호민 1983).

칭을 사용하지만 구매자는 그렇지 않은 것이다.

친족 호칭 가운데 {언니}라는 호칭은 동기간에 나이가 손위인 여자에게 사용하는 어휘인데, 실생활에서 {언니}라는 호칭은 아주 다양하게 사용됨을 볼 수 있다.[61] 특히 여성이 고객인 미용실이나 상거래 현장에서는 {언니}라는 호칭을 자주 사용한다.

(129) [대화 상황//장소: 화장품 소매점/물건: 화장품]

①구매자: 예, 다른 걸루 주세요.

②판매자: **언니** 이거 스킨, 로션인데 도브는   ⇐ 친족 호칭

　　　　　　　{구매자: 예}　　　　　사용하기

　　　유리병에 안 담겨 나오고 팩으로

　　　나와요.

　　　　　{구매자: 아 예}

　　　　　　　　　<자료 51>

(130) [대화 상황//장소: 백화점/물건: 옷]

①판매자: **언니** 자켓은?　　　　　　　　　⇐ 친족 호칭

②구매자1: 자켓은 안 입는데　　　　　　　사용하기

③판매자: 그게 맞는다 저게 맞는 거 같애

　　　이게 55 싸이즈

④구매자1: 그게 55 싸이즈 이거 얼마에요?

　　　　　　　　　<자료 14>

---

61) 구매자도 {언니}라는 호칭을 사용한다. 이때는 판매자가 사용하는 의도와는 다른 것으로 보인다. 판매자가 거리감을 줄이기 위해서라면 구매자는 판매자를 부를 적절한 호칭이 없기 때문에 사용하는 것으로 보인다. 식당 등에서 종업원을 부를 때 {여기요}라는 말을 사용하는 것과 같은 맥락이라고 볼 수 있다.

(129)는 화장품 가게에서의 대화인데 판매자는 자신보다 나이 어린 구매자에게 {언니}라는 호칭을 사용하고 있다. (130)은 옷 가게에서의 대화인데 판매자는 구매자를 {언니}라고 부르며 질문을 하고 있다.

상거래 대화에서는 또한 {이모}라는 호칭을 사용하는 경우도 볼 수 있다. (131)은 남자 판매자와 여자 구매자 사이의 대화인데, 판매자는 구매자를 {어머니}나 {아주머니}라고 부르기에는 젊고, {언니}라고 부르는 것은 남자이기 때문에 어색하므로 {이모}라는 호칭을 사용하고 있다. 어머니의 여자 형제에게 사용할 수 있는 호칭인데 판매자는 구매자를 {이모}라고 부르며 거리감을 줄이려고 하고 있다.

(131) [대화 상황//장소: 평촌 수산물 시장/물건: 생선]
　①구매자1: 근데 별로 큰 거 같지도 않
　　　　　네 이만 원짜리도 안 크고
　　　　　아까 그거보다
　②판매자: (--)
　③구매자1: 별로 크지도 않구나
　④판매자: 고기를 내가 큰걸 아이 보시면
　　　　　두께를 보시고 크기 를 보셔
　　　　　아지요 **이모**　　　　　⇐ 친족 호칭
　⑤구매자1: 저 광어는 그럼 얼마에요?　　　　사용하기
　　　　　왼쪽 광어는?
　　　　　　　　　　　<자료 62>

4.3 구매자의 설득 전략

상거래 대화에서 설득 전략은 구매자도 사용한다. 판매자의 태도나 행동 변화를 요구하는 전략으로 물건의 값이나 물건의 양과 같이 판매자와 구매자 각각의 이익과 관련된 부분에서 사용된다. 구매자가 설득 전략을 사용하는 가장 흔한 경우는 물건 값을 깎기 위해서이다. 판매자가 요구하는 가격에 구매를 하는 것이 아니라 가격 정보에 대한 판매자의 태도를 변화시켜 가격을 구매자가 원하는 대로 지불하기 위해서이다.

4.3.1 요구하기

구매자는 판매자에게 자신이 원하는 가격에 달라고 하거나 덤을 달라고 직접적으로 또는 간접적으로 요구한다. 직접적으로 요구하는 구체적인 방법은 [요구] 화행을 수행하는 명령법을 사용하는 것이다.

(132) [대화 상황//장소: 한복집(종로3가)/물건: 한복]
　①구매자1: 얼마 얼마 나왔어요?
　②판매자: 91만 원이요
　③구매자1: 91만 원이요?
　④판매자1: 예
　⑤판매자1: 저고리 하나가 벌써 9만 원
　　　　　　 이 들어가니깐 그래서 비싼
　　　　　　 거에요
　⑥구매자1: **에이 좀 깎아줘요**　　　　　　 ⇐ 요구하기

⑦판매자: 아니 아줌마 뭐 깎을 거 있어
　　　　요 25만 원 싼 거 아니에요?
⑧구매자: **아니 85만 원 해줘요**　　　　　　⇐ 요구하기
⑨판매자: 아이구

<자료 24>

(132)는 한복 가게에서의 가격 흥정 대화이다. (132)에서 구매자는 {에이 좀 깎아줘요}라고 가격을 깎아달라고 직접적으로 말하더니, 나중에는 {85만 원 해줘요}라며 정확한 가격까지 정해서 깎아 달라고 요구하고 있다.

상거래 대화에서 구매자가 판매자와 가격 흥정을 하기 위해서는 명령법을 사용하는 직접적 요구하기와 함께 간접적으로 가격을 깎아 달라고 요구하기도 한다. 대표적인 것이 의문법을 사용하는 것이다.

(133) [대화 상황//장소: 모란 시장/물건: 야채]
①구매자1: 고구마는 얼마에요?
②판매자: 거 삼천 원이요

(※ 중간 생략)
③구매자1: **이거 2개 오천 원 줄래요?**　　　⇐ 요구하기
④판매자: 아니요

<자료 70>

(134) [대화 상황//장소: 노량진 수산시장/물건: 생선]
①판매자: 며칠 둘게 아니야 이거 하루만
　　　　얼음찜 해놓은 거야 음 그 정

도는 올라오면 어제 거라 그렇

　　{구매자: (--) 정도는 돼

　　야 하는데}

지 하루만 얼음찜하면 그래

요 근데 얼음 채워서 그렇지

불어놓면 이것도 물은 엄청

불어요

②구매자: **이거 이만 오천 원 안돼요?**　　　⇐ 요구하기

③판매자: 이거 많이 안 남아

<자료 88>

(133)에서 구매자는 원래는 6천 원인 고구마를 {이거 2개 오천 원 줄래요}와 같이 판매자의 의도를 묻는 의문법을 사용해 5천 원으로 가격을 깎고 있다. (134)에서도 구매자는 자신이 원하는 가격인 {2만 5천 원에는 안돼요?}라고 의문법으로 가격을 깎아 달라고 요구하고 있다.

　구매자는 덤이나 선물을 주는 것이 판매자의 의무사항인 것으로 생각하고 있기도 하다. 그리고 자신의 생각을 확인하는 것처럼 하며 선물이나 덤을 요구하기도 한다.

(135) [대화 상황//장소: 백화점/물건: 옷]

①판매자1: 12만 5천 원. (---)

②구매자1: **선물 하나 조야지?**　　　　　⇐ 요구하기

③판매자1: 제가 연락처 받아놓고 사은품

　　　　　나오면 연락드릴께요. 그때

　　　　　제가 연락처 안 받아 났죠?

④구매자1: 응.　　　　　　　<자료 17>

(135)에서 구매자는 {선물 하나 조야지}라고 하며 판매자가 구매자에게 선물을 주는 것이 아주 당연하다는 태도를 보이고 있다. 그리고 이를 확인하는 의문법으로 선물을 요구하고 있다.

또한 구매자는 자신이 원하는 가격에 대하여 스스로 타당성을 부여해 진술하기도 한다. 구매자 자신이 생각하기에 깎은 가격 정도가 적당하다는 의견을 드러내며 가격을 깎아달라고 요구하기도 한다.

(136) [대화 상황//장소: 평촌 수산물 시장/물건: 횟감]
　①구매자1: 그게 얼마라 그랬죠?
　②판매자: 2만 원이라 했을 거에요 아마
　③구매자1: 2만 원이요
　④판매자: 예
　⑤구매자2: **15000원만 해도 돼**　　　　　　⇐ 요구하기
　⑥판매자: 15000원짜리 하고는요 차이
　　　　　　가 그만큼 많이 나기 때문에
　　　　　　양이 자실라면은 인원수가 인
　　　　　　원수가 되시고 그러니깐
　　　　　　　　　　　　　　　　<자료 62>

(136)에서 판매자가 제시한 2만 원이라는 가격에 대하여 구매자는 자신이 생각하기에는 15000원이면 충분하다고 한다. 구매자가 원하는 가격이 적당하기 때문이라며 가격을 깎으려고 하는 것이다.

4.3.2 이유·근거 제시하기

구매자는 자기가 원하는 가격을 요구하며 이에 대한 이유·
근거 등을 함께 제시하여 가격을 깎으려 한다. 무작정 가격을
깎아 달라고 하는 것이 아니다. 구매자의 수고를 강조하며 그런
수고를 하며 판매자에게 이익을 주기 위하여, 구매를 하는 것이
라고 강조하며 가격을 깎기도 한다. 또한 판매자에게 이윤을 남
기도록 또 올 것이라고 약속을 하며 가격을 깎기도 한다.

(137) [대화 상황//장소: 한복집(종로3가)/물건: 한복]

①판매자1: 장사 수완이 없기 때문에 아
　　　　　니 아줌마 하나하나 비싸면
　　　　　애기하시라 이거에요 이거 25
　　　　　만 원 잡았어요 근데 비싸요?
　　　　　싸요? 거 최소한 35만 원 40
　　　　　만 원 주셔야 돼요 공전은

②구매자1: **벌써 절반 딱 깎을 라고 형님**　　⇐ 이유·근거
　　　　　모시고 왔지 그 대신 [또 일편　　　제시하기
　　　　　일편단심 다른데 안 가잖아
　　　　　민들레같이

③판매자1:　　　　　　　　　　　[[아니

④판매자1: 근데 깎을라고 모시고 오는
　　　　　게 아니에요 [정확하게 찾
　　　　　을라 하지

⑤구매자1:　　　　　　　**[[나는 요기 와**　　⇐ 이유·근거
　　　　　서 생전 다른 한복집 구경도　　　제시하기
　　　　　못해 보네 저 형님 때문에

<자료 24>

(138) [대화 상황//장소: 평촌 수산물 시장/물건: 횟감]

    ①구매자1: 저쪽 광어도 만 원에 줘요?

    ②판매자: 가격 그렇게 해 가지고 가격

        그렇게 막 이모 깎아 버리면은

    ③구매자1: **아 자꾸 올게요 싸게 줘요**   ⇐ 이유·근거

    ④판매자: 그렇게 안 나오니깐 아니 가격   제시하기

        에서는요 하서 가지고 그렇게

        깎아버리면 안 나오고 [놀래미

        하고 한다하시면은 내가 해서

(※ 중간 생략)

    ⑤구매자1: **아이 일부러 왔는데 좀 싸**   ⇐ 이유·근거

    게 줘요 그래도   제시하기

<자료 62>

(137)에서는 구매자는 가격을 깎으려고 아는 사람과 함께 왔다고 하며 자신은 다른 가게는 생전 안 간다고 하며 가격을 깎고 있다. 즉 항상 판매자에게 유리한 행동을 자신이 했다고 주장하며 판매자를 설득하려고 하는 것이다. (138)에서는 다음에 또 올 것이니까 가격을 깎아 달라고 한다. 구매자는 자신의 구매 행위가 판매자에게 이익을 주는 행위이니까 다음번의 구매를 약속하며 물건 값을 깎아 달라고 조르고 있다. 또한 일부러 왔다고 하며 싸게 달라고 하기도 한다.

    구매자가 자신의 개인적인 이유를 대며 가격을 깎아달라고 요구하기도 한다.

(139) [대화 상황//장소: 한복집(종로 3가)/물건: 한복]

   ①판매자1: 아니 그러지 마시고 2만 원만

         주세요 [아줌마가 모시고 왔

         기 땜에―

   ②구매자1:   **[[아야 이 내가 혼난**   ⇐ 이유・근거

        다 말여 비싼 거 했다고   제시하기

   ③구매자2: 아니 2만 원 드려

   (※ 중간 생략)

   ④구매자4: **우리 너이 전철이라도 타고**   ⇐ 이유・근거

        가야지   제시하기

   ⑤판매자: 이거 팔으나 마난대 그럼

<자료 24>

(139)의 상황은 결혼 전의 시어머니와 며느리가 한복을 맞추기 위하여 간 것인데 시어머니가 가격을 깎으면서 비싼 것을 사면 사돈에게 혼날 거라고 주장하고 있다. 그러나 사돈에게 혼이 난다는 것은 비논리적인 이유이다. 가격을 깎기 위한 전략의 하나인 것이다. 계속해서 구매자는 차비라도 남게 하기 위하여 가격을 깎는다고 주장하고 있다.

   구매자가 가격을 깎으면서 제시하는 이유 중의 하나는 거스름돈이나 물건을 살 만한 충분한 돈이 없다고 주장하는 것이다.

(140) [대화 상황//장소: 남대문 시장/물건: 옷]

   ①구매자1: 4만 팔천 원이요?

   ②판매자: ((고개 끄덕임))

   <>

   ③구매자1: **만 원짜리밖에 없는데**   ⇐ 이유・근거

④판매자: 만 원짜리 주세요.   제시하기

⑤구매자1: 안돼요?

⑥판매자: 만 원짜리 주세요 거슬러드릴
         께요.

⑦구매자1: 칠천 원에 해주세요.

⑧판매자: 우리도 도매거든

⑨구매자1: 네.   <자료 20>

(141) [대화 상황//장소: 도매시장/물건: 옷]

①구매자: 가격이 너무 비싸요.

②판매자: 그죠 비싸죠. 그니깐 손님들이
         이거를 딱 보셨을 때 굉장히
         맘에 들어 하시는데 가격 때문
         에 조금 망설이세요. 근데 요
         런 거는 한 번 해 두면은 계속
         입을 수 있는 거니깐.

③구매자: **아이 제가 팔만 원밖에 없거**   ⇐ 이유·근거
         든요   제시하기

④판매자: 언니 그 가격에는 해드릴 수
         없어요 제가 9만 원까지 해드
         릴 수는 있어요. 9만 원

⑤구매자: **진짜 돈이 없어갖고 그러거**   ⇐ 이유·근거
         든요   제시하기

⑥판매자: 그러세요 언니 그럼 나중에 오
         세요

                        <자료 40>

(140)에서는 판매자가 {4만 9천 원}이라고 하자 천 원짜리가 없고 {만 원짜리밖에 없는데}라고 하며 가격을 깎아 달라고 하고 있다. 그러나 이에 판매자는 거슬러 줄 테니까 만 원짜리를 달라고 해 가격을 못 깎아 준다고 한다. (141)에서도 가격이 9만 8천 원이라고 하는데 구매자가 {제가 팔만 원밖에 없거든요}고 하였다. 그러자 판매자는 9만 원까지는 깎아줄 수 있다고 하며 구매자의 발화를 가격을 깎기 위한 전략이라고 인식하고 있음을 드러내고 있다.

또 하나의 방법은 우수리를 깎아달라고 하는 것이다. 지불한 금액에서 우수리를 떼버리고 지불하겠다고 하는 것이다.

(142) [대화 상황//장소: 한복집(종로3가)/물건: 한복]
 　①판매자1: 예 그러세요 20, 50 5 하나 둘
 　　　　　 셋 넷 쁘라스 하나 둘 셋 넷
 　　　　　 그럼 64만 원밖에 안돼네
 　②구매자1: **64만 원 그럼 60만 원만 해**　　⇐ 이유·근거
 　③판매자1: 아니 그렇게 하면 안 남지　　　　제시하기
 　④구매자1: 60만 해
 　⑤판매자1: 아이 60만 원 아니 4만 원씩
 　　　　　 안 남잖아요 아니 어디서 [비
 　　　　　 싸다면 얘기하시라니깐
 　(※ 중간 생략)
 　⑥구매자1: **아저씨 [끝다리**　　　　　　⇐ 이유·근거
 　⑦판매자1: 　　　　[[4만 원 4만 원을　　제시하기
 　　　　　 안 남는 거에요
 　⑧구매자1: 아니 됐어　　　　　　<자료 24>

(143) [대화 상황//장소: 남대문 시장/물건: 옷]

　①판매자1: 벽돌색을 안 사시는 바람에

　　　　　이렇게 다양한 칼라로 더 멋

　　　　　있게 그렇게 생각하시면은

　　　　　긍정적으로 생각하시면은 기

　　　　　가 막힌 거야. 삼만 칠천 원

　　　　　에 만 오천 원이니깐 오만

　　　　　이천 원.

　(※ 중간 생략)

　②구매자1: 이게 이만 원 삼만 오천 원

　③판매자1: 만 칠천 원

　④구매자1: 이게 만 칠천 원이요. 네 오　　⇐ 이유·근거

　　　　　만 이천 원이요. **에누리 없**　　　제시하기

　　　　　　　{판매자1: 네}

　　　　　어요((웃음))

　⑤판매자1: 우수리 짤라 드릴게요.

　⑥구매자1: 예? 예. 화끈하시다　　<자료 22>

(142)에서는 판매자가 구매자에게 총 64만 원이라고 하자 구매
자는 {끝다리}라는 표현을 쓰며 뒤의 4만 원은 빼야 한다고 하
며 가격을 깎고 있다. (143)에서도 총 가격이 5만 2천 원이라고
판매자가 하자 구매자는 2천 원을 에누리해 달라고 하여 가격
을 깎아서 구매하고 있다.

4.3.3 비교하기

구매자는 다른 가게와 비교하면서 가격을 깎아달라고 요구하

기도 한다. 다른 가게에서는 좀더 싸게 판다고 주장하며 가격을 깎자고 하는 것이다.

(144) [대화 상황//장소: 평촌 수산물 시장/물건: 횟감]
　①구매자2: 오징어는 어떻게 해요?
　②판매자: 2마리에 만 원씩입니다 큰 걸
　　　　　로 골라서
　③구매자2: **너무 비싸 딴 데 3마리라 그**　　⇐ 비교하기
　　　　　러는 것 같던데
　④판매자: 어디가요?　　　　　　<자료 62>

(145) [대화 상황//장소: 과일 가게/물건: 과일]
　①판매자: 요거 4개요. 요거 가져가 요거
　　　　　맛있어요.
　②구매자: **밑에는 지금 세일하는데 밑에**　　⇐ 비교하기
　　　　　는 세일하는데
　③판매자: 어이 그런 거하고 물건이 틀려요.
　④구매자: 이거 몇 개요?　　　　<자료 57>

(144)에서 구매자는 다른 가게에서는 3마리에 만 원이라고 한다면서 다른 가게는 지금 구매하고 있는 장소보다 싼데 너무 비싸다고 하며 가격을 깎고 있다. (145)에서도 구매자는 물건에 대한 정보를 수집하며 다른 장소와 비교를 하고 있는데 여기서 '밑'은 지금 과일가게 밑에 있는 슈퍼마켓을 가리키며 하는 말이다. 슈퍼에서는 지금 세일이어서 좀더 쌀 것이라며 가격을 비교하고 있다.

　구매자는 흥정을 하는 마지막 순간까지도 설득 전략을 사용

하고 비교하기는 물건을 사는 구매자의 권리처럼 인식되기도
한다.

(146) [대화 상황//장소: 노량진 수산시장/물건: 생선]
　　①판매자1: [[이렇게 잡쉈요. 양을 큰 거
　　　　　　　로 드렸으니까. 우럭은 양이
　　　　　　　많이 안 나와요.
　　②구매자1: **근데 요기서만 봐도 되나 저**　　⇐ 비교하기
　　　　　　　기가 더 쌀지도 모르는데.
　　③판매자1: 한두 번 먹어본게 아니구만 뭐.
　　④구매자1: 그러니까는　　　　　　　＜자료 30＞

(146)은 구매를 거의 결정하는 단계인데 최종 결정을 앞두고 구
매자는 다른 가게와 비교하지 못했다며 억울하다는 듯한 태도
로, 또는 아쉽다는 태도로 가격을 깎아 달라고 하고 있다.

4.3.4 구매 포기 의사 진술하기

구매자는 가격을 깎기 위해서 구매를 하지 않겠다는 구매 포
기 의사를 진술하기도 한다. 이것은 일종의 협박으로 실제로 구
매를 포기할 의향이 있는 것은 아니다. 판매자가 구매자의 요구
에 조금이라도 관심을 보이거나 들어주려는 기미가 있으면 금
세 대화를 지속시키며 거래를 진행한다.

(147) [대화 상황//장소: 모란 시장/물건: 야채]
　　①구매자1: 이거 2개 오천 원 줄래요?
　　②판매자: 아니요

③구매자1: **아니 2개 오천 원이면 사고**   ⇐ 구매 포기 의사
　　　　　아니면 안 사　　　　　　　　진술하기
④판매자: 그럼 놔둬요 나도 할머니처럼
　　　　이쁜 딸이 아홉이나 돼야 퇴직
　　　　금이 없는 것이 요것이 근데
　　　　천 원을 깎아 버리면 근디 다
　　　　팔아도 천 원이 안남아
⑤판매자: 그래서 그래 할머니 내가 하
　　　　나 더 드릴게 두 개 가져가시
　　　　시오 잉↗ 잉↗

<자료 70>

(147)에서 구매자는 2개 6천 원짜리를 5천 원에 깎아 달라고 의문법을 사용해서 간접적으로 요구하고 이에 판매자가 거절하자 이번에는 {아니 2개 오천 원이면 사고 아니면 안 사}와 같이 강한 태도를 보이며 물건 값을 깎고 있다. 그러나 판매자도 물러서지 않고 끝까지 거절을 하고 있다. 농담으로 거절을 하는데 이 거래에서 구매자는 결국 6천 원에 구매를 하고 만다. 오천 원이 아니면 안 살 것이라고 강하게 주장했지만 이는 결국 물건 값을 깎기 위한 전략이었던 것이다.

　다음의 대화 (148)에서도 구매자는 자신이 요구하는 만큼의 가격을 깎아주지 않자 이유를 대며 구매 포기 의사를 드러내고 있다. 이에 판매자가 싸게 줄 것이라며 구매자의 요구를 수락할 기미를 보이자 곧 구매자는 다시 거래에 흥미를 보이고 있다.

(148) [대화 상황//장소: 도매 시장/물건: 악세사리]
　①판매자: 더 많이 빼드릴게 왜 그러냐면 아

까도 하나 사셨으니깐 아무래도

좀 더 사시면 더 생각 해 드려요

②구매자: 아까께 주된 거라서요

③판매자: 예?

④구매자: **주된 거는 싸게 사고 부수적**   ⇐ 구매 포기 의사

인 걸 비싸게 사고 아니 감사   진술하기

합니다.

⑤판매자: 싸게 해드릴게

⑥구매자: 어떤 거?

⑦판매자: 후하게 해드릴게 이왕 하시는

거 많이 빼드릴게

⑧구매자: 그럼 이런 줄은 어느 정도 해

주시겠어요?

⑨판매자: 줄이요 알이요?

⑩구매자: 아니 알   <자료 48>

4.3.5 부정적 평가하기

구매자는 가격을 깎기 위해서 물건이나 가격에 대하여 부정적인 평가를 한다. (149)에서 구매자는 물건이 가격에 비해 그리 크지 않다고 부정적 평가를 내리며 흥정을 하고 있다.

(149) [대화 상황//장소: 평촌 수산물시장/물건: 생선]

①구매자1: 이게 2개가 15000원어치라구요?

②판매자: 예예 그니까 해가고 양이면은

하시면은 광어는 크면 클수록

육질이 많이 살이 더 많이 나

　　　와요 큰 게

③구매자1: **근데 별로 큰 거 같지도 않**　　⇐ 부정적 평가

　　　네 이만 원짜리도 안 크고　　　하기

　　　아까 그거보다

④판매자: (--)

⑤구매자1: **별로 크지도 않구만**　　　⇐ 부정적 평가

⑥판매자: 고기를 내가 큰 걸 아이 보시면　　하기

　　　두께를 보시고 크기를 보셔야

　　　지요 이모

<자료 62>

　　구매자의 부정적 평가에 판매자는 적극적으로 반대 의견을
제시한다. 부정적 평가에 대한 긍정은 판매자가 팔려는 물건에
문제가 있음을 인정하는 것이 되기 때문이다.

(150) [대화 상황//장소: 노량진 수산시장/물건: 생선]

①판매자1: 2키로 육백이면은 [돈이

②구매자1: 　　　　　　　　　[[**에이 근**　　⇐ 부정적 평가

　　　데 생긴 게 얘는 팔팔한데　　　하기

　　　얘는 약간

③구매자3: **맛이 갔어.**　　　　⇐ 부정적 평가

④판매자1: 이렇게 가만있으면 놔두면　　　하기

　　　가만있지.=

⑤구매자1: =**아니 여기 빛깔이 이 색깔이**　　⇐ 부정적 평가

　　　　　{판매자1: 응}　　　　하기

⑥판매자2: [아 그거는 아무 상관없어 아가씨.

<자료 30>

(150)의 대화는 수산 시장에서의 대화인데 구매자는 흥정을 하며 생선이 싱싱하지 못하다며 물건의 흠을 잡고 있다. 이에 판매자는 {이렇게 가만있으면 놔두면 가만있지}라고 하며 부정적 평가를 부정하고 있다. 판매자가 부정의 응대를 하지 않는다면 구매자의 부정적 평가에 동의하는 것이 되기 때문에 판매자는 강하게 부정한다.

4.3.6 반복하기[62]

구매자는 가격을 깎으려는 자신의 요구가 실현될 때까지 반복하기도 한다.[63] 자신의 요구를 한 번만 표현하는 것이 아니라

---

62) 이와 관련해서 반복 표현에 대한 연구에는 전영옥(1998)과 노은희 (1999)를 들 수 있다. 전영옥(1998)에서는 반복 표현의 유형을 형식 반복과 의미 반복으로 나누어 설명하여 '대용'도 반복 표현에 포함하고 있는데 이 연구에서는 형식 반복으로 제한하여 살펴보기로 한다.

63) 설득을 위한 반복하기 외에도 상거래 대화에서는 반복 표현의 빈번한 사용을 볼 수 있다. 상거래 대화에서는 [확인요구] 화행에도 반복하기가 사용되고 있고, 대화 상대자가 제공한 정보를 수령하였다는 표시를 할 때도 반복하기를 사용된다. 이때는 모두 자신의 발화를 반복하는 것이 아니라 대화 상대자의 발화를 반복하고 있다. 전사한 자료 <1>에서 판매자는 구매자의 {롤빗 있어요}라는 발화에 대한 응대에서 정보를 확인하기 위하여 반복하기를 사용하고 있다. 이때의 억양은 약간의 상승 억양이다. <2>에서는 구매자가 판매자가 제공한 정보를 받았다는 표지로 반복하기를 사용하고 있는데 이때는 확인 때와는 달리 하강 억양으로 수령을 표시한다. 반복하기의 정보 수령의 표시는 노은희(1999)에서 언급된 바 있다.
　<1> [대화 상황//장소: 동네 가게/물건: 빗]
　　①구매자: 롤빗 있어요?
　　②판매자: 롤빗이요?
　　③구매자: 예.
　　④판매자: 네.　　　<자료 36>
　<2> [대화 상황//장소: 분당 삼성 프라자/물건: 옷]

여러 번 반복하여 가격을 깎거나 덤을 얻으려는 것이다.64)

(151) [대화 상황//장소: 모란 시장/물건: 야채]

　①판매자: 아줌마 이거는 갖다가 물어 보

　　　　　면 알어 내 말이

　②구매자: 아니 아는데 **나 요런 거 주면**　　⇐ 반복하기

　　　　　안돼

　③판매자: 알아서 하세요 알아서 하세요

　　　　　　　　　{구매자: 응}

　④구매자: **요런 걸로 주면 안돼**　　　　⇐ 반복하기

　⑤판매자: 똑같아요 이것은 담아 높으면

　⑥구매자: **요런 걸로**　　　　　　　　⇐ 반복하기

　⑦판매자: 그래요 또 그걸로 달라고 하는

　　　　　사람은 잔 걸로 다 줘요 ((비닐

　　　　　봉투를 내밀면서)) 잡으세요

　　　　　　　　　　　<자료 66>

(152) [대화 상황//장소: 도매시장/물건: 악세사리]

　①구매자: **6천 원에 해주세요**　　　　　⇐ 반복하기

　②판매자: 네?

---

　　①구매자: 이거 얼마에요?
　　②판매자: 19,000원이요.
　　③구매자: 19,000원이요.
　　< >
　　④구매자: 이거 하나 주세요. <자료 1>
64) 선행 화자의 발화를 반복하는 것과 자신의 발화를 반복하는 것을
　　전영옥(1998)에서는 각각 '화자의 의도적 반복'과 '청자의 의도적
　　반복'이라 하고 있고, 노은희(1999)에서는 '타인 반복'과 '자기 반복'
　　이라고 하고 있다.

③구매자: **6천 원에 해주세요**   ⇐ 반복하기

④판매자: 만 3천 원짜리 6천 원 6천 원
         에 (--) 최대한 빼 준거야 아
         까 그거 사셔 가지고 최대한
         빼 준거야

⑤구매자: 그러지 말고 **6천 원에 해주**   ⇐ 반복하기
         세요

⑥판매자: 아까 브러치 [제가 3만 원짜
         리 2만 원에 드릴 게

⑦구매자: [[똑같은 거

<자료 48>

(151)에서 구매자는 야채를 사며 자신이 원하는 것으로 달라고 반복해서 발화하고 있다. (152)에서는 자신이 원하는 가격으로 깎기 위해서 {6천 원에 해주세요}라는 발화를 세 번이나 반복하고 있다.

4.4 판매자와 구매자의 설득 전략 비교

상거래 대화에서는 판매자와 구매자가 모두 설득 전략을 사용한다. 그런데 판매자와 구매자가 설득 전략을 사용하는 목적, 태도 등에서 여러 가지 차이점을 보여주고 있다.

판매자와 구매자는 설득 전략을 사용하는 목적이 다르다. 판매자는 물건의 판매를 위해서 설득 전략을 사용하고 있지만, 구매자는 단순히 구매를 위해서 설득 전략을 사용하는 것이 아니

라 흥정을 위해서 사용하고 있다. 따라서 판매자는 상거래 대화 전반에 걸쳐 설득 전략을 사용하는데 반해, 구매자는 자신이 원하는 가격이나 덤을 얻으려고 할 때 설득 전략을 사용한다. 예를 들어 판매자는 시작 단계부터 '친족 호칭 사용하기' 전략을 사용하며, 매매 준비 단계에서부터는 '정보 제공하기', '구매자 이익 강조하기' 등의 전략을 사용하고, 매매 결정 후에도 '칭찬하기'나 '비교하기' 등의 전략을 사용한다. 그러나 구매자는 설득 전략을 매매 준비 단계와 매매 흥정 단계에서만 사용한다.

상거래는 구매자의 구매 행위가 있어야만 성립되기 때문에 대화에서 주도권을 잡고 있는 쪽은 구매자이다. 이는 다시 말하면, 대화 참여자 사이의 힘의 관계가 불균형하다는 것이다. 대화 참여자의 관계는 유대(solidarity)와 힘(power)이라는 두 가지 기본적인 영역으로 특징지을 수 있는데 상거래 대화는 대화 참여자 관계의 두 영역 가운데 힘의 관계가 작용하는 대화이다. 판매자와 구매자의 역할에 따른 힘의 관계가 지배하는 것이다. 예를 들어 판매자가 말을 하고 있는데 구매자가 판매자의 말을 자르며 끼어들기를 할 수 있는 것, 구매자가 판매자에게 체면을 위협하는 행위를 서슴없이 하는데 이에 대한 판매자의 응대가 일상 대화와는 다르게 나타나는 것, 나이 어린 구매자가 나이 많은 판매자에게 반말을 사용하는 것 등은 힘의 불균형으로 설명할 수 있는 현상이다.

이러한 양상은 설득 전략에도 반영되어 대화 진행을 위한 노력과 대화 참여 태도에서 나타난다. 판매자는 가능하면 상거래 대화를 지속시키려 하며 정보를 제공할 때도 구매자가 요구한 것 이상의 정보를 제공하는 부연 응대를 한다. 그러나 구매자는 자신의 요구가 받아들여지지 않으면 언제든지 거래를 그만두거나 그만둘 의사를 표현하는데, 이것은 흥정을 할 때 '구매 포기 의사 진술하기'와 같은 전략으로 나타나고 있다.

또한 판매자의 설득 전략은 구매자 위주 즉, '구매자 이익 강조하기'와 같이 구매자에게 이익을 준다든가, '칭찬하기'와 같이 기분을 좋게 하기 위한 설득 전략을 사용한다. 매매 행위가 구매자의 욕구 충족을 위한다는 점을 강조하고 있고, '동의하기'나 '대안 제시하기' 등의 전략을 통하여 판매자가 구매자의 욕구 충족에 도움을 주거나 동참한다는 협조적인 태도를 보이는 것이다. 즉 판매자는 대립이나 갈등을 피하려고 한다. 그러나 구매자의 설득 전략은 판매자 위주가 아니다. 자신의 이익을 위해서 설득을 하는 것으로 '이유나 근거 제시하기'와 같은 전략은 자신이 판매자를 위하여 꼭 해야 하는 일은 아니지만 구매자가 선심을 쓰듯 해 주는 것이라고 하며 판매자를 설득하려고 한다. 또한 자신의 욕구 충족을 위해서는 '부정적 평가하기'와 같이 판매자를 신뢰하지 못한다는 생각을 직접적으로 드러내서 판매자의 기분을 불쾌하게 할 수 있는 전략들도 사용하고 있다. 구매자는 판매자와의 대립이나 갈등에 신경을 쓰지 않는 편이며, 판매자의 기분은 고려의 대상이 아닌 것이다. 이와 같이 구매자는 판매자를 위해서가 아니라 구매자 자신을 위해서 설득 전략을 사용하는 것이다.

판매자와 구매자의 설득 전략에는 모두 '비교하기'를 사용한다는 점도 눈에 띄는 점인데 이들은 그 성격에서 차이가 있다. 판매자의 비교하기는 판매자가 구매자에게 이익을 준다는 점에서 사용하는 것이고, 구매자는 비교하기를 통하여 자신이 좀더 이익을 얻고자 비교하기를 사용하는 것이다. 여기서도 구매자 위주의 설득임을 알 수 있다.

4장에서 논의한 내용을 정리하면 다음과 같다: 상거래 대화는 판매자와 구매자가 모두 설득을 하는 대화이며, 설득의 결과는 행동의 변화이다. 판매자와 구매자가 설득 전략을 사용하는 목적을 보면, 판매자는 구매자로 하여금 물건에 관심을 갖게 하고, 매매로 유도하기 위하여 설득 전략을 사용한다. 그리고 구매자는 물건을 자신이 원하는 가격에 사기 위하여, 즉 흥정을 위하여 설득 전략을 쓰고 있다. 판매자와 구매자의 설득 전략을 정리하면 <표 11>와 같다.

〈표 11〉 판매자와 구매자의 설득 전략 비교

판매자의 설득 전략	구매자의 설득 전략
정보 제공하기	요구하기
칭찬하기	이유·근거 제시하기
동의하기	비교하기
구매자의 동의 이끌어내기	구매 포기 의사 진술하기
부정적 응대 회피하기	부정적 평가하기
구매자 이익 강조하기	반복하기
대안 제시하기	
희소성 강조하기	
과장하기	
단정적 태도 드러내기	
비교하기	
친족 호칭 사용하기	

판매자와 구매자의 설득 전략을 비교해 보면, 판매자는 대화 전반에 걸쳐 설득 전략을 사용하는데, 그 성격이 구매자에게 이익을 주고 판매자가 협조적이라는 태도를 보여주는 전략이다. 이에 반해 구매자는 판매자를 위해서가 아니라 구매자 자신을 위한 설득 전략으로 판매자와의 대립이나 갈등은 중요시되지 않는다.

5. 결 론

이 연구에서는 상거래 대화의 진행 구조와 설득 전략에 대해 분석하였다. 지금까지 대화 연구가 일상 대화 중심이었는데 특정 목적이 존재하는 대화는 일상 대화와는 다른 특징이 있을 것이라 예상하고, 그 특징을 진행 구조와 그에 따른 화행에 초점을 맞추어 논의를 진행하였다. 또한 상거래 대화는 설득을 위하여 다양한 언어 전략을 사용하기 때문에 언어 사용의 다양한 면을 발견할 수 있었다.

2장에서는 상거래 대화의 진행 단계 구조를 분석하였다. 상거래 대화의 원형 구조는 다음과 같이 나타낼 수 있다.

〈상거래 대화의 원형 구조〉

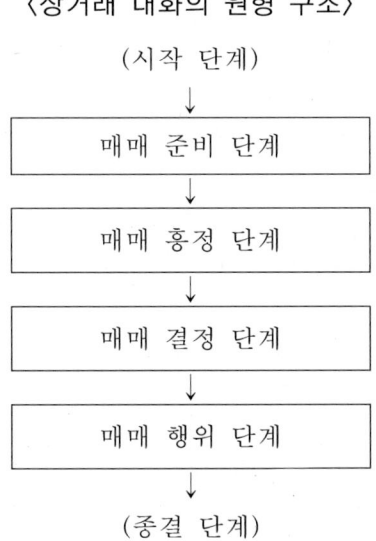

원형 구조에서 시작 단계와 종결 단계는 생략이 자주 일어난 다는 특징이 있고, 상거래 대화 진행 단계의 필수 단계는 아니라고 보았으며, 매매 결정 단계와 매매 행위 단계가 상거래 대화에서 매매를 성립하는 핵심적인 단계로 분석하였다.

상거래 대화의 원형 구조를 바탕으로 하여 실제 대화 현장에서 무질서하게 존재하는 것처럼 보이는 대화들에 대한 설명이 가능해졌다. 실제 대화 현장에 우리가 접하는 대화는 원형 구조에서 진행 단계의 생략, 반복, 추가 등을 통하여 이루어진 변이 구조로 설명하였다.

3장에서는 화행에 대한 분석을 하였는데 응대 화행의 개념을 도입하여 상호작용적인 접근을 시도하였다. 상거래 대화 화행의 유형을 설정한 후 이를 빈도 조사하여 다른 대화와 비교하여 살펴보았다. 그 결과 상거래 대화는 [진술] 화행과 [질문] 화행, [대답] 화행이 많이 사용되었고, 매매 행위를 목표로 하기 때문에 [요구] 화행과 이에 대한 응대 화행인 [수락]과 [거절] 화행도 볼 수 있었다. 그리고 목적이 있는 대화의 특징인 [확인요구] 화행도 볼 수 있었다.

그리고 상거래 대화는 진행 단계에 따라 화행과 응대 양상은 다르게 나타났다. 진행 단계에 따른 화행의 특징은 다음 표와 같이 정리할 수 있다.

〈상거래 대화의 진행 단계에 따른 화행과 응대〉

진행 단계	판매자의 선행 화행	구매자의 응대 화행	구매자의 선행 화행	판매자의 응대 화행
시작 단계	[인사] 화행	없음	부름말	네, 어서오세요
매매 준비 단계	[진술] 화행, [요구] 화행(구매자를 매매 상황으로 끌어들이기 위하여)	[질문] 화행	[질문] 화행(정보를 수집하기 위하여)	[대답] 화행(직접, 부연 확장 응대)
	[질문] 화행(구매자의 욕구 탐색 위하여)	[대답] 화행(직접, 단순, 즉각 응대) [확인요구] 화행(단계적인 응대)	[진술] 화행(평가 수행)	긍정(긍정 평가일 경우) 응대 회피(부정 평가일 경우)
매매 흥정 단계	없음	없음	[요구] 화행	[거절] 화행
매매 결정 단계	없음	없음	[요구] 화행	[수락] 화행
매매 행위 단계	[진술] 화행 [인사] 화행	[긍정] 화행	[진술] 화행 [인사] 화행	[긍정] 화행
종결 단계	[인사] 화행	[인사] 화행	[인사] 화행	[인사] 화행

　마지막으로 4장에서는 상거래 대화의 설득 전략에 대하여 살펴보았다. 상거래 대화는 대화 유형 분류상 설득 대화에 속하는데 판매자와 구매자 모두가 설득 전략을 사용한다는 점이 특징이며, 또한 설득의 결과로 행위를 유도하는 특징이 있다고 지적하였다. 판매자가 사용하는 설득 전략과 구매자가 사용하는 설득 전략은 다음과 같이 정리할 수 있다.

〈판매자와 구매자의 설득 전략 비교〉

판매자의 설득 전략	구매자의 설득 전략
정보 제공하기	요구하기
칭찬하기	이유·근거 제시하기
동의하기	비교하기
구매자의 동의 이끌어내기	구매 포기 의사 진술하기
부정적 응대 회피하기	부정적 평가하기
구매자 이익 강조하기	반복하기
대안 제시하기	
희소성 강조하기	
과장하기	
단정적 태도 드러내기	
비교하기	
친족 호칭 사용하기	

　상거래 대화에서는 판매자와 구매자가 모두 설득 전략을 사용하지만 판매자는 구매자 중심적 전략을 사용하며 대화를 계속 진행시키려 하였고, 구매자에게 협조적인 태도로 대화에 임하였다. 한편 구매자는 구매자의 이익을 위한 태도로 대화에 참여하였으며 언제든지 자신이 만족스럽지 않으면 대화를 중단하였다.

　이 연구에서는 상거래에 존재하는 구매 장소, 구매 시간, 대화 참여자 등과 같은 많은 변인들에 따른 특징까지는 논의하지 못하였다. 변인에 따라 진행 단계의 존재 유무와 화행, 응대도 다를 것이고, 설득 전략의 사용 분포도 다르게 나타나리라 예상되는데 이들은 후일의 연구 과제로 남긴다. 그리고 여러 다양한 유형의 대화에 대한 연구가 활발해지고 축적된다면 국어 대화에 대한 이해가 깊어지고, 국어 대화 자료 구축에도 큰 도움이 되리라 기대한다.

참고 문헌

구자은(1991), 대화 구조의 모형화에 관한 연구, 경북대 박사학위논문.

구현정(1997), 대화의 기법, 한국문화사.

구현정(2000), "대화와 동작언어 II", 한글 사랑 2000년 봄호. 한글사.

김경태(1996), "요청, 거부, 사과 발화 행위의 전략", 사회언어학 4-2. pp.143-169.

김상희(2000), "한국어 교실의 의사소통의 양상", 화법연구 2.

김순자(1999), "대화의 맞장구 수행 형식과 기능", 텍스트언어학 6. pp.45-69.

김재원/이재근/김성찬 역(2001), 사회언어학, 박이정.

김정선(1995), 맥락에 따른 의문법의 기능에 관한 연구, 한양대 석사학위논문.

김정선(1999), "상거래 대화에서의 공손 전략", 텍스트언어학 7. pp.179-208.

김태옥·이현호 역(1991), 담화·텍스트 언어학 입문, 양영각.

김하수(1989), "언어 행위와 듣는 이의 신호에 관한 화용론적 분석 시도: 담화 속의 '네'", 말 14.

김현진(1997), 영한 담화 대조 분석: 대화 종결을 중심으로, 서울대 석사학위논문.

노대규(1996), 한국어 입말과 글말, 서울: 국학자료원.

노명완(1997), "말하기·듣기 교육의 개념과 탐구 과제", 서울대 국어 교육 연구소 보고서 97-1.

노석기(1990), "우리말 담화의 결속 관계 연구", 한글 208호. pp.91-129.

노은희(1999), 대화 지도를 위한 반복 표현의 기능 연구, 서울대 박사학위논문.

박성현(1996), 한국어 말차례 체계와 화제, 서울대 박사학위논문.

박여성(1999), "예약 대화의 담화 구조-호텔 예약 대화를 중심으로", 언어학 연구 4. 제주언어학회.

박용익(1994), "수업대화의 기능 단계와 대화이동연속체 원형", 텍스트언어학 2. pp.347-374.

박용익(1997), "텔레비전 정치토론회의 대화 분석", 텍스트언어학 4. pp.139-166.

박용익(1998), 대화분석론, 한국문화사.

박용익(1999), "대화분석론의 이론과 전망", 텍스트언어학 6. pp.1-24.

박용익(2001), 대화분석론(수정증보판), 역락.

박의재(1994), 사회언어학, 한신문화사.

박채화(1992), 국어 담화의 주제 구조 연구, 서울대 석사학위논문.

박혜은(1997), 대화 행위의 분류와 연쇄 관계 연구, 연세대 석사학위논문.

박혜은/이민행(1998), 대화 행위의 개념과 열차 좌석 예약 대화의 분석, 1998년 한국인지과학회 춘계 학술대회 발표논문집. pp.38-43.

백경숙(1998), "영어와 한국어에서의 칭찬에 대한 응답 전략 고
　　찰", 사회언어학 6-2. pp.229-264.

백설자 옮김(2001), 텍스트언어학 입문. 역락.

서림능력개발(1999), 세일즈와 화법, 서림문화사.

서정수(1996), 수정증보 국어 문법, 한양대 출판부.

서　혁(1996), 담화의 구조와 주제 구성에 관한 연구, 서울대 박
　　사학위논문.

성기철(1970), "국어 대우법 연구", 논문집(충북대) 4.

세가와 교코(1997), 대화 관리의 전략 연구, 연세대 석사학위논문.

손세모돌(1996), 국어 보조용언 연구, 한국문화사.

손세모돌(1999), "'-잖-'의 의미, 전제, 함축", 국어학 33. pp.213-240.

송경숙(1996), "영어와 한국어 대화에서 성의 역학: 토론과 논쟁
　　에서의 남성과 여성의 차이", 사회언어학 4-2.

송경숙(1998), "제15대 대통령 후보 초청 TV 합동 토론회 분
　　석", 사회언어학 6-1. pp.53-87.

송영주 역(1993), 담화 분석-자연언어의 사회언어학적 분석, 한
　　국문화사.

송원재(1998), 반드시 성공하는 세일즈 화법, 새로운 사람들.

신지연(1995), 현대국어의 지시 용언 연구, 서울대 박사학위논문.

신현숙(1997), "21세기 담화 의미 연구의 방향", 한국어 의미학 1.
　　pp.59-84.

신현숙(2001), 한국어 현상과 의미 분석, 경진문화사.

안정근(1997), "시장에서 행해지는 가격 흥정의 담화 분석", 사
　　회언어학 5-2. pp.301-341.

오승신(1995), 국어의 간투사 연구, 이화여대 박사학위논문.

유동엽(1997), 대화 참여자의 대화 전략에 관한 연구, 서울대 석사학위논문.

유송영(1996), 국어의 청자 대우 어미의 교체 사용과 청자 대우법 체계-힘과 유대의 정도성에 의한 담화 분석적 접근, 고려대 박사학위논문.

이동은(2000), 토론의 상호작용사회언어학적 연구-갈등과 그 운용을 중심으로, 서울대 박사학위논문.

이두헌(1994), 대화 분석의 방법에 관한 연구, 한국외국어대 박사학위논문.

이삼형(1999), "텍스트 구조 분석 연구", 텍스트언어학 6. pp.207-228.

이선희(2000), 컴퓨터 대화방 언어 고찰, 전남대 석사학위논문.

이성만(1994), 텍스트언어학의 이해, 한국문화사.

이소영(1996), 현대 국어의 구어 문형 연구, 숙명여대 박사학위논문.

이옥련/민현식 외(1996), 무슨 말을 어떻게 할 것인가, 숙명여대 출판부.

이원국 옮김(1995), 영어 화용론의 실제와 연구, 한신문화사.

이원표(1996), "한국 대학생의 칭찬 화행에 나타난 공손법 분석", 말 21. pp.107-144.

이원표 옮김(1997), 담화 연구의 기초, 한국문화사.

이원표(1998), "한보청문회에서의 질문 분석: 제도상황과 화재의 태도 표현", 사회언어학 6-1. pp.1-52.

이원표(1999), "토크쇼에서의 말 끼어들기: 담화 기능과 사회적 요인”, 담화와 인지 6-2. pp.23-59.

이유진(1995), 대화의 주제와 초점에 관하여－전화 대화문의 분석, 고려대 석사학위논문.

이은영(1999), 대답의 분류와 특성 연구, 부산대 석사학위논문.

이응백/이주행(1992), 말을 어떻게 할 것인가, 현대문학.

이익섭(1974), “국어 경어법의 체계화 문제”, 국어학 2. pp.39-64.

이준희(2000), 간접 화행, 역락.

이창덕 외(2000), 삶과 화법, 박이정.

이필영(1999), “국어의 응답 표현에 대한 연구”, 텍스트언어학 6. pp.71-105.

이현호(1998), “우리말 방송 대화의 담화·화용론적 특성에 관한 연구”, 담화와 인지 5-2. pp.123-157.

임유종(1999). 한국어 부사 연구. 한국문화사.

임칠성 역(1995), 대인 관계와 의사소통, 집문당.

임칠성 역(1997), 대인 의사소통, 한국문화사.

임칠성(1999), “국어 화법의 성격 고찰”, 화법 연구 1. pp.23-46.

장경희(1997), “대화 텍스트의 결속 구조”, 한양어문 15. 한양어문학회. pp.283-300.

장경희(1998a), “국어의 대화 구조”, 한양어문 16, 한양어문학회. pp.211-235.

장경희(1998b), “화행의미론”, 한국어의미학 2. pp.41-56.

장경희(1999a), “국어의 수용형 대화와 거부형 대화”, 텍스트언어학 6. pp.25-44.

180

장경희(1999b), "대화의 접속과 내포", 텍스트언어학 7. pp.141-177.

장경희(1999c), "진술에 대한 긍정과 부정", 한국어의미학 5. pp.311-332.

장경희(2000), "판정 질문에 대한 긍정과 부정", 한국어의미학 7. pp.149-174.

장경희(2001a), "판정 질문에 대한 판정 결여의 응대", 새시대의 우리말 연구, 역락. pp.391-417.

장경희(2001b), "청유 화행에 대한 수락과 거절", 텍스트언어학 9. pp.111-143.,

장복명/강혜순/김정희 역(2001), 언어와 문화, 박이정.

장석진(1981), "국어의 반복 표현", 말 6. pp.69-112.

장석진(1985), 화용론 연구, 탑출판사.

장은아(1999), 수업 중 교사·학생의 대화 전략: 주도자로서의 교사와 조력자로서의 학생의 대화 전략, 한양대 석사학위논문.

장은정(2000), 한국어의 대화 종결 방법에 관한 연구, 한양대 석사학위논문.

장흥섭/안승철(1998), 현대소비자론, 삼영사.

전경하(1992), 영한 담화 대조 분석-일상적 대화의 시작을 중심으로, 서울대 석사학위논문.

전영옥(1998), 한국어 담화에 나타난 반복 표현 연구: 유형, 분포 및 기능, 상명대 박사학위논문.

전영우(1987), 국어 화법론, 집문당.

전은진(2000), 컴퓨터 통신 대화 연구, 한양대 석사학위논문.

조선일보사・국립국어연구원 편(1992), 우리말의 예절－화법의 실제와 표준, 조선일보사.

정혜경(1999), 언어 행동과 비언어 행동, 서울: 박이정.

최현배(1937), 우리말본, 정음사.

황적륜(1990), "한국어와 영어의 담화 구조 비교 연구", 사대논총 41. 서울대 사범대. pp.91-117.

Atkinson, M. & J. Heritage(1984), *Structures of social action,* Cambridge: Cambridge University Press.

Austin, J. L. (1962), *How to do things with words.* New York: Oxford University press.

Brown, R. & A. Gillman(1960/1972), "The pronoun of power and solidality", *American Anthropologist 4.*

Brown, P. & S. Levinson(1987), *Politeness: Some universals in Language usage,* Cambridge: Cambridge University Press.

Brown, G. & Yule, G. (1983), *Discourse Analysis,* New York: Cambridge University Press.

Frentz, T. (1976), "A generative approach to episodic structure", Paper presented at the Western Speech Association Convention, San Francisco.

Goffman, E. (1956), *The Presentation of Self in Every Day Life,* Edinburgh: Edinburgh University of Edinburgh Press.

Goldberg, J. (1990), "Interrupting the discourse on interruptions", *Journal of pragmatics* 14. pp.883-903.

Lakoff, R. (1977), "What You can do with Words: Politeness, Pragmatics and Performative", In Andy Roger, Bob Wall and John P. Murphy, eds., *Proceedings of the Texas Conference on performatives, Presuppositions, and Implicatures.* Arlington, TX: Center of Applied Linguistics.

Leech, G. (1983), *The Principles of Pragmatics,* Longman.

Manes, J. & N. Wolfson(1981), "The compliment formula", In F. Coulmas, ed. *Conversationalroutine.* The Hague: Mouton.

Makre-Tsilipakou, M. (1994), "Interruption revisited: Affliliative vs. disaffliliative intervention", *Journal of Pragmatics* 21. pp.401-426.

Murata, K. (1994), "Intrusive or co-operative? A cross-cultural study of interruption", *Journal of Pragmatics* 21. pp.385-400.

Lindenfeld, J. (1994), "Cognitive processes and social norms in natural discourse at the marketplace." *Journal of Pragmatics* 22.

Sacks, H., E. A. Schegloff & G. Jefferson(1974), "A Simplest Systematics for the Organization of Turn-taking for Conversation", *Language* 50.

Schiffrin, D. (1987), *Discourse Marker,* Cambridge University Press.

Schiffrin, D. (1994), *Approaches to Discourse,* Cambridge,

MA: Blackwell.

Searle, J. R. (1969), *Speech acts*, Cambridge University Press.

Searle, J. R. (1976), "A classigication of illocutionary acts", *Language in society* 5.

Sohn, H. M. (1983), "Power and solidality in the Korean language", *Korean Lingustics* 3.

Stenström, A-B. (1994), *An Introduction to Spoken Interaction,* Longman.

Tannen, D. (1981), "The machine-gun question: An example of conversational style", *Journal of Pragmatics* 5. pp.383-397.

Tannen, D. (1989), *Talking Voice: Repetition, Dialogue and Imagery in Conversation Discourse.* Oxford Univer-sity Press.

West, C. & D. Zimmerman(1978), "Small insults: A study of interruptions in cross-sex conversation between unacquainted persons", In B. Thorne, C. Kramarae and N. Henry, eds., *Language, gender and society*, MA: Newbury House.

Zimmerman, D. & C. West(1975), "Sex roles, interruptions and silences in conversation", In B. Thorne and N. Henry, eds., *Language and sex: Difference and dominance,* Rowley, MA: Newbury House.

부록: 대화 전사 자료

<자료 1>

```
장  소: 분당 삼성 플라자
날  짜: 1998년 10월 18일
물  건: 옷
구매자: 구1, 구2: 20대(여)
판매자: 20대(여)
구매 여부: 구매 성립
```

구매자1: 이건 어딨어요?
판매자: 어느 분이 입으실 거예요? 싸
　　　　이즈 몇 입으세요?
구매자1: 85요.
판매자: 이게 어떤 거냐면 지금 이게
　　　　없어 싸이즈가 많이 빠져가지
　　　　구요. 미디움이 있나 모르겠네.
　　　　싸이즈는 (--) 색깔이 틀린데.
구매자1: 어느게 더 이뻐?
<>
판매자: 걸어 놓고 보는 거하고 많이 틀
　　　　려요 남색이.
구매자2: 남색이 예쁜데
구매자1: 싸이즈가 어떻게 돼요?
판매자: 미디움 싸이즈에요 85.
구매자1: 아
구매자1: 어느게 더 이뻐?
구매자2: 음. 남색이 더 나아.
구매자1: 이거 얼마에요?
판매자: 19,000원이요
구매자1: 19000원이요.
<>
구매자1: 이거 하나 주세요.
판매자: 네에.
<>
구매자1: 안녕히 계세요.
판매자: 네에.

<자료 2>

```
장  소: 분당 삼성 플라자
날  짜: 1998년 10월 18일
물  건: 가방
구매자: 구1, 구2: 20대(여)
판매자: 20대(여)
구매 여부: 구매 실패
```

구매자1: 이거 안 이쁘냐?
구매자2: 무난한데 너무 큰 거 같애.
구매자1: 응?
구매자2: 크지 않아?
구매자1: 아니 난 책 넣어갖고 다니게.
구매자1: 아니. 다 이런 거밖에 안 사네.
구매자1: 난 뻔떡뻔떡거리는 가방 하나
　　　　있거든.
구매자1: (---)
구매자2: (---)
판매자: 한 번 매 보세요 (--) 나와서
　　　　기스나 흠집이 안 생기거든요.
　　　　그냥 물걸레만 좀 해 주서도
　　　　깔끔해요.
구매자1: 이쁘지 않니?
구매자2: 응
판매자: 저기 거울 한 번 보시겠어요?
구매자1: 거울 어딨어?
<>
구매자1: 이게 얼마에요?
판매자: 이거요 지금 가격이 129,300원
　　　　이요.{구매자2: 어} (할인-) 수
　　　　납이 되게 편하게 나왔어요.
　　　　안에가 (--) 대개는 핸드폰 있
　　　　으니깐 지갑 같은 건(--) 뒷지
　　　　퍼도 있구도 장식 자체도 그렇
　　　　고 실버로 들어가서 오래 쓰셔
　　　　도 보통 색상이 안 변하거든요.
　　　　{구매자1: 음} (--)
구매자1: 이거 이쁘지?
구매자2: 응. 그게 젤 나아.
판매자: 깔끔하게 (--) 캐주얼 (--)
구매자2: 이거 하면 되겠다.
구매자1: 이게 나아? 아뇨 아뇨 지금 그
　　　　걸 안 가져 왔어요. 티켓을 안
　　　　가져왔어요 구경 좀 할려고 다
　　　　음에 와서 살께요.
판매자: 그러세요.

<자료 3>

```
장  소: 분당 삼성 플라자
날  짜: 1998년 10월 18일
물  건: 컵
구매자: 구1, 구2: 20대(여)
판매자: 40대(여)
구매 여부: 구매 실패
```

판매자: 어서 오십시오.
구매자1: 이런 거 어때?
< >
구매자1: 이건 어때?
구매자2: 괜찮아. 5갠가 부다{구매자1: 응}
구매자2: (--)
구매자1: 엉 골라봐.
< >
구매자1: 이뻐?
구매자2: 괜찮아.
구매자1: 내가 마실 건 아니지만.
구매자2: (--마셔야지)
구매자1: 너무 유치하지 않니?
구매자2: (--)
구매자1: 아휴 답답해 보이구. 딱 막내
　　　　수준.
< >
구매자1: 우아한 걸 원하는구만
구매자2: 아 그치.
< >
구매자1: 코렐은 안 깨지는데 안 예뻐.
구매자1: 머그잔은 괜찮은데 저런 건
　　　　좀 (--) 근데 이거밖에 없어?
　　　　(--)
구매자2: 머그잔이지?
구매자1: 이거 예쁘다 그치?
판매자: (--) 2720원씩이에요.
구매자1: 이게 지금 머그잔이에요?
판매자: 예 머그잔으로 나온 거구요. 뒤
　　　　에 건 커피 잔이구요.
판매자: 요건 (--) 잔에 21120원이구요.
　　　　5잔에 23500원이요.
구매자1: 그거 어 그것도 괜찮어. 독특
　　　　하다.
판매자: 신상품인데요 (--) 금도금이 안
　　　　돼 있어서 실용적이구 색상이 깔
　　　　끔해서 알뜰부부 신혼부부에게 잘
　　　　어울려요.
구매자1: 이거는 5개 세트에 얼마에요?
판매자: 고거는 6잔 세트거든요 짝수로
　　　　하시는 거거든요{구매자1: 예}
　　　　23,500원
구매자1: 이거랑 이 머그잔 세트로 해
　　　　줄까?
판매자: 그렇게 하셔도 참 예쁘네요.
< >
판매자: 요게 저 (--) 흙으로 구운 건
　　　　투박하고 무거운데 이건 굉장
　　　　히 가벼우면서 커피가 잘 식지
　　　　않고 KS마크 (본차이나) 입술
　　　　에 딱 닿는 촉감이 흙으로 구
　　　　운 거하고 다르거든요. 커피가
　　　　잘 식지 않아서 맛있구.

< >
구매자1: 응 더 보고 더 보고요.
판매자: 예 더 보시고 들려주세요.
구매자1: 예

<자료 4>

```
장   소: 분당 삼성 플라자
날   짜: 1998년 10월 18일
물   건: 악세사리
구매자: 구1, 구2: 20대(여)
판매자: 20대(여)
구매 여부: 구매 실패
```

판매자: 맘에 드시는 거 한 번 해보세요.
구매자2: 중간머리 반만.
구매자2: 이런 건 어때?
구매자1: 이런 거 말고 보석 박힌 게
　　　　이쁘지 않냐? 어 그런 거?
판매자: 어떤 디자인 찾으세요?
구매자2: 요정도 머리에 할 수 있는거요.
판매자: 중간머리요?
구매자1: 예
판매자: 중간머리에 꽂으실 수 있는 싸
　　　　이즈는 집게 정도가 있구요. 예
　　　　요런 것두 다 중간 머리에 하
　　　　실 수 있어요.
판매자: 중간에 하시면 (--) 좀 화려한
　　　　걸로 (--) 요런 디자인도 중간
　　　　에 하실 수 있거든요
구매자1: 이런 거 안 이쁘냐?
구매자2: 되게 이쁘다.
판매자: 알이 좀 많이 들어있는 거구요.
　　　　크리스탈 제품 (--) 그런 것도
　　　　깨끗하고 예뻐요. 하시면 예뻐
　　　　요. 일단 잘 한 번 해보세요. 보
　　　　시는 거랑 또 해보시는 거랑 많
　　　　이 틀려요.
구매자1: 구경 좀 하고 올께요.

<자료 5>

```
장   소: 백화점
날   짜: 1998년 10월 22일
물   건: 옷
구매자: 구1: 50대(여), 구2: 20대(여),
　　　　구3: 20대(남)
판매자: 판1: 30대(남),
　　　　판2: 20대(여)
구매 여부: 구매 성립
```

구매자1: 들어가요?
판매자1: 예.

구매자1: 있어요?
판매자1: 그럼요.
구매자1: 결혼할 애들이거든요.
판매자1: 아 예복으로 입으셔야겠네요.
구매자1: 네.
구매자1: 어디 구경 좀 해보고 어떤 게 있나{판매자1: 예}
판매자1: 예복으로는 약간 이런 항상 이런 와인 칼라두 나와 있구요 보시면은 요런 칼라
구매자1: 이건 나이 들어 보이네{판매자1: 네}
판매자1: 그리고 쪼금 검정칼라로도 나와 있고. 쓰리버튼. 쓰리버튼입으시죠?
구매자3: 저요? 저 양복 잘 안 입어요
판매자1: 아 안 입으세요. 아니 예복으로 입으시면 쓰리버튼 같은 경우 이런 껌정색 계통 곤색 요런 칼라도 괜찮지. 깔끔하게 나오는 스타일이니까. 입으시기에도 참 좋고. 자 곤색
구매자1: 이건 권색
판매자1: 예. 곤색
구매자1: 봐. 여 봐{구매자3: 예} 이거 투보당이여?
판매자1: 아뇨 쓰리보당이요.
판매자1: 투보당은요?
판매자1: 토보당 입으시게?
판매자1: 투보당이 나아
판매자1: 아니면 예복으로 입으실려면은 싱글로
구매자3: 아무거나
판매자1: 곤색
구매자1: 이건 있어요. 이건.
판매자1: 이런 [원단으로
구매자1:   [[이런 건 그때 있어
판매자1: 요런 원단 있으세요?
구매자1: 있지? 그때 한거.
구매자2: 이건 두꺼운 건대. 얇은 거야 엄마.
구매자1: 얇은 거였어?
구매자2: 응
판매자1: 그리고 고거 말고도 캐시미어 들어가는 거 있구요. 언제 결혼식이죠?
구매자1: 11월.
판매자1: 11월 달에. [그럼 요 원단도 있고
구매자1:   [[29일
판매자1: 캐시미언
구매자2: 이건 두껍구나.
판매자1: 이게 좀 두꺼워요 요거보다{구

매자2: 응} 인제 한 겨울에 추동복으로 들어가죠. 요런 걸로 입고
<>
구매자1: 요건 뭐에요. 요건?
판매자1: 고건 좀 얇아요. 어느 거?
구매자1: 요거.
판매자1: 어 고거 같은 경우는 괜찮은데 요건 쓰리보튼으로 들어가고.
구매자1: 어디 봐.
<>
판매자1: 버튼 세 개.
<>
구매자2: 버튼 세 개와 두 개의 이케 차이가 뭐에요?=
판매자1: =근데: 손:님 같은 경우는: 싱글이 좀 낫지 않으실까 그래요=
구매자1: =두 개가?
판매자1: 예예
구매자2: 더블보다요?
판매자1: 예예
구매자2: 아니 싱글이 낫지 예
구매자1: 아니 싱글인데 댄추 두 개
구매자2: 세 개
판매자1: 예예 그쵸 세 개, 두 개
구매자1: 세 개도 괜찮을 거 같애 기니깐 이이가.
판매자1: 그쵸. 좀 긴 편인데{구매자2: 응} 이게 쓰리보튼 같은 경우는 라인이 좀 많이 들어가 줘요.
판매자1: 이거 한 번만 어디 사이즈 맞는 거위에만
판매자1: 이게 그럴까요
구매자1: 이게 낫냐? 저게 낫냐?
구매자2: 옷감은 잘 모르겠는데 버튼은 세 개가 더 날 것 같지 않아요.
구매자1: 글쎄. ((입어 본다)) 이것도 참 좋다. 그지↗
구매자2: 음
구매자1: 이거 제일모직인가?
판매자1: 예 예
구매자1: 아닌데
구매자2: [캠브리지
판매자1: [[캠브리지 모직은 원단은 제일모직 원단으로{구매자2: 음}
구매자1: 제일모직은 저 뒤에 속에 가서 뭐가 있다며요 마크가.
판매자1: 어느 마크?
구매자1: 요런데 가서 제일모직이라고 마크가 있대는데=
판매자1: =아 마크는 저희는 캠브리지 잖아요. 캠브리지 원단은 제일

모직 거 쓰잖아요. 이렇게 울 마큼 쓰잖아요. 울마크가{구매자2: 음} 똑같이 들어가는.

구매자1: 아부지 산거는 보니깐 요그가 제일마크라고 수를 놨드라구.

판매자1: 맞춤을 사셨어요?

구매자1: [예

구매자2: [[아니 어 맞춤

구매자1: 맞춤

판매자1: 맞춤하고 조금 틀려요.

구매자1: 아니 맞춤이 아니지 그냥. 이런 기성=

판매자1: =그래 일반적으로도 마찬가지에요. 원단에 따라 틀려요 다.

<>

구매자1: 딴 데 가볼까?

구매자2: 그러든지 뭐. 아빠 어디서 샀어? 요기서 산거 아니었어?

구매자1: 아니

구매자2: 아 삼성에서 샀다 그랬나?

구매자1: 응 아니 여기 다 마찬가지야. 거기 가도 뭐{구매자2: 응}

구매자2: 입어보고 한 번

구매자1: 한 번만 입어보고 여기 하나 주세요. 입어보게. 싸이즈가 없나봐. 싸이즈가 없어서 저 아저씨 돌아서 당기나. 그지. 싸이즈가 없어서 돌아 댕겨.

<>

구매자1: 옷 하나 얻어 입기 힘들다 그치?

구매자3: 헷((웃음))

<>

구매자1: 저기다 오늘 철구거만 하구 니꺼는 다음에 해 응↗ 엄마 바빠서 안돼 응↗ 낼이고 모레고 너 아침에 해 응↗ 큰언니 월요일 일요일 날 가니깐.

판매자1: 이것도 한 번 입어보시겠어요. 어휴 티셔츠 하나만 벗으시겠어요?

판매자1: 벗으면 뭐 있어.

판매자1: 아니 싸이즈가 틀려요. [이 겨드랑이가 많이 처지기 때문에 {구매자1: 음} 싸이즈가.

구매자1:   [[면티

<>

판매자1: 요기가 좀 헐렁하거든요 이게. 지금 쓰리보튼이에요. 라인이 많이 들어가죠.

구매자1: 이게 제일 큰 거에요?

판매자1: 크죠? (--) 싸이지 쪼:금

구매자2: 쫍지?

구매자1: 힘 한 번 줘봐

판매자1: 쪼:금 (끼이시네)

구매자2: 쫍아?

판매자1: 끼어

구매자2: 끼어 보인다.

구매자3: 내 어깨가 더 넓은가 보지?

구매자2: 음.

<>

구매자1: 싸이즈 큰 게 없나봐.

구매자2: 쫍지?

구매자1: 딴 데가 아니니까 어깨도 안 맞네.

구매자2: 어깨는 맞는 거 같은데.

구매자3: (--)

구매자2: 맞는 거 같아.

구매자1: 아니 여기가 즉어.

구매자2: 여기가 적어. 여기가 꽉 껴가지고.

구매자1: ((웃음)) 이 아저씨 쩔쩔 매고 돌아다니네. 어쩜 좋아.

구매자1: 없어요?

판매자1: 잠시만요.

<>

구매자2: 오바 입지 말지.

판매자1: 허리 한 40 되세요?

구매자3: 예? 40은. [그럴거에요.

구매자2:   [[그 정도 되죠.

구매자1: 40으 웃긴다.

판매자1: 40이면 작은 싸이지가 아니거든요. 제일 큰 싸이즈에요.

구매자1: 어휴 커도 보통 큰 게 아니죠.{판매자: 예} 40이 뭐 있어.

판매자1: 손님 이거 입어나 보실래요?

구매자1: 응 입어나 봐

<>

구매자1: 야 옷감을 기지보다도 사람을 맞춰야 되겠다.{구매자2: 음} 이건 뭐여?

판매자1: 바로 윗 싸이즈.

구매자3: 요건 아니에요.

구매자1: 이건 뭐여? 적다구?

구매자3: 아뇨 이것도 아니에요.

구매자2: 더 크죠?

구매자2: 크기가

구매자1: 더 크다니까 옷 싸이즈라잖아. 근데 이건 보당이 2개야.

판매자1: 아니 이제 이건 이건 제가 보여 드린 거고.

구매자2: 싸이즈만

구매자1: 어 싸이즈만

판매자2: 근데:: 이게 이게 더 큰 거거든요.

구매자1: 이게 맞네.

판매자2: 네.

구매자2: 이거보다 더 큰 싸이즈도 있
　　　　어요? 없있
판매자2: 없죠.
구매자1: 없어요?
판매자2: 네.
구매자1: 이게 최고여.
판매자2: 이게 최고 이게 허리가:: 42{구
　　　　매자2: 엉}
구매자1: 이게 허리가 42여?
판매자2: 예 42.
판매자2: 허리는 원래 몇 입으시는데?
구매자1: 40
판매자2: 40.
판매자2: 아 이건 이제 (단색이고)
구매자1: (마름세)
<>
구매자1: 야 우떤 게 좋것냐? 요런 게
　　　　좋것냐? 요런 게 좋것냐?
구매자3: 예?
구매자1: 봐 어떤 게 좋은가?
구매자3: 저는 아무거나 다 괜찮은 거.
판매자2: 아무거나 좋아.
구매자1: 모르지 잘 기지를 몰라. 그럼
　　　　요게 두꺼와요?
판매자2: 두껍긴 이게 좀 더 두꺼운데
　　　　요{구매자1: 음} 이 발의 조직
　　　　은 두껍다 그래서 다 따뜻한
　　　　게 아니구요 [조직수가 촘촘할
　　　　수록 더 가볍구
구매자1: 　　　　　[[그믄
구매자1: 이 아저씨 어디갔어? 지금
판매자2: 아 이거 똑같은 싸이즈 찾으
　　　　러 갔나보다.
<>
구매자2: 이이거 여기가 이르케 짧고
　　　　이건 여기가 이르케 길잖아
　　　　{구매자1: 응}
판매자2: 이거는 세 개짜리고. [두 개짜
　　　　리고
구매자1: 　　　　　　　[[알어 글
　　　　쎄. 그건 아는데
판매자2: 요거를 바지를 한 번 입어보
　　　　세요 그러면.
판매자2: 바지를.
판매자2: [요 색깔이 근데 이 밑이 어머니
구매자1: [[여기야 근데 가만있어. 여기
　　　　서는 겨울 거하고 가을 거하
　　　　고 두 개예요?
판매자2: 그죠. 겨울 거하고 가을 거.
구매자1: 2개를 해야 된다고 지금=
판매자2: =응 가을 거하고 겨울 거.
구매자1: 응. 그래서 그래요{판매자1: 음}
판매자2: 그래요?

구매자1: 예 2벌을 해야 된대니깐 지금.
판매자2: 그니깐
구매자1: 가을 거하고 겨울 거하고 2개
　　　　를 해야 되대니깐
판매자2: 곤색으로만 어머니?
구매자1: 곤색?
판매자1: 어 응
판매자1: 아니면
구매자1: [싸이즈가 없어요?
판매자1: [[아니 쓰리보튼으로 입으실려구?
구매자1: 이거를 이거를{판매자1: 예} 이
　　　　싸이즈같이 큰 거 있어요?
판매자2: [예예 있어요
판매자1: [[예예
구매자1: 가져와 보세요
판매자2: 예 요기는 갖다 드리구.{구매
　　　　자: 응} 바지를 가져오는 동안
　　　　요거 한 번 입고 계셔 보세요.
구매자1: 이거 입었대니깐 바지를.
판매자2: 40을. 바지를.
구매자2: 그거 40을.
구매자1: 이거 가질러 갔어요? 우아기는?
판매자1: 예. 고건 (가질러)
구매자1: 그럼 바지 하나 입어 봐요.
판매자2: 이게 곤색이고.
<>
구매자2: 아야.
구매자2: 한 번 더 해봐 더 크게 얘기
　　　　할께 한 번 더 해봐.
구매자1: 쓰리 보당이 좋냐 투 보당이
　　　　좋냐?
<>
구매자2: 투::
구매자1: 이 사람 체질에는 투보당이 나
　　　　여 쓰리보당이 나여?
판매자1: 제가 보기에는 쓰리보튼이 나
　　　　을 거에요.
구매자1: 투보다? 이렇게 두 개가?
판매자1: 예.
판매자1: 예 그럼 여가 가슴이 너무 벌
　　　　어지(잖아)=
판매자1: =조끼(입으시잖아요)
구매자2: [조끼는 안.
판매자1: [[아 조끼는 안 해요.
판매자1: 조끼는 안 입으세요?
판매자1: 음. 조끼는 안 해요 조끼는.
판매자1: 그러면은. 쓰리보당으로 드릴까?
구매자1: 쓰리보당으로 (아까는) 두 개
　　　　를 해야 되거던 두 개.
<>
판매자1: 고거하고. 그 곤 곤색을 안 하
　　　　시면은 쥐색으로두 하나 하서
　　　　도 되구요.

구매자1: 예 예 예복도 하나 해줘 해줘 예복도 준대매{판매자1: 예} 저 사람 맞는 게 있어요?
판매자1: (맞추죠)
구매자1: 응? (회사에서는)
판매자1: 싸이즈는 다 있고
판매자2: 저거 색깔 가져왔거든요.
구매자1: 다 있대. 예복도 좀 해 주구요
판매자1: 그렇죠.
판매자2: 어머님 여기 싸이즈 가져.
구매자1: 이게 어디거여?
판매자2: 이거 이거 좀 (걸어봐).
판매자2: 아니 이거는 저희가 두 개 가져왔어요 이거. 같은 (싸이즈로) [이거하고 이거하고 두 개 가져왔어요 싸이즈 똑같아요.
구매자2:   [[이거는 다르네 천이
구매자1: 그니깐 하나는 얇은 거 하나는 두꺼운 거 그렇게 해야 된대니까. 지금 입은 게 뭐유? 두꺼운 거야?
판매자1: 얇은거요.
판매자2: 이거죠.
판매자2: 응 얇은 거.
판매자1: 싸이즈 가져온거구
구매자1: 그럼 이건 겨울 거요 가을 거야?
판매자2: 이거는:: 추동인데도{구매자1: 응} 저기 조직이 되게 가늘게 나왔어요 어머니. [그니깐 어차피 이거 입으셔도 저런 거 바바리나 반코트를 입어야죠.
구매자2:   [[이거 (--) 바지 허리?
구매자1: 응 글쎄 그건 그건 바바리인데
판매자2: 이건 수가 백수 원단이니까 부드럽게 (들어가잖아)
구매자1: 또 [요 요거는?
구매자2:   [[이 바지허리 얼마에요?
판매자2: 이거는 제가 색깔 다른 거 한 번 가져온 거고 이왕 싸이즈 있으니까.
구매자1: 이건 42에요 허리 싸이즈?
판매자2: 어떤 거요?
구매자1: [에이 그건 맞추면 되지 바지는 상관없어.
판매자1: [[어 이거는 바지는 껴입는 거에요. 바지는 상관없는 거예요
구매자2: 왜요?
구매자1: 바지는 상관없어.
구매자2: 맞는지 봐야 되니까.
구매자2: 맞아요? 바지? 바지 작은 거 같은데.
구매자1: 요거하고 요거하고 두 개하고.

판매자1: 아니 작네.
구매자2: 더 큰 게 있어야 되겠는데.
구매자3: 짝은 거 맞지?
구매자2: 응 짝어.
판매자1: 허리 즉어요?
구매자3: 적은 거 같아요.
판매자2: 끼어요?
구매자3: 예.
구매자1: 바지가 어때?
구매자2: 짝은 거 같대.
구매자1: 아이 짝어. 틀렸어 틀렸어. 짝어 짝어 짝어.

< >

구매자2: 여기서 두 개 다 사?
구매자1: 두 개 여기서 다 해야지 뭐.
구매자2: 예복 빌려주는 거 맞어?
구매자1: 맞어. 다 다른데도 빌려준대.
구매자2: 다 똑같은 거래?
구매자1: 응. 다 빌려줘. 딴 데 가 볼까 그면?
구매자2: 아니 마찬가질 꺼 아냐 그지?
구매자1: 응
판매자1: 사모님 요걸로 한 번 입어보실래요? 요게 지금 젤 [(-)
구매자2:   [[40이요
구매자1: 어제 그 총각이 없었어요?
판매자1: 제일 큰 싸이즈
구매자2: 아 이쁘장하게 생긴 사람?
판매자1: 아 우에 5층.
구매자2: 5층에 또 매장이 있나 있는 거야?
판매자1: [5층에 세일한대.
판매자2: [[아니 행사 작년 재작년 거 행사 있어요.
구매자1: 왜 신형 꺼도 있다는데.
판매자1: 신상품은 몇 가지 안 돼요.
판매자2: 그분 불러드릴까?
구매자1: 응?
판매자2: 불러드릴까요?
구매자1: 왜 불러줘?
판매자2: 그분 찾으니까.
구매자1: 으흥. 아니 신상품 세일하는 거러 하나 해 주라구.
판매자1: 어떠걸로?
구매자1: 글쎄 어떤걸지 아직 모르지. 하나 뭐 저기 저기 잘 해줘여지 딴 데도 안 가고 어제 꺼 여기쪽 한바퀴 돌았거든요{판매자1: 예예} 그랬는데 여기 일루 들어온 거야 명함 어제께 주두라고.
판매자1: 어 다 받으셨죠?
구매자1: 그럼 내가 여기로 덜컹덜컹 들

어왔는데.

판매자1: 예 홍보처 좀 부탁드릴께요?
　　　　((전화 걸고 있음))
구매자1: 색상은 뭐뭐 하냐?
구매자2: 찐한색이 낫지.
구매자1: 응 찐한 곤색 하구 또? 밤색?
구매자1: 밤색?
구매자2: 저거 어때?
판매자1: 아니 빨간색보다는 자주색계열
　　　　(※전화하는 것임)
구매자2: 저거 이거 이런 색
구매자1: 어떤 거?
구매자1: 못써 못써 조금 이상한
구매자2: 안돼?
구매자1: 응. 이런 거 우아기를 하나 할
　　　　까? 그러면은 두꺼운 거루. 이
　　　　런 두꺼운 거.
구매자2: 응 저기 바지((바지 갈아입고
　　　　나온 것을 가리키며))
판매자1: 품은 어때요 허리랑 괜찮죠 크죠?
구매자3: 예.
구매자1: 이거 좋다.
구매자2: 맞는 것 같다.
판매자1: 이게 지금
판매자1: 42로 입으셔야 돼요.
판매자1: 42를 입으셔야 돼요.
구매자1: 뒤돌아봐. 뒤돌아봐.
판매자1: 됐죠.
구매자1: 그래 이게 맞네.
판매자1: 이게 지금 동복이에요 42.
구매자2: 여기가 주름 잡혀가지구{구매자1: 응}
판매자1: 고거는 바지 같은 경우는{구매
　　　　자1: 응} 요 싸이즈로 해 가지고 저
　　　　희가 싸이즈를 구해드려요 맞춰
　　　　가지구{구매자2: 예} 싸이즈를
판매자1: 그면 손님 싸이즈가 흔한 싸이
　　　　즈는 아니거든요{구매자1: 예}
　　　　빅 싸이즈기 때문에 그게 해 가
　　　　지구
구매자1: 맞잖아 맞는거지.
구매자2: 응 맞는 거 같아.
<>
판매자1: 저희가 이 원단으로 해 가지고
　　　　바지도 똑같이 해 드려요. 그
　　　　니깐 고 바지가 편하시니깐 고
　　　　싸이즈로 해서 이 원단으로. 이
　　　　게 예복 정장이거든요.
구매자1: 요거?
판매자1: 예. 남자 정장으로 기본적으로
　　　　제일 많이 좋아하는.
구매자1: 이 뭐 뭐 부부 부스레기 안

일어날까요?

판매자1: 그런 거는 없어요 순모제품은
　　　　요. 그리고 보시면은 보시면 이
　　　　마크가 들어간 건 100% 100%
　　　　에요. 백수원단. 그니깐 옷이 입
　　　　었을 때 차르라니 흐르는 그런
　　　　스타일이죠.
구매자1: 이거 이제 큰 거는 지금 없죠?
판매자1: 그렇죠. 바로 바로는 없어요
　　　　저희가 따른 데서 가져와야
　　　　돼요.
구매자1: 응
구매자2: 이거는 큰 거죠?
판매자1: 그렇죠. [요거는 바루 위에 치수
구매자2: 　　　　　[[요거는 요거 한 번 입어.
판매자1: 요거 한 번 입어보세요.
구매자1: 일루 나와 보라고 해. 그냥 바
　　　　지 벗지 말고 (나와보라구)
구매자3: 예
구매자2: 그냥 나와 보세요.
구매자2: 저기 자켓 좀 입어 보라구.
판매자1: 만약에 요게 좀 불편하시면
　　　　요거보다 좀더 큰 것도―
구매자1: 있어요?
구매자3: 어느 거?
판매자1: ―제가 한 번 맞춰 드릴께요
　　　　티는 벗으셔야 돼. 왜냐면 이
　　　　게 티 때문에 걸리거든요 와
　　　　이셔츠에 입는 거하고 [틀리잖
　　　　아요.
구매자2: 　　　　　　　　　　　[[다르
　　　　지 두께가 다르지.
<>((옷 갈아입음))
구매자2: 뭐 이상해
판매자1: 이게 보시면은 작은 거는 아니
　　　　거든요.
구매자2: 맞는 거는 [같은데
판매자1: 　　　　　[[예 맞는 거예요. 그
　　　　니깐 정장은 크게 입지는 않아
　　　　요. 티셔츠라든가 그런 거하고
　　　　좀 틀리죠. 보세요. [어깨라든
　　　　가 품도 괜찮은데.
구매자2: 　　　　　　　　　[[불편하
　　　　지 않아요? 더 큰 거는 해 줄
　　　　수 있대요.
구매자3: 조금만 조
판매자1: [[근데 여기서 더 크면은 안 돼
　　　　요. 보세요. 뒤 한 번 보까요.
　　　　이쪽이요. 지금 싸이즈가 입으
　　　　신 어깨라인과 이게 확 일자로
　　　　떨어지죠. 요게 지금 싸이즈가
　　　　맞는 싸이즈에요.{구매자2: 응}
　　　　어깨라든가 이건 어깨 활동선

이 들어가는{구매자2: 응} 움직이셨을 때 이게 펴지죠.{구매자2: 아 이게 (이렇게) 예} 활동선이 들어가는 거구.

구매자2: 맞는 거 같아요?

구매자3: 나? 응 양복이 원래 불편하잖아.

판매자1: 불편해요. 그니깐 티셔츠 입는 거하고 틀려요. 티셔츠는 활동하기 편하잖아요.

구매자2: 그렇죠. [근데 (--)

판매자1: [[근데 정장은 어느 정도 격식이 있는 건데 티셔츠 입었을 때 저기 몸 활동하고{구매자2: 예}정장 입었을 때 몸 활동하고 틀려요. 아 정장은 벗으시면 위에 상의를 벗으시면은 활동하기는 좋죠 와이셔츠만 입으면.

구매자2: 이게 그 싸이즈?

판매자1: 싸이즈는 고게 제일 괜찮으신 것 같네.

구매자2: 편해?

판매자1: 짝은 거는 아니죠.

판매자2: 이게 정장 입으시면 아까 그 싸이즈 가져 온 거니깐 이 정도 입으시면 딱 맞으시네.

판매자1: 보시면 어머님 뒤에가 들뜨지 않죠? 싸이즈가 요게 딱 좋아요. 싸이즈가 커버리면 들떠버리잖아요.

구매자2: 응 어디가 앞에 좀 봐. [여기다 이제 속에 와이셔츠를 입어야 돼잖아.

판매자2: [[어머님 어머님 그리구

구매자1: 와이셔츠 입어야 돼잖아요?

판매자1: 예예.

판매자2: 이 콤비 입으면은 예쁘겠다.

구매자1: 요거?

판매자2: 왜냐면 곤색 요게 곤색 바지 잖아요.{구매자1: 어} 곤색 바지랑 같이 입어도 괜찮을 것 같아요.

구매자1: 요게?

판매자2: 응. 이쁠거 같애.

구매자1: 투보당이라면 어떨까?

구매자2: 여기가 너무 파여서 조끼 안 입으면 너무 희미해 보이지 않을까?

판매자2: 푹 파인 거요? [깊게 파인 거

구매자2: [[투 투버튼

판매자2: 그게 요거거든요

구매자2: 어때?

구매자1: 글쎄 모르겠어. 그게 하나는 쓰리보당으로 하고 하나는 [투보당으로 그럼 그렇게 하는 거야.

구매자2: [[하나는 투 그렇게 하는 게 낫겠다.

구매자1: 엄마도 그거 다 생각하고 있지.

구매자2: 색깔은 이거랑.

구매자1: 응 이거랑. 이게 좋은 거 같으지?{구매자1: 응} 그지 응 보기 어떠냐?{구매자2: 이뻐 보여}

판매자2: 이게 어머님 콤비는 두 개짜리 해도 되는데{구매자1: 응} 정장은 세 개짜리 하는 게 더 나을 것 같은데.

판매자1: 싸이즈가 크면은 이게 (쯔어){구매자2: 응} 싸이즈가 만약에 맞으는 거 입으면 일자로 툭 떨어지고.

구매자2: 응 이게 뜨다 옷이.

판매자2: 고렇게 돼요. 젊은층이 정장 입을 때는 세 개짜리 낫고. 마이를 입을 때는 두 개가 나아.

판매자2: 너무 밋밋하지 체격 좀 크신데다 푹 파이니깐 허전해 보이지.

<>

판매자2: 싸이즈가

구매자1: 딱 맞은 거야?

판매자1: 예

구매자1: 난 속에다 와이셔츠를 입으믄은

판매자1: (---)

판매자2: 와이셔츠가 어머님 [이게 평평한 스타일이 아니잖아요. 몸에 붙는 스타일이잖아.

구매자2: [[넥타이

구매자1: [그래 그게 걱정이 되더라구.

판매자1: [[지금:: 응 지금 티셔츠를 입으셔서 이렇게 많이 파여 보이잖아요. {구매자1:어} 와이셔츠 입으면은 카라가 이렇게 나오고ー

구매자2: 넥타이

판매자1: ー넥타이를 매시면은 카바가 되는거에요.

구매자2: 응 그렇게 되겠다.

구매자1: 응

구매자2: (---)

판매자1: 요거일 때는 바로 보면은 밋밋해 보이지마는 넥타이 격식을 갖춰서 입으시면 깔끔한 스타일이에요 조끼 안 입어도.

구매자1: 요거 하나 또 줘봐요 요거.{구매자2: 응}

판매자1: 바지는 저희가 요거 맞춰가지
고 요거랑 [요 싸이즈로 맞춰
가지고 해 드릴께요.
구매자1:   [[그래 바지는 요거
로 하나 해 주구요.
구매자1: 바지는 고거로 해주고{판매자
1: 예}
구매자2: 불편해? 안 불편해?
구매자3: 맞는 거 같아. 많이 빠진 거야
판매자1: 그럼 청첩장은 하셨어요?
구매자1: 줘줘 요기 하나 줘봐.
판매자1: 예 지금 가지러 갔어요.
구매자1: 가질러 갔어?
구매자3: 많이 빠진 거야 그래도.
구매자2: 뭐 많이 빠져 하나도 안 빠진
것 같아.
구매자3: 많이 빠졌대니깐 그래도.
판매자1: 근데 손님 쪼금 빼셔야 되겠
는데.
구매자1: 이게 나아 이게 나아 (--)
판매자2: 어머님 제가 두 두개 가져왔
거든요{구매자1: 응} 두 개 한
번 같이 입어봐.
구매자1: 진한 게 낫지 않을까?
판매자2: 그니깐 요거부터 입어보구{구
매자1: 응}
구매자2: 체크가 큰 거 작은 거?
< >
구매자1: 양복보다 이런 거 입는 게 좋
다고 그지?
판매자2: 아이 어차피 한 벌은 있어야
되고-
구매자1: 한 벌은 있어야 되고
판매자2: -콤비로 하시면{구매자1: 응}
요거 와이셔츠 안 입어도 티
에다 입어도 이쁘잖아요
구매자1: 그럼:: 내가 그래서 그래. 양복
둘보다{구매자2: 응} 이 콤비
가 낫다 이거야 그지?
구매자3: 예
구매자2: 응 그게 나아. 확실히 낫지.
판매자2: 양복은 또 기본적으로 하나는
있어야 [되고.-
구매자1:   [[하난 있어야 되고
판매자2: -짙은 것은 원래 하나 있으
셔야
구매자1: 이게 나아 그지?
판매자2: 어때요? 진한 거하고 이거하고
구매자1: 난 진한 게 나은데
구매자2: 이게 더 나아보인다구?
구매자1: 응 왜냐면 뚱뚱하니깐 이거 하
니깐 더 뚱뚱해 보여
구매자2: 더 저거해 보여?

구매자1: 응.
구매자1: 이게 더 나아 보이는데 나는
철구씨는 어때?
구매자3: 예? 저는
구매자2: 철구씨
구매자1: 이게 더 낫지? 응
판매자2: 바지:: [(아까
구매자1:   [[싸이즈 이건 맞는 거
같은데
판매자2: 저거랑 다 똑같은 거 싫은거
에요 {구매자1: 어:: 그래} 어머
님 제가
구매자2: 이런 건 어때?
구매자1: 이거 [이거는 노티가 나아 너무
판매자2:   [[그거는 조금 뚱뚱해 보
일 것 같아 [잘:: 입어야 될 것
같애 그 옷은{구매자2: 응::}
구매자1:   [[노티가 나잖아.{판매자2:
예::}
구매자1: 아니야 이게 나아 [저건 노티
가 나아.
판매자2:   [[제가 괜찮
거든 둘 중에 이렇게 [골라온
거니깐 골라온 거니깐 이게 나
을 것 같애.
구매자3:   [[제가
보기에도 이게 조금
구매자2: 응? 이게 낫다구?
판매자2: 티 입으셔도 되구.
구매자1: 이게 낫대?
판매자2: 남방 입으셔도 되구.
구매자1: 엉 이게 나아 왜냐면 이거는
바지는 또 뭐야?
구매자2: 남색 바지에도 입는{구매자1: 응}
판매자2: 그거는:: 아까 그 바지에 입어
도 되구요 하나가 갖춰서 입
으실래면.
구매자2: 아 양복 하나랑 이거랑.
구매자1: 양복바지를 두 개를 해야 돼
그 대신.
판매자2: 예. [그래야
구매자1:   [[응 하나만 하면 안 돼. 두
개 해야지
판매자2: 그래 가지구 내가 바지 2개
저기 찾아났어요.
구매자2: 2개 찾아났어? 응::
판매자2: 아니 원래 바지를 더 많이 입
게 되잖아요.
구매자2: 그렇죠 다른 거 위에 입어도 와
이셔츠면 입어도.
구매자3: 양복바지만 원래 바지만 몇 개
사는 거 아니야.
구매자2: 2개지 뭐 2개.

194

구매자3: 유호준 교수 말 못 들었어. 윗도리만 10년 입어두 바지만 맨날 산다구

구매자2: 응 바지가 다니깐 의자에 앉고 막 이러.

<>

구매자1: 언니냐 저쪽에 있는 이거 있지 두 번째 거고.

판매자2: 예

구매자1: 고거도 하나 줘봐. 한 번 입어보라구 그래봐. 저거 회색 꺼 회색 이건가 이건가?(한 번 줘봐 그것두 보니까 귀티나는데)

판매자1: 어머니 근데 나이 들어 보일 것 같은데.

구매자2: 나이 들어 보여?

판매자2: 왜냐면

구매자2: 어떤 건대?

구매자1: 그래도 하이튼 한 번 줘봐?

구매자2: 이거 이거?

구매자1: 응 저 바깥에 봐 귀티난다.

구매자2: 어딨는데?

구매자1: 저기 저기 저기 저기 걸려 있잖아.

<>((보고 온다))

구매자2: 으응.

구매자2: 괜찮은데.

구매자1: 어?

구매자2: 괜찮은데.

구매자1: 글쎄 귀티나드라고 엄마가 딱 보니깐.

구매자2: 난 난 쫌 조금 마음에 안 드는 거 같애 이거.

구매자1: 이거?

구매자2: 응 너무 애 같지 않아?

구매자3: 애잖아.

구매자1: 애지 뭐 하이튼.

구매자3: 애지.

<>

구매자2: 애는.

판매자1: 이게 밤색이거든요.

구매자1: 봐 봐봐 근데?

판매자1: 여기에 (--)

구매자1: 어디 그거 한 번 줘봐요.

판매자2: 예 어 고거(칼라도 있겠지만은)

판매자2: 어머님 참

구매자1: 글세 진짜 이쁘네.

판매자1: 조거 같은 경우는

판매자2: 어머님 이거는 약간 나이 들어 보여.

판매자1: 요 칼라는 좀 들어 보이는 칼라대.

<>

판매자2: 이거는 40대 기준해서 만든 거에요

구매자1: 응 이게.

판매자2: 이렇게 해가지구 40대들이 입을 수 있는 퍼스트로 해서.

구매자1: 일루 와 봐라. 일루 와봐. 일루 와봐 이렇게 하면 어때?

판매자2: 이쁠거 같지 않아요? 그죠?

구매자1: 괜찮은데.

판매자2: 괜찮죠?

구매자1: 괜찮지?

구매자2: 응.

<>

구매자2: 까만색 바지여도 되고

구매자1: [요

판매자2: [[까만색 근데 기본색인데{구매자2: 응} 이거 밤색 줄에 맞춰 같이 입으시는 게 훨씬 좋=

구매자1: =밤색도 있어야 되잖아

판매자2: 요 싸이즈는 [손님 고 싸이즈거든요.

구매자3:   [[바지 색깔 괜찮은데.

구매자1: 그럼

구매자2: 응

구매자1: 다시 입어보면 안 되나?

판매자2: 어떻게 [요렇게 요렇게

구매자2:   [[지금 지금.

구매자1: 바지.

판매자2: 예 입어보세요.

구매자1: 이거.

구매자2: 이 바지에다가.

판매자2: 옷 살려면 입어 보서야지.

구매자2: 그 바지가 이 바진가요? 저 바지가? 아니죠?

구매자1: 그 바지가 이바진가?

판매자1: 뜯긴다 해도 이 원단은 틀려요. 이 원단은 뜯기게 되면은 수선이 들어가야 되거든요. 요런 거는 약간 뜯기는 거 있죠. 아니면 안 되면 우리한테 가겨오시면 저희가 해 드려요. 몇 년 입으셔도(--){구매자1: 응}

구매자1: 삼성 갔다가 삼성을 갔다가 오고 여기 갔다 오는데 요서 {판매자1: 네} 명함

구매자2: 언제?

구매자1: 어저께 다 둘러봤지.

구매자1: 어제 둘러보시고 명함 드렸어요.

구매자1: 그래서 명함 가지고 갔지.

구매자2: 이제 뜯기는 거요 어떤 게 뜯긴다구.

구매자1: 요런 거 (---)

판매자1: 그니깐 일반적으로 입었을 때
　　　　 뜯기는 게 아니라 어디 모서
　　　　 리―
구매자2: 걸리면
판매자1: ―예 걸리면 이런 게 [원단―
구매자1:　　　　　　　　　　　[[그리구
　　　　 부푸레기 나지 않아?
판매자1: ―그런 건 없어요 요게 나간
　　　　 다면{구매자2: 예} 걸려버리면
　　　　 {구매자2: 예} 모서리 같은데
　　　　 그러면은 요런 거는 (――) 정
　　　　 장을 짜집기 안보이게 짜집기
　　　　 를 다 해드려요. 요런 것도 마
　　　　 찬가지고요. 요런 거는 (――)
　　　　 {구매자2: 예} 저희가 수선이
　　　　 바로 들어갈 수 있어요.
구매자1: 어디 봐
구매자3: 윗도리가 작은 거 같애.
구매자2: 윗도리가 작은 거 같애.
판매자2: 그봐 그 사이에 (――)
구매자1: 맞아.
<>
판매자2: 괜찮잖아요
판매자1: 와이셔츠를 요고 요기에는 흰
　　　　 색보다는 칼라셔츠 있죠 요
　　　　 새{구매자1: 알아}(――) 칼라로
　　　　 [매치시켜 입으시면 돼요.
구매자1: [[뒤돌아봐
<>
구매자1: 이것도 좋다{구매자2: 응} 그
　　　　 지 여기 언니들이 골라주는 게
　　　　 좋아{구매자2: 응}
판매자2: 요렇게 하나 하시구. 아까 그
　　　　 곤색으로 하나하시고.
구매자1: 어 곤색 하나 하고.
판매자2: 바지는 요 싸이즈로 맞춰서 똑
　　　　 같이 해드리고.{구매자1: 어어}
구매자1: 그 대신 저 바지는 두 개로
　　　　 해줘.
판매자2: 예 저 바지로.
구매자1: [저 바지 2개
판매자2: [[예 제가 지금 싸이즈를 뽑아
　　　　 놨어요
구매자1: 뽑아 놨어?
판매자2: 예
<>
구매자1: 바지 기럭지두. 기럭지 짧게 하
　　　　 지마 길게 해. 그래두 그래야
　　　　 지 멋있지.
판매자1: 짧으면 안 돼요.
구매자3: 구두도 하나 사야 되는거네.
구매자1: 사야지 구두 그럼 철구보고 사
　　　　 라고 해.

구매자2: 예전에 산거야 어머니
구매자1: 응 사라고 해.
구매자3: 이거 참
구매자1: 야야 괜찮아 이거 맘에 들어?
구매자3: 예예
구매자1: 신랑이 우선 맘에 들어야지. 야
　　　　 이렇게 큰 신랑도 봤어?
판매자2: 44도 있잖아요 허리.
구매자2: 어:: 44도 있대.
판매자2: 손님은 손님은 그래도 평범한.
구매자1: 평범하대((웃음))
판매자2: 그 44위에는 없잖아요 뭐 맞춰
　　　　 야 되잖아요. 그분들은 사고 싶
　　　　 어도 옷이 안 맞으니깐 안 사
　　　　 는 거지.
구매자1: 근데 어때 맘에 드냐?
구매자3: 예.
구매자2: 예쁘네.
구매자3: 저는 키가 크니깐.
판매자1: 예 게다가 또 키가 크시니깐.
구매자1: 근데 맘에 들어?
구매자3: 예.
구매자1: 우선 맘에 들어야지 그지.
구매자2: 소매도 괜찮은 건가. 이 정도면?
구매자1: 응? 응 소매는 됐됐는데 엄마
　　　　 가 보니까
판매자2: 나중에 더 찌실 일은 없겠지
　　　　 만 느시면 오세요. 이게 다 품
　　　　 여유분이 다 들었거든요.{구매
　　　　 자2: 아} 안감이 그니깐 다 늘
　　　　 려주고 줄여주고 다 해드리니깐
구매자3: 줄여도 줘요?
판매자2: 예 그럼요.
구매자2: 줄어갔구 올라구.
구매자3: 지금 빠지고 있다니깐.
판매자1: 근데 너무 많이 줄이시면 안
　　　　 돼구요.
구매자1: 아이 좋다 그지?
구매자2: 응 깨끗해 보이네.
구매자1: 응 한 물 [났네.
판매자1:　　　　　[[조금만 빼시면은 좋
　　　　 으실 것 같아요. 가다 키가 크
　　　　 고 가다가 좋아서 가지고―
구매자1: 누군 좋으시갔어.
판매자1: ―쫌만 빼시면은.
구매자1: 뭔 소린지 몰라서.
판매자1: 응 갈아입고 나오세요.
구매자1: 응 갈아입고 나와.
구매자2: 바지허리 이게 맞는 건가?
구매자1: 응 바지허린 이젠 줄였들으면
　　　　 줄여준다잖아.
판매자1: 예 저희 [가져오시면.
판매자2:　　　　 [[어머님 기본색으로 까

만 바지 하나 더 하시지?
구매자1: 뭘 이케 자꾸만 사아? 돈 없어.
판매자2: 까만 바지는 저렴하니깐.
구매자1: 아니여 고건 뭐가 저렴해? 이 바지 이 바지 두 개 했다고 했잖아.
판매자2: 예 그 바지 두 개 고거는 원래 하는 거구{구매자1: 어어} 정장이니깐{구매자1: 어어}
구매자1: 까만바지 건 얼마야?
판매자2: 까만 바지요?
구매자1: 응
판매자2: 7만 원. 왜냐면 기본색으로 있어야 되니깐 까만 바지.
구매자1: 기본색이.
구매자1: 야 이거 좀 잘 해줘여 되는데 <>
구매자1: 가격이 얼마야? <>
구매자1: 괜찮지. 그렇게 하면.
구매자2: 응 괜찮네.
구매자1: 그런 건 엄마가 다 알지.{구매자2: 응} <>
구매자1: 값이 문제야. 이제. 엄청 비쌀텐데.
구매자2: 진짜. 그럼 어떡하나.
구매자1: 값이 엄청 비쌀텐데.
판매자2: 손님 이왕 하시는 거 조끼도 같이 해 드려.
구매자1: 조끼 뭐 입을게 있어 그지?
판매자2: 왜 날씨 좀 추워지면.
구매자1: 그 저 저기여 50% 세일이여 전부다
판매자2: 날씬해지는 그 포인트잖아요?
구매자1: 조끼 해 줄까? [형부도 안 했어
판매자2:   [[아 입어가지구 맞으면. 그거도 입어서 맞으면 해야돼. 저거는 조끼가 제일 크게나온 한정된 거니깐 일단 맞아야 돼요.
구매자1: 헤 그래 한 번 입어봐 그럼.
구매자2: 조끼 한 번 입어보래요.
구매자1: 조끼 한 번 입어봐 조끼 입으 늙은이 같아. 아버지도 조끼 하나도 없어.
구매자2: 그래.
구매자1: 형부도 안해줬어.
구매자2: 아니 배가 나오니까 조끼를 입으면 괜찮드라구.
구매자1: 어 허 조끼 입어봐 그럼 이건 특별 [서비스해주는 거다. 조끼 되면은

구매자2:   [[아니 그렇다 이거지 조끼 비싸. 조끼.
구매자1: (--) 안 해주는 주도 몰라.
구매자2: 어 입어보고 맞으면 해주는 거야.
판매자2: 맞으면 사도 괜찮지 (긍까) 안 맞으면 사 사 입고 싶어도 못 입어. 젤 큰 거. 아 맞네.
구매자1: 맞는다.
판매자2: 맞는다.
구매자1: 그래 조끼도 해라. 또 투보당 해야 되잖아.
판매자2: 아니 [그럴 필요 없어요
구매자1:   [[쓰리보당 해도 돼요?
판매자1: 예.
판매자2: 쓰리버튼이 단추가 쓰리버튼은 하나 더 더 있어요. 단추가 {구매자2: 음} 투보튼은 [4개 고 이거는{구매자2: 아::} 하나 둘 셋 넷 다섯 여섯 개에요.
구매자1:   [[한 번 입어봐 응
구매자2: 음 아 하나 더 이렇게 [위로 올라오게
판매자1:   [[왜냐면 높으니깐 정장이
구매자2: 맞잖아. 배가 안 보이잖아. 이러니까
판매자1: 약간 안 보이죠. {구매자2: 음} 나오신 게 [이게-
구매자1:   [[아 끌러도 되고{판매자1: 응}
판매자1: -커버 커버가 되고
구매자2: 조끼만 입어도 되고
구매자1: 뒤돌아봐. 뒤 위가 적지 않아요?
판매자1: 적은 건 아니에요.
판매자2: 아 괜찮아요 한 벌로 입기 딱 좋아요. 울지만 않으면
구매자1: 이쪽에가 끼는 거 같지 않아 뒤가 뒤.
판매자1: 어디요?
구매자1: 뒤 뒤 봐.
판매자1: 이거요?
구매자1: 아니 아니여?
판매자1: 이거는 움직이셨을 때 이렇게 {구매자1: 어} 활동하기 편하시게끔 [입게끔.
구매자1:   [[하기야 뭐 여기서 골라주는 게 틀림없어.
판매자1: 왜냐면 [(--)
판매자2:   [[어머니 상의는 진짜 줄 일 것 없이 딱 맞아요.
구매자1: 이 기럭지도 괜찮은 거야?

판매자2: 예
판매자1: 그렇죠 옛날에 요거보다 좀 더 짧았어요.{구매자2: 음} 초창기에 정장 나왔을 때
판매자2: 기럭지 더 길면은 다리가 짧아 보이잖아요.
구매자1: 조끼도 좋다. 그래 조끼도 해 그럼.
구매자2: 조끼는 진짜.
구매자3: 뭐라고 한거야?
구매자1: 안 했어. 아무도 안 했어. 너 암 소리마.
구매자2: 알았어.
구매자1: 머리 터져
<>
구매자1: 이 바지 두 개. 아까 그 남 밤색 바지 하나. 조끼.
<>
구매자1: 우리 계산해 봐.
구매자2: 괜찮지?
<>
구매자1: 50% 해주는 거야?
판매자1: 어머니 지금 50% 안될텐데.
구매자1: 왜 저기 5층에 하는데. 왜 신상품도 나와 있대매.
판매자2: 누가 그래요? 신상품이 신상품 나와 있어?
판매자1: 5층에는 없어요. 신상품이
구매자1: 아니 몇 가지 나와 있다고 했잖아.
판매자2: 5층에는 어머니 까는 게 행사 까는 게 신상품 깔면 본 매장이 있을 필요가 없지.
판매자1: 근데 이제 그거 보시면요 5층은 싸이즈가 없어요. 작년 거 재작년거기 때문에 싸이즈가 없어.
구매자1: 아니여 있어 나 우리 애네 아버지 사줬어. 저번에
판매자1: 아버님은 어떠세요? 싸 허리가
구매자1: 허리?
판매자1: 예
구매자1: 35
판매자1: 어휴 그거는 있죠.
판매자2: 833,000원,
구매자1: 어휴 얼마해 가지고 833,000원
판매자2: 1,190,000원이거든요 {구매자1: 어} 원래 가격이{구매자1: 으 응} 1,190,000원.
구매자1: 잘해줘. 몇 프로 하는 거여?
구매자2: 40
구매자1: 40이 뭐야 50으로 해달라는데,
구매자2: 지금 40
판매자2: 357,000원 빠져 히힝 한 벌 가

격 한 벌에 조끼 값 빠지는 거에요. 어머니 지금. 357,000원이면 한 벌 사고 조끼도 포함해서 357,000원.
구매자1: 그래 가지구 얼마냐구?
판매자2: 그래서
구매자1: 몇 % 해준대?
구매자2: 30.
판매자2: 833,000원.
구매자2: 30% 해주신 거죠?
판매자2: 응
구매자1: 그 뭐 30%야.
구매자2: 좀더 해줘도 되지 않을까.
판매자1: 맞아.
판매자2: 어머니 지금은 지금 뭐 세벌 사시고 4벌 사셔도 가격이 안 올라갔기 때문에 가을 요번 요번 연도는 비수기인 만큼 가격이 안 올랐어요 어머니.
구매자1: 내가 보기는 별룬데. 더해 줘야 될 것 같은데.
판매자2: 해 줬으면 제가 가격에 대해서는 우리는 진짜 가격에 대해서 할말이 없어요.
구매자1: 가격에 대해서?
판매자2: 응 왜냐면 더 붙이는 것도 아니고 더 받는 것도 아니고 들[받는 것도 아니고.
구매자1: [[아버진 50%짜리 한거야. 그거 {구매자2: 응} 그래 가지구 230,000원. 근데 아주 좋아.
<>
판매자2: 신혼 이제 결혼하는 사람들은 옛날 잘 고르면 그것도 괜찮지만 [한 번 결혼하는 거
구매자1: [[그래서 얼마야? 한 번 결혼하지 그럼 몇 번 결혼하나?
판매자2: 그니깐 한 번 결혼하는 거.
구매자1: 그니깐 요거 디씨 좀 더 해달라는거야.
판매자2: 833,000원. 어머님.
구매자1: 이거를 40%로 해줘.
판매자1: 2 안돼요. 어머니.
구매자1: 그럼 얼마까지 해줘?
판매자2: 833,000원.
구매자1: 그 알로는 안돼?
판매자2: 응 .양말 파는 거 양말 드릴게.
판매자2: 색깔별로.
판매자2: 넥타이.
구매자1: 넥타이를 줘야지.
판매자2: 에이.
구매자2: 와이셔츠나 ((웃음))
구매자1: 넥타이 와이셔츠를 줘야지.

판매자2: 와이셔츠는 손님 맞추셔야 돼 와이셔츠는.

구매자2: 아니에요 44에 86인가 싸이즈 맞던데.

판매자2: 그래요 그럼 와이셔츠 코너로 가셔야 돼요. 우리는 43, 42

판매자1: 목 싸이즈요. 몇 나오시는데요?

판매자2: 43. 43 43이 젤 많은 거.

구매자2: 44. 그지? 44이어야 되지?

판매자1: 손님 43에 84.

구매자2: (86까지 가지)

구매자1: 그럼 저기저기 넥타이라도 뭐 하나 줘.

<>

구매자1: 틀렸어요?

판매자1: 넥타이 하나에 48,000원인데요 어머님.

구매자1: 아니 그러니까 하나 주라는 거 지. 봐

판매자1: 넥타이 하나에 [48,000원

구매자1:   [[아 정말 그리고 저기 저 턱시도 하나 안 해줘요?

판매자1: 턱시도

구매자1: 응 빌리줘요? 있을 거 같애요? 턱시도

판매자1: 물어보고 잠깐만요?

구매자1: 물어봐 줘. 싸이즈 큰 것도 있 다구 그러던데 다들.

판매자1: 예. 물어 볼께요.

<>

구매자1: 어저게 그 총각이 있어야 되 는데 그치? 그쪽하고는 얘기 가 다 끝나고 갔었는데

판매자2: 싼 걸로 권해 줄려구.

구매자1: 응?

판매자2: (싼 걸로 권해 줄려구)

구매자1: 아니여? 저거 보고 갔어? 근데 저쪽 집이가 좀 그거한게 있어 애네 아버지 그쪽 집에 가라더 라구?

판매자2: 어디?

구매자1: 요거 다음 다음

판매자2: 다음 다음?

구매자1: 응.

판매자2: 저럼한 게 많잖아.

구매자1: 저럼한 게 많더라구 아주

판매자2: 우리는 우리도 저럼한 거 있는 데 맘에 안 들어 하셨죠. 아까 제가 골라줬는데.

구매자1: 아니 (--) 저럼한 게 많더라 구. 이십 얼마짜리가 굉장히 많 더라구. 그리고 청첩장 50장만 해줘.

판매자2: 어휴 어머니 그거 다 해달라고. 그 가격 깎아달라고 그러구 그 니깐 그거는 저희가 해드릴게 청첩장은 [50장밖에 안 해요?

구매자1:   [[50장 아니 그니깐 넥 타이 주고 청첩장은 50장만 해 줘. 많이도 싫어.

판매자2: 청첩장은 50장은 안돼요 어머니.

구매자1: 그러면은?

판매자2: 100장부터지.

구매자1: 청첩장은 관두고 뭐 저거나 줘. 턱시도하고 저거 맞춰서 양복 에 맞춰서.

판매자2: 예 저거 우리가 넣어서 메꿔야 되는데.

판매자2: 우리가 넣어야 되는데.

구매자1: 아 그런 게 어딨어.

판매자2: 진짜에요 어머니. 저희가 양말 드리는 거는 저거는 이제 15,000원밖에 안 하니깐 저희 가 할 수 있지만 48,000원짜린데.

<>

구매자1: 그럼 못 하겠다.

판매자1: 저기 102까지 나오는데.

구매자1: 저기 옆에 집에서 옆에 옆에 집 에서 턱시도 큰 거 있다구.

판매자2: 어머니.

판매자1: 똑같아요.

판매자2: 옷은 빌리는 거 우리가 알아 전화로 우리가 직접 알아봤는 데 턱시도 받는 덴 다 똑같은 데요. 당연하지 저 사람들은 어디 무슨 재주로 해.

구매자1: 그럼 다 똑 같애 다?

판매자2: 다 똑같지 하는 거지. 우리.

판매자1: 똑같아요.

판매자2: 업체가 다 똑같은 덴데.

판매자1: 다른 데는 104까지 나오질 않 아요 턱시도가.

구매자1: 근데

판매자1: 근데 저희가 이게 보시면 제 일 많아요. 다양하면서도.

구매자1: 참 나 아후.

판매자1: 제일 많은 데서도 이렇게 다 양하게 있는 데서도 104가 없 으니까 문제가 돼죠.

구매자1: 여기서 104가 없어요?

판매자1: 예 상의도 어느 어느 싸이즈 냐하면 입으신 거보다 조금 작은 싸이즈 있죠?

구매자1: 네.

판매자1: 고거 있고, 바지 같은 경우도 그렇고.

구매자2: 양복 입어야 되겠네. 뭐 그럼.
구매자1: 그냥 양복 조끼에다 입어야 되
　　　　겠다.
판매자1: 우리 곤색 양복 입으시면 괜
　　　　찮아요 [식 올릴 때는
구매자2: 　　[[조끼에도 하구 그럼
　　　　되겠네 뭐{구매자1: 응} 넥타이
　　　　나 뭐 이런 거 말구 좀 이케.
<>
구매자2: 이런 거 저기 있는 거 같은 거.
구매자1: 그럼 언니야 청첩장도 (언니)
　　　　우리끼리 해야 되는 거야?
판매자1: 아니 [청첩장은 만들어 드릴께
　　　　요 어머니.
판매자1: 　　[[아니 그건 만들어 드려
　　　　요. 고거는 싸이즈랑 상관없어
　　　　서요.
판매자1: 100장 어머니?
판매자1: 저희 [청첩장은
구매자1: 　　[[100장이 최하래며? 고
　　　　꽃무늬 있는 거 있지 장미꽃
　　　　무늬.
판매자2: 아 이거?
구매자1: 응. 어제께 보고 갔다니깐 다.
판매자2: 그게 나요 어머니?
구매자1: 다른 것도 보여주세요 좀.
판매자1: 네.
구매자1: 아 너무 이쁘더라구.
판매자2: 다른 무늬도 있으니깐.
판매자1: 사진 찍으신 거 있으세요? 야
　　　　외 촬영 때.
구매자1: 야외 촬영 [안 했어요.
구매자2: 　　　　[[안 했어요.
구매자1: 돈 없어서 그런 거 안 했어.
판매자2: 사진 주면 넣어 드리구 안에다가.
구매자1: 그러니깐 요거 너무 이쁘잖아
　　　　너무 이쁘드라.
구매자2: 짝잖아.
구매자1: 짝으면 어때 짝은 문제야 고
　　　　까짓 거.
판매자1: 청첩장에 들어갈 거 다 들어
　　　　가요.
구매자2: (---)
구매자1: 여봐. 요거 이쁘지? 요고 좀 빼
　　　　봐? 한 번. 이거는 돈 안 드려
　　　　도 돼는거야 언니들이?
판매자1: 예.
판매자2: 붙었어. 어머니
구매자1: 돈 안 드려도 돼 언니들이?
판매자1: 그거는 저희가 [해드려요.
판매자2: 　　　　　　[[이거는 안 드
　　　　려도 되는데.
<>

구매자1: 예쁘잖아 그지?
구매자2: 응.
구매자1: 니 친구들도 이런 거 주면 좋
　　　　잖아.
구매자2: 이거는 저희가{구매자1: 응} 손
　　　　님 단골손님이라고 특별히 말
　　　　하면 이건(---)
구매자1: 이거는 괜찮아?
판매자2: 예.
구매자1: 아니 언니.
구매자2: 아니 언니들이 맨 날 와서 산
　　　　다면{구매자1: 응} 우리말을 믿
　　　　지 {구매자1: 응} 누구말 믿겠
　　　　어요 매장에 있는 (사람이)
구매자1: 어때 이거? 턱시도는 틀렸다
　　　　그지.
구매자3: 아 예.
구매자2: 양복 입지 뭐 [양복 남색
판매자2: 　　　　　[[사진은:: 사진 사
　　　　진 안 넣는 게 낫죠?
구매자1: 사진 없대니깐 안 찍었대니깐.
판매자2: 아니 이런 사진말고 그냥 아
　　　　무 사진이나.
구매자1: 아휴 사진 뭐
구매자2: 알았어요
판매자1: 장미?
구매자1: 응 장미 장미 좋고. 그럼 선물
　　　　은 뭐줘? 넥타이는 못 준다고?
판매자2: 양말 줄게 어머니 양말 15,000
　　　　원 짜리고 (양말 세일) 안돼
　　　　어머니.
판매자1: 아버님거 하나.
판매자2: 곤색 양복 했으니깐. 곤색 양
　　　　복 했으니깐 이거 곤색 양말
　　　　신구.
구매자1: 이거 제일 큰 거 해야돼 양말두.
구매자2: 양말은 다 똑같애.
판매자2: 아 이정도면 크죠 어머니.
판매자1: 양말은 프리싸이즈.
구매자1: 뭐 255도 있구 뭐 2(--)
구매자2: 양말?
구매자1: 그렇대 아버지가 그러더라 니
　　　　아버지 틀림없는 남자잖아.
판매자1: 이 정도면 다 신어요.
판매자2: 이게 제일 커요 어머니.
구매자1: 으응 이게 똑같은 색이어야 돼.
　　　　똑같은 색.
구매자3: 75요.
판매자1: 75 이게.
판매자2: 어디?
구매자1: 까만색으로.
판매자2: 까만 것도 있고 곤색도 있으
　　　　니까.

구매자1: 아니여 (--) 없어지면 하나 더
　　　　 사야돼.
판매자2: 까만 걸로.
구매자1: 까만 걸로 3개.
판매자2: 까만 걸로 3개?
판매자1: 이건 이제.
구매자1: 응.
판매자2: 어머님 다 가져가며 우리 못
　　　　 팔아요 샘플로 보여준 건대.
판매자2: 이게 면이 아니라 울이기 때
　　　　 문에 괜찮으실 거에요 (---)
　　　　 울로 들어가기
판매자2: 그냥 그면 여기 있는 거 다 꺼
　　　　 낸 거거든 어머니. 이렇게 가
　　　　 져가야 되겠다.{구매자1: 응}
　　　　 저기 있는 거 다 끄내 거야
　　　　 어머니.
구매자1: 다 끄낸 거. 이거 어디봐.
판매자2: 이게 울하고 혼방이에요 어머
　　　　 니.{구매자1: 응}
판매자1: 저런 거 [(--)
구매자1: 　　　　[[턱시도 할 수 없어.
　　　　{구매자3: 예}
판매자2: 어머니 이거 적으셔야지.
구매자2: 뭘 적어?
판매자1: 따님이 적어주세요.
구매자2: 청첩장.
구매자1: 애가 적어야지.
판매자2: 신랑신부 해 가지구 저 앉아
　　　　 서 적으세요.
구매자2: 예.
구매자1: 아이 넥타이 하나 주면 좋잖
　　　　 아. 이런 거.
<>
구매자2: 이거?
구매자1: 언니야 하나 줘라.
구매자2: 98년 11월 29일 오후 2시 예
　　　　 식장(※구는 저쪽에서 계속 넥
　　　　 타이를 달라고 함)
판매자1: 요거 요거였죠?
구매자2: 예.
구매자3: 네. 강남 목화예식장.
구매자2: 웨딩홀 목화.
구매자2: 몇 층이지? 5층 특실. 신랑 주소.
구매자2: 도봉 도봉 도봉.
구매자3: 서울시 도봉구.
구매자2: 서울시 도봉구.
구매자3: 도봉 1동.
구매자2: 도봉 1동.
구매자3: XXX-X.
구매자2: XXX-X. XX-XXX-XXXX2 해?
구매자3: 응?
구매자2: 안 하지?

구매자3: 뭐가?
구매자2: 안 하는 거네.
구매자3: 뭐가?
구매자2: 자기 자기 자기 쪽은 필요 없
　　　　 는 거지.
구매자3: 응.
구매자2: 경기도 성남시 분당구 수내동
　　　　 XX.
<>
구매자1: 언니야 증말 이거 쿠폰 좀 써
　　　　 서 해 주지 그래 증말.
판매자2: 푸른 마을, XXXX동 XXX호
　　　　 됐네.
　　　　 어떤 거?
구매자1: 이거 30%하는 거 이거.
판매자2: 아이 이건 원래 세일이 안 되
　　　　 는 건데 쿠폰이 있어요 어머
　　　　 니 이건 정장으로 (---)
구매자1: (세일하면서) 쿠폰 써도 되잖아.
판매자2: 아이 안 돼요.
구매자2: 어떻게 해야 돼요? XXXX-X
　　　　 XX-XXXX 백매 (※구매자1은
　　　　 저쪽에서 계속 넥타이를 달라
　　　　 고 함)
구매자1: 칠구씨.
구매자3: 예.
구매자2: 애들은 사귄지 하도 오래돼 가
　　　　 지구 장가는 가는 건지 (--)
구매자3: (--) 신랑 차남.
<>
구매자1: 결혼식장은 황금색을 써야 돼.
구매자2: 으음.
구매자1: 결혼식장은 예식장은.
판매자2: 근데 바탕이 곤색이잖아 어머
　　　　 니.{구매자2: 예/구매자1: 음} 좀
　　　　 턱시도 안 하니깐{구매자1: 음}
　　　　 좀 환하게 튀어야 된다구.
판매자1: 요게 요게 한 번 보세요.
구매자2: 왜 이 색깔로 해. 흰색 [입어야지
구매자2: 　　　　　　　　[[흰색으로
　　　　 해야 되는 거 아닌가?
구매자1: 흰색을 입어야지.
구매자1: [예식장
판매자1: [[요새 흰색 예식장에서 흰색
　　　　 입는 분이 어딨어요.
구매자1: 신랑이?
판매자2: 그럼요.
구매자2: 오잉
판매자1: 흰 색깔 안 입어요.
구매자1: 네 미치건네 증말 어떻게 된
　　　　 거야. 흰색이 아니구?
판매자2: 요즘에 안 입어요. [60년 70년
　　　　 (--)

판매자1:   [[옛날에는 옛날에는 흰색 외에는 나오는 게 별로 없었죠. [그래서 흰색 들어가지만은 이건 아니지만 이런 연한 (걸로).
판매자1:   [[근데 색깔이 진한 거는 입으면 안 되지만 이런 거 기본색은 입어도 돼요.
구매자1: 그게 이게 나요 그러면?
판매자1: 이런 칼라 이쁘잖아요.
구매자1: 이거는?
판매자2: [어두울 것 같애.
판매자1: [[고 쪼::금 죽어 보일 텐데.
구매자1: [죽어 보여?
판매자1: [[칼라 자체가 그렇잖아요 어둡죠.{구매자2: 음}
구매자2: 어두워보여.
판매자1: 신랑분이니깐 [화사한거.
구매자2:   [[그래 밝은 걸로 하지.
판매자1: 거야 뭐 겉옷이 [진한 거기 때문에.
판매자2:   [[왜냐면 보이는 거는 요만큼밖에 안 보이니깐 환한 게 나아.
구매자1: 환한 게 나아?
판매자2: 예. 요만큼밖에 안 보이는데 뭐.
구매자1: (---)
판매자2: 아니 뭐어야 되니깐. 바탕이 어두우니깐.
구매자1: 근데 저기 그냥 저기두 핼 수 있냐 이거지 그날 하루만이 아니잖아. 계속해서 [해야지.
판매자1:   [아니 계속하시는 거예요 그거는.
판매자2:   [[계속 해도 괜찮아요 어머니.
구매자1: 계속해도 괜찮아?
판매자2: 예.
판매자1: 요런 거 와이셔츠 드레스셔츠 요거 20% 해 드리면{구매자2: 음}(--)
판매자1: (---)
구매자1: (---)
구매자2: 됐지?
구매자3: 응.
<>
구매자2: 집에 안 해도 되지?
구매자3: 응.
구매자1: 그래서 얼마야?
판매자1: ((계산함))
구매자1: 응 (--)
판매자2: 다 쓰셨네요.

구매자1: 그래서 얼마야?
판매자1: 다 됐어요? 저기 혹시 만들어 놓으신 건 없으시죠?
구매자1: 있어.
판매자1: 있어요 거야도 나오잖아요.
구매자2: 예
판매자1: 그거 하나 저기 오늘 저녁이라든가 내일 아침 저 하나 갖다 주세요.
구매자1: 팩스로 보내면 안 될까요?
판매자1: 어 그러서 주시겠어요.
구매자2: 네.
<>
구매자2: 콤비 바지 얼마야?
판매자1: 어:: 고거::가 8만 4천 원이요 12만 원
판매자2: 866,600원.
구매자1: 어디 적어봐 어디 계산서를 쫙 써봐.
판매자2: 제가 (써 드릴께요).
판매자1: 어 여기 전화번호 있거든요. 이게 XXXX이요 XXX-XXXX 로 해 주세요. XXXX로 해주세요{구매자2: 예예}
구매자2: 이쪽으로 오는 거예요?
판매자1: 예예 저희 저희 똑같아요.
구매자2: 그럼 전화 안 드리구 그냥 팩스만 보내도 돼죠?
판매자1: 아니 전화 먼저 저희한테 주시면은 여기로 돌려 노니깐.
구매자2: 예. 아.
<>
구매자2: 되게 비싸다 그지? 뭐라구?
구매자1: (---)
<>
판매자2: ((계산서를 쓰고 있음))
구매자1: 내가 언제 밟았나?
구매자3: 밟았냐?
구매자2: 요?
구매자3: 밟었냐요?
구매자2: 이거만 빌려줘도 되겠다. 그치? 물어볼까?
구매자3: 물어봐. 이거만 빌려 달래요.
판매자1: 어느 거 요거요?
구매자2: 아니 넥타이 안에 그니깐 양복 안에 넥타이보다 이거 하는 게 낫지 않아요?
판매자1: 그려면은 와이셔츠를(※카드로 계산을 하고 있음)
구매자2: 네. 이런 거 해야 된다.
판매자1: 네 그렇죠. 고걸 입으셔야 되.
구매자2: 안 되겠다 그러면.
구매자3: 왜 입으면 되잖아.

구매자2: 이런 와이셔츠는 사서 한 번
밖에 못 입지.
구매자3: 그런 거야?
구매자2: 그럼 나중에 못 입잖아.
구매자3: 알았어. 왜 그래?
구매자2: 이런 거 입고 다닐 수 있어?
구매자3: 어차피 안 입고 다닐 건데 뭐.
구매자2: 그럼 안 되지.
판매자1: 왜냐면은 이게 싸이즈가{구매
자2: 음} 보통 와이셔츠 칼라
자체가 다 들어가지만 이런 스
텐드 칼라에{구매자2: 음} 요
렇게 들어간 거거든요. 여기에
뭐 나비타이 같은 거 매고 아
니면 요렇게 매거든요 근데 이
제 정장에다 하시면은 조금 틀
려요. 이게 끼어지지 않으니깐.
구매자2: 아. 안 되겠네.
판매자1: 이런 게 조금 크게 큰 것도 나
오는데.
<>
구매자1: 싸줄 거 싸줘 응. 마음에 들지?
구매자3: 예
구매자1: 음. 맘에 들어야.
판매자2: 고 선생. 조끼{판매자1: 음}
구매자1: 아 명함 여깄다 팩스 칠래믄
요렇게 여기잖아.
판매자2: 조끼하고{판매자1: 음} 콤비 상
의만 싸줘.{판매자1: 음}
판매자2: 조끼하고 콤비 상의.
판매자1: 저기는 저기야 [곤색은.
구매자1:   [[집으로 다 가져
간다.
판매자1: 곤색은 나중에 바지하고 같이
찾아가시구요?
구매자1: 네.
구매자3: 그냥 보내주시죠 뭐?
판매자1: 네?
구매자3: 찾아와서.
<>
구매자1: 와이셔츠는 얼마를 입어야 돼?
구매자1: 44.
판매자1: 이거 요게 44가 있는데.
구매자2: 44.
구매자3: 사는 거야?
구매자1: 응.
구매자1: (--)
판매자1: 하늘색 계열.
구매자3: (예 하얀 걸로)
판매자2: 어머니
<>
구매자2: 바지 길이는?
구매자1: 바지 길이?

판매자2: 가만있어봐. 어머니 곤색 1벌((산
목록과 옷을 챙기고 있다))
구매자1: 언니가 다 알아서 해.
구매자2: 곤색 2벌 아닌가?
구매자1: 우수고객이래 내가.
구매자1: 틀림없는 사람이래.
<>
구매자1: 잘됐지{구매자3: 예} 콤비(하
구) 그렇게 그지{구매자3: 예}
판매자2: 바지가 추가니깐 2매.
구매자1: [바지 2개.
판매자2: [[바지 3개 총.
구매자1: 그지 바지 3개.
판매자2: 됐네.
구매자1: 이거 곤색 하의라고 해야지. 아
1벌.
판매자2: 곤색 1벌에 하의 2개. 콤비바
지하고{구매자1: 엉} 곤색 바
지하고{구매자1: 엉} 그 총 3벌.
구매자1: 총 3벌이라 써{판매자2: 음} 바
지는 바지 3개.
판매자2: 2개 아니 여기다 포함돼 있어
어머니. 밑에는 캅으로 하실래
요 일반으로 하실래요?
구매자1: 네?
구매자2: 접히는거냐?
구매자1: 밑에 밑에 이렇게 접는 거냐?
아니면 일자로 하냐?
구매자3: 접어야지.
구매자1: 이건 일자{구매자3: 예}
구매자1: 접으라고 바지 이렇게 접으라구?
구매자3: 접는 게 더 낫던데.
구매자1: 어 그거 접어 접어.
판매자2: 카브라
구매자1: 어 사람이 원하는 대로 해주는
거야.
판매자2: 그건 맞아.
구매자1: 그럼.
구매자3: [그렇게 하는 거 아니야 다.
판매자2: [[어머니 그러면 이거.
구매자1: 천천히 해도 돼{판매자2: 음}
그 대신 예쁘게 해줘야 돼.
판매자2: 월요일 날 오세요 어머님.
구매자1: 어엉.
판매자2: 월요일.
판매자2: 넥타이 하구요 양말 지금 넣
어 드릴께요.
판매자2: 월요일 날 (--)
구매자1: 그려.
판매자2: 전화번호 하나 적어주세요.
구매자3: 짐 가져 왔나봐.
판매자1: 네 콤비 하구요 조끼 요거 조
끼하구.

구매자3: 상의하구요?
판매자1: 상의는 이건 나중에 가져가시
　　　　면 돼요. 바지하고 같이. 요거
　　　　하고 수선실로 가야되니깐요.
구매자1: 곤색 바지.
판매자1: 콤비는 지금 입으(--)
구매자1: 바지가 지금 2개야 그지? 또
　　　　회색?
은/판매자2: 아니 밤색.
구매자1: 밤색 바지가 하나. 고담에.
판매자2: 없죠.
구매자1: 위에가 있잖아 한 벌 곤색 자켓.
판매자2: 아 곤색 상의 하나.
구매자1: 곤색 상의 하나 그지?
판매자2: 응.
구매자1: 써 [놔야지.
판매자2:　　 [[지금 가져가는 거.
판매자2: 나머지는 다 가져가는 거.
구매자1: 양말하고.
판매자2: 양말하고.
구매자3: 넥타이하고 콤비.
판매자1: 콤비 위에.
구매자3: 요기 조끼.
구매자1: 조끼도 가져가지? 가자.
판매자2: 됐어요 어머니. 고마워요. 월요
　　　　일 날 어머니 오후에 오세요.
구매자1: 네네.
판매자2: 안녕히 가세요.
구매자1: 네 많이 파세요.
구매자1: 감사합니다.
구매자1: 위에 올라가 올라가 요기로 가.

<자료 6>

```
장 소: 백화점
날 짜: 1998년 10월 23일
물 건: 옷
구매자: 구1: 50대(여), 구2: 20대(여)
판매자: 30대(여)
구매 여부: 구매 실패
```

구매자1: ((물건을 가리키며)) 요거는 색
　　　　상이 이거 하나야?
판매자: 색상이요?
구매자1: 응 검정 걸로 줘색이나
판매자: 기선 씨?
구매자2: 저기 있는 거 아닌가?
구매자1: 이게 짧라졌네. 이게(구매자2: 음}
판매자: 이거 쥐색.
구매자1: 이거 아니야.
판매자: 싸이즈 몇 입으세요?
구매자1: 아니 가만있어봐. 뒤가 짧라졌어?
구매자2: 아니.

판매자: 싸이즈 몇이죠?
구매자1: 아냐 이렇게 볼라구.
판매자: 네:: 한 번 보세요. 디자인 너무
　　　　이쁘구 소재가 좋아 가지구 겨
　　　　울까지 입으세요.
구매자1: 단추가 하나야?
판매자: 네.
구매자1: 음::
판매자: 뒷모습도 이쁘죠. 선이 딱딱 떨
　　　　어져서 입으시면 확실히 [(-
구매자1:　　　　　　　　　 [[근데
　　　　이게 기지가 뭐여?
판매자: 이게 모하구요.
구매자1: (--) 섞은 거지.
판매자: 모 100%로요 요거는 (겨울--)
구매자1: 한 번만 입어 봐. 애 은이야
　　　　　　　　　[벗구
구매자2: [[지금?
구매자1: 응
판매자: [싸이즈가 어떻게 되세요?
구매자1: [[위만 한 번 입어봐. 77.
판매자: 77이요?
구매자1: 한 번 입어나 봐 위만. 색상
　　　　확인하고.
<>
구매자2: 이건 여기다 놔.
판매자: 빠졌는데 66 한 번 입어보실래요?
구매자1: 이게 (--거야) 저기 98,000원
　　　　짜리도 있어.
판매자: 한 벌예요? 그런 건 이월상품
　　　　이지 이런 건 정상품 신상품이
　　　　죠. 그래도 40% 해드리잖아요.
　　　　요 싸이즈도 괜찮네. 왜 77 입
　　　　으세요. 그렇게 크게 입으세요.
　　　　요거 세일해서 9만 원 드리잖
　　　　아요.
구매자1: 근데 이게 걸려 갈라져서.
판매자: 아이 그런 건 다 갈라 제가 입
　　　　어도 이런 건 다 갈라져요. 싸
　　　　이즈 (--) 원버튼이 예 원버튼
　　　　원래 벌어져 있구요.
구매자1: 응 뒤는 이쁘다.
판매자: 앞도 이쁘시네.
구매자1: 앞도 이쁜데 [여가 그리구.
판매자:　　　　　 [[뒤에 그리구 목
　　　　에 이런 거 니트 입으셨잖아요
　　　　{구매자1: 어영} 얇은 거 입으
　　　　서도 괜찮아요.
구매자1: 이게 원체가 디자인이 이렇게
　　　　똑바로 안돼 있구 좀 갈라져
　　　　있는 디자인인가 봐.
판매자: 원래가 갈라지는 스타일이에
　　　　요.{구매자1: 응응}

구매자1: 어휴 (---)
판매자: 제가 55싸이즈 입어도 갈라져요.
<>
판매자: 이쁘잖아요.
구매자1: 근데 이렇게 갈라지니깐 엄마
　　　　는 별론데.
구매자2: 여기가 보여서 그렇지?
구매자1: 응.
판매자: 거기가 안 보이면 투버튼, 쓰리
　　　　버튼 하서야 돼요.
구매자1: 이케 해봐. 매매 그렇게.
구매자1: 하여튼 벗어봐. 우리 한바퀴 보
　　　　고 올게요.
판매자: 그러세요.

<자료 7>

```
장　소: 백화점
날　짜: 1998년 10월 23일
물　건: 옷(여자)
구매자: 구1: 50대(여), 구2: 20대(여)
판매자: 20대(여)
구매 여부: 구매 실패
```

구매자1: ((매장에 들어가 물건을 보며))
　　　　이것두 갈라져
구매자2: 응 단추 하나는 그런가 봐.
　　　　(---) 이거 어때?
구매자1: 이런 색깔 이런 거는 뚱뚱해 보
　　　　여. 이게 이렇게 하면 이게 보
　　　　여 여가 여가?
판매자: 그 원래 라인이 들어갔어요 너
　　　　무 붙으면은 나이 들어 보이니
　　　　까{구매자2: 응}
<>
판매자: 다 그래요 손님. 요즘에는 라인
　　　　선을 많이 -
구매자2: 어휴 떨어졌다.
판매자: -뒤에 집어넣어 가꾸.
<>
구매자1: 그게 마우라하구 (--)
<>
구매자1: 이건 얼마에요?
판매자: 32만.
<>
구매자1: 32만 원 꼴이네.
구매자2: 이거 세일 안 하네.
판매자: (---)
구매자1: 데코는 세일 안 해?
구매자1: 큰언니 데코 세일 해가지구 (--)
구매자2: 이쁘지?
구매자1: 응.

<자료 8>

```
장　소: 백화점
날　짜: 1998년 10월 23일
물　건: 옷
구매자: 구1: 50(여), 구2: 20대(여)
판매자: 30대(여)
구매 여부: 구매 실패
```

구매자1: 요건 좀 얇은가 보다 그죠?
판매자: 예예. 이제 고런 건 요즘 입기
　　　　입기에 좋고요 조금 더 도톰한
　　　　것도 있구요.
구매자1: 도톰한 건 어떤 거. 요거?
판매자: 예 고런 것도 있구요. 조쪽에는
　　　　조금 더 도톰한 것도 있구.
구매자1: 요런 것도 괜찮네.
<>
구매자1: 어떤 게 도톰한 거?
판매자: 고건 얇은 거구요 저기 어머님.
　　　　요런 정도. 네 요런 게 두꺼운 거.
<>
판매자: 아까 첨에 보신 거 있죠. 고거
　　　　한 번 우선 편하게 입어보세요.
<>
판매자: 저희:: 자켓은 입었을 때 라인
　　　　이 날씬해 보이고 [이쁘거든요
판매자: 바지는 입구가 (--)　[[입어봐.
구매자1: 이게 몇 싸이즈야?
구매자2: 맞는 거 같은데.
구매자1: 66.
판매자: 이쪽으로 오세요. 언니 자켓은
　　　　어떤?
구매자2: 66이요.
<>
판매자: 이쁘죠? 위로 올라가 있죠
구매자1: 고것도 한 번 줘봐.
구매자1: 이거 66이야 지금?
판매자: 예.
구매자1: 한 번 입어봐.
구매자1: 아구 얇다. 그지?
판매자: 지금 두껍게들 안 입어.
구매자1: 아니 11월 달에 입을 거거든.
판매자: 예. 그럼 요 정도 두께는 되셔야
　　　　돼요. 요걸로.
구매자1: 에이 적어.
판매자: 저희 자켓이 싸이즈가 크게 안
　　　　나와요.{구매자1: 응} 예전에 입
　　　　으시던 것보다 [한 치수 큰 거
　　　　입으셔야지 맞으시는 싸이즈에
　　　　요. (※옆에 다른 손님에게 하
　　　　는 말임)

구매자1:　　　　　　[[벗어 벗어
구매자1: 이건 너무 얇다 그치?
구매자2: 응.
판매자: 예쁘시죠. 캐주얼 약간 캐주얼
　　　한 분위기면서도 (--)
구매자1: 이쁘네 이 엄마 이 언니((※옆에
　　　다른 사람이 입은 것을 보며))
판매자: 키도 예쁘시고 그러니깐.
판매자: 지금 이 손님은 이 손님은 뭐
　　　손볼 곳이 하나도 없으신 거에
　　　요. 그죠. 소매길이 바지 길이
　　　바지 딱 되신 거죠.
구매자1: 뒤.
판매자: 어떠세요 지금 입으신 거?((구
　　　매자2를 보며))
구매자1: (--)
판매자: 아니죠 (--) 자켓 (--) 요게 이
　　　디자인이 조금 더 젊은 디자인에
　　　요. 요건 좀더 얌전하고. [제가 봤
　　　을 때-
구매자1:　　　　　　　[[벗어 벗
　　　어 근데 요기가 참 예쁘다 (--)
판매자: -바지 스타일이 아마 이게 더
　　　맘에 드실 거에요.
구매자1: 응?
판매자: 바지 스타일이 이게 더 맘에 드
　　　실 거에요. 이거는-
구매자1: 응.
판매자: -앞에 이렇게 주름이 있는 바
　　　지거든요. 그게 요즘 새로 나
　　　온 스타일이긴 한데 그 스타일
　　　은 또 싫어하시는 분들은 싫어
　　　하세요. 근데 제가 봤을 때 바
　　　지는 저 스타일보단 이 스타일
　　　을 좋아하실 것 같애. 안에다
　　　가 면블라우스 입고 입으시면
　　　좋으실 거에요.
구매자1: 어떻게?
<>
판매자: 이것도 이쁘고 뒤에도 이쁘신데.
구매자1: 이거는 뒤가 쪼개졌어.
판매자: 그렇죠 [부드러워 보이기 위해.
구매자1:　　　　[[여기가 이건 안 쪼개졌
　　　는데 여기가 쪼개졌어.
판매자: 그런 거 안에다가 (요런 거) 입
　　　으시면 남방
구매자1: 갈라진 건 상관없잖아.
구매자1: 언니 이건 한 벌에 얼마씩이야?
판매자: 이거요 (--)
구매자1: 얼마래 이집은?
판매자: 싸지는 않아요.
구매자1: 싸야 사지.
판매자: 싸지는 않아요. 38만 2천 원. 20%

세일해서요.
구매자1: 38만?
판매자: 예.
구매자1: 28만이 아니고?
판매자: 예. 28만이 아니고.
<>
구매자1: 너무 비싸다.
구매자2: 날씬해 보이는걸.
판매자: 요거는 겨울상품으로 나온 거라서-
구매자1: 우린 너무 비싸서.
판매자: -(--) 정상가가 (--)
구매자2: 예 알겠습니다.
판매자: 예 안녕히 가세요.

<자료 9>

장　소: 백화점
날　짜: 1998년 10월 23일
물　건: 옷
구매자: 구1: 50대(여), 구2: 20대(여)
판매자: 2-30대(여)
구매 여부: 구매 실패

구매자1: 언니야
판매자: 예.
구매자1: 어뎄어 이거? 애 애 맞는 거.
　　　쥐색 같은 거. 쥐색 같은 거
　　　하나 줘요.
판매자: 쥐색이요?
구매자1: 응.
판매자: 싸이즈 얼마 입으시죠?
구매자1: 66이나 77. 66.
판매자: 66이요.
구매자1: 이거 얇으네. 아이 너무 얇은
　　　거 말고
판매자: 요거 얇지 않아요 손님.
판매자: [모 50%에요
구매자1: [[이거 11월 달에 입을 수 있어?
판매자: 그럼요 따뜻해요. 원단보세요. 원
　　　단 얇다고 추운 게 아니거든.
구매자1: 추울 것 같다. 그지?
판매자: [11월 달에 충분히 입어요. 이
　　　게 모 50% 손님. 고거나 {구매
　　　자2: 모 50%} 예
구매자2: [[응 차가워
구매자1: 이거 말고 없어?
판매자: 한 번 (--)
구매자1: 물어볼까?
판매자: 예 주세요. 그거 어떠세요?
구매자1: 아이 건 별로야.
구매자2: 뒤에가 이렇게(--)
구매자1: 응 별로다 건별로야.
<>

206

구매자1: 근데 이 좀 얇어.
판매자: 얇지 않아요. 손님 이게 안에다 그러구.
구매자1: 아냐. 싫어.

<자료 10>

```
장    소: 백화점
날    짜: 1998년 10월 23일
물    건: 옷(여자)
구매자: 구1: 50대(여), 구2: 20대(여)
판매자: 30대(여)
구매 여부: 구매 실패
```

판매자: 어서오세요
구매자1: 애 맞는 거 없죠? 여기 애
판매자: 골르면 있어요. 싸이즈 55부터 다 있어요.
<>
구매자2: 없네.
구매자2: 저기 저기 볼까? 엄마.

<자료 11>

```
장    소: 백화점
날    짜: 1998년 10월 23일
물    건: 옷
구매자: 구1: 50대(여), 구2: 20대(여)
판매자: 30대(여)
구매 여부: 구매 실패
```

구매자1: 애 맞는 거. 아 요거도 이쁘다.
구매자2: 스판인데.
구매자1: 스판은 뭐야 또?
구매자2: 늘어나는 거.
구매자1: 이게 무슨 색이여?
판매자: 그게 —
구매자1: 쥐색.
판매자: —회색 진한 거라고 해야 돼나.
구매자1: 근데 바지가 저기 좁잖아.
구매자2: 통바지가 아니.
판매자: 어느 분이 입으시게?
구매자1: 애애
판매자: 예 이런 바지 많이 입어요 미국 사람들은.
구매자1: 아휴 안돼 앤 여가 넓어서. 이 쁘긴 한데.

<자료 12>

```
장    소: 백화점
날    짜: 1998년 10월 23일
물    건: 옷
구매자: 구1: 50대(여), 구2: 20대(여)
판매자: 30대(여)
구매 여부: 구매 실패
```

구매자1: 여기도 그거냐?
<>
구매자1: 언니야 애 맞는 거. 좀 도톰한 거.
구매자1: 바지로 해서.
판매자: 요런 스타일.
구매자1: 아이 그건 싫어.
판매자: 요건 싫으시고. 고것도 괜찮고.
구매자1: 뒤봐. 뒤봐.
구매자1: 뒤가 여가 왜 여렇게 됐어?
판매자: 근데 고거는 좀 마이 귀엽게 캐주얼해 보이잖아요.
구매자2: 으응

<자료 13>

```
장    소: 백화점
날    짜: 1998년 10월 23일
물    건: 옷
구매자: 구1: 50대(여), 구2: 20대(여)
판매자: 40대(여)
구매 여부: 구매 실패
```

구매자1: 애 맞는 거 좀 보여줘. 쥐색으로.
판매자: 쥐색이요?
구매자1: 응.
구매자1: 바지로 해서.
판매자: 잠깐 이쪽으로 와보세요.
<>
구매자1: 아 이런 건 싫어
판매자: 이게 정장하고 캐주얼한 거에 요. 캐주얼정장.
구매자1: 아니 여기 체크 아니 줄무늬 없는 걸로.
판매자: 그냥 단색으로요?
구매자1: 예.
판매자: 겨울에 입으실 거요?
구매자1: 그지 11월 (--). 없나봐.
판매자: 까만색은 어떠세요?
구매자1: 까만색 말고 쥐색으로.
판매자: 쥐색으로요 (--) 누가 입을 거 에요?
구매자1: 애가 입을 건데.
판매자: 아 학생이 입을 거?
구매자1: [학생?

판매자: [[그럼 요런 거 괜찮잖아=
구매자1: =왠 학생이여 어디가
구매자1: 이건 무슨 색이야?
판매자: 회색 진회색{구매자1: 음} 어머
　　　　니가 입으실 거 찾으시는 줄 알
　　　　았어. 한 번 자켓만 걸쳐보세요.
구매자1: 그래 자켓만 걸쳐봐.
판매자: 싸이즈 얼마 입으세요?
구매자2: 55나 77
구매자1: 66이지.
구매자2: 66이나 77.
판매자: 66이나. 66입으시면 좋은 것 같
　　　　은데 요런 스타일은 편안하고
　　　　괜찮아요. (--)
구매자1: 아니 왜 일루 데려와 그래.
판매자: 아 똑같은 매장이에요.{구매자
　　　　1: 아} (--)
< >
구매자1: 아니 쥐색 없어?
판매자: 아니 요게 요게 젊어 보이죠.
구매자1: 이거 없어요 쥐색?
판매자: 아니요 저기 있어요. 가질러 갔
　　　　어요. 한 번 입어보세요.
구매자1: 한 번 입어나 봐.
판매자: 기다리시는 동안 한 번 입어보
　　　　시라구.
판매자: 짝은 거 같은데.
판매자: 66.
구매자1: 66이었어?
구매자2: 55싸이즈.
구매자1: 왜 66은 없대?
< >
구매자1: 쥐색이 (--) 너는 괜찮으냐?
판매자: 디자인이 아가씨들 디자인에
　　　　요 그거는.
구매자1: 아가씨들?
판매자: 네.
구매자1: 이건 단추 몇 개야?
판매자: 두 개짜리.
구매자1: 두 개짜리 한 번 입어봐.
판매자: 세 개짜리 이상하세요?
구매자1: 어험. 우리는 안 입어봐서.
판매자: 예. 요거는 무난하시기는 무난
　　　　하시지. 여기 좀 앉으세요 어
　　　　머님.
판매자: 요거 색깔도 굉장히 예쁘고.
구매자1: 짝대
판매자: 작으세요?
구매자2: 예. 작아요.
구매자1: 이게 몇이야?
구매자2: 66.
판매자: 아 체형이 어중띠시구나. 그 다
　　　　음 싸이즈는 크실 것 같은데.

구매자1: 어디 봐.
판매자: 하기는 조금 더 있으면 두꺼운
　　　　거 입으시니깐 속에{구매자1: 응}
　　　　폴라티 같은 두꺼운 거 입으셔
　　　　야 되니깐
구매자1: 얇지 않나?
판매자: 어휴 이 정도 아니면 완전히 겨
　　　　울옷 입으셔야 되지. 이거 두꺼운
　　　　거에요. 이 정도면. [신상품인데
구매자1: 　　　　　　[[보당 하나로
　　　　만 (--)
판매자: 원버튼?
구매자1: 응.
판매자: 아.
구매자1: 있어요?
판매자: 왜 원버튼을 꼭 찾으세요? (--)
구매자1: 모르겠어요 우리가 {판매자: 어}
판매자: 보통 투버튼을 많이 입으시죠.
구매자1: 이뻐 보이나.
판매자: 투버튼을 많이 입으시거든요. 요
　　　　게 맞으시네.
판매자: 어깨 라인도 맞으시구.
구매자1: 어디 봐?
판매자: 뒤에도 매끈하잖아. 흠잡을 때
　　　　하나도 없으시죠. (--)
구매자1: 크다 그지?
판매자: 근데 요거는 작으시고, 요거는
　　　　크시고.
구매자1: 이거는 77이야?
판매자: 네. 우리 싸이즈는 적게 나오거
　　　　든요.
구매자1: 이건 커어.
판매자: 근데 자켓은 오픈으로 많이 입
　　　　으시잖아요.
구매자1: 저 다시 입어봐.
판매자: 예.
구매자1: 이거 얼마야 한 벌에?
판매자: 50% 해드리거든요. 50% 디씨
　　　　해 가지구 19만 8천 원
구매자1: 싸지는 않다.
판매자: (--)
구매자1: 바지는 어떻게 해?
판매자: 바지요? 바지도 같이 입어보시
　　　　허리 28 입으신다고 그랬나?
구매자2: 28이나 27.
구매자1: 입어봐 이게 맞는 거다. 근데 댄
　　　　추 하나짜리가 나와요? 두 개
　　　　짜리가 나와요? 응? 하나가 더
　　　　이쁜 거 같애.
판매자: 근데 이렇게 가장 기본적인 스
　　　　타일이세요. 바지 한 번 입어
　　　　보세요.
구매자1: 이건 바지가 맘에 들어. 바지

판매자: 가 맘에 들잖어. (--) 아니구
　　　　한 번 입어봐.
판매자: 원버튼 (--) 치마
구매자1: 어?
판매자: 치마.
구매자1: 원버튼 이쁘잖아. 이게 색깔이
　　　　똑같이(--) 그 근데 짝짝이로
　　　　입을 수 없잖아. -
판매자: -근데 원버튼이 이쁘시다는지
　　　　나는 그 취향이.
판매자: 무난하기로는 이 투버튼이.
구매자1: 흰브라우스 없어요 흰 거?
판매자: 흰브라우스 있어요.
구매자1: 줘봐.
판매자: 이런 스타일도 있고 이런 스타
　　　　일도 있고.
구매자1: 이게 정상품이여 원체가?
판매자: 예 다 신상품이에요. 요거는 펫
　　　　다 붙였다하시는 거거든요. 그
　　　　냥 자켓 속에 요거 안 하시고
　　　　입으셔도 깔끔한 스타일이에요.
구매자1: 응.
< >
판매자: 요거 매시면 더 귀엽구. 요렇게
　　　　많이 입으세요. 요런 스타일 다리
　　　　는 어떠세요. 예? 요정도 신으시
　　　　나 한 번 신어보세요. 35면 돼요?
구매자2: 신어도 돼요?
판매자: 예 괜찮아 내꺼라 (--) 어떠실
　　　　란지 모르겠지만.
구매자2: 제가 미안해서 그렇죠.
판매자: 아니에요.
구매자1: 저 저기 없어?
판매자: 슬리퍼요? 슬리퍼 없어요. 바지
　　　　통 예쁘게 잘 맞으시네. 통 어
　　　　떠세요 언니?
판매자: 허리는 잘 맞으세요?
구매자2: (--)
판매자: 근데 28 쪼금 28 조금 넘으시나
　　　　봐. 그쵸? 이 정도시면은 (---)
판매자: 소매기장은 맞춤이시네.
구매자1: 원보당이가 그거래.
판매자: 예 이건 언니 치만데 (---)
구매자1: 입어나 봐.
구매자2: 짧은 치마에요 긴 치마에요?
판매자: 아니 긴치마 아니에요. 짧은치
　　　　마. 근데 치마 기장은 조절하시
　　　　면 되니깐 치마 기장은 신경 쓰
　　　　지 마시고 정장 스타일 치마거
　　　　든요.
< >
구매자1: 고게 이쁘다 원보당이 이뻐.
구매자1: 근데 이게 똑같애?

판매자: 색깔은 틀리죠. 조금 틀려요. 입
　　　　으시려면 바지를 입으셔야지. 치
　　　　마를 입으셔도 되고.
구매자1: 언니야 이걸로 해서 바지로 해
　　　　줄 수 없어요?
판매자: 바진 지금 작업이 끝났어요 지
　　　　금. 우리가 (--)
구매자1: 원보당이 이쁜 거 같애.
< >
구매자1: 어떻게 하냐?
판매자: 이거 이쁘신대.
구매자1: 아휴 안돼요.
판매자: 아유 가장 기본 스타일이신대.
구매자1: 기본 스타일(--) 벗어. 어휴 참.
　　　　어째 그려 너. 응.
< >
구매자1: 고건 바지 바지 원보당 바지 맞
　　　　춰 줄 수 없어요? 여기 없어?
　　　　여벌로 나온게?
판매자: 예.
구매자1: 에이 뭔 장사들을 그렇게 해.
판매자: 손님 층이 다 틀리시니깐 저희
　　　　가 다 취향대로 하기가 쫌 어
　　　　렵죠.
< >
판매자: 맞춤이 들어가면 지금 당장 입
　　　　으실 거잖아 또.
구매자1: 아니여 나중에 한참 있다가 입
　　　　을거야.
판매자: 맞춤이 들어 가면은 [30% 정도
　　　　밖에 가격을 못해드리거든요. 가
　　　　격도. 맞춤도 해드리는데 가격
　　　　대가 그렇게 되니깐(구매자2: 예)
　　　　한 번 돌아보시고 오세요.
구매자1:　　　　　　　　[[보름
구매자2: 예.

<자료 14>

장　　소:	백화점
날　　짜:	1998년 10월 23일
물　　건:	옷
구매자:	구1: 50대(여), 구2: 20대(여)
판매자:	20대(여)
구매 여부:	구매 성립

판매자: 어서오세요
구매자1: 애 맞는 거? (--)
판매자: 예 있어요.
구매자1: 쥐색이루.
판매자: 쥐색으로요?
구매자1: 응.
판매자: 통이 좁은 바지요 넓은 바지요?

구매자1: 넓은 바지.
판매자: 넓은 바지요.
구매자1: 보당 하나.
판매자: 요거에요 허리 몇 입으시는데요?
구매자2: [28
구매자1: [[아냐 디자인 좀 두툼한 걸로
판매자: 예 두꺼운 거 보여드리는 거에
　　　　요. 초겨울까지 입으시는 거에요.
　　　　어차피 한겨울까지는 한겨울에
　　　　는 코트 입잖아요.
구매자1: 요건 (--)
판매자: 허리 몇 입으세요?
구매자1: 28(--)
구매자1: 우아기 먼저 하지.
판매자: 28하고 29하고 딱 정해져 있는데.
구매자2: 29로 주세요.
판매자: 29요 28 입어도 될 것 같은데.
　　　　언니 이거 66싸이즈거든요. 예뻐
　　　　요. 잘 나왔어요. 인기 상품. 딱
　　　　맞죠?
구매자1: 어디 여 소매는 어때? 요기?
판매자: 어디요?
구매자2: 괜찮아.
판매자: 딱 됐죠. 바지 한 번 드려볼께요.
　　　　바지 28 한 번 드려볼께요.
구매자2: 또 이게 좀 약간 벌어졌지?
구매자1: 이것도 약간 벌어져.
판매자: 어디가요? 어디가? 거긴 벌어져
　　　　야 돼요. 원버튼 (--) 이 골반이
　　　　그대로 드러나기 때문에 뚱뚱해
　　　　보여요. 손님 그게 요즘 유행 그
　　　　러기 때문에 그래도 그건 들 벌
　　　　어진 거에요. (--) 작으시면 말
　　　　씀하세요. 그리구 구두는 고안
　　　　에 있거든요.
구매자1: 저건 얼마야 언니야?
판매자: 싸요. 50%에요 50%
구매자1: 그래서 얼마야?
판매자: 15만 8천 원.
구매자1: 블라우스는 있어? 흰 거?
판매자: 흰 거요? 하얀 거 입으셔야 돼
　　　　요? 저기다.
구매자1: 그럼.
구매자1: 하얀 거.
<>
판매자: 요거 있구요.
구매자1: (--)
판매자: 아니면―
구매자1: ―저건 에리도 틀렸네.
판매자: 지금 이런 거 찾는거죠? 이런
　　　　스타일로?
구매자1: 응
판매자: 이런 스타일로?

구매자1: 예.
<>
판매자: 요거 예쁘지 않아요?
구매자1: 에리 있는 게.
구매자1: 근데 이색에 맞어? 쥐색에?
판매자: 그럼죠. 이게 잘 맞죠. 제가 요
　　　　거 입혀놨잖아요. 코디 해 놨
　　　　잖아요.
구매자1: 어디?
판매자: 앞에다가 저기 지금 쥐색에 저
　　　　앞에 빨강색에 여기 여기 보이
　　　　잖아. 여기 여기 앞에 가게 앞
　　　　에 보세요.
판매자: 싸이즈 맞아요?
판매자: 맞아요?
구매자2: 허리만. 약간.
판매자: 허리만. 이건 뭐.
구매자1: 커?
판매자: 딱 맞으시는데. 맞는데.
구매자1: 근데 이게 뭐야 이게?
판매자: 어디요?
구매자1: 이거 너덜대는 게 뭐야?
판매자: 어 이거 요즘 유행하는 거루
　　　　나온 거 [이게 싫으면.
구매자1: [[은이야 저기해 적어?
구매자1: 아니 괜찮아.
판매자: 불편하시면 한 치수 큰 거 입
　　　　어보세요. 근데 제가 보기에는
　　　　맞는데. [이쁜데.
구매자1: [[뒤 돌아봐.
판매자: 잘 맞잖아―
구매자1: ―이게 확실히 저기다 패션형
　　　　이다 엄마 생각하기에 이 원보
　　　　당이 요만큼 내려와 가지고 요
　　　　렇게 짧으면은 부인들 입는 거
　　　　고{구매자2: 음} 원보당이 좀
　　　　위로 올라가고 이게 좀 길으면
　　　　은 미스들용이다. 이런 거다.
　　　　그니깐 내가 지금 둘러보니깐.
판매자: 그니깐 저희가 미스 미시 미시
　　　　캐주얼이에요.
구매자1: 미시 미시 캐주얼이야 이 집이―
판매자: ―예 젊은 엄마들이 입는 옷이
　　　　에요{구매자1: 아아} 이쁘잖아
　　　　요. 딱 언니 나이 때 입는 옷
　　　　이에요. 20,30대 30대 20,30대
구매자1: 그런 거여.
판매자: 예 [미시들.
구매자1: [[그니깐 저 집에 왜 저 바지
　　　　없는 거 있지? 하나짜리 고건
　　　　여기다 딱 해가지고 짧아가지
　　　　고 깨 착 달라붙잖아.
판매자: 고건 이젠 엄마들이 기장 긴 거

210

싫어하니깐(구매자1: 응) 젊은 사람들은 이렇게 입어야 이뻐요. 이쁘잖아요 (--)

구매자1: 응 니 생각은?

구매자2: 이뻐?

구매자1: 니 생각은?

구매자2: 엉덩이 길어 보여 가지구 [안 이뻐 보여

판매자: [[아니에요 그렇지 않아요. 이뻐요. 이뻐요.

구매자1: 저기 이게 여기 올라가서 나는 그걸 생각하라 그거지.

판매자: 에이 이게 이렇게 되면 너무 나이 들어 보이죠. 어머니.

구매자1: 빼봐 [빼봐

판매자: [[지금 이거 얘기하는 거죠? 너무 나이 들어 보여요

구매자1: 빼봐. 이렇게 빼봐. 빼봐.

판매자: 이렇게 오픈해 입어도 되고 이쁘잖아요.

구매자1: 뒤 돌아봐.

판매자: 뒤에도 잘 맞고.

구매자1: 애 저 자주색 블라우스는 어떠냐?

판매자: 요 스타일 어때요? 요거 입고 한 번 입어 보세요.

구매자2: 이거를 안에다?

구매자1: 응.

판매자: 얼굴이 혈색이 있어 보이고 아주 이뻐요. 요거나 제가 요거 권해드렸는데 엄마가 싫으시다네. 요거.

구매자1: 한 번 입어봐.

판매자: 바지 그거 (--) 드려볼까요?

구매자1: 뭐라구?

구매자2: 바지허리 한 치수 더 큰 거 입으라구.

구매자2: 이건 딱 맞잖아.

판매자: 이거는 나중에 신물 나면 요거 빼버리고 밸트 [매(--)

구매자1: [[이거 11월 달에 입어도 돼?

판매자: 어휴 11월 달에 입는 옷이에요. 어머님. 제가 보여드릴게요. 그동안 11월 달까지 팔았던 소재가요 안감 있는 요거였어요 어머님.

구매자1: 저건 안감 있지?

판매자: 그렇죠. 당연히 있어야죠. 저걸로 하시든가. 저게 이거니깐.

<>

((물건을 본다))

판매자: 두꺼워요. 이건 사실 50%하면 안 돼는데 저희가 이 얇은 게 디자인이 비슷한 게 나와서 같이 그냥 50%하는 거죠. 안감도 틀려요. 두꺼워요. 그죠? 안감도 훨씬 두꺼워요 손님.

구매자1: 12월 달에도 입어도 되겠다.

판매자: 이거 어(구매자1: 어) 초겨울까지 입어요. 12월초까지 입어요 손님. 12월까지. 아주 그때 눈 올 때 있죠. 그때만 못 입고 다 입는 거에요. 코트 하나 입으시면 겨울을 나죠.

구매자1: 맞어. 코트에 저거 입고 코트 입어도 되겠다.(판매자: 예) 너무 두껍게 입는 것보다(판매자: 예)

판매자: 원래 코트 안에 입는 옷은 얇은 옷을 얇게 입잖아요. 너무 얇아도 춥구.

구매자1: 아니 저기여 11월 29일 결혼하니까.

판매자: 아하 그땐 딱 좋아요 손님.

구매자1: 그때 입을라고 저렇게 하나 사는 거지. 저 블라우스는 얼마야?

판매자: 블라우스가 5만 4천 원이요. 싸요 50%하니깐.

구매자1: 그게 저 저 세일 이거 물건 따로 갖다 논거 아니야? 아니지?

판매자: 그 브랜드에서 그럴 시간이 없어요 어머니. 언제 세일 물건 따로 만들고 정상 물건 따로 만들고 이러겠어요. 인원도 모잘라서 나머지 모잘라서 한참 기다리는 것도 있는데.

구매자1: 윗도리 뭐하나 입는 거 있어? 위에만. 요건 뭐에요?

판매자: 예 그거여. 아 위에는 없어요. 자켓만 하나 입는 거. 요것도 자켓만 하나에요. 어머니. 요거 다 캐주얼인데 세무 스타일로.

구매자1: 55 젤 즉은 거.

판매자: 55싸이즈요? 저 언니 말고 누구 딴사람이요?

구매자1: 또 있지. 딸이 셋이나 되는데.

판매자: 언니 자켓은?

구매자1: 자켓은 안 입는데.

판매자: 그게 맞는다. 저게 맞는 거 같애. 이게 55싸이즈.

구매자1: 그게 55싸이즈. 이거 얼마에요?

판매자: 이 언니는 나이가 어떻게 되는데?

구매자1: 그 언니는 25

판매자: 25. 25이면 이거 너무 노숙하시다.

구매자1: 노숙해?
판매자: 예 노숙해요. 이거는 저기.
구매자1: 학교 선생인데.
판매자: 아 그러 그러시면 또 몰라. 선
생님들은 쪼금.
구매자1: 노숙해야 돼.
판매자: 노숙하게 입으셔야 돼. 어디 중
학교에요?
구매자1: 아니 국민학교{판매자: 응}
판매자: 자요 느낌만 한 번 보세요.
구매자1: 느낌만 봐. 블라우스가 커?
판매자: 커요? 안 클텐데 맞아요.
구매자2: (--)
판매자: (--) 이쁘잖아요. 그러구 여기
다가 스카프 같은 거 하나 하
셔도 되고 아니면은 단정하게
입으시구 싶으면 악세사리 해
주시면 돼요. 이렇게 해가지고
리본이나 넥타이 같은 거 이런
거 하나 해주셔도 되고. 우선
잘 맞으시니깐.
구매자1: 어때 흰블라우스보다 그게 낫
겠어?
판매자: 흰블라우스 그때 추워보여서 못
입을 텐데요. 색상이. 왜냐면 지
금 느낌하고 확 틀리거든요. 그
땐 겨울이기 때문에.
<>
판매자: 예쁘잖아요 그죠? 기장만 제가
딱 해드리면 되지.
구매자1: 응 괜찮지?
판매자: 예뻐요.
구매자1: 이것도 여기 이렇게 내놓고 입
구{판매자: 예예}
판매자: 그리구 이제 추우면 여기 스카
프 같은 거 하나 딱 해서 입으
시면 돼요.
구매자2: 바지 너무 헐렁해 보이지 않
아요?
판매자: 요 상태에서 기장을
구매자2: 괜찮아 보여?
판매자: 이게 통이 좁게 나온 편이에요.
저희가.
구매자2: 넓은데요.
판매자: 안 넓어요. 다른 데보다 훨씬
좁아요. 저희가 좀 좁은 편이
에요.
구매자1: 신발이 얼 만큼 좀 높아?
구매자2: 많이 높아.
구매자1: 많이 높구나 응.
판매자: 신발 몇 센티미터 정도 신으세요?
구매자2: 저는 많이 안 높게 [신어요
구매자1:   [[많이 안 높

게 신어
판매자: 아니면은 아까 그 바지가 힙이
졌어요?
구매자1: 아니요 [허리만
판매자: [[그러면 그걸 갖다가 허
리를 제가 그 바지가 훨씬 이
쁘거든요-
구매자1: 뒤로 돌아봐
판매자: -허리를 갖다가 약간 늘켜드
릴께요.
구매자1: 그래 바지가 [(--)
판매자: [[그 바지를 다시
한번 입어보세요 제가
구매자2: (---)
구매자1: 다시 다시 바지 어딨어? 다시
입어봐.
판매자: 요거 허리는
구매자1: [아니고 우아기는 그냥 놔두고
바지만 다시
판매자: [[예 일 인치까지 아니 2인치까
지 나오니깐 바지 저게 77 (--)
구매자1: 삼성 (--)
판매자: 삼성 삼성은 쇼핑하기가 좀 번
거롭죠. 커가지고.
구매자1: 난 뭐가 뭔지 모르것어.
판매자: 예(--)
구매자1: 아침에 거그 갔다가 30분 댕
기다가 그냥 와 버렸네. 옷 하
나 딱 하나 입어보고.
판매자: 저 정도 두께가 지금 50% 할인
인데 거의 없어요. 저건 거의 정
상 가격이고. 저희도 지금 저 두
께는 저거하고 이거{구매자1:
응} 이거만 저 정도 50% 나머지
다 얇은 거고. 얇은 거만 50%
{구매자1: 응}
구매자1: 이게 뭐야? 이 디자인이 (--).
어휴
판매자: 이게
구매자1: 훨씬 낫다
판매자: 제가 제가 한 번 볼 제가 느낌
을 한 번 보세요.
구매자1: 이 바지가 훨씬 낫다-
판매자: -요 정도 요 정도 어때요?
판매자: 잠깐만 핀으로 꽂을게요.
<>
구매자2: 옆에 내리는 거죠?
판매자: 예 자크를 내리는 거에요. 아니
아니 그대로 놔두세요. 일인치
도 안돼네. 조금만 4센티미터 요
것도 너무 타이트해요?
구매자2: 아뇨
판매자: 지금 요 상태 괜찮아요?

구매자2: 네
판매자: 그렇게 해드릴게요
구매자1: 고 바지 한 번 줘 보지.
판매자: 뭐요?
구매자1: (--)
판매자: 어어 기장 줄여야죠. 구두 몇 정
　　　도 신으세요? 몇 센티미터 정도?
구매자2: 응 4-5센티 정도.
판매자: 5센티 정도. 그러시면은 요거 딱
　　　한단만 하시면 되거든요.
구매자1: 그래 한단.
판매자: 예 딱 요정도만 하시면 돼요.
　　　이게 바지가 통이 어느 정도
　　　있기 때문에―
구매자2: 길어야 되니까.
판매자: ―예 짧으면 비기 싫거든요 그
　　　그 정도만 하시면 돼.
구매자1: 애 체격 정도 되면 적은 건
　　　아니지?
판매자: 적은 건 아니죠. 그냥 보통이에요.
구매자1: 보통이죠.
판매자: 예 66이니깐.
구매자2: 엉덩이 같은데 안 껴요?
판매자: 예 힙은 맞아요. 예
구매자1: 힙은 딱 맞아.
판매자: 예 기장 그 정도 하시면 돼. 그
　　　정도 하시면 지금 요 구두에는
　　　너무 짧거든요. 요 한단이{구매
　　　자1: 응} 요 손님이 5센티 정도
　　　신으신다니깐 5센티에는 딱 맞
　　　습니다. 고렇게 해드릴게요
구매자1: 그렇게 해요. 됐지 니 맘에 들지?
구매자2: 응 블라우스는?
구매자1: 블라우스도 다 같이 하지 뭐.
판매자: 같이 하세요. 요거는 꼭 여기 아
　　　니더래도 따른 옷에 코디해 입
　　　어도 좋아요.
구매자2: 이게 더 잘 어울리는 거 같아.
구매자1: 응.
구매자2: 흰 거 입는 거보다 달라 보이는
　　　것 같아.
판매자: 그게 더 낫죠?
구매자1: 응.
판매자: 흰색은 그때 되면 추워보여서
　　　못 입어요 너무 추워 보이죠.
구매자1: 그래 괜찮으냐 맘에 들어?
구매자2: 맘에 들어요.
판매자: 예쁘잖아요. 이거는 다 맞아요
　　　손매도 맞고 다 맞고.
구매자1: 블라우스도 맞고.
판매자: 예 다 맞아요.
구매자1: 그럼 요거 갖고 가져가고 요
　　　거만 계산하면.

판매자: 예 하장이 굉장히 긴 편이다.
구매자2: 이게 길어요.
구매자1: 길죠.
판매자: 긴 편이에요. 다른 분에 비해서.
구매자1: 카드 줘. 카드 있지? 그럼 얼
　　　마야 여기는?
판매자: 158,000원 5만 4천 원 21만 2천
　　　원이요.
구매자1: 3개월이요?
판매자1: 응.
판매자: 비밀번호는요?
구매자1: XXXX
판매자: XXXX XXXX
구매자1: XX
판매자: XX (--)
<>
판매자: 어머님 여기 싸인 좀 해주세요
구매자1: 이거 한 번 입어봐. 은이야
　　　민이 하나 사주게 (--)
판매자: (--)
구매자1: 이게 몇이야? 66?
판매자: 66.
판매자: 요건 좀 작게 나왔어요. 언니야
　　　쫌 작죠?
판매자: 옷은 예뻐요 싸이즈만
구매자1: 요건 얼마야 언니야?
판매자: 그게 218,000원.
구매자1: 218,000원.
구매자2: 비싸다.
구매자1: 너무 비싸다.
판매자: 15만 2천 6백 원.
구매자1: 50% 해서.
판매자: 30%.
구매자1: (--)
판매자: 따님은 어디 어디 계신데 같이
　　　안 계세요?
구매자1: 같이 있지.
구매자1: 학교 다니지.
판매자: 직접 와서 해야 돼.
구매자1: 맞아.
판매자: 옷이라는 건 입어보고 해야지
　　　또 맘에 안 들면 곤란하잖아요.
구매자1: 맘에 들지?
구매자2: 응. 됐어.
구매자1: 들어
판매자: 요거 잘 하셨어요. 그냥 나중에
　　　입으셔도 좋고.
구매자1: 엉.
판매자: (--)
구매자1: 블라우스도 이쁘고{판매자: 음}
구매자1: 아 저 집이 청첩장을 갔다 줄
　　　걸. 그지?
구매자2: 응 뭐 왜?

구매자1: 청첩장 어제 청첩장 가져오라
고 했잖아.
구매자2: 아 팩스로 다 보냈어.
구매자1: 보냈어?(구매자2: 어) 좋은 (--)
좋은 시절이야 청첩장을
구매자1: 아냐 이건 필요 없어 (※딸과
얘기하다가 판매자와 얘기하
는 것임)
판매자: 팩스로 보내고.
구매자1: (--)
판매자: 이거 내일 오셔야 돼요.
구매자1: 내일 와도 돼고 모레 와도 돼고.
판매자: 네 내일 이후 아무 때나 오시
면. 성함이?
구매자1: 애. 보고 쓰래.
구매자2: 서은. 제가 쓸게요.
판매자: 아니 서은.
구매자2: 외자.
판매자: 어 외자요 전화번호.
구매자1: 월요일 6시요?
구매자2: 어 XXX-XXXX
구매자1: 이거 찾으로 올제 같이 찾으
러 와야겠다.
판매자: 예 그러세요. 10월 오늘이 23일
10월 26일 날 오시면 되겠네.
구매자1: (--)
판매자: 아 아니에요 어머님. 걱정 마세요.
구매자1: 너 또 두꺼운 거 회색은 있잖아?
구매자2: 응. 좀더 두꺼운 건 있어.
구매자1: 은이야 지금 니가 입을 게 이
거지 요거지?
구매자2: 예. 괜찮지?
구매자1: 응.
판매자: 어 괜찮아요. 제가 빈말이 아니
라 고건 진짜 겨울 상품 나온
건데 지금 [싸게 판 거라
구매자1:   [[기장 (--)
판매자: 기장하고 허리 늘림.
구매자1: 응.
판매자: 예쁘게 해드릴게요. 걱정 마세요.
구매자1: 예. 가자. 안녕히 계세요.
구매자2: 안녕히 계세요.
판매자: 예 안녕히 가세요. 고맙습니다.
구매자1: 예.

<자료15>

장 소:	백화점
날 짜:	1998년 10월 23일
물 건:	옷
구매자:	구1: 50대(여), 구2: 20대(여)
판매자:	30대(여)
구매 여부:	구매 성립

구매자1: 하얀 거로 줘요. 하얀 거.
판매자: 흰색이요. 싸이즈 얼마 입으세
요? 흰색도 요런 면혼방 있구
요 손님 구김 많이 안 가는 면
혼방 있구 .요런 레이온 폴리
혼방 있구. 면 백 있구. 3가지
있거든요.
구매자1: 이거 틀렸어.
판매자: 이건 틀렸어요.
구매자1: 예
판매자: 그러시면 고 면혼방으로 하십
시오. 싸이즈 얼마 입으세요?
구매자2: 흰색 사 아 (--)
구매자1: 가만있어 넌 싸이즈가 얼마랬지?
구매자2: 철구씨도 흰색 입게?
구매자1: 응. 그럼.
구매자1: 색깔 있는 거 아니구.
구매자1: 아니 흰색이 젤 나아.
판매자: 싸이즈 얼마 입으시죠?
구매자2: 제일 큰 싸이즈 44에 86 있어요?
판매자: 44-86이 싸이즈가 있습니다. 흰
색으로는 없고 싸이즈가 44-86
이 엄청 귀한 싸이즌데.
구매자1: 싸이즈 있는 데로 가야지 그럼.
판매자: 이거 있어요 손님. 이색 [깨끗합
니다.
구매자1:   [[아냐
흰색 찾아야 돼
판매자: 뭐에 입으실 건대요 손님
구매자1: 결혼식 때 입을 분.
판매자: 직접 결혼하시는 분이세요.(구
매자1: 어) 괜찮아요 요새는 흰
색만 안 입으세요 손님.
구매자1: 아이구 아니여.
판매자: (--) 많이 입으세요.
구매자1: 안 돼요.
판매자: 아 우리 여깃다.
구매자1: 어딨어 찾아서 줘야지 그럼.
판매자: 좋아요 이거.
구매자1: 이거 좋고 또
판매자: 손님 싸이즈?
구매자1: 41.
판매자: 예
구매자1: 41이지?
구매자2: 아버지 꺼 살려구?
판매자: 16반이면 41이야?
판매자: 예
구매자1: 응 41에다가 86이 긴 거여? 고
담에 91도 있고 그래?
구매자2: 86이 젤 긴 거야.
구매자1: 아니 86 86 담에 또 뭐야 91?
구매자2: 84
구매자1: 84?

판매자: 86이 젤 긴 거에요 [86 전이 84
구매자2:   [[이게 젤 크
         고 젤 긴 거라니깐
구매자1: 41에다가
판매자: 예
구매자1: 83?
판매자: 84
구매자1: 84?
판매자: 예
구매자2: 응 84
판매자: 예 41-84?
구매자1: 41-84
판매자: 예
구매자1: 고담에 82도 있구?
판매자: 예
구매자1: 전화할 수 없어요?
판매자: 예. 키가 얼마나 하시죠?
구매자1: 172
판매자: 그러면 84 아니에요 손님.
구매자1: 그럼?
판매자: 82
구매자2: 큰 거야 84도
판매자: 82입니다 손님. 84는 너무 기세요.
구매자1: 요 뭐야?
구매자2: 아빠 싸이즈 몰라요?
구매자1: 모르겠어? 82
판매자: 예
구매자1: 80도 있어?
판매자: 예 80은 너무 적잖아.
구매자1: 82가 맞아요?
판매자: 예
구매자1: 응. 이게 얼마여?
판매자: 요거는 잠시 만요. 이게 얼마짜
         리냐. 3만 3만 얼마지.
구매자1: 어휴 더워.
판매자: 3만 천 이백 원짜립니다.
구매자1: 어 그럼 2개.
판매자: 예. 그럼 6만 2천 4백 원입니다.
구매자2: 하난 포장해?.
구매자1: 응.
구매자2: 아빠 꺼 하지 마?
구매자1: 뭘 포장을 해.
구매자2: 그래도.
판매자: 비밀번호 어떻게 되시죠?
구매자1: XXXX
판매자: XXXX. 6만 2천 4백 원.
구매자1: (--)
판매자: XXXX
구매자1: 응 XXXX
<>
구매자1: 고건 얼마나 두꺼운가. 우리 꺼
         는 얇지 않을까 싶어서 그래
         자꾸만. 그지?

판매자: 어휴 가을용이네요 뭐 손님 뭐.
구매자1: 가을용이 뭐여? 11월 달에 못
         입지.
판매자: 입으실 수 있겠어요. 서명 좀
         해 주십시오.
구매자2: 입지 뭐.
구매자2: 괜찮아 엄마.
판매자: 서명 좀 여 써 주실까요.
구매자1: 어. 카드 내가 받았죠?
판매자: 예 드렸습니다.
판매자: 예 안녕 가십쇼.
구매자1: 안녕히 계세요.

<자료 16>

장 소:	백화점
날 짜:	1998년 10월 23일
물 건:	옷
구매자:	구1: 50대(여), 구2: 20대(여)
판매자:	2-30대(여)
구매 여부:	구매 실패

구매자1: 언니야.
판매자: 네.
구매자1: 요거 요거 회색 반코트 있죠?
판매자: 예.
구매자1: 얘 맞는 거 있어요?
판매자: 몇 싸이즈 입어요 싸이즈?
구매자2: 육육.
판매자: 육육.
구매자2: 보다 좀 클 걸루.
판매자: (조끼 벗고 입지.)
구매자2: (---)
판매자: 조끼가 너무 커서.
구매자1: 우에다 (--)
<>
((옷 입어 본다))
구매자1: 춥다고 막 껴입어서 그렇지.
판매자: 오늘 날씨 춥죠?
구매자1: 아이 엄청 추워.
<>
구매자1: 아이 궁둥이가 쩨네.
판매자: 이거 제일 큰 거 드린 건데 지금.
구매자2: [(---)
판매자: [[딱 맞게 입는 거에. 스타일
         자체가. 허리 라인이 들어가는
         옷이기 때문에.
구매자2: (---)
판매자: 이쁘지 않아요?
구매자1: 으떠냐?
구매자2: 모르겠는데.
판매자: 요런 스타일은 어때요?
<>

판매자: (---) 스타일이.
구매자1: 끈 매는 건 별루야.
판매자: 별루에요?
구매자1:응.
판매자: 조거가 이쁜데 날씬해 보이구.
구매자1: 적잖아.
((나온다))
판매자: 또 오세요.
구매자1: 네에.

<자료 17>

```
장   소: 백화점
날   짜: 1998년 10월 23일
물   건: 옷
구매자: 구1: 50대(여), 구2: 20대(여)
판매자: 판1: 2-30대(여), 판2: 20대(여)
구매 여부: 구매 성립
```

판매자1: 어서오세요.
구매자1: 요거 반코트.
판매자: 예.
구매자1: 애 좀 입힐 거.
판매자: 예.
구매자1: 이쪽으로 오세요.
판매자1: 싸이즈 몇 입으세요?
구매자2: 제일 큰 싸이즈로 주세요.=
판매자1: =제일 큰 걸루요.
구매자1: (이 언니 나 아네)
구매자1: 예 알죠. (-)도 알고.
구매자1: 이젠 다 아네.
판매자1: (---)
구매자1: (---)
판매자1: 저희 매장 (놀러 오시잖아요.)
       (---)
구매자1: 그렇게 말이에요. .
<>
판매자1: 편안 하죠 옷이.
구매자2: 네.
판매자1: 아유 넉넉하네요 옷이 응 단
       추가 (---).
구매자1: 뒤루 봐.
판매자1: 넉넉하죠. 소매 좀 두툼한 거
       입어도 되겠네요.
구매자1: 롱코트 없어요?
판매자1: 완전 롱이요?
구매자1: 응.
판매자1: 모직으로?
구매자1: 응.
판매자1: 모직으로 완전 롱은 안 좋은
       데. 밑자락에 보풀이 잘 일어
       서 요 디자인이 딱 좋고 받쳐
       입기도 좋아요. 패딩은 또 틀

리지마안. 이쁘죠? 거울 저쪽
에 있거든요.
구매자2: 머네.
<>
구매자1: 언니야 까만 거 없어요?
판매자1: 까만 것두 있어요.{구매자1: 응}
판매자1: 까만 거 (드릴까요?)
구매자1: (니 맘엔 드냐?)
구매자2: (아까보단 난 것 같애.)
구매자1: (딱 붙지 않구 그러니까--) 엄
       마가 봐도 틀렸어.
판매자1: 꺼멍보다 근데 모직은 회색이 나
       요 이거는 뭐가 잘 [잘 달라붙으
       니까
구매자1:   [[(그 또) 아::
판매자1: 이렇게 입으믄 신경 많이 쓰
       셔야 돼요. 요게 지금 싸이즈
       좀 짝아요 요고보다 같은 싸
       이즈 맞죠. 너무 타이트하죠?
구매자1: 음.
판매자1: 요 싸이즈로. 주문하면 검정 내
       일이면 오는데
구매자1: 그르게
판매자1: 이거는 막 뭐가 붙어요. 겨울
       엔 또 특히 니트도 입잖아요
       속에{구매자1: 응} 그러면 털
       옷이 이렇게 많이 붙어=
구매자1: =그럼 색상이 이거하고 이거
       두 가지에요?
판매자1: 예.
<>
판매자1: 아니면 이제 면세무자켓 반코
       트로
구매자1: 면세무자켓은 뭐야?
<>
((옷 찾아온다))
구매자1: 그 색깔뿐이 없어요?
판매자1: 어 색깔은 여러 가지에요.
<>
판매자1: 싸이즈는?
구매자2: 육십육
<>
구매자1: 끈 매는 거네 근데.
구매자2: (세무래)
<>
구매자1: 끈 매는 거야.
판매자1: 요거 싸이즈 큰 거[(-)
구매자1:   [[끈 매는 거
       없어요 끈 안 매는 거.
판매자1: 끈 끈 안 매는 거?
구매자1: 어.
판매자: 끈 빼시면 돼요.
구매자1: 끈이 (--) 저건 뭐야 저건 (-)

판매자1: 회색 있고. 베이지도 있고. 빨간 댕댕.

<>

구매자1: 이거 한 번 입어봐.

구매자2: (---)

판매자1: 회색이 잘 봤죠. 회색을 잘 입구 오셔서 그르구. 회색이 잘 받어.

구매자1: 아니 투피스가 회색이니까

판매자1: 아 (--){구매자1: 응}

구매자1: 이거는 저기네

판매자1: 쫌 더 길어요

구매자1: 짧은 건 없구?

판매자1: 요건 요기장으로 반코트로 나온 거에요. 롱은 아니구. 모직은 조고보다 짧아지죠.{구매자1: 응}

판매자1: 고 기장도 괜찮아요.

구매자1: 요 기장 지금 입어 봤는데 틀려서 열루 왔는데.

판매자1: 틀려요. 요거 입으세요 요게 제일 이쁘세요.

구매자2: 고급스럽지.

판매자1: 요거는 정장 대신 아무 때나 입으셔도 되구. 한겨울에 정장 입으 입으실 일 있으실 때 춥잖아요{구매자1: 응} 그러면 요걸 입으세요.

구매자1: 일루 와봐. 그거 저쪽에서 입은 거야 그지? 기럭지가: {구매자2: 어::}

판매자1: 요게 젤 이쁘신 거 같애. 고급스럽구.

구매자2: 까만색은 어때?

판매자1: 까만색은 [까만색두 이쁠텐데 쫌 신경을 쫌 쓰셔야지.

구매자1:   [[이게 이게 까만색이지?

구매자1: 아니 이거루다 까만색은 없어?

판매자1: 고거 주문하셔야 돼요. 지금은 없고.

<>

구매자1: 이건 얼마짜리에요?

판매자1: 고거가 십 이만오천 원이요.

구매자1: 요거는?

판매자1: 요건 십삼만 칠천 원.

판매자1: 모직이라 비싸요.

<>

구매자1: 근데 고급스럽긴 요게 더 고급스러운데. 어뜨나?

판매자1: 저는 이게 이게 정장 분위기 나시고 너무나 잘 어울리세요. 그러지 않으세요?

구매자1: (--) 모직이니까.

구매자2: 다 모직인데.{구매자1: 응}

판매자1: 고거도 별루세요?

구매자2: (---){구매자1: 그래}

구매자2: 똑같은 스타일이 어두 검은색 보다는 (---)

<>

판매자1: 본인이 입구 맘에 들어야 되니까 어떤 게 나세요 손님?

구매자1: (맞어) 어떤 게 낫니?

구매자2: 이거는 (실용적인거구)((웃음))

판매자1: 요거여?

구매자2: 네. ((웃음))

판매자1: 요것두 뭐 드라이해 주신 건 마찬가지구

구매자2: 하얗게 된다거나

판매자1: 어 하양 색깔이. 색상이 뭐 빠지거나 그런 일은 없고.

<>

판매자1: [근데 요 기장이

판매자1: [울어 울어 왜 이렇게

판매자1: 입으시면 안 울어요.{구매자1: 응}

구매자2: [(---) 입으시는 게 -

판매자1: [[그게 뭐야?

판매자1: [면세무

구매자2: [[-더 예쁘실 거 같애요 긴 것보다는. 길면은 (짧으실 때는 스커트 밑으루)

구매자1: 아이 스커트는 안 입어요.

구매자1: 이거 다시 한번 입어봐.

<>

구매자1: 롱코트는 있거든.

<>

판매자1: 요것도 이쁘세요.

<>

구매자1: 이게 만약에 이렇게 짧으면 어떻게 돼?

판매자1: 아유 안 이뻐요. 그건 아예 짧아지라면 차라리 반으로 입으시는 게 나요. 근까 근까 조런 스타일루. 조런 스타일루{구매자1: 응}. 요런 스타일루{구매자1: 응} 이렇게 요 기장으로 입으시는 게 낫지 어중간하면 이건 안 이쁘죠. (--도가) 넓구

구매자1: 힘들어.

구매자1: 롱은 없어요?

판매자1: 이거 롱은 안 이뻐요. 롱은 패딩이 젤 낫구 바바리 뭐. 저게 이쁘잖아요 키두 커보이구.

구매자2: 키는 원래 큰데.

판매자1: 뒷모습두 이쁘구.

<>
판매자1: (걸이) 여기 있으니까 이만큼 왔다갔다 하셔야돼네.
구매자1: 응 한 번 가져와 봐.
판매자1: 예.
구매자1: (---)
판매자1: 골라보세요. (--) 요것두 이쁘세요.
구매자2: 여성스러워 보이네요{판매자: 네}
판매자1: 특이 특이하구나.
판매자1: 예. 흔하지 않죠. 모직 코트도 흔하고.
판매자1: 요거 입으세요. 독특하고 쎄련되고. 쎄련돼요 요게. 요런 거 [이제
구매자1: [[근데 이거 투피스:: 바지에다가 입으면 어떨까?
판매자1: 검정 바지나 요렇게 입으시면=
구매자1: [=아니 쥐색바지
구매자2: [[쥐색바지
판매자1: 쥐색바지도 괜찮아요. 색상은 있잖아요 요게 소재가 틀리기 때문에 이거는 뭐 청바지를 입어두 되고 그냥 쥐색바지나 껌정바지 아무데나 (입으셔두 돼요).
판매자1: 그 때 저희 집에서 옷사신 껌은 [(-)
구매자1:   [[앉 앉으면 어떻게 돼?
판매자1: 앉을 때 요렇게 앉으면 돼죠. [이건 꾸김이 많지 않아-
구매자1: [[근데 여긴?
판매자1: -안 그래요. 요거는 허옇게 되거나 그러지 않아요. 좋잖아요 천도 부드럽고
구매자1: 응 외투는 이건 (특이하고) 이런 건 많은데{판매자: 많은데} (--)
판매자1: 분위기 좀 바꿔보세요.{구매자1: 응}
구매자1: (일단 이거 하자) 근데 이거 기럭지가 이래서(괜찮겠어?)
판매자1: 아유 지금 딱 좋아요. 지금 밑에가 색깔이 안 맞아서 그래 색깔이.
구매자1: 색깔이 뭐 색깔.
판매자1: 신발도 지금 딱 맞춰서 안 신으셨으니까{구매자1: 응}
판매자1: 모든 옷이 갖춰 입어야지 지금 위는 너무 이쁘잖아요 속에 색상을 맞춰서 입구 오셔가지구.
구매자1: 밑이 문제야 지금.
판매자1: 바지 없으세요?
구매자2: (---)

판매자1: 바지 있으시죠? 얼굴이랑 너무 잘 어울리시네요 (--).
구매자1: 딴 데 한 번 더 안 봐도 되겠어?
판매자1: 아휴 다녀보셔도 저희가 아이템이 젤:: 많아요.
구매자1: 언니 입은 (--)
판매자1: 아뇨 이게 원래 (--) 원피스라 이래요. ((웃음))
구매자1: 따뜻해 보여서.=
판매자1: =네 따뜻해요.
<>
판매자1: 이쁘세요 아주
구매자1: (---)
판매자1: 네 색깔도 잘 받으세요.
구매자1: 색깔은 좋아. 근데 [키가 작아보이
판매자1:   [[긍까 아우 키가 작아 보이는 게 이게 커 보이는 스타일이에요 손님. 여기는 요기까지만 딱 보시든 돼위루 아래는 보시면 마시고
구매자1: 봐봐.
판매자1: 딱 보시믄 돼요.
<>
구매자1: (---)
판매자1: 예.
구매자1: (---)
판매자1: (---) 이것도 유행이라(--)
구매자1: 이건 뭐여?
판매자1: (---) 카라모양이
구매자1: 요거는 또 뭐야 빨강?
판매자1: 똑같은 디자인
구매자1: 이건 까망{판매자1: 예} 근데 이건 짧다.
판매자1: 네 짧아요. 약간 짧아요.
구매자2: (--) 거의 비슷한 거 같은데.
판매자1: 예 비슷해요.
구매자2: 똑같에요
판매자1: 똑같네.
판매자1: 똑같은데 이거는 카라가 너무 좁아요. 입으믄 안 이뻐요. 제가 이쁜걸루 (드린 건데) 요건 좀 얇고
구매자1: (---){판매자1: 예::}
구매자1: 그냥 이거 살래 이거?
구매자2: 그러지 뭐.
<>((※잡음이 많아 잘 안 들림.))
구매자2: 괜찮은데{구매자1: 응}
판매자1: (---)
구매자1: 고급스러워 보여.
<>
구매자2: 은이야 여깃다

판매자1: 밖에 춥죠?
구매자1: 아이 엄청 추워.
판매자1: 이거 입고 가서도 되겠는데
구매자1: 아우 아녀
판매자1: 아니에요?
구매자1: 신혼여행 갈 때 입을 거여.
판매자1: 어머? 결혼은 언제 하시는데요?
구매자1: 12월:: [(--)
판매자1:   [[아:: 그때 결혼하신다
            는 따님이{구매자1: 응} 그분이
            구나{구매자1: 응} 아::
구매자1: 12월 28일 29일
판매자1: 비밀번호가 어떻게 되세요?
구매자2: XXXX
판매자1: XXXX이요?
판매자1: 어 할부로 하세요?
구매자1: 어 할부.
판매자1: 3개월이요?
구매자1: (---)
판매자1: 12만 5천 원. (---)
구매자1: 선물 하나 조야지?
판매자1: 제가 연락처 받아놓고 사은품
            나오면 연락드릴께요. 그때 제
            가 연락처 안 받아놨죠?
구매자1: 응.
구매자2: (---)
구매자1: 큰언니 여기서 바지 샀잖아.
            {구매자2: 어::}
판매자1: 그때도 따님얘기를 하시드라고.
            성함 어드케 되세요?
구매자1: 이정규. 이:: [정:: 규::
판매자1: [[정:: 규 [카드번호?
구매자1:   [[카드 번호 (---)
판매자1: 전화번호 (---)
<>
판매자1: 저희 사은품 이제 나올꺼거든
            요 지금은 아니구 쫌 있으면
            그때 저희가. 신상품 예쁜 거
            들어면 연락드릴께요.
<>
구매자1: 바지도 하나 사 입을까?
구매자2: 좋지 뭐.
구매자1: 어디서?
<>
판매자1: 송이야 큰 봉투 하나만 줘.
판매자1: 같이 넣드릴께요.
구매자1: 애한테 이 치마가 어때 언니야?
구매자1: 걷기가 불편해서.
구매자2: 아니야 에이 라인이야.
구매자1: 언니야 치마 치마 롱치마.
판매자1: 사이즈 몇 드려야 돼요?
구매자1: 28
구매자1: 그거 틀렸어.

판매자1: 근데 위에 회색{구매자1: 응}
            거기다가도 입어도 되고 하면
            {구매자1: 응} 요색이 낫죠.
구매자1: [이거
판매자1: [[몇이요 허리?
구매자2: 28.
판매자1: 28. [요거요.
구매자1:   [[이거 근데 그거네 속이
            없어?
판매자1: 요거요 있어요 손님{구매자1:
            응} 여기 단.{구매자2: 응} 단
            있어요 단.
구매자1: 뜨뜻하긴 요게 더 뜨뜻하것다.
            요건 좀 빡빡하고. 마찬가지
            순모야?
판매자1: 요걸로 입으셔야죠. 예 순모에요.
구매자1: 입어봐.
판매자1: 이쪽으로 오세요
((옷 입어본다))
<>
구매자2: 짝은가봐.
판매자1: 짝아요? 하나 위로 입어보실
            래요? 아이 안 짝은 데 끼세
            요?'뒤에 한 번.
구매자2: 여기가
구매자1: 골반이
판매자1: [어 힙이{구매자1: 응}
구매자1: [[여가 꽉{판매자1: 응}
판매자1: 하나 위로 입어보세요.
판매자1: 하나 위로 입어야 되것네. 아
            유 골반이 너무 (--)
구매자1: ((웃음))
구매자1: 은이야 이건 원피스래.
구매자2: 이렇게 뚱뚱해졌어.
판매자1: 원피스도 괜찮을 거 같애 새
            색시 이제 될 거니까 아직 결
            혼 안 했죠?
구매자2: 네.
판매자1: ((가벼운 웃음))
구매자1: 언니야 이건 또 (어떻게 해?)
구매자2: 요거 요거요?
판매자1: (깔끔한) 에이 라인이라 요거
            도 이뻐요. 요거는 66 입어도
            고거처럼 끼진 않아요
구매자1: 거 한 번 입어봐.{판매자1: 예}
구매자2: (---){판매자1: 예}
판매자1: (---)
구매자1: 아이 그거 틀렸다 응뎅이가 딱
            꼬져나와가지구.
<>
구매자1: 고 치마는 얼마야 또?
판매자1: (---)
구매자1: 왜냐믄 재가 원피스가 몇 개

있는데{판매자1: 예} 실용적이
지 (못하다는 거야.)
판매자1: 원피스는 원피스가 실용적이지
(--) 바지 입으면 은 이제 실
질적으로 시집에 가 저기 놀러
갈 때
구매자1: 그러니까 저 치마를 저렇게 하
나 사줘야
판매자1: 예 왜냐면 바지는 앉았다 일
어났다 불편해요.
구매자2: (---)
판매자1: 요거 입어도 괜찮아요. 지금 입
은 폴라랑{구매자1: 응} 요 치
마 원피스랑 딱 (맞겠네요.)
구매자1: 하이튼 걔 나오면 {※ 구매자2
는 옷을 입으러 들어감}
구매자1: 언니 결혼했어요?
판매자1: 예((웃음))
구매자1: 애기?
판매자1: 하나 있어요.
구매자1: 아들?
판매자1: 딸((웃음))
구매자1: 하나 더나.
판매자1: ((웃음))
구매자1: 딸 하나믄 안돼 더 나야 돼.
{판매자: ((웃음))} 아들구 딸
이구 하나 더 나야 돼.{판매
자: ((웃음))}
판매자1: 손주 있으세요?
구매자1: 그럼.
판매자1: 아유 좋으시겠네요.
구매자1: 아들 하나 있는데.
구매자1: 은이야 일루 와봐.
<>
구매자1: 으뜨니?
구매자2: (---)
구매자1: 응?
구매자2: (---)
판매자1: 힙이
구매자1: 틀렸구나. 어디 이르케 봐.
구매자2: (너무 너무---)
구매자1: 아구 틀렸어. 이거이거 아까 77
이라구 [그랬어?
판매자: [[77 예
구매자1: 이거 한 번 입어봐. 이거 한
번 입어보고 안돼면. 벗어. 애
가 힙이 크구나.
<>((구2는 옷 갈아입으러 들어rka))
판매자1: 너무 착해요 따님들이
구매자1: 우리 애들?
판매자1: 예.
구매자1: 아유 걱정이야.
판매자1: 보통 사람들 같지가 않아.

구매자1: 걱정이야.
판매자1: 왜 걱정이에요? 착한 (사람들)
(---) (※ 녹음이 제대로 안됨.)
판매자1: (---) 이건 여유가 있네.
구매자1: 아우
판매자1: 이게 주름이 이게 옆선이냐 뒷
선이냐
구매자2: 여기 뒷선.
판매자1: 뒷선 맞죠?
구매자2: 네.
판매자1: 근데 여가 왜 이렇게 들어가?
구매자2: (---)
판매자1: 어 요건 좀 치키셔야겠네 이
렇게 그죠?
구매자2: 허리는 쫌 (--)
판매자1: 아이 허리를 좀 줄여야 돼.
판매자1: 예 허리를 좀 쫄여야겠네요.
판매자1: 허리를 쫄이고 여기는 놔주구.
판매자1: 예 골반은 내리구.
구매자1: 응 그래야 되는구나 보니까
구매자2: 허리는 크구 (---)
구매자1: 벗어.
구매자2: (별루야 이거) {구매자1: 어}
판매자1: 별루 밤에 안 드세요? 저런 원
피스는 어떠세요 이거?
구매자1: 바지(--).
구매자1: 이게이게(--)
판매자1: 스판 이래서 묶는 거예요.
<>
판매자1: 그거는 앞에 이게 체형을 카
바 해 줄 수도 있고 그래서
좋아요. 배가 배를 여자 분들
은 배가 있으니까 배도 카바
해 주구 [지금 고 폴라에다가
구매자2: [(---)
판매자1: [[아니 입어봐.
판매자1: 요거 요 색상 입으믄 [딱 맞아요.
구매자1:   [[그래 한 번
입어봐. 치만 틀렸어.{판매자1:
((웃음))} 입으니까(--)
판매자1: 그러게요.
<>
판매자1: 근까 입으실 때 이렇게 입으시
면 돼요. 끈은 뭐 제가 나중에
(--) 제가 묶어드릴게 입구 나
와 부세요.
<>
(※ 잘 녹음이 되지 않았음.)
판매자1: 저희가 옷이 상품이 아이템이
너무 많아서 이렇게 너무 쫍
았었거든요 지난번에.
구매자1: (---)
<>

((구매자2가 옷 갈아입는다))
판매자1: 아닌 거 같애요?
구매자2: 예. ((웃음))
〈〉
구매자2: 아 아닌 거 같애요.
판매자1: 왜요?
구매자2: 이케 치마가 이렇게 이렇게 돼 가지구. 여기 허벅지에 살이 있어 가지구.
판매자1: 어:: 좀 타이트해요?
구매자2: 예.
구매자1: (---)
판매자1: 여기 넣어요.
구매자1: 같이 넣어?
판매자1: 예.{구매자1: 응}
〈〉
판매자1: 더 필요하신 거 있으시면 나 오세요 바지나 뭐.
구매자1: 많이 파세요.

〈자료 18〉

장 소:	남대문 시장
날 짜:	1998년 11월 4일
물 건:	옷
구매자:	구1, 구2: 20대(여)
판매자:	판1, 판2: 20대(여)
구매 여부:	구매 성립

구매자1: ((물건을 쳐다보며)) 이거 이쁘다. 근데 뽕이 너무 많이 들어 갔다. 뽕 안 들어가면서 (---) 저것도 뽕 많이 들어갔다. 뽕 안 들어가야 이게 좀 안 들어 갔는데.
판매자1: 뭐 찾는 거 있으세요?
구매자1: 예?
판매자1: 저기:: 속옷이요.
판매자1: 뽕 많이 든 거?
구매자1: 아니요. 뽕 안 들어가면서 잘 받쳐주는 거.
판매자1: 이거 이거. ((물건을 내보인다))
구매자1: 사이즈 B 있어요?
판매자1: 이거 비컵이요.
구매자1: 이게 B컵이에요?
판매자1: 응.
구매자1: 이건 얼마에요?
판매자1: 고거 만 원에 나가요.
구매자1: 만 원이요?
판매자1: 응
판매자1: 고거 [팬티
구매자1:   [[이거 늘어나지 않아요? 이거 [늘어나면 늘어지면 [자

꾸 늘어나던데.
판매자1:   [[이거   [[이거 입으면 여기에 탁 붙어서 안 그래요. 그리구 오래 입으면 아무래도 그렇지.
구매자1: 금세 늘어나가지구 (다---)
〈〉
판매자1: 그게 제일 괜찮은 건데.
〈〉
구매자1: 이게 이거죠?
판매자1: 네.
판매자1: 가격은 똑같고. 그거는 에이컵 비컵 다 돼요. 왜냐면은 이거는 약간 가슴이 넘치는 그런 스타일이야. 이게 4분의 3컵이니까. 이건 풀컵이고 다 감싸잖아. 이건 다 안 감싸. 무슨 말인지 알죠?
구매자1: 그러면 이것도 모아주고 (---)
판매자1: 모아주긴 모아 주는데 가슴이 다 들어가지는 않는 거에요. 무슨 말인지 알겠죠? 그니까=
구매자1: =예 아뇨 알겠어요.
〈〉
판매자1: 이게 참 잘 나가요.
〈〉
구매자1: 저 안쪽에 있는 거는 어때요?
판매자1: 아 저거요?
구매자1: 예.
판매자1: 저거도 비컵이에요.
구매자1: (--)거에요?
판매자1: 네
판매자1: (입어--) 레이스 예뻐요 어니. 와코루꺼 뒤로 나오는 거거든요.
〈〉
구매자1: 75에요?
판매자: ((고개를 끄덕거린다))
〈〉
구매자1: 팬티까지 하면 얼마에요?
판매자1: 팬티까지 만 칠천 원.
구매자1: 만 칠천 원이요. 팬티는 저 모양이에요?
판매자1: ((물건을 준다))
〈〉
구매자1: 색깔 어때? 이게 괜찮아. 흰색이 더 낫지 않나?
구매자2: 응. 이거 좋아.
구매자1: 괜찮지?
구매자2: 응.
구매자1: 괜찮은 거 (같애.) 근데 이게 여기가 모아져 있어야지 가슴이 안 벌어져
구매자2: [어떻게?

구매자1: [[나는 가슴이 커 가지구 이렇
　　　 게 되면은 가슴이 벌어지거든
　　　 [이렇게.
구매자2: [[어떻게 모아져?
<>
구매자1: 이거 라인 없는 팬티네.
판매자1: 네 팬티 라인 없구 원단두 되
　　　 게 좋아요.
<>
구매자1: 이거 흰색으로.
판매자1: 흰색으로 드려요?
구매자1: 예.
구매자1: 이게요 가운데가 쫌 붙어 있
　　　 는 건 없어요?
판매자1: 아 이런 가운데가 어떻게 돼
　　　 있다구?
구매자1: 아니 이거 흰색으로 하나 주
　　　 시구요.
판매자1: 예 팬티랑.
판매자1: 예. 팬티 하얀 거요?
(※판매자가 도중에 바뀜)
구매자1: (---) 여기 가운데가 쫌 붙어
　　　 있는.
판매자1: 붙어서 뭐 다 감싸는 거예요? 그
　　　 럼 이거 하세요.
구매자1: (지금 아까 다 봤는데 이거.)
판매자2: 이거잖아. 비컵은 언니 완전히
　　　 여까지 붙은 건 없어요.
구매자1: 어.
구매자1: 아니 이게 쫌 모아줘야지 덜=
판매자2: =이거는 모아주잖아요.
구매자1: 이거는 저기 팬티가 저거예요?
판매자2: 예 거들식이에요. 그거 팬티 싫
　　　 으시면 딴 거로 하셔도 돼요.
구매자1: 팬티 (---)
판매자2: 부라는 사이즈 75예요?
구매자1: 예
판매자: 이거 다 감싸주는 거잖아요 이
　　　 거(--)
구매자1: 아니 앞에는 모아주는 거
판매자2: 하시면 모아주죠.
<>
판매자2: 위에서 보세요. 디자인 요기 다
　　　 있거든요. 마음에 드시는 디자
　　　 인 말하면 빼드릴게.
<>
구매자1: 지금 이거예요? (---) 이거에
　　　 요? 이거에요?
판매자2: 어떤 거?
구매자1: 이거랑 세트가?
판매자2: 세트는 이거예요 거들 식.
<>
판매자2: 그거 싫으면은 이런 거 있구

　　　 요. 이거 있구. 요런 망두. 있
　　　 구. 요런 것두 있구.
구매자1: 망:: 이건.
구매자1: 이거 면이에요?
판매자2: 면처리는 다 돼 있어요. 실크
　　　 망이래서 되게 편해요.
구매자1: 레이스하면 안 어울리겠지?
구매자2: 응.
구매자1: 이게 더 낫겠지?
구매자1: 이건 얼마예요?
판매자2: 5천 원.
구매자1: 이거는?
판매자2: 이거 만 원.
구매자1: 만 원이요. 이게 더 비싸구나.
판매자2: 에 그게 레이스가 더 많으니까.
<>
판매자2: (---) 드려요?
<>
구매자1: 이런 건 어떻게 해요?
판매자2: 어느거요? 그거 2만 원이요.
구매자1: 저쪽에 있는 거 까만 거는요?
판매자2: 삼만 원.
<>
구매자1: 저거 지금 (--) 슬립하고 까운
　　　 이에요?
판매자2: 예
구매자1: 저건 얼마예요?
판매자2: 2만 5천 원, 2만 원, 4만 5천 원.
구매자1: 4만 5천 원이요?
판매자2: 에.
<>
구매자1: 예쁘긴 예쁘지?
구매자2: 어느 거?
구매자1: 저 까만 거.{구매자2: 어어} 슬
　　　 립하고 4만 5천 원.
구매자2: 맨 이쪽에 (--) 어 제일 예뻐.
　　　 이거랑 같은 거. [아니 다르구나.
구매자1: 　　　　　　　 [[아니지.
구매자2: 이거 아니야?
판매자2: 응 그거예요. 예 4만 5천 원
구매자1: 이거예요?
판매자2: 예 그거예요.
구매자2: 예쁘다.
구매자1: 아이 근데 치마는 너무 길다.
구매자2: 왜?
구매자1: 까운만 (---)
구매자2: 까운만 사 그럼.
판매자2: 바지 잠옷 있잖아.
<>
구매자1: 야 이거다 이거다. [저 바지두
　　　 있어요?
판매자2: 　　　　　　　　 [[예 그거에
　　　 요. 예 바지예요. 이거는 속에

바지 들어 있는 거.
구매자1: 이건 얼마예요?
판매자2: 3만 원
구매자1: 바지까지요?
판매자2: 예
구매자1: 남자가 입어도 괜찮나.=
판매자2: =남자 여자 다 공용으로 입는 거예요.
구매자1: 꽃무늬인데 이상하지 않을까?
구매자2: 괜찮어. 어이.
구매자1: 괜찮어.
구매자2: (크잖아)
판매자2: 사이즈 있어요.
구매자1: 사이즈 있어요?
판매자2: 에.
구매자1: 저기 까운 까운 좀 보여주실래요?
<>
판매자2: 남방식이에요.
구매자1: 까운이 2만 오천 원이에요?
판매자2: 에.
구매자1: 이거 그냥 물빨래하면 돼죠?=
판매자2: =에 손으로 물빨래하시면 돼요.
구매자1: 손으루요?
판매자2: 에.
구매자1: 세탁기에=
판매자2: =세탁기 돌리면 울어요. 실크가 들어가서.{구매자1: 아}
구매자1: 이거에다 그냥 슬립 같은 거 하나 사 입을까?
구매자2: 그래.
구매자1: 저 저 원피스 필요 없잖아.
판매자2: 그럼 따른 걸루 입으세요.
구매자1: 에이 그런 거 말구요 그냥 슬립 슬립이나.
<>
구매자1: 레이스는 저 까만 게 레이스는 너무 이쁜 데 치마가 이상하지. ((웃음)) 무슨 무대복 같애.
<>
판매자2: 그럼 저 하늘색깔로 색깔 따른 거 하실 수 있어요.=
구매자1: =근데요 하늘색인데 저건 길이가 너무 길잖아요. 짧은 걸룬 없어요?
판매자2: 짧은 건 이게 짧은 거지. 아까 저거 이거 긴 거.
구매자1: 아아 이거.
판매자2: 아니면 짧은 걸로 입으세요. 그것도 완전 짧진 않아요.
<>
구매자1: 밑에 이르케 돼 있는 거 너무 이상하지 않나?

구매자2: 그럼 이런 걸루 사든가.
<>
구매자1: 저런 무늬루 아까 그 무늬 같은 걸루 이건 없나보네. 짧은 거.
판매자2: 없어 없어.
구매자2: 여기 앞에밖에 없어. 뒤에는 아냐.
구매자1: 야 이거 맘에 안 들어. 그지?
<>
구매자1: 지금 저걸로는 긴 거밖에 없는 거죠?
판매자2: 에 원래 긴 거밖에 안 나와요. 짧은 건 안 나와요.
<>
구매자1: 저거는 길이가 어느 정도 돼요? 분홍 주황색.
판매자2: 주황색 완전 롱이에요.
구매자1: 롱이에요?
판매자2: 에.
구매자1: 저거 (---)
<>
구매자1: 지금 저 길이는 저 하얀색밖에 없어요?
판매자2: 에. 하얀 거 있구 꺼먼 거 있구.
<>
판매자2: 이거 이거. 찾는 게 요고하고 이거. 똑같은 거 에요.
구매자1: 펴 봐도 돼죠?
판매자2: 펴 보면은 끄내기가 힘든데.
<>
구매자1: ((펴본다)) 까맣다. 까만색이 훨씬 낫다. 저거는 무슨 발레복 같다.
구매자2: 긴 거 같은대.
<>
구매자1: 되게 길다.
구매자2: 묶어 그럼.
판매자2: 그거 끈 길이는 언니가 조절하시면 돼.
구매자1: 묶어서요?
판매자2: 에 속으로.
<>
구매자1: 되게 길다 이것두 응? 이게 삼만 원이에요?=
판매자2: =에 지금 세일해서 그런거에요 6만 원씩 나가던 거.
구매자1: 이게요?
판매자2: 에. 이태리 꺼에요 고거는.
<>
구매자1: 야 우리 옷 못사겠다. ((웃음)) 돈 다 썼어. 잠옷 사지 말라 그랬는데. 남자 바지 아까 그 거-

판매자2: 조런 색깔이잖아 남자 바지.
구매자1: ─아니 그니까 이걸루 제가
　　　　　 아까{판매자2: 어이} 꺼냈었잖
　　　　　 아요?=
판매자2: =이거
구매자1: 긴 바지─
판매자2: 사이즈 뭔데요?
구매자1: 사이즈요?
판매자2: 남자?
구매자1: 남자 그냥=
판매자2: =키 몇인데?=
구매자1: =칠십이요.
판매자2: 칠십이?
구매자1: 예.
판매자2: 칠십이믄은 엑스라지로 입으시
　　　　　 면 되거든요. 이거 라지니까 이
　　　　　 거보다 한 치수 큰 거 입으시
　　　　　 면 맞아요.
구매자1: 고걸로 주세요.
판매자2: 이걸루 드려요?
구매자1: 예.
<>
구매자1: 이거에요?
판매자2: 에. 엑스라지. 칠십이면은 고
　　　　　 거 입으시면 돼요.=
구매자1: =그리구 이거는 까운만 주실
　　　　　 꺼죠?=
판매자2: =에 까운은 원사이즈.
구매자1: 까운은 이걸루 그냥 가져가요?
판매자2: 에 그거밖에 없어요.
구매자1: 아 이거 [하나에요?
판매자2: 　　　　 [[에 지금 아까 다 나
　　　　　 갔어요.
<>
판매자2: 요거 슬립은 드려요?
구매자1: 슬립은 (더 안 깎아 주세요?)
판매자2: 아 이거는 더 [안돼요.
구매자1: 　　　　　　 [[안돼요?=
판매자2: =에 하나밖에 안 남았어요.=
구매자1: =지금 다 하면은 얼마죠?
<>
판매자2: 삼만 원 이만 오천 원 삼만 원
　　　　　 삼만 2천 원 그럼 십일만 칠
　　　　　 천 원
구매자1: 십일만 칠천 원이요?
판매자2: 에.
판매자2: ((다시 계산) 십일만 칠천 원.
구매자1: 잠깐만. 아까
판매자2: 고거 두 벌. 팬티 요 속에 두
　　　　　 개 들었(─)
구매자1: 이게 얼마였죠?
판매자2: 요거 만 칠천 원.=
구매자1: =만 칠천 원=

판매자2: =요거 만 오천 원하면 삼만
　　　　　 이천 원 [맞잖아.
구매자1: 　　　　 [[삼만 이천 원.
판매자2: 고거 삼만 원 삼만 원 이만 오
　　　　　 천 원 십일만 칠천 원.
<>
구매자1: 이거 똑같은 거지?
구매자2: [응.
판매자2: [[아 똑같은 거 에요 요기 앞
　　　　　 에 이케 단추 지금 단추 안
　　　　　 잠가놔서 (그렇지) 잠그시믄
구매자1: 더 디씨는 안돼요?
판매자2: 삼천 원만 빼드릴께요 언가
　　　　　 (───)
구매자1: 네?
판매자2: 삼천 원만 빼드릴께요. 더 지
　　　　　 금 다 완전 도매가격이거든요.
　　　　　 더는 안돼. 십일만 사천 원.
구매자1: 칠천 원인데 왜 (───) [칠천 원
판매자2: 　　　　　　　　　　　 [[아 칠천
　　　　　 원 그렇데 다 안 남아요. 도매
　　　　　 나가니까
<>
구매자1: 괜찮냐?
구매자2: 응? 니가 맘에 들어 사는 거
　　　　　 잖아.
구매자1: 안 물어보께. 너한테 안 물어
　　　　　 보께.
<>
판매자2: 이게 제일 작은 거니까 맞아요.
구매자1: 너무 많이 들어서. 이거 사지
　　　　　 마까?
<>
판매자2: 어떻게 다 드려요? 아니면 슬
　　　　　 립 빼드려요?
구매자1: 쫌만 더 깎아주세요.=
판매자2: =더 안돼요. 예? 돼면은 해드
　　　　　 리는데 더 안돼.
구매자1: 5천 원만 해주세요.
판매자2: 예?
구매자1: 오천 원.
판매자2: 아니 그렇게는 안돼. 지금 다
　　　　　 디씨 된 가격이에요. 그거 팔
　　　　　 아도 언니 손해요 우리 만
　　　　　 이천 원. 물건 더 나오지도 않
　　　　　 구.
구매자1: 차비하게 더 빼=
판매자2: =아니 오천 원 되면은 빼주
　　　　　 는데 안돼요. 되면은 [아까
구매자1: 　　　　　　　　　　　 [[이천 원
　　　　　 만 더 빼주시면 돼잖아요?
판매자2: 아니 되면은 빼주죠 언니. 되
　　　　　 면은 싸울 필요가 없죠.

224

판매자2: 다 싸게 도매로 드리는 거에
요. 거기서 삼천 원을 더 빼면
완전 밑지는데.
구매자1: 2천 원만 더 빼주세요.
판매자2: 안돼요 언니. 되면은 아까 오천
원 빼준다고 그러죠 차라리. 뭐
하러 삼천 원만 빼준다고 그래
요. 되면은 5천 원 빼준다구 그
러죠.
<>
구매자1: 그러면 이거 빼주세요.
판매자2: 삼만 원만. 팔만 칠천 원이에요.
판매자2: 삼만 원 뺐으니까.
구매자1: 2천 원 안 빼주세요.
판매자2: 예?
구매자1: 2천 원 안 빼주세요. 슬립에서
는 안 남는다고 했잖아요.
판매자2: 주세요 팔만 오천 원. 아 언니
땜에 따른 손님 못 받았잖아.
<>
구매자1: ((돈을 주며)) 팔만 오천 원.
판매자2: 예. 예
판매자2: 안녕히 가세요
구매자1: 예.

<자료 19>

```
장  소: 남대문 시장
날  짜: 1998년 11월 4일
물  건: 옷
구매자: 구1, 구2: 20대(여)
판매자: 30대(남)
구매 여부: 구매 성립
```

구매자1: 아저씨 저 앞에 있는 슬립이
요 따른 색깔은 없어요?
판매자: 어느 거요? 거 옆에 있잖아요.
구매자1: (---)
판매자: 따른 거 없어요.
구매자1: 따른 거 없어요?
<>
구매자1: 근데 이런 거는 너무 길지 않
냐 내가 치마 짧게 입잖아.
구매자2: 이런 건 어때?
구매자1: 이런 거 입을까?
구매자2: 어
구매자1: 아저씨 이건 얼마에요?
판매자: 이만 오천 원.
구매자1: 예?
구매자2: 이만 오천 원.
구매자1: 이만오천 원이요.
구매자1: 속치마로 입어도 되겠지?
구매자2: 응.

구매자1: 원피스에 입어두.
<>
구매자1: ○○아 ○○아 이건 너무 긴
가? 와코루라고 써 있는 거.
구매자2: 아니 안 길어.
구매자1: 안 길어?
구매자2: 엉. 안 길어.
구매자1: 내가 입으면 길 거 같은데. 무
릎까지 내려올 거 같은데. 찢어
진 치마 입으면 못 입을 거 같
애. 그냥 보기엔 저게 훨씬 예
쁘지?
구매자2: 근데 옷 붙는 거 입으면 저런
게 나. 저거는 퍼져서 주름이
지잖아.
<>
구매자1: 이게 제일 낫니 그중? (완전)
꽃무늬구. 이거는 약간 타이트
하게 붙는 거구. (--에서) 밖
으로 퍼지잖아. 위가 (---)
구매자1: 다트 있잖아.
구매자2: 다트 있네. 이거는 속치마루 입
겠다. 이건 너무 길겠다. 나한
테 길어.
구매자2: 이게 제일 낫다.
<>
구매자1: 아저씨 저거요.
판매자: (---)
구매자1: 에? 이거요. 색깔 다 있어요?
판매자: 껌정하구 (있잖아요).
구매자1: 껌정이요?
구매자1: 껌정색이 어느 거에요?
구매자1: 껌정색 사까?
판매자: 그러던가.
구매자1: 껌정색 주세요. 껌정이요.
판매자: 껌정으로 줘요?
구매자1: 예.
<>
판매자: ((물건을 준다)) 껌정색 하나밖
에 없네.
구매자1: 아이 치 밖에 있는 거 오늘 다
걷어가네.
<>
구매자1: 싸 있는 게 없어요?
판매자: 싸이즈 프리.
구매자1: 아이 싸여 있는 게 다 나갔어요?
판매자: 에.
<>
판매자: 왜?
구매자1: 아저씨 불만 있는 사람 같애
가지구 툴툴대요.
구매자2: 응 됐다 길이두.
구매자1: [치마 치

판매자: [[불만이 어딨어요?
구매자1: 예↗
판매자: 제가 불만이 왜 있어요?
구매자1: 뭐라구?
판매자: 제가 불만이 왜 있냐구?
구매자1: 아니 아저씨 말 말하는 게 툴
　　　　툴 툴툴거려서.
판매자: 원래 소매는 내가 신경 안써요.
　　　　사가던 말던.
구매자1: 사가던 말던이요
<>
구매자1: 거 안 사갈까부다.
판매자: 안 사가두 상관없어요 뭐 어때
　　　　요. 내가 뭐 판다구 억지루 판
　　　　다구 가져가나.
구매자1: 사이즈 상관없지?
구매자2: 어.
<>
판매자: 이 시간 되면 도매들이 바빠 가
　　　　구.{구매자1: 예}
구매자1: 이거 하나 주세요.
<>
구매자1: 낮에 와야 겠다.
판매자: 왜요?
판매자: 낮에 오면 더 비싸지.
구매자1: 비싸요? [낮에 오면 얼마에 팔
　　　　　아요?
판매자: 　　　　[[그럼요.
판매자: 낮에는 따로 또 있어요. 낮에
　　　　소매하는 아줌마가.{구매자1: 아}
　　　　저는 도매만 하고.
<>
판매자: 뭐 틀어나. 노래 듣고 있는 거
　　　　에요?{구매자2: ((웃음))}
구매자1: 수고하세요.
판매자: 네.
<>
구매자1: 아 속옷은 다 샀다. 이제 내
　　　　원피스만 사면 땡이다.

<자료 20>

```
장  소: 남대문 시장
날  짜: 1998년 11월 4일
물  건: 옷
구매자: 구1, 구2: 20대(여)
판매자: 40대(여)
구매 여부: 구매 성립
```

구매자1: (---)
판매자: (---) (지금 많이 하는 거에요)
구매자1: 너무 길거잖애. 나한테 안 맞
　　　　을 거 같애.

판매자: 요곳도 좀 짧고.
구매자1: 이게요?
판매자: 예.
판매자: (---)
구매자1: 길이가 어느 정도 돼요?
판매자: (---)
구매자2: 방 쓸고 다니겠다.
구매자1: 집에서 질질 끄시고 다니겠다.
구매자2: 좀 짤러 사서.{구매자1: 어↗}
　　　　아 [레이스가 달렸구나.
판매자: 　　[[이거를－
구매자1: 어떻게 짤러?
판매자: －짤르는 거를 짤르질 말고 세
　　　　탁소 가서 요로케 해서 싹 대
　　　　려갖구{구매자1: 그렇겠다} 요
　　　　기다 스티치 때려달라구 그래
　　　　요 그러면 이러케 덧입은 느낌
　　　　{구매자: 아::응::) 그러면은 오
　　　　히려 더 이뻐요. 짤라서 이거
　　　　프릴 넣고 그를래믄 돈 더 들
　　　　구 그냥 이러케 접어서{구매자
　　　　1: 응} 기장 원하는 만큼 요로
　　　　케 해갖구 싹 때려주믄 속에다
　　　　속치마 덧입은 느낌.=
구매자1: =난 이게 더 이뻐.
구매자2: 자주색?
구매자1: 아니 저게 더 예쁜 거 같애.
구매자2: 쥐색?
구매자1: 엉.
판매자: 요것도 다 그런 식으로. 이런
　　　　건 다 짤라 버리면 돼구.
구매자1: 저건 속에 치마가 들어갔구나.
구매자2: 자주색 못 입는다구 그랬지.
구매자1: [[어떡 해요?
판매자: 다 달라요. 디자인마다 가격이
　　　　다 달라요.
구매자1: 이게 지금 그 디자인이죠?
판매자: 예.
구매자1: 이 색깔이 더 예쁘지 않나?
판매자: 다 예뻐요.
구매자1: 이 색깔도 예쁘다. 볼수록 다
　　　　예쁘네. 이게 더 낫어?
구매자2: 응 겨울이니까 이게 더.
<>
구매자2: 이것도 이쁘지 않어?
구매자1: 어 이것보다 이건 다 입어야
　　　　되잖아{판매자: 그럼요} [속에다.
　　　　(걸쳐입어두 되고)
판매자: 　　　　　　　[[요것
　　　　만 입어도 되고. 깔끔하고 이
　　　　쁘고.
판매자: 지금 요 디자인도 귀엽고 이뻐
　　　　요 지금.{구매자1: 어}

구매자2: 저 디자인보다 요게 더 이뻐.
구매자1: 괜찮다. 이건 너무 단순하다 지금. 프릴 달렸구. 예쁘기는 난 이게 제일 예쁜데. 예쁜데 응 못 입잖아.
구매자2: 귀엽잖아 리본 달리구{구매자1: 그니까}
구매자1: 못 입잖아.
구매자2: 근데 이거는 하얀 거 때문에
구매자1: 응 하얀 거 때문에 받쳐 입기. 이것두 속에 들어 있어요?
판매자: 이거 속치마를 다 덧입혀 이렇게 그냥 따로 입은 거예요.
구매자1: 아 따로 입구 아 [단추 단추만 벌인거구나
판매자: [[다 따로 입구 잠궈만 놓을거에요 그냥. 상관없어요. 단추
구매자2: 그럼 이거 사.
구매자1: 이게 훨씬 예쁘다.
구매자1: 근데 색깔 이거 말구 딴 색은 [없어요?
판매자: [[베지색.
구매자1: 예. 이건 얼마에요?
판매자: 고건 사만 팔천 원이요.
구매자1: 에((놀람)) 장난이 아니다. 거 덜 나겠다 야. 거깃다 올려놓지 마. 잠깐만요. 어 이거는 프릴이 안 달렸어요?
판매자: 아:: [그거는-
구매자1:   [[리본이요?
판매자: -리본이요::{구매자1: 예} 요걸로 하는 거에요 요걸로.
구매자1: 어 리본을 앞에다 대야 되는 거에요?
판매자: 그렇게 해도 되구 그냥 뒤루 끈으로 묶어두 되구 그래요 요런 거는.{구매자1: 어} 두 개 같이 껴서 리본으로 하는 거.{구매자2: 으음}
구매자1: 이게 더 예쁘겠다 그치 응. 리본도 (---)
판매자: 지금 다 리본이 끈 갖구 이키 코디한 거에요. 이런 식으로{구매자1: 어:}
구매자1: 프릴이 더 예쁘지?
판매자: 요거 하세요. 손님한테는 요런 디자인이 더 이쁠 거에요.
구매자1: 저기 이거에두 지금 이거처럼{판매자: 그렇지요} 프릴 있어요?=
판매자: =예. 요것두 다 프릴이에요.
구매자1: 위에 있는 게요?
구매자1: 다 꺼내네.

판매자: 색깔은 이르키에요. 네 칼라.
구매자1: 이게 제일 낫지?
판매자: 요거 하세요.
구매자1: 초록색은 너무 초라해 보여.
판매자: 요기 또 소매두 줄일 필요가 없어요. [꼬무줄이기 때문에-
구매자1:   [[정장보다 더 비싸겠다.
판매자: -꼬무줄이기 때문에 그냥 이르케 올리면 돼요.
구매자1: 아 이걸로.
판매자: 예 그래서 손님한테는 고게 딱 좋을 거예요.
<>
판매자: 기장두 안 줄여두 될 꺼야 고게 기장이 쪼금 짧게 나와 가지구.
구매자2: [안 줄여두 될 거(-).
구매자1: [[그래두 쫄여야 될 거 같은데.
판매자: 아니요 입으믄 입어가꾸 끈으로 해 노면은 안 줄여두 될 꺼에요.
구매자1: 이게 여까지 어깨까지 올라가지 응.{구매자2: 응}
판매자: 그렇게 해서 요로케 해노면은 딱 맞을 거예요. [요걸루 하세요.
구매자1:   [[질질 끄실 것 같은데.
판매자: 요런 건 기장 줄이기두 좋아요. 그냥 이르케 집어느쿠.
<>
구매자1: 지금 입으신 거:: 아니구나.
판매자: 이거는 오픈이에요.
구매자1: 이건 얼마에요?
판매자: 사만 오천 원.
구매자1: 이것두 사만 오천 원이요?
구매자1: 어 이거는 꽃무늬 아닌대요?
판매자: 예/
구매자1: 제가 무늬 있냐구 물어봤더니 꽃무늬 아닌데.
구매자2: [꽃무늬 아니구 이거잖아.
판매자: [[(---) 이거에요.
구매자1: 나 밑에 무늬 있는 건줄 알았는데.
판매자: 그거는 이거구.
구매자1: 프릴은 이게 예쁜데
판매자: 나염 있는 건 요 디자인이지.
<>
판매자: 나염을 하고 싶으믄 요거 하세요.
구매자1: 아니 꽃무늬가 더 예쁜데.
구매자2: 꽃무늬 사.
구매자1: 그치?
<>
구매자2: (---)

구매자1: 어↗

구매자2: 줄여 쫌.

판매자: 고것도 줄일 때 아까같이 [고로케 줄이믄 되구.

구매자1:   [[이렇게 해 봐.

구매자1: 일어나봐 한 번 보게. 걸려있는 거 하고 다르잖아. 호호 아줌마 같지 않냐?

구매자2: 아니야.

판매자: 전혀 아줌마 같지 않아요.

구매자1: 호호 아줌마 같애.

구매자2: 아줌마 되려고 사는 거잖아. 새댁이 아줌마지 뭐야.

판매자: 입으면 이쁠 거에요. 귀여울 거에요.

구매자2: 어 꽃무늬가 나.

<>

판매자: 고거 넣어 드릴까요?

((구매자 다른 물건을 또 고른다))

<>

판매자: 이 모양도 이쁘기는 한데 이거는 꼭 티를 입든 브라우스를 [입어야 되니까 번거롭잖아요 하나만 입지.

구매자1:   [[그니까요 이게 보기에는 어 젤 이쁜데.

판매자: 대신 이런 거는 더우면은 속에 반팔을 입어두 되구 뭐 또 그른 건 있어요. 계속 입어지구. 요거 요 원단으로 하면 사계절 입어요. 요거 요런 건. 여기 검정하고 요거하고 두 칼라 있어요.

구매자1: 아:: 겨울 원단 아니구 그냥 원단으로.

판매자: 예 요즘은 다 입어요. 아파트 이런 데서 입기 땜에 이거 계속 나가요. 요즘에도 우리가 나염 찍은 게 없어서 끝내는 거지 소재로서는 겨울에도 다 입어요 봄여름.

구매자1: 이건 색깔이 너무 안 이쁘다 그지 응. 안 어울리잖아.

판매자: (카키색) 대신에 밝은 색 입어 줘야지.

구매자1: 그치 응.

<>

구매자1: 어떤 게 날까?

구매자2: 응?

<>

구매자2: 어차피 이천으론 겨울밖에 못 입으니까

구매자1: 이게 편하지.

구매자2: 응.

구매자1: 편하겠지?

구매자2: 응.

판매자: 요거 하세요.

구매자2: 시집살이를 언제까지 할려구.

구매자1: 어↗

구매자2: 겨울에만 이렇게 입구 봄부터 그냥 편한 옷 입어.

판매자: 맞아요.

구매자2: 하나 갖구 가을 겨울 입을 일이 아니니까.

구매자2: 처음이니깐 그냥 이런 거 입지.

판매자: 이런 거 가까운데는 뭐 걸치구 가디건 같은 거 걸치구 외출해두 좋구.

구매자1: 아 (여기 단추 ---)

판매자: 네 다 단추처리를 했어요.

구매자2: 되게 좋다.

구매자1: 이거 리본은 묶는 거잖아 뒤에 뒤에는 묶을려면 또 리본이 꺼야 돼잖아.

판매자: (---) 이거 리본으로두 하구 머리끈으로두 하구 그래요. 요거 소매는 길면 단추 끼워서 그냥 걷으면 카우스가 돼요 요르키. 소매가 전혀 줄일 필요가 없어요.

<>

판매자: 두 개 하세요. 고건 고것대로 (---)

구매자1: ((웃음)) 에이 두 개 할 수 (---)

판매자: 고 디자인이 입으믄은 아주 (여성스러워요.)

<>

구매자1: 4만 오천 원이요?

판매자: 이거는 사만 팔천 원이에요. 무지가 4만 5천 원. 나염은 나염비가 있어서 비싸요. 우리 집에서 고 디자인이 제일 비싸요.

구매자1: 이게요?

판매자: 예.

판매자: 요거는 또 4만 칠천 원이에요. 다 전체 나염이 되구 이게 원단이 쪼끔 들 들어가요. 그게 제일 많이 들어가구. 그래서 같은 제품이라두 천 원 차이가 또 나요. 이게 밑단이 프릴이 거의 한마가 들어가거든 프릴 없는 게 쪼끔 싸구. 고른 거 차이가 좀 있어요.

<>

구매자1: 이게 4만 칠천 원이요?

판매자: 팔천 원.

228

구매자1: 이게 4만 팔천 원이요?
판매자: 요게 4만 칠천 원.
구매자1: 이↗((놀람)) 처음엔 사만 오
　　　천 원이라구 그러셨
판매자: 사만 오천 원 무지. 무지는 다 4
　　　만 오천 원이에요. 요거 오픈하
　　　구 오픈 아닌 거하구 또 가격
　　　차이가 나요. 터진 거 하고 막힌
　　　거 하고. 같은 뭐야 무지래두.
　　　더 안 받아요. 요런 거가 다 4만
　　　오천 원이에요 요런 거. 이 원단
　　　에다 나염한거니까 나염비가 야
　　　근당(?) 2천 원씩 더 비싸요.
　　　(---) 입어 보시구 맘에 안 들
　　　면 바꿔 가세요. 신상품이니까.
구매자1: 아 어지러워.
구매자2: 돈 내야지.
구매자1: 돈 낼꺼야 그냥 안가.
< >
구매자1: 아아 맨 첨에 4만 오천 원이
　　　라고 그러셔서=
판매자: =그거 이거 물어봤잖아요.
구매자1: 근데 요기 다시 물어봤을 때
　　　[4만
판매자: [[요게 3만 오천 원 요거는 [잠
　　　바스커트
구매자1: 　　　　　　　　　[[아
　　　이건만.
판매자: 아 요것만 [삼만 오천 원.
구매자1: 　　　　[[삼만 오천 원이요?
판매자: 예 블라우스 2만 5천 원.
구매자1: 음.
판매자: 다 그래요.
구매자1: 이것두 삼만 오천 원이에요?
판매자: 그렇죠. 이건 소매가 없는 거잖
　　　아.{구매자1: 어} 잠바스커트니
　　　까 원단이 훨씬 들 들어가지.
구매자1: 원단.
판매자: 원단에 따라서 디자인에 따라
　　　서 달라요. 삼만 5천 원 이게
　　　제일 싸요. 잠바스커트니까
< >
판매자: 요거는 블라우스까지 같이 끼
　　　어 6만 2천 원이야.
구매자1: 저 쫌 뚱뚱해보일 것 같지 않
　　　냐? [봐봐.
판매자: 　　　[[아니 전혀 안 뚱뚱해 보
　　　여요.
구매자1: 가슴이 큰데.
판매자: [그렇지 않아요.
구매자1: [[큰 편인데.
판매자: 뚱뚱해 보이거나. 고 몸매에 뚱
　　　뚱해 봤자 다 솔직히.

구매자1: 이런 게 좀 덜 뚱뚱해 보이긴
　　　할 것 같은데.
< >
판매자: 오히려 그게 그 디자인이 젤
　　　날씬해 보여요. 요거는 요 밑
　　　에서 샤린이 쪼금 약간-
구매자1: 퍼져요?
판매자: -볼륨 있어 보여요.
구매자1: 아 이건 [저거는
판매자: 　　　[[이건 샤린이 아니잖아.
구매자1: [그냥
판매자: [[여기에서 그냥 바이어스 떴거
　　　든. 요기만 살짝 샤린 넣났지.
　　　{구매자1: 어}
< >
구매자1: 아 큰일 났네 돈 다 쓰네.
< >
구매자1: 가방도 못 샀는데.
< >
구매자1: 4만 팔천 원이요?
판매자: ((고개 끄덕임))
< >
구매자1: 만 원짜리밖에 없는데.
판매자: 만 원짜리 주세요.
구매자1: 안돼요?
판매자: 만 원짜리 주세요 거슬러드릴
　　　께요.
구매자1: 칠천 원에 해주세요.
판매자: 우리도 도매거든.
구매자1: 네.
< >
구매자1: 이거 그냥 물빨래하는 거죠?
　　　(세탁기에 돌려두 돼죠?)
판매자: (예)
구매자1: 다 샀다 가자.
판매자: (---)
구매자1: 네.

<자료 21>

장　소:	남대문 시장
날　짜:	1998년 11월 4일
물　건:	가방
구매자:	20대여)
판매자:	20대(남)
구매 여부:	구매 실패

판매자: 여기가 진짜 왕 싼데 왕 예↗
　　　진짜 싸게 드릴게 예↗
구매자: 잠깐만 구경.
판매자: 구경만 한 번 하십시오.
구매자: 안 사도 돼요?
판매자: 안 사도 됩니다.

구매자: 저기 여행:: 가방 이건 너무 큰
　　　　가? 이거 차에 들어가요 트렁
　　　　크에?
판매자: 그럼요.
구매자: 이런 건 어떻게 해요?
판매자: 요거요?
구매자: 예.
판매자: 9만 오천 원.
구매자: 9만 오천 원이요?
판매자: 예.
구매자: 아뇨 안 꺼내 보셔도 돼요.
판매자: 싼 거 찾으세요? 좀 좋은 거
　　　　찾으세요?
구매자: 좋은 거요.
판매자: 좋은 거요. 한 얼마짜리 찾으세요?
구매자: 이정도면 돼요.
판매자: 요건 혹시 어떠세요 요거?
구매자: 어 이것두 괜찮다.
판매자: 360도 회전에{구매자: 예} 배는
　　　　기아식이면서 색깔도 잘 나왔
　　　　고 요렇게도 끌구요 요렇게도
　　　　끌 수 있게끔 나온 거거든요. 제
　　　　품은 많이 나갔어요.
구매자: 이건 얼마에요?
판매자: 십오만 오천 원.
구매자: 에. ((놀람)) 십오만 오천 원이요.
판매자: 내가 왕싸게 준다 그랬으니까
　　　　맘에 드는 거 일단 고르세요.
　　　　고르면 내 싸게는 드릴테니까.
구매자: 아니 못 들구 가요 오늘.
판매자: 뭘 못 들구 가요? [아
구매자:　　　　　　　　　 [[제가 저보고
　　　　사라고는 했는데-
판매자: 아니 이거는 끌구 가는 거.
구매자: -제가 지금 사서
판매자: 아니 트렁크에 쑥쑥 들어가구
　　　　가벼워요 무거울 거 같애두.
구매자: 차 안 갖고 왔어요 운전 못해
　　　　(-).
판매자: 쑥쑥 들어가요 요즘 많이 나가
　　　　는 거 다 그렇게 가져가는데
　　　　(---) 내가 그래서 진짜 왕싸
　　　　게 드린다고 그랬으니 최대한
　　　　싸게 드릴꺼야 드리기는.
구매자: 이 얼마라구요?
판매자: 십오만 오천 원인데 싸게 드릴게.
구매자: 십오만 오천 원이요?
판매자: 예. 지금 내가 택시비정도는 뽑을
　　　　정도로 해드릴게. 되겠습니꺼?
구매자: <>
판매자: 장사가 하도 안돼서 웬만하면
　　　　내가 잘해드려서 해드릴려구.
　　　　[배달두 해드리니까 아니

구매자: [[저는 산다고 그러면 와서 꼭
　　　　사거든요 그러니까.
판매자: 오시면 더 싸게 드리는데. 그때
　　　　오셔도 되고{구매자: 예} 지금
　　　　하신다고 하면 택시비 뽑아 질
　　　　정도로 해가지고.
구매자: 다시 와서 그때 그럼 얼마까지.
판매자: 솔직히 말하면 흥정이라는 건
　　　　사실 때 하시는 거거요.{구매
　　　　자: 응} 이게 에이비에스가 있
　　　　구 프라스틱 두 가지가 나와요.
　　　　[[그니까) 쉽게 얘기해서-
구매자: [[아 프라스틱하고 에이비에스
　　　　가 달라요?
판매자: -예 재질이 두 가지가 나오는
　　　　데 소비자들이 봐서는 전혀 모
　　　　르구요{구매자: 어::} 프라스틱
　　　　이 요즘 너무 잘 나오니까. 근
　　　　데 에이비에스는 이상하게 생각
　　　　하지 마세요. 요거는 요 정도의
　　　　파일 강도가 되거는요 아이구.
구매자: 어:: [안 떨어진.
판매자:　　 [[예 엄청 튼튼하거든요. 그
　　　　대신에 가격은 좀 쎈거죠. 제품
　　　　이 좋으니까.
구매자: 아까 앞에서 봤던 거랑 [다르다
　　　　는 거죠 재질이?
판매자:　　　　　　　　　　　 [[고 건
　　　　프라스틱. 예. 예. 그때 오시면
　　　　많이 싸게는 드리는데.
구매자: 이 이런 걸루 함가방두 해요?
판매자: 함가방하구 나서 신혼여행 [가방
　　　　도 같이
구매자:　　　　　　　　　　　 [[예
　　　　그렇러구요.
판매자: 요런 게 젤 많이 나가.
구매자: 잠깐만 돈이 없는 거 같애 아
　　　　까 [다 써갖구. 아니 없어요.
판매자:　 [한 번 보세요. 내가 웬만하
　　　　면 잘 해드릴게.
(※뒤에 짤림)

<자료 22>

장 소: 남대문 시장
날 짜: 1998년 11월 4일
물 건: 옷
구매자: 구1, 구2: 20대(여)
판매자: 판1: 50대(남), 판2: 50대(여)
구매 여부: 구매 실패

판매자2: 어디 찾으세요? 여기 여기 많
　　　　 잖아요. 100퍼센트 도매에요. 100

퍼센트 도매.

〈 〉

판매자1: 색깔이요 무슨 색을 원하시는
데? 흰색서부터 껌정까지

구매자1: 벽돌색인데

판매자1: 요색 말고. 쪼끔 빨간 게 있고.

구매자1: 아니 빨간 거 말고 벽돌색이요.

판매자1: 아 벽돌색. 저 색을 말씀하시
는 건가 부다.

판매자1: 이런 색은 아니고?

구매자1: 이거는 황토색이고.

판매자1: 이 색깔이 아니면은 이 색깔
이에요? 저기 저기 저 정도
색? 이 정도 이 색도 아니고?

구매자1: 예.

판매자1: 이 색?

판매자2: 이런 것도 아니고 요것도 아
니고?

판매자1: 다 나왔는데.

〈 〉

판매자1: 이 정도 색이면 다 나와 있는
거거든.

구매자1: 이렇게 빨갛지는 않았는데 벽
돌색 아니지 그렇지?

구매자2: 자주색 저거 아니야 저런 거.
팥죽색?

구매자1: 약간 좀 밝은:: 이거랑 이거
중간 정도.

구매자2: 이거?

구매자1: ((웃음))

구매자2: 없어?

판매자1: 이 색상 이쁜거에요.

구매자1: 네. 벽돌색(--)

<자료 23>

장 소:	남대문 시장
날 짜:	1998년 11월 4일
물 건:	옷(남방)
구매자:	구1, 구2: 20대(여)
판매자:	판1: 50대(남), 판2: 50대(여)
구매 여부:	구매 성립

((물건을 보며 다시 첫 번째에 본 가게
로 옴))

판매자1: 이 색깔이 이뻐요.

구매자1: 이 이게 아닌데.

구매자1: 근데 중요한건 사이즈를 몰라.
[바보 아냐

판매자: [[싸이즈는 허리하고 키만 알
면 돼요.

((구매자 물건을 본다))

〈 〉

구매자1: 근데 이렇게 (작--)

판매자1: 일딴 사이즈는 멧이에요? 허
리하고?

구매자1: 30이요.

판매자1: 30이요?

구매자1: 네.

판매자1: 키는?

구매자1: 72요.

판매자1: 72?

구매자1: 네.

판매자1: 정확하게 100사이즈네.

구매자1: 100이요↗

구매자1: 전엔 95도 입었는데. [요즘에
살쪄가지구

판매자1:   [[95도
입죠. 95를 입으면은{구매자1:
네} 따악:: 끼는 거지.

〈 〉

구매자1: 요 와이셔츠는 어떻게 해요?

판매자1: 만 원씩 도매 드려요.

판매자1: 만 원씩이요?

판매자1: 예. 요런 [색깔도 있어요.

판매자1:   [[싸구나.

판매자1: [싼게 아니구 만 이천 원에 받
아야 되는데

판매자1: [[근데 제가

판매자1: 백화점에서 되게 예쁜 색깔 봤
는데 (그게 없어)

구매자2: 저 색깔이 예쁘지 않냐?

구매자1: 어↗ 어.

구매자2: 저 저((손가락으로 물건을 가
리키며))

판매자1: 저거는 요기 있는 거는 만 오
천 원

구매자1: 저게 더 이쁜거 같애

구매자2: 색깔이 [이거는 좀 진한건데

판매자1:   [[요긴는 는 만 오천
원짜리 다림질이 필요 없는 거

구매자1: 이게 더 이쁜 거 같애.

구매자2: 그렇지 않어?

구매자2: 따블 미색 95줘 주세요.

판매자1: 예?

판매자2: 95 따블 미색 95.

판매자1: 미색.

구매자1: 이거는 너무 튀어.

판매자1: 근데 회색도 있다.

구매자2: 이것두 있다. 이것도 예쁘다 응?
양복이 무슨 색인데?

구매자1: 양복 회색. 이이 색깔보다 쫌
더 짙어. 그래서

구매자2: 그럼 이런 색 어울리지 않어?

구매자1: 어 이색 샀어.

구매자2: 이색?

구매자1: 근데 이게 훨씬 예쁘다.
구매자2: 이게?
구매자1: 이이 저것도 예쁘고.
구매자2: 옷감이 훨씬 낫지?
구매자1: 응.
구매자2: 고급스러워 보이지?
구매자1: 이것두 예쁘구. 이거는 [근데 좀 그렇게
구매자2:   [[저 기 저기 있잖아.
구매자1: 저게 더 낫다 저게
구매자2: 응 저색
구매자1: 이게 이거니?
구매자2: 아니 아니 [저 회색
구매자1:   [[아저씨 저 색깔 좀.
판매자1: 요거는 요 종류에요.
구매자1: 그니깐.
구매자2: 이 색깔.
구매자1: 이거랑{구매자2: 음} 이것두 예쁘지?
구매자2: 음.
구매자1: 근데 이거는 넥타이 이거 와 이셔츠 뒤에다 입어? 맞춰 입기가 그렇다.
구매자2: 아니 넥타이를 무슨 색 입냐구?
구매자1: 엉.
구매자2: 물어봐. 아저씨 이런 거는 양복 무슨 색 입어야 돼요?
판매자1: 요거요?
구매자1: 네
판매자1: 요거는 찐한 거부터 연한 거 까지 다 어울리죠.
판매자: [이게 지금 이거거든요.
구매자1: [[이거는 맞춰 입기가 좀 그래.
판매자1: 요게 [맞춰 입는데-
구매자1:   [[맞춰 입을 수 있어요?
판매자1: -맞춰 입기가 제일 편하죠.
구매자1: 제일 편해요? [넥타 넥타이는 뭘 매고요?
판매자1:   [[원래 흰색하고 넥타이요?
구매자1: 네
판매자1: 넥타이는 요기에다가-
구매자1: 저기다 한 번.
판매자1: -저기 검정 검정 땡땡이 해 도 되고.
구매자1: 땡땡이 같은 건.
판매자1: 원래 땡땡이 같은 건 별로 안 좋아 보이지만은{구매자1: 예} 이뻐요.
판매자1: 요런 거 붙이면은.
구매자1: 단색.
판매자1: 단색도 괜찮구.

구매자2: 저런 거도 이쁘겠다 저런 거 까만 거.
구매자1: 저런 까만 거.
판매자1: 원래 이게 [조끼를 하기 때문 에 포인트를 포인트를 하거든요.
구매자1:   [[저 저 저거 한 번 줘 줘 보실래요 저기에 이렇게
구매자2: 이렇게도 이쁘구. 아니면 아예 저렇게 꽃무늬 같은 거 {판매 자1: 요거요거} 있는 거 [있잖 아. 아니 요즘에 다 단색으로 해 다 단색으로.
구매자1:   [[아 유 야 단색으로 해.
판매자1: 단색으로 요러 요런 거 저기 와인칼라루 [많이 하는데.
구매자1:   [[회색 회색-
판매자1: 회색으로도 하죠.
구매자1: -회색 넥타이는 어때요? 이 거에 맞는 넥타이
판매자1: 고거에다 맞추실 거? 이거에 다 맞추실 거?
구매자1: 이거에두 이것 너무 튀지?
구매자2: 음 좀 튀는데.
판매자1: 고것도 상관없어요.
구매자1: 이거는 안 이쁘다.
판매자1: 고런 게 이쁘면은 요런 칼라요.
구매자2: 음 저런 거 예뻐.
구매자1: 그래요?
구매자2: 하는 거 봤어.
구매자1: 누가?
구매자2: 아니 그냥 지나다니면서 하는 사람
판매자1: 요게 인제 두 가지거든요.
구매자1: 정말?
구매자2: 응.
판매자1: 요렇게 연한 거 있구요. 요렇 게 또 찐한 거
구매자1: 이 넥타이는 어디 꺼에요?
< >
구매자2: 이게 더 이쁘다
구매자1: 이게 더 예뻐?
< >
판매자1: 찐한 게 어울리죠. 고기는 찐 한 것도 어울리지만 여기는 연한 것도 어울리고.
구매자2: 음 여긴 이게 어울려.
판매자1: 그래서 요거 하나 가지구두 다 쓰실 있고(--)
< >
구매자1: 괜찮어?
구매자2: 응.
구매자1: 이게?

232

<>
구매자2: [내가 한거랑
구매자1: [[나이가 들어 보이지 않냐?
판매자1: 어느게 이게요?
판매자1: 젊어 보이게 해 드릴까?
구매자1: 아니 젊은 사람이에요.
판매자1: 아주. 좋았어. 영계틱 한거로 내가 해 드릴게.
구매자1: 너무 영계틱 한 거는 아니구 아직 삼십(전인데)
구매자1: 이 넥타이도 되게 예쁘다. 자주색에다가 이런 거 살려고 했거든요.
<>
판매자1: 단색은 안 좋아한다 매
구매자1: 이거 예쁘지 않냐?
<>
구매자1: 별루야?
구매자2: 얼굴이 까마니?
구매자1: 요즘에 [이런 식으로 많이 해.
구매자2: [[그거 너무 죽잖아
구매자2: 그 색깔이 더 낫다.
구매자1: 이거 어떻게 묶어?
구매자2: 몰라.
구매자1: 녹음 해?
구매자2: 응
구매자1: 이 이렇게 묶어요 그냥? 어 됐다. 괜찮지? 응?
판매자1: (--)
구매자1: 예 그게 훨씬 낫다 [땡땡이보다 이게 더
구매자2:   [[깔끔하다
구매자1: 그치?
구매자2: 응.
판매자1: 여기두 어울려요
구매자2: 안 어울려. 이런 데는 안 어울리고.
구매자1: 이거는 여기에만 해야겠다. [딴데는
판매자1:   [[아뇨 흰색.
구매자1: 흰색에도 어울려요?
판매자1: 흰색에도 어울리고 이런 베이지에도 어울려.
구매자2: 베이지에 어울려.
판매자1: 이런 빨건 계통만 빼고 다 어울려요.
구매자1: 이거 넥타이는 어떻게 해요?
판매자1: 고거는 오천 원. 백화점에서 만 오천 원하는 거.
구매자1: 이거 저기.
판매자1: 캐주얼 타이로요.
구매자1: 이거.

판매자1: 캐주얼타이로요
구매자1: 캐주얼타이로요?
판매자1: 예.
<>
구매자1: 그러면 어떻게 사까? 회색은 기본적으로 사주기로 했고(구매자2: 음) 사줄려 그러고
구매자1: 그리고 .
판매자1: 흰색은 제가 하나 골라 놓고.
구매자1: 기본적인 색깔(--)
구매자2: 양복이 무슨 색인데?
판매자1: 양복 회색
구매자2: 회색 하나야?
판매자1: 회색하고 뭐. 저기.
구매자2: 양복 색에 맞춰서 사야지.
<>
판매자1: 요거 하시면은 요것도 전체적으로 다 어울려요.
구매자1: 이거는 아무데나 다 입잖아요.
판매자1: 예 아무데나 연하고 찐하고 다 입죠. [거의 흰색하고 같은 거에요 이거는
구매자1:   [[근데 제가 벽돌색하고 회색을 사주기로 했거든요.
구매자1: 벽돌색이 진짜 너무 예뻐 가지구.
판매자1: 회색도 예뻐요 회색도.
구매자1: 아니 근데 회색 양복에는 벽돌색이 예쁘던데. 이게 별로 안 어울린다
판매자1: 회색이나 (--)
판매자1: 괜찮해?
판매자1: (난 쥐색이 더 나은 거 같은데)
구매자1: 이건 너무 밝잖아 그치 응? 회색 양복에다 이거 입는다고 생각해 봐. 근데 이건 또 너무 죽잖아.
구매자1: 이건 너무 밝고.
구매자1: 이건 너무 (--)
구매자2: (--)
판매자1: 안 튀여요.
구매자1: 아 회색에 입는데 뭐.
구매자2: 어울린다
구매자1: 괜찮잖아. 회색에는 오히려 봐 봐. 이런 양복 괜찮지?
구매자2: 응
구매자1: 잠깐만. 이게 더 낫다.
구매자2: 그래.
구매자1: 야 뭐 떨어졌다.
구매자2: 안 떨어졌어.
구매자1: 이게 더 난거 같애. 이건 얼마에요?
판매자1: 고건 7천 원

구매자1: 이건 7천 원이요.
구매자1; 예쁘다 이거
판매자1: 멋있어요. 와인칼라 (와인칼라 들어가서) 분위기가 (--)
구매자1: 나보고 와이셔츠를 일곱 개 사달래. ((웃음))
구매자2: 월 화 수 목 금 토 일 [일곱 가지 색
구매자1:　　　　　[[아 어 그랬 더니 아니래 [토요일하고 일요 일 일요일은 아니 토요일은 캐 주얼이니깐 토요일부터 캐주얼 이니깐 상관없겠다. 근데 자기 와인 있으니까 3개만 사달래.
판매자1:　　　　　[[여섯 개 사야지 요 일요일은 쉬어요 보령약국 처럼.
구매자1: 이게 낫다 [이거랑.
판매자1:　　　　　[[예 고게 참 잘 어 울려요.
구매자1: 싸이즈. 싸이즈. 아저씨
판매자1: 예
구매자1: 싸이즈 안 맞으면 바꿔줘요 [안 맞으면?
판매자1: [[그거야 백퍼센트 거의 다 맞 아요
<>
구매자1: 100 입으면 좀 클 것도 같기 도 하구.
구매자2: 살찌지 않았나? 요새
구매자1: 살 쪘다가 또 빠졌다 쪘다 빠 졌다 해.
구매자2: 그래도 남자들 웬만하면 다 100 입어.
구매자1: 100입어.
구매자2: 어엉 빼싹 마른 사람이나 95 입어{구매자1: 어}
<>
구매자1: 아까 그것도 새걸로 주세요.
판매자1: 요거?
구매자1: 예.
판매자1: 새거예요.
구매자1: 이거 새거예요?
구매자2: 새거야
판매자1: 예.
구매자1: 이거는 그냥 느면 돼요? 이것 도 새거예요?
판매자1: 예 새거예요.
구매자2: 걸려있는 거 다 새거지.
판매자1: 걸려있는 거.
구매자1: 걸려있는 거. 이거지 응?
판매자1: 원래 눈에 딱 띄는 게 그걸로 끝난 거예요. (---)
구매자1: 이렇게 하면 얼마야?

판매자1: 이 이만 원이구요. 이거는 만 칠천 원이요. 3만 7천 원.
<>
판매자1: 무난한 거는 고색이구요.
<>
판매자1: 카키색으로 하나 드릴까?
구매자1: 카키요?
판매자1: 예.
판매자1: 요런 거?
구매자1: 이걸 어따 [입나?
판매자1:　　　　　[[아니면은 이런 거.
구매자1: 아휴 그거는 너무 튀서 안돼요.
판매자1: 아 이게 튀는 게 아닌데 이게 (--) [요거나 (--)
구매자1:　　　　[[흰색에나 고것도 괜찮니?
구매자2: 응
판매자1: -이색이 참 예쁜데
구매자1: 무난한 색 흰색하고 뭐 본홍 색 이런 건 있거든. 저런 주황색
구매자2: 그럼 이색 사
구매자1: 이 색상.
판매자1: 이 색상 멋있어요.
판매자1: 청색두요 이런 거 있구(--)
구매자1: 겨울에 겨울이라
판매자1: 아니에요 (차라리 이런 색은) 추워 보이지만은. 색상이 비닐 때문에 그런데. 이게 나는 권 해드리고 싶어.
구매자1: 예쁘다{구매자2: 응} 근데 이 여기다는 무슨 넥타이를 해요?
판매자1: 고거 아니면 요런 칼라 (--) 난 이런 색깔 싫어하실 거 같애.
판매자1: 아뇨 그건 안 돼요. 그거까지 는 소화 못해.
구매자1: 무난하게.
판매자1: 무난하긴 이게 제일 무난하죠.
<>
판매자1: 가장 그냥 편안하게 여기 가 져가는 넥타이 2개다 다 쓸려 면은 이걸 쓰세요. 그러면은 넥타이 다 쓰는거야. 2개 다 쓸 수 있어요. 쓰는 게 다 쓸 수 있어. 얘는 또 해야 돼요.
구매자1: 넥타이를요?
판매자1: 요것도 할 수 있고.
구매자1: 뭘(--)
판매자1: 얘는 요거 (저런 톤으로 해야 돼) 그런 톤으로 해야 돼.
판매자1: 근데 (그 친구가) 아주 그 좀=
구매자1: =까다롭죠
판매자1: 까다롭죠
구매자1: 그니까 이건 좀 까다롭다 까 다로워 [색깔은 예쁜데

234

판매자1:　　　[[곤색밖에 없어요 곤
　　　　　색으로 해야 돼 그거는. 있긴
　　　　　있어요 내가 없는 게 아니라
구매자1: 이것도 어울리까?
구매자2: 이거랑?
<>
구매자1: 봐봐
구매자2: 양복 입고하면 (--)
구매자1: 이것도 (--)
판매자1: 이것두 넣어도 괜찮아요. 근데
　　　　　(--) 다 이쁘지
구매자1: 어 진짜 예쁘다. 진짜 예쁘다.
　　　　　[이걸루 해야겠다
판매자1: [[(--)
구매자1: 부담가요
판매자1: 딴 데 가서 (--)
구매자2: 이게 더 이뻐 이거는 너무 (--)
　　　　　보여
판매자1: 이거는 (--) 가져 가시면은 아
　　　　　까 산 넥타이 2개 다 쓸 수
　　　　　있어 이걸 하시게 되면 넥타
　　　　　이 또 해야 된다.
구매자1: 이건 얼만데요?
판매자1: 오천 원이요.
구매자1: 이거 오천 원이요?
판매자1: 네. 넥타이죠.
구매자2: 이거 사줘 이게.
판매자1: 원래 이거 만 이천 원 만 칠
　　　　　천 원 팔아요. 지금 여기 (--)
구매자1: 이거 진짜 이쁘다.
구매자2: 응 얼굴이 뭐 소화를 할지 모
　　　　　르겠지만.
판매자1: (---)
구매자1: 내가 잘 전해줄게.
구매자2: 이쁘다. 이거 사라.
판매자1: 괜찮아요. 아이 내 남편보다 더
　　　　　잘 보일려고 입어요. 둘 다 만
　　　　　나가지구 둘 다 (공부해서 일
　　　　　등 한줄 알고) 그러지 말고
　　　　　(--)
구매자1: 진짜 일등 했어요.
판매자1: 그렇다구요. 나는 일등 안 했는
　　　　　데 우리 집사람이 일등 했대.
구매자2: 왕년에 일등 안 해본 사람 어
　　　　　뎠어{구매자1: 맞어} 아 참 촌
　　　　　시럽게 시리
구매자1: 맞아 벽돌색 (--)
판매자1: 벽돌색을 안 사시는 바람에 이
　　　　　렇게 다양한 칼라로 더 멋있게
　　　　　그렇게 생각하시면은 긍정적으
　　　　　로 생각하시면은 기가 막힌 거
　　　　　야. 삼만 칠천 원에 만 오천 원
　　　　　이니깐 오만 이천 원.

구매자1: 잠깐만요. 이게?
판매자1: [만 오천 원
구매자1: [[만 오천 원
판매자1: 이만 원
구매자1: 이게 이만 원 삼만 오천 원
판매자1: 만 칠천 원
구매자1: 이게 만 칠천 원이요?
판매자1: 네.
판매자1: 네. 오만 이천 원이요. 에누리
　　　　　없어요?((웃음))
판매자1: 우수리 짤라 드릴게요.
구매자1: 예? 예. 화끈하시다
판매자1: 기분 좋게 사 가시구 기분 좋
　　　　　게{구매자1: 예}
구매자1: 또 올게요
판매자1: 네.
판매자1: 떨어지면 와서.
판매자1: 또 오시게끔 확실해요. 네::
구매자1: ((돈을 준다)) 여깄습니다.
판매자1: 네. 네 감사합니다.
구매자2: 안녕히 계세요.
판매자1: 네 (--) 가세요

<자료 24>

장　소: 한복집(종로3가)
날　짜: 1998년 11월 4일
물　건: 한복
구매자: 구1: 50대(여), 구2: 20대(여), 　　　　구3: 60대(남), 구4: 60대(여)
판매자: 판1: 40대(남), 판2: 40대(여)
구매 여부: 구매 성립

구매자1: 두루매기가 아니고 반두루매기.
판매자1: 예 반 두루마기
구매자4: 예 요새 반두루매기 해요
판매자1: (--) 여러 종류 나오는데 이게
　　　　　젤 이뻐요. (--) 요것이 얇고
　　　　　요거 있고―
구매자2: 이쁘다
판매자1: ―또 요형 있고 그래요.
구매자2: 너무 이쁘다{판매자1: 예}
구매자2: 이뻐요.
판매자1: 너무 이뻐요{구매자2: 네} 이
　　　　　뻐서 공전이기 때문에 알아주
　　　　　고 이 시시한건 요기 다 있는
　　　　　거에요. 종류가 무척 많아요
　　　　　또=
구매자1: =이왕 한 번 하는 거 좋은
　　　　　거 해야지.
판매자1: 이왕에 하시는 거 좋은 거 하
　　　　　셔야지. 이것이 인자 세트로
　　　　　나가는 거에요. 이게. 똑같은
　　　　　걸 이것을 여자 반두루마기

하잖요?{구매자1: 응} 남자
마고자 조끼{구매자4: 남자 마
조자 조끼} 들어간다고요.
판매자1: 이거 같은 동일한 [똑같게-
구매자4:   [[언제나 다
한 쌍으로 해요.
판매자1: -한 쌍으로 많이 해요. 그러
구 이것이 진곤색이 검정이
아니에요.
구매자2: 예 [곤색이네요
판매자1:   [[진곤색이에요. 그래서 이
것이 젤 [무난한 거 구로곤색-
구매자4:   [[구로 곤색 이것은 검
정이고
판매자1: -주로 곤색 그래서 이것은 골
루세요 이 두 개가 젤 무난하
리라고 봐요.
구매자2: 이게 더
구매자1: 응
구매자2: 남색이 낫죠? 검정색보다
구매자1: 응응 괜찮네.
판매자1: 이런 가라도 있긴 있는데 요
런 것은 조금. 여기 지금 보
여줬거든요. 요런 가라도 있
긴 있거든요 가라가.
구매자4: 요것도 좋다.
판매자1: 요런 것이 더 이쁠 것 같애.
내가 볼 때는 여성스러우면서.
구매자1: 이게 낫네 저것보다 응.
판매자1: 그 전에는 뭘 많이 썼냐면은
이런 거 많이 썼어요. 이런
거. 이건 금박 찍은 거거든요.
근데 이것은 고급스럽지 (--)
구매자2: 너무 이쁘네요.
판매자1: 어때 맘에 들어요?
구매자2: 예. 맘에 들어요.
판매자1: 고게 젤 무난한 것 같애 제가
보기에는.
판매자2: 최고급이에요. 나와 있는 것
중에서.
구매자1: 최고급.
판매자1: 최고급 저것도 있고 그런데.
따른 것은 까딱 잘못 사면 지
저분해요 그죠? 여자 남자건
안 하고?
구매자1: 안 해.
판매자1: 바지저고리?
구매자1: 예.
판매자1: 응.
구매자1: 큰 사우가 안 혀서 하면 담에
이리 올게 데리고 담에{판매
자1: 예예}
판매자1: 아니 왜 그러냐면-

구매자3: -곧 할 판이니깐
판매자1: 다음에 이것을 이 골루라면 이
게 또 안 나와요. [이거가 그
래서 그러는 거에요
구매자4:   [[그렇지 한
세트로.
판매자1: 문양이 맞아야 되니깐.
판나: 문양을 맞출 라니깐.
구매자4: 문양을 맞춰야 되니깐.
구매자3: 같이 큰 사우 같이 와서 하니
깐{판매자1: 예예} 이제 데리
고 올 때{판매자1: 예예}
판매자1: 그래서 아니 그때는 아니 근데-
구매자3: -벽지도 도배지도 한 번 나
오고 나면 다음에는 [떼울라
면 안 나오잖아
판매자1:   [[예 그
래서 하듯 이것이 남자 거고
여자 게 또 따로 있어요. 그래
서 그라는 거거든 이왕이면 구
색을 맞추는 게 좋잖아{구매자
3: 그치}
구매자4: 한 세트로
판매자1: 마음대로 하세요. 그것은. 다
음에 또 오셔도 좋고.
구매자3: 자 이게 옷감은 골랐나?
판매자1: 예. 이 기회에 이거 하시는 게
좋지 않나. 그렇죠.
구매자3: 요걸로?
판매자1: 예 요걸로.
구매자3: 얼마요?
판매자1: 가만있어 이거 맞춰요?
구매자1: 아니요 아니요 더 해야 돼.
구매자4: 글쎄 또 여그 신랑 엄마. 책에
서 골라 봐요 색깔.
<>
판매자1: 이게 여자 거고 이렇게 나오잖
아요. 이게 여자 거고. 이 남자
거 이 남자는 입술이 세 개 조
끼 주머니 달으라고{구매자4: 아
하 이건 남자} 그렇게 나오는
거에요 틀려요 이건 여자 거고.
구매자2: 아 여기도 이렇게 나오고{판매
자1: 예예}
판매자1: 여기에 남자 거라 그렇고 여
자 거라 그 쫍고.
구매자1: 남자 마고자.
판매자1: 예.
구매자4: 여자 거는 소매가 조금.
판매자1: 두루마기는 요즘 하는 사람 있
고 안 하는 사람 있고 그래요.
똑같은 거 같지만 틀린 거 같
아요. 그래서 같이 하시는 게

정상적이라는 거 에요.

구매자4: 지금은 다 같이 해 신랑 신부. 요것이 한 세트로.

판매자1: 예 세트로 나오는 거 에요.

판매자2: 요것 좀 드세요.

구매자3: 예.

구매자2: 네 감사합니다.

판매자2: 아줌마 원비 원비 영지 영지로 드릴까.

구매자4: 영지.

구매자4: 어 조심해. 미끄러진다.

판매자1: 어머님 것은 쪼금 수수하게 해.

구매자4: [어머님 것은 좀 고급으로 해야지

판매자1: [[어머님 것은 아니 고급이라기보다는

구매자1: 어? 나 고급으로 안 할 거야. 물세탁하는 걸로 줘요.

판매자1: 물세탁하는 거?

구매자1: 옷 다섯 여섯 벌 있는데 입을 일도 없는데 그냥

판매자1: 그래요 물세탁 게 낫지.

구매자1: 물세탁하느 거 인자 또 환갑 때 또 해 입어야지. 2년 남았는데.

판매자1: 근데 이왕이면 좀 좋은걸 하시는 날건데.

판매자2: 그래도

판매자1: 아니 한 번 보세요.

판매자2: 그렇게 생각보다 여기 안 비싸니깐.

판매자1: 이거 물세탁하는 물세탁하는 거 잘 나가요.

구매자1: 이거 물세탁하는 거에요?

판매자1: 예예

구매자4: 아 이거 하지 마 색깔.

판매자1: 아니 아니 가만있어 봐요.

판매자1: 뭐 푸른 거 입어야 [될 텐데 뭐

구매자4:   [[아니 푸른 거 입지 마. 붉은 계통 입어.

판매자1: 왜?

구매자4: 신랑엄마 다 붉은 거 입어.

판매자1: 신랑엄만데. 아니 그것은 천천히 골루고.

판매자1: 주로 요렇게 많이 나가거든요. 신랑 측은. 근데 요것은 물에 빠는 거고 인자 봉견이란 것은 뭘 가지고 어딨나. 이게 봉견이에요. 벌써 차이가 탁 틀려요.

구매자1: 하루만 입으면 마는 놈의 것 뭐.

판매자1: 아이 그래도 틀리죠. 이것은 봉견이고. 요것은 물에 빠는

거고.

구매자4: 늙어서는 어디 갈 때 한복 입어야 돼.

판매자1: 한 번 만져 보세요. 감촉이 틀리다고.

판매자1: 색상이 벌써 살고.

구매자1: 이 이 이거는 색 같은 그건데 색깔이 이거는 이렇게 나와요?

판매자1: 아 색상도 요거 비슷한 게 또 있어요. 색상도 틀리고. 근데 이 저 봉견이라는 것은 벌써 살아요-

판매자2: 촉감이 틀리잖아요

판매자1: -산다고 요것은 좀 뻣뻣한 감이 있잖아요.

구매자1: 봉견 다섯 여섯 번 했는데 뭐 입을 일도 생전 없는데.

판매자1: (--) 글쎄요. [(-)

구매자4:   [[만날 있어도 소용없어 {구매자1: 응} [결혼식 할 때는 새로 싹 입어야 돼.

판매자1:   [[봉견 좋은 것은. 봉견 한 번 보여 드려 봐요?

구매자4: 부잣집 사모님이 부자 아들 마지막 여우는데 뭐.

판매자1: (---) 이거 얼마나 예뻐. 이게 난 이런 건 권해줄라 했더만. 그지? 이쁘잖아.

구매자2: 이게 낫다.

판매자1: 네 벌써 틀려요.

판매자1: 요런 거로 하시 이 정도로 하세요. 별로 안 비싼데 뭘 그래요.

< >

판매자1: 한 만들어 가지고 한 35만 원 우리께 30만 원이니깐 만드는 데 35만 원.

판매자2: 70만 원씩 소매로 하실래면 주시는 거에요. [압구정도 나가는 물건인데 이거는

판매자1:   [[그 정도

구매자4: 그럼

구매자1: 그야 그럴라고 우리 형님 모시고 왔지요 왔는데{판매자1: 예예} 돈이 문제가 아니고-

판매자1: -그니깐 이왕이면 소매도 샀다 하시면 요서 좋은걸 살 수가 있으니깐 그죠 벌써 질이 틀리거든요.

구매자4: 압구정동은 이렇게 해 놓고{판매자2: 예예} 200도 좋다고 합디다.

판매자2: 200만 원씩.

판매자1: 하시는 게 좋은 것 같은데. 생각해 보시고. 근데 우리는 되도록이면 좋은 걸 권해줄라고 그래요. 그래야지

구매자1: 더 좋은 건 없어요? 더 좋은 거 한 번 내봐요. 여기서 [그라면 더 좋은 거

판매자2: [[더 좋은거요? 저거보다 더 좋은 거요?

판매자1: 더 좋은 것 없어요. 없어. 아니 더 좋은 건 없는 거에요.

구매자1: 이왕이면 아주 좋은 거로 하는가 안 그라면 물세탁을 하든가.

판매자1: 아니 이것이 7,80만 원 짜리라니깐요.

구매자1: 아니 내가 지금 너무 물세탁 찾으니깐 중간 거 내 놨는데 아주 [좋은 걸로 내봐요.

판매자1: [[아 중간 거면 이게 중간 거죠. 이게. 아가씨 한거 있죠. 이것은 중간 거고.

판매자2: 저 정도면

판매자1: 이것도 기계수가 있어요.

구매자1: 야들은 그냥 애 하나 놓으면 입을 일도 없으니까 이거 또 내 환갑 때 또 해 입어야 돼고. 야들은 너무 좋은 거 안해도 돼.

구매자4: 아니 이거 좋은 거 하나 했다가 저거 환갑 때 하지 뭐.

판매자1: 이거 있거든요. 같은 수에요 근데 이것은 우리나라 한국 수고 이것은 손수고 그라는 거 에요. 틀려요. 이것이 이것보고 중간 중간이라 그러죠. 이것은 벌써 고급인거에요.

구매자1: 이거하고 같은 그거에요?

판매자1: 질은 같은데 이것은 손이로 한 거구{구매자1: 응} 이것은 기계로 [논 거구

구매자1: [[나염나염

구매자4: 아니 기계로 한거고{구매자1: 응}

판매자1: 긍게 나염으로 그린 거에요. 지금 [싸게 말씀드려갖고

구매자1: [[색깔 형님 어떤 거로 할꼬? 내 옷이 전부다 형님 다 알잖아.

구매자4: 응

구매자1: 다 우중충하니간 이번에는 좀 밝은 거 하나 해야지.

구매자4: 그란 게

판매자1: 밝은 거 할라 면은 이제 요런 게 있거든요. [요런 게. 있긴 있는데

구매자4: [[요런 거 입어 요런 거 요런 거.

판매자1: 신부 엄마가 이런 거 입으면 어떡할라고?

구매자4: 괜찮아요.

판매자1: 괜찮아요?

구매자4: 신랑엄마가 아니 다 지금은 그렇게 입어요.

구매자1: 전에는 분홍도 입었는데요.{판매자1: 예} 우리 큰딸 우리 큰딸 할 때

판매자1: 아이 고것은 의향대로 하세요. 우리는 뭐 얼마든지 드릴 수 있는 건데. 되도록이면은 우리는 [맞춰서 드릴라 그러는 거지.

판매자2: [[그러면요 평상복으로 입을 수 있는{판매자1: 예} 요런 스타일 콤비스타일로

구매자3: 아주 빨간 거 입어 그러면.

구매자4: 연한 팥색은 어때?

구매자3: 한 열댓 살 먹은 애모냥.

판매자1: 이것도 괜찮을 것 같은데.

구매자4: 연한 팥색은 어때?

판매자1: 팥색 같은 것은요 요즘 잘 [안 입어요.

구매자1: [[잘 못 입으면 촌시럽고. 나 저거 있잖아 저거 분홍 비스름한 거. 대구 사돈 그때 해주고 그때 감이 들어온 건데.

판매자1: 아니 예 이것은요. 이것은 굉장히 이뻐 이것이 요즘 나오는 색깔이거든요. 이게. 이쁘잖아요? [고상하잖아요?

구매자1: [[색깔 색깔이 좋기는 좋은데

판매자1: 색깔이 굉장히 좋아요 이런 거 입으면 뭐―

구매자1: ―이거는 한 벌이에요?

판매자1: 예. 이거 이것은 한 벌이고. 짙은 것은 또 따로 있어요. 밑이가 짙고 저고리가 이 색깔 이렇게 나오는 거죠. 이것은 한 벌이고.

구매자1: 예 한 벌 해야지 베기 싫더라.

구매자4: 한 벌로 해

판매자1: 그 대신 빠이핑 넣어 주세요. 빠이핑을 느서야 예뻐요.

구매자4: 깃에다?

판매자1: 아니 깃이고 요 앞 앞에 섶에

도 빠이핑 이것은

구매자1: 이것은 집에 분홍이 있기 때
문에─

판매자1: ─예 이것은 분홍이 아니라
또 틀려 이번에 나왔기 때문
에 있다는 거 다 거짓말이에
요 [거짓말

판매자2:   [[콤비스타일 콤비스타일

판매자1: 이게 더 예쁜 거예요 이 색깔
여기에다 저고리가 딴 색깔이지.

구매자4: 여가 껍데기제.

<>

판매자1: 저고리가 요렇게 나오지. 요즘
고상하게 나오지.

판매자2: 평상복으로도 입을 수 있구요.
아주 콤비(--).

판매자1: 근데 원래 이것은 신부 엄마
가 입는 거예요.{판매자2: 음}
그래서 신랑 엄마 옷이 젤 무
난한 거죠(--)

판매자2: 이걸로 입으세요 이걸로.

구매자1: 낫기는 이것이 젯 낫다. 이게
젤 부티가 나고 색깔도 화사
하고 좋은데.{판매자1: 예예}

판매자1: 그 대신에 저고리다가 빠이핑
을 는다 말이에요. 선을 가는
것을 그러면은 굉장히 이뻐요

구매자4: 깃하고 섶하고{판매자1: 예예}

<>

구매자4: 그러면 아주 예뻐

판매자1: 이거 요런 것이 인제 이 밑이
가 짚고 위가 엷고 그란 거죠.
요런 것이.

구매자2: 아 이거구나.

<>

구매자1: 이게 이게 뭐?

판매자1: 요것도 마찬가진데 요것은 저
고리가 엷은 색이 들어가요.

구매자1: 아이야 그거 베기 싫어{판매자
1: 예예} 늙어가고{판매자1: 예
예} 똑같은 거 해야지{판매자
1: 예예}.

판매자1: 똑같은 색이 이쁘리라고 봐요.
제가 생각하기에. 요것이 소매
소매가 어떻게 나오나면은. 이
거 6폭이에요. 폭도 되게 넓어
요. 네. 이게 소매가 나가는 거
에요. 지금. 이렇게 이렇게 나
가는 거에요.

구매자4: 너무 너무 정말 {판매자2: 너
무너무} [대통령 부인들이 입
는 옷이네

판매자1:   [[이 정도면 대통령 부

인들도 이게 70만 원이에요.
[이것이 이런 거 깃이 나오거
든요{구매자1: 예예}

판매자2: [[아줌마하고 그냥 오셨으니깐
사시니깐 드리지

구매자4: 아니 이런 거 해 입고 왔는데.

구매자1: 아 깃에 이게 들어가요?

판매자1: 예예 깃에 들어.

구매자1: 이쁘겠다.

구매자4: 그럼 깃 들어가고 [가에다 뻥
들러{판매자1: 예예} 자주로 뻥
둘러{판매자1: 예예} 가늘게
섶하고

판매자1:   [[굉장히

판매자1: 예예 가늘게 그러면 굉장히 예
뻐요

구매자4: 그렇게 해 줄게

구매자1: 그것은 형님이 전문가니깐{판
매자1: 예예} 근데 이거보다
더 좋은 건 없어요?

판매자1: 고급은 없어요. 만약에 아줌마
가 찾는 이런 게 나오거든요.
이런 거 이런 수는 싼 거에요.
같은 손수지만 이게 싼 거에
요.{구매자1: 예} 이것이 그전
에 팔던 거라고 이것은 요 근래
에 나오는 거에요.{구매자4: 음}

구매자4: 유행대로

판매자1: 예예 그렇게 나오는 거니깐.
뭐 돈만 더 줬다 뿐이지 똑같
은 거에요 인제.

구매자4: 지금 이자 이 나는 이거 오늘
첨보네 이 디자인.

판매자2: 예 요새

구매자1: 어제 나왔구만 어제.

구매자4: 첨 봤어.

판매자1: 예 이번에 막 나온 거.

판매자2: 삼일 됐어요 삼일.

구매자1: 이것도 같은 값인데 인자 그
게 아니 아까 그것이 같은 건
데 나염이 그래 생겼고.

판매자1: 아까 이것은 나염이고 이거하
고 이거하고 틀리지요. 벌써.
(--) 틀리는 거니깐. 그죠?

구매자1: 음 이것은 조금 질이 낮은 거
라고?

판매자1: 이건 물에 빠는 거에요.

판매자2: 많이 낮은 거죠.

판매자1: 이것을 뭐─

구매자1: 아 내가 아까 물세탁 내라 해
서 그래서.

판매자1: ─예 요새 20만 원 주고 해 입
는 게 이거에요. 요기선 싸게

구매자1: 환갑 때 너가 안 해주면 이거 환갑 때 또 입고.

판매자1: 아니 [입어도 상관없어요.

구매자4: [[아니 저 양반 옷을 원체 착실하니 입기 때문에 몇 년 가도 옷이 새거야.

판매자2: 아니 옷태도 잘 나시겠네.

구매자4: 아니 한복을 입어 놓면 아주 떼깔이.

구매자1: 깨끼 처음 나왔을 때 안 안팎으로 18만 원 주고 햄 사람이야 내가 15년 전에{판매자2: 예예} 이 형님한테.

구매자4: 여기서 했어.

구매자1: 이집 꺼? 대추색. 아직도 새거라.

판매자2: 그래요 우리 원단이 그렇게 좋아요.

판매자1: 원단은요 이상 없어요. 우리 집 [원단 자체도.

구매자4: [[나는 다른 집에 이제 그전에 다녀 봐도.

구매자1: 그때 18만 원이라 하면 큰 돈이었어. 아무나 해 입지도 못했어.

구매자4: (---) 정확해.

구매자1: 그 무지 있잖아? 무지 대추색 안 안팎햄거. 그거 입었을 때 지금도 입고 나가면{판매자2: 예} 사람들이 다 쳐다본다 [물결 물결이 비치는 그거.

판매자2: [[다 그렇다고요 그때는

판매자1: 근데 약간 굵었을 건데 굵기가—

구매자4: 예

판매자1: —이 실 자체가 굵었어.

구매자4: 어 발이 좀 굵었어.

판매자1: 이것은 좀 가늘고 그래요.

구매자4: 그때 아저씨 2층에서 할 때 그때 떴어{판매자2: 예예}

구매자1: 그걸 입고 나가면 그러니깐 그리고 우리 아 서이 할 때마다 여서 다 해 입었잖아

구매자4: 그럼

판매자2: 2층에 있다 가게가 좀 좁아서 [(--) 옮겼어

구매자1: [[그래서 2층 형님 그전에 가셨는데 난 다른 집으로 옮겼나 싶어가지구.

구매자4: 2층에 하셨어 (--) 아니.

판매자2: 가게가 좁아서 내려왔지.

구매자4: 내려왔어.

판매자2: 이거 3/2 조금.

구매자1: 그래 고담에 우리 사돈하고 노란색 둘이{구매자4: 그렇지} 자주색 색동 달고 세트로 해 입었잖아 사돈하고{판매자2: 예 맞아요} 그래 또 대구 사돈이 분홍을 감을 끊어 보내가지고{판매자1: 예} 분홍 인자 큰딸 때는 큰딸 때는 여기서 못했네{판매자1: 예} 거기서 끊어 보내 가지고 바느질은 형님이 했지.{판매자1: 예예}

판매자2: 워낙 뭐 관록이 있으시잖아요.

판매자2: 그러고 뭐 물건을 저기 싼 거 쓰시는 손님은 상대를 안 하시고 고급 가져가셔도 [최고급으로 해요.

구매자4: [[그냥 싼 거 쓴다 하면 요리 요리 그냥 보네 나는. 근디 특별히 고급으로 하시는 양반만 [어그저께도 누가 고급으로 한 양반 있어 한분 모셔왔어. 아하 칠순잔치 하는데 이쁘다고 난리가 났어.

판매자2: [[예 골라주세요

판매자1,2: 이쁘죠? 벌써 했어요?

구매자4: 응 옷이 이쁘다고 막

판매자1: 그 정도 가격이면 굉장히 싼 거에요. 그거 진짜—

판매자2: 얼마나 진짜

판매자1: —그 정도 가격이면 누구나 하지 뭐. 몰라서 못 사는 거지.

구매자4: 그때도 아저씨가 한 벌 70만 원씩 다 해준 거.

구매자3: 골랐냐? 골랐냐?

판매자1: 네 다 된 거에요.

판매자1: 요거하고

구매자4: 요따가{판매자1: 예} 저고리 하나 넣어 줘요.

판매자1: 고거다가요?

구매자1: 요 치마에 받쳐 입을꺼.

판매자1: 곤색 저고리 할까요?

구매자1: 곤색이나 곤색이나 뭐 은색 은색 말고 뭐라 아까 뭐라카노.

구매자4: 분홍.

판매자2: 자주색.

판매자1: 연분홍이나.

구매자4: 연분홍.

판매자2: 연분홍.

판매자1: 근데 곤색 곤색 계통 옷을 많

이 입죠.

판매자1: 이 색깔.

구매자1: 곤색이나 뭐 뭐야.

판매자1: 흐름으로 봐서 흐름 흐름{구매자1: 예}

판매자1: 지금 흐름으로 봐서.

구매자1: 지금 흐름에 맞춰줘요 그럼.

판매자1: 예 이것이 아이구 이것이 제가.

구매자1: 두 분은 한 벌 할라했는데 이라면 두벌이니깐 두벌 한 가지는 해야지.

판매자1: 요롷게 하시던지. 그렇지 않으면은 한 벌을 이제 이런 색으로 해 주던지 해야죠

구매자1: 아이 두루매기는 친정엄마가 하지 말라고 하는 거를 이 형님 때문에 하는 거에요.

판매자1: 두루매기 해야 안 하면 돼.

판매자2: 지금 안 하는 사람 없어요.

구매자1: 친정 엄마가 따라오셔 가지고 우리 집 점심 오늘 대접했거든요. 신신당부를 해요. 안 입는다고.

판매자1: 아 반두루매기는 입을 기회가 많아요.

구매자4: 그럼.

판매자1: 짤막하게.

구매자4: 짧으니깐.

구매자1: 야 그래 며느리 데려오면서 꼬셨구만 하자 하자고. 지금 친정 어마가 해 주지 마래요.

판매자1: 요롷게 나오는 건데 요거 어떠세요?

<>

판매자1: 그렇지 않으면 [이거 싫으면은 연분홍

구매자1: 　　　　　　　[[분홍이나 남색이라 하더라 엄마가 그랬지?

구매자2: 예 남색.

구매자1: 남색이나 분홍이나 여기 뭐 맞는 대로 맞춰줘요{판매자1: 예} 아저씨가

판매자1: [아니 요거 하던가 요롷게 하던지 그것 맘대로 하세요.

판매자2: [[아니 택하세요.

구매자2: 남색이 더.

판매자1: 요 치마에-

구매자4: 남색이 더 낫겠네.

판매자1: -이것이 더 색다르죠.

구매자1: 남색은 코트가 있으니깐 비스름한 거 반코트 있으니깐 이러 이런 거 좋네. 한 번 봐봐.{구매자2: 어} 두루매기 안

입고 봄날에 만약 입을 일 있으면은.

판매자2: 봄에는 화사해요.

구매자1: 봄옷이 없잖아. 니가 이걸 하면 이 한 벌 가지고 봄에 만약에 무슨

구매자4: 여기다 옷고름 뭐해요?

판매자2: 거기다가 홍색을 해야죠 홍색

판매자1: 거기다가 자주죠 자주나 홍 아무건 하세요

구매자1: 만약에 너그 애 백일이라도 돌아왔다. 돌 뭐 돌을 한다. 부페에서 그럴라카면 오래 탁 입고. 거 부페에서는 두루매기를 안 입는다 말이야. [이렇게 입으면 환하니 좋잖아.

판매자1: 　　　　　　　[[요런 색깔은 대학교 학생이 가장 즐겨하는 색깔이야 대학교 학생들이 가장 즐겨해.

구매자1: 저런 거는 이거 마고자 같은 색 있잖아. 봐라 이 거제{판매자2: 예예} 이거 같은 거 있는데 [꺼먼 거는 뭐라 할래

판매자1: 　　　　　[[아니 이것은 관계가 없고 [관계가 없고.

구매자4: [[아니

구매자4: 그니까 요롷게 입으면 이쁘겠네. 나도 첨에 분홍하고 싶었

판매자1: 나는 곤색이 특이해서 많이 권해주는데.

판매자1: 곤색은 겨울에 입어야 되고. {판매자1: 예 그렇죠} 봄날에 야들은 또 봄옷이 없잖아. 이거 한 벌만 하니깐.

판매자2: 예 [봄에 입기는 참 좋아요.

판매자1: 　　[[봄에 입는 게 낫겠다.

구매자1: 그래 봄에 이렇게 입고 왜냐면.

판매자1: 얼마큼 특이하게 입느냐 우리 주관이거든요. 우리는. 남보다 좀 튀어야 [(--)

구매자1: 　　　　　　　[[그럼 니가 결정해라 그라면.

구매자2: 어머님이 좋으신 대로 해야죠.

판매자1: [아 색시 맘대로

구매자4: [[봄에 봄에 이러케 입어도 예뻐.{판매자1: 예} 두루매기 안 입어도.

판매자1: 되도록이면은요

구매자1: 흐름에 따라 요새 따라해 그럼

판매자1: 요 색깔을 하세요 요 색깔이 이뻐요.

구매자2: 남색이요?

판매자1: 예. 곤색{구매자2: 곤색이요} 이 곤색

판매자1: 곤색 올해 유행이에요.

구매자1: 두루매기하고 같은 색 아닙니까?

판매자1: 예. 근데 두루매기 이거 입을 때는 두루매기 빼 놓거든요.

구매자4: 두루매기 안 입으니깐.

구매자1: 아.

판매자1: 그리깐 저런 식으로 입는다 이거죠. 쉽게 해서{구매자4: 아아} 좀 이색적이게 입는다 이거죠. 그러죠? 이것은 평범한 거고{구매자2: 예} 이것은 평범한 거에요 요것이 좀 특색 있이 [입는 게 낫잖아요. 여기다가 보통 자주색을 많이 달아요.

판매자2:   [[깔끔하고 화사하고 요거는 좀 무게가 있고 그렇죠.

구매자1: 그렇다 요거는 요거대로 한 벌로 입으면 화사하지만은 맞아. 그래.

판매자1: 예. 한 벌로 입어요.

구매자4: 참 고급스럽다.

판매자1: 예 요렇게서 요기다가 자주색 자주색 있죠{구매자1: 예예} 자주색 깃 고름 [다는 거에요.

구매자4:   [[깃 고름 요다가

구매자1: 아 자주색 깃고름 달아요?-

판매자1: -예 한색이 아니라 자주색으로 달아줘요-

구매자1: -아까 엄마 그러시더라 까만데다가{판매자1: 예예} 뭐뭐 곤색에다가 자주색 고름 단다든가{판매자1: 예예} 뭐 그러하든가 본홍을 하든가 둘 중에 뭐 저고리를{판매자1: 예예} 큰 딸이 그라 해 달라칸대. 그래서.

판매자1: 예 맞아요. 요새 흐름이 그래요.

판매자1: 요새 흐름이 따라 요 그럼 이거 해

판매자1: 그렇게 하세요. 이 저고리 한 감만 노면되니깐.

구매자1: 니가 한 번 더 생각해 봐라. 둘 중에 어떤.

판매자1: 아무거나 해요.

구매자2: 분홍색하고 남색하고요?

구매자1: 응 니 맘에 들은 거.

판매자2: 요건 요것대로 이쁘고. 고건 고것대로 이쁘고 그래요.

판매자1: 근데 내 얘기는 흐름이 곤색이라 그거지 요새 전부다.

구매자1: 가라도 요거와 같은 거에요?

판매자1: 세트로 같은 거에요 저고리도.

판매자1: 가라도 세트로 요개 돼 있고 오래 돼 있고 그럼.

구매자2: 곤색이 더 낫지요?

판매자4: 곤색이 이쁘다.

구매자1: 낫지.

판매자1: 곤색이 더 이뻐요{구매자2: 예}

구매자1: 이거는 또 많이 입을 일 있으며 또 뭐야{판매자1: 예예} 느 그 봄날에 또 내 환갑 돌아오면 똑같이 세트로 똑같이 맞춰면 되니깐.

판매자1: 그때는 치마만 맞출 수 있으니깐 치마 치마만.

판매자2: 한 벌로 또 하서야지 뭐. [색상 맞춰 가지고 그럼.

구매자4:   [[한 벌 해야지 그때는 치마만 무늬가 틀려요. 절대 안 돼. 할때 해 버려야지.

판매자1: 진짜 하지 말라 지금 형편도 안 되잖아 그게.

구매자4: 근데 어지간히 검소하게 하네. 신부가 옷 딱 치마 하나에다 저고리.

구매자3: 원래 한복 하지 말라고 하는디.

구매자4: 나는 첨이네 이런 신부.

구매자1: 아니 친정 엄마 오셔서 해 주지 말라고 두루매기 해 주지 말라고 입지도 않는다고 신신 당부를.

구매자4: 아니 그래도 시어머니가 해줘야지. [시아버지 해 줘야지. 누가 친정어머니가 며느리 딸 해주나.

판매자1:   [[긴 두루마기 (--) 입을 기회가 많아요.

판매자1: 요새 가볍게 입거든요.

구매자3: 그래도 친정 따라야지. 친정 해주지 마라니(--)

구매자4: 안 그래 며느리 옷은 시아버지가 해주고.

구매자3: 돈 들어간 게 안 들어간 게 좋지 나야.

구매자4: [사우 옷은 장모가 해 주고 그러지.

판매자1: [[부담이 돼서 그렇지 뭐.

구매자3: 아니 저 원래 거시지 욕심만 같아서는 친정 엄마가 다 하라하지만 그래도 하지 말랑게.

판매자1: (--)

구매자4: 근데 이제 원칙으로 한복 있

어요 한 벌이라도?
구매자2: 아니 없어요.
구매자4: 없어요. 원칙 새색시가 명절 때 설 때 한복 입고 앞치마 둘루고 주방에서 이렇게 명절 때 (--) [하나가 있어야 하는데.
구매자1: [[아니. 없다. 안 온다. 저 뭐야 우리 며느리 그때 형님이 해 준거 생전 안 입고 오더라. 설 팔월 때도 애 줄줄이 데리고 오니깐 그 입을 여유가 어디 있냐 안 해.
구매자4: 그때 그
구매자1: 그거 대신 저고리 하나 더 했잖아
판매자1: 이것이 이것이 깃 고름 들어가는 거예요
구매자1: 여여 여기다가 에{판매자1: 예}
구매자1: 아 진짜 섬뻑하겠다
구매자4: 영민이 옷도 이렇게 생겼어. 거 우리 아저씨 칠순 때 해 준거{구매자1: 음}
판매자1: 예 그런 식이에요 이뻐요.
구매자4: 똑같애 자주 깃고름 달아서.
구매자1: 칠순 때 옷 한 벌 얻어 입었다 수양아들이라고. 아들들하고 똑같이 며느리들하고 똑같이
구매자3: 다 골랐어?
구매자2: 예예.
구매자3: 다 골랐니? 다 골랐나?
구매자4: 골루고 인자 아줌마꺼는 아까 저거 다 했고.
판매자1: 엄마 것은―
구매자4: 저거
판매자1: ―아니 친정엄마 것은?
구매자4: 아 안 하신데요
구매자3: 안한데.
판매자1: 안하신데요 요것만 하면 됐어요?
구매자1: 예 고것만..
판매자1: 간단하구만
구매자3: (--)
구매자1: 그럴라고 오늘 점심 초대하고 모셨는데 안 하신데요.
판매자1: 근데 인제 남에 것 입은 거 보면 욕심이 또 생기게 돼 있어요.
구매자3: 아뇨 있어 있어요 그니깐.{판매자1: 예} 세탁 그저 드리이 해서 입으신다고{판매자1: 예} 좋은 놈 한이 있어요. 큰딸 여운지가 얼마 안 됐거든{판매자1: 아하}
구매자1: 작년에 큰딸 여워가지고 그거

입는다고.
판매자1: 그려도 인자 손수 보면 욕심이 생긴다니깐 인자.
구매자4: 아니 근데 큰딸 여울 때 입었던 옷도 작은 딸 여울 때 입으면 손님들이.
판매자2: [그럼요 손님도 같고 사진도 같고 안돼요 그지.
구매자4: [[이미지 이미지가 안 좋아 그럼 누가 그거 모르지 아.
구매자1: 내가 한 벌 해 드릴라카는데도 그것도 모르고서.
구매자4: 한 벌 해 드려 그냥
구매자1: 그냥 해 드릴까?
구매자4: 그럼.
구매자3: 아녀.
구매자2: 아니에요. 아니에요.
구매자4: 그분은 그런 분이 아니야. 해 줘도 좋아 안 해.
구매자3: (--)
구매자4: 좋아 안 하는 사람이 어디가 있어 [나 같으면 좋아하것다.
판매자2: [[일단 해 주시면 좋아하시죠.
구매자4: 그럼.
판매자2: 해 가지고 딱.
구매자4: 누가 여자 옷 싫어하는 사람이 이디가 있나.
판매자2: 그럼 괜히 사양하시느라 그러지. 겸손하셔서.
구매자3: 아뇨 오질 아너요 진짜.
구매자4: 이집 아들이 그 집 피해를 많이 끼쳤어. 그러니깐 옷 해 입기도 싫겠지. 근게 여기서 해 줘 한 벌 해 주지 그래? 아저씨 한 벌 해 드려.
구매자3: 아니 안 입는다고 신 신고도 망쳤는디.
<>
판매자1: 여자 꺼 있지요?{구매자2: 예}
판매자1: 25만 원 한 벌에{구매자2: 예} 25만 원밖에 안 가요 또
구매자2: 두루마기가 더 비싸네요?
구매자3: 잘 해줘야해요?
판매자: 네 두루마기가 요게 27만 원이고 그니깐 알아보시면 다 싸요. 어머님께 30만 원이고.
구매자1: 왜 내께 며느리꺼보다 비싼 거 해 입어도 되겠나.
판매자1: 모두 아 그게 아니라요 어른은 어른스럽게 손수로 하고 젊은 사람은 젊은 사람 꺼 화사한거 하고. 그죠?

구매자4: 아주 내가 싸게 해 주라고 얼마나 전화로 신신 당부를 해 놔구만.

판매자2: 전화도 저기 고급 쓰실 분이니깐 좋은 거로 내 놓으라고 싸게.

<>

판매자2: 근데 저기가 저 두루마기 반두루마기 신랑이 안 해서 섭섭하네 세트로 해서 지금 요런 식으로 나와서 해야 되는데.

구매자3: 담에 한대 곧

판매자2: 아니 왜냐면 고 원단이 없잖아. 요런 식으로{구매자3: 음} 세트로 할 때 해서야 [돼요. 수가 없어요.

구매자3:   [[아녀 아녀 안 안한다는데. 아 우리 막내는 거시기 등발이 좋아. 괜찮아 [나는 작은디.

판매자2:   [[아니 그래도 비디오를 찍거나 지금 폐백드릴 때 입고 찍고 찍어야 되는데. 우리 팔려 그러닌 게 아니라. [지금 흐름이 다 하거든요 세트로.

구매자3: [[아녀 아 알았어요 근디.

구매자1: [남자 꺼 바지저고리하고 요렇게 하는데 얼마 들어요?

판매자1: 그러니깐요.

구매자4: 바지저고리는 물빨래 한거라 싸고{판매자1: 예}

판매자2: 35만 원돈 먹어요.

구매자1: 에?.

판매자2: 35만 원이요. 저걸로 세트로 해서. 하나 하셔야 돼.

구매자3: 아니 놔둬 그저 쓸데없이.

구매자4: 그럼 엄마가 하나 해줘.

판매자2: 아니 왜냐면.

구매자3: 아니 놔둬요.

판매자1: 아니 그니깐 이렇게 되는 거에요 내말 좀 들어 봐봐.

구매자3: 놔둬요 놔둬 놔둬.

판매자1: 알았어요 알았어요.

판매자2: 수가 안 나오니깐 그래서 그러지.

판매자1: 아니 언젠가 해야 되니깐 그래.

구매자4: 그럼 큰 아들도 한복 있는데.

구매자3: 놔둬.

구매자4: 막낸데.

구매자3: (---)

판매자2: 얼마나 예뻐요. 너무 이쁘잖아.

구매자4: 그렇게 한 세트로 딱 해서 사진 딱 둘이 하나 딱 찍고.

구매자3: 됐어요.

구매자4: 해줘.

판매자2: 지금 [안 하는 사람이 없어요.

구매자4:   [[후회 안 해 나중에.

구매자3: 처가집 말들도 좀 들어야지.

구매자4: 아니 여그 엄마가 해주는데 뭐.

구매자3: 아아 안 해줘 싫어.

판매자1: 아니 근데요. 제 얘기는 안 해도 상관없어요.{구매자3: 알아} 근데 이 문해가 이 문해 세트로 한 것이 이 문해가 다음에 안 나온다{구매자4: 안나온다 한복으로 나와} 이거지 그래서 그라지 지금 요즘 전부다 이거만 한 세트로 나오거든요 그 얘기에요 [근데 두루매기까지는

구매자1:   [[이거 요거로{판매자1: 예예} 내가 해줄테니까{판매자1: 예예} 아저씨 요거 넣는 대신에{판매자1: 예} 우리 아저씨한테 혼나니깐 값을 좀 더 좀

구매자3: 아이 그만해 안돼 그거 무시하는 것 같이 [안돼 안돼 싫어 싫어 나 안 해줘

구매자1:   [[아니 우리가 해 준다고 하면 돼. 무시하는게 아니구.

구매자3: 저 쓸데없이 소리하고 있어.

구매자1: 저그 언니한테.

구매자3: (--)

구매자4: 아니 그거는 저 부모가 해주는데 누가 뭐라고 그래. [엄마가 해주는데.

판매자1:   [[근데 누가 하던 간에 하긴 해야 돼요.

구매자3: 안 해줘 우리 안 해요.

구매자4: 윤구 엄마 해줘.

구매자1: 하는 게 낫겠잖아 그지?

구매자4: 응. 해.

구매자3: 아무소리 말아 어머니한테 가서.

판매자2: 아니 폐백 드릴 때도 해야 한다니깐요.

구매자3: 됐어 우리가 알아서 할 게 놔둬.

판매자2: 추석 명절에도.

구매자4: 그럼 저 명절 저그.

구매자3: 어머님 비위 건드리면 안돼. 비위 건드리면 안돼. 부모네들 비위 건드리면 안돼.

판매자1: 아 그렇죠. 근데 엄마가 잘 모르셔 가지고.

구매자3: 아니 돈이 아까워 그러는 것이 아니라 [(--)

판매자1: [[근데 두루마기 원래 두루마기도 하는 것이 생략하고 왜 그러냐면 [두루마기는 하는 사람이 있고 안하는 사람도 있고.

구매자4: [[두루매기는 하지 말고 바지저고리만 마고자 조끼하고. 그렇게 윤구 엄마가 해줘.

구매자3: 아니 됐어. 아니 싫어. 우리 안 해.

구매자1: 만약에 요거 바느질 할 동안이라도 무슨 사돈이랑 상의해 가지고 이거 가져오라 하면.

판매자1: 이것은 두루마기감이거든요. 근데 이것은 생략하는 사람이 많아요.{구매자4: 음 바지} 근데 요즘에는 남자 마고자 조끼는 필수에요 필수야 필수{판매자2: 필수야 필수}

판매자2: 안하는 혼수가 없어요.

구매자3: 나중이라도{판매자1: 예예} 하면 일루 오니깐 찾으로 오니깐.{판매자1: 예예} (--)

판매자1: 그러세요. 아니 아니 [언젠가는 하긴 해야 하니깐.

구매자3: [[아니 근데 이제 큰 사우하고 둘이 똑같이 해줄 판이니깐.{판매자1: 예}

판매자2: 색깔은 색깔은 뭐 맞춰도 {구매자3: 예예} 문양은 그때 못 고르니까.

구매자3: 그려 남자하고 여자하고 틀려야지.

구매자3: 얼매 나왔어요?

판매자1: 91만 원 나오네요

구매자3: 91만 원이요?

판매자1: 딴에 가서 고급 한 벌밖에 안 나오는거에요.

판매자1: 그러니깐 바지저고리 하라니깐

판매자1: 싼 거에요.

구매자1: 얼마 얼마 나왔어요?

판매자1: 91만 원이요.

구매자1: 91만 원이요?

판매자1: 예.

판매자1: 저고리 하나가 벌써 9만 원이 들어가니깐. 그래서 비싼 거에요.

구매자1: 에이 좀 깎아줘요.

판매자1: 아니 아줌마 뭐 깎을 거 있어요. 25만 원 싼 거 아니에요?

구매자1: 아니 85만 원 해줘요.

판매자1: 아이구.

구매자1: 내가 가서 사돈 꼬셔가지고 [이거 해 주도록 할게

판매자1: [[아니 그것은 관계없는 거구 [똑같은 거구

판매자1: [[하셔도 고만이고 안 하셔도 고만이고 우리는 세트로 다 하시니깐. 하시라는 거지.

판매자1: 사실 요기서는 뭐 더 쓰고 다 세트 세트 나오거든.

판매자1: 아니 아저씨 85만 원만.

판매자1: 아니 그럼 어디서 남어.

구매자2: 어머님 고급 쓰시는데 저 치마저고리 어머니거 하나만 해도 이 전체가 다 들어가도 남아요.

구매자4: 이 양반은 깎을 것을 안 불러.

판매자1: 장사 수완이 없기 때문에. 아니 아줌마 하나하나 비싸면 얘기하시라 이거에요. 이거 25만 원 잡았어요. 근데 비싸요? 싸요? 거 최소한 35만 원 40만 원 주셔야 돼요. 공전은.

구매자1: 벌써 절반 딱 깎을라고 형님 모시고 왔지 그 대신 [또 일편단심 다른데 안 가잖아. 민들레같이

판매자1: [[아니

판매자1: 근데 깎을라고 모시고 오는게 아니에요. [정확하게 찾을라 하지.

구매자1: [[나는 요기 와서 생전 다른 한복집 구경도 못해 보네 저 형님 때문에.

구매자4: 아니 나는 싸게 뜰라고 뭐 데리고 왔다고.

판매자1 아니 아가씨 보고 물어봐.

구매자2: 이거 안하면 어때요 그러면{구매자1: 응} 이거 안 하면 어때요?

판매자1: 뭐? 저고리 저고리 하나

구매자1: [이거 하지 말까 세트 아니면 보기 싫으니깐.

판매자1: [[저고리 저고리 하나

구매자2: 그냥 이렇게.

구매자1: 이거 빼 버려.

판매자1: 뭐?

구매자1: 괜히 세트로 안 하면 야도 입기 쪽팔리니깐 안한대.

판매자1: 아 두루마기

구매자1: 친정 어마가 이거 하지 말라고 신신당부를 했어.

판매자1: 그래요

구매자1: 언제이든지 지그가 세트로 할

때 또 하게 되니깐 놔두고

구매자4: 아 두루마기를 하지 말라고

구매자1: 어차피 큰 사위 때 해야 되니
깐 큰 사위 하면서 두루마기는
원래 하지 말라고 나한테 신신
당부를 했어

판매자1: 그러면 청실홍실 엮을게 없어
요 어머님

구매자1: 엉?

판매자2: 청실홍실

판매자1: 어떻게 엮을라 그래

판매자1: 함 엮을게 엮을게 없어요

구매자1: 함 없기로 했잖아 뭐 어짜기
로 했나?

구매자2: 함은

판매자1: 어쨌든 보내야 되니깐요

구매자2: 함은 철구 씨가 그냥 갖고 오
는 걸로

판매자1: 아니 청실 홍실 좌우간 누가
가져가든 간에 엮어 가지고 청
실홍실 엮는다고 그러잖아요?

구매자1: 예

판매자1: 이거에 청홍이 있거든요{구매
자1: 예} 이거에 청이 있잖아
요 쌀게 없잖아요 하나밖에
더 싸

구매자1: 아하

구매자4: 치마저고리 한 벌 싸고 두루
마기 싸고 해야 되는데

판매자2: 이래야지 저 저기 혼수지 함
에 [들어가는 격식이지 최소
한에

구매자4: [[그래 가지고 철구같이 가
방에다 담아가지고{판매자1: 그
렇지} 함은 안 가도 가방에다
담아 갖고 가야지

판매자1: 싸야지

구매자1: 저 딱 한 벌이라서{판매자1:
예} 두매끔을 못한다 [말이지

판매자1:   [[예 두매
끔을 [청실 엮지

판매자1:   [[두 개 넣고 하나는 그
냥 양장지 산거 넣고 그러면
되지 그렇지

구매자1: 그러면 되겠다 양장을 사가지
고 여기다 한 벌 넣으면

판매자1: 아니 3벌은 넣야 되는 거거든요

구매자1: 양장을 많이 해요 양장은 여러
벌 하니깐 양장을 사가지고 여
넣야겠다

판매자1: 양장 말고 옷감 옷단 말 두
끝을 어머니 텔레비 보셨잖어

구매자3: 아이고 지금 그런 거 따질 때

야 달나라 가니 판인데

판매자1: 양장은 (--)

구매자3: 그냥 하라는 대로 해

판매자1: 일단 두루마기는 빼봐요 빼고

판매자1: 예 그러세요 20, 50 5 하나 둘
셋 넷 쁘라스 하나 둘 셋 넷
그럼 64만 원밖에 안 돼네

구매자1: 64만 원 그럼 60만 원만 해

판매자1: 아니 그렇게 하면 안 남지

구매자1: 60만 해

판매자1: 아이 60만 원 아니 4만 원씩
안 남잖아요 아니 어디서 [비
싸다면 얘기하시라니깐

구매자1:   [[그
라면 아저씨 진짜 그랴 해줘
요 지금 또=

판매자1: =아니 아줌마 3벌인데 지금=

구매자1: =야가 이러고 갔으니깐 또
하러 오게 돼요

판매자1: 아니 올 수도 있어요 반드시
하긴 해야 돼 [안 할 수가 없
거든요

구매자1:   [[해야 돼 우리
지금 날짜가 멀었거든{판매자
1: 예} 29일이니깐 그 다음에

판매자1: 근데 4만 원은 어디서 빼?

구매자1: 아니고 내가 우리 사돈한테
해 가지고 우리 사돈 부자니
깐 언제 줄게 끝다거 그래서
60만 원

판매자2: 뺄게 어딨어요

구매자4: 아니 옷도 몇 벌 안하면서 그
렇게 많이

판매자1: 아니 괜찮은데 모르세요 진짜
64만 원인데 63만 원만 내세
요 아니 진짜 안돼요

구매자1: 아니 아니 안 해

판매자1: 안 돼는 거에요 4만 원 어디
서 빼

구매자1: 다음에 그럼 우리 사돈 여 이
집 모르니깐 다른 데 간다 말
이야 [그니깐 내가

판매자1:   [[가면 손해야 아줌마 어
내가 장담하는데

구매자1: 우리 이 며느리가 지금 이걸
했다가 안 했으니깐 집에 가
서 얘기하면 틀림없이 지금
옷이 [큰 사위까지 해 주게 된
다니깐

판매자1:   [[근데 4만 원씩 어디서
빼느냐구

구매자1: 왜냐하면 이 애 우리 며느리
언니를 사위를 안해 줬기 때

문에 [작년에 못하는 거든-
판매자1:　　[[글쎄 글쎄 예 이해가
　　　　가는데
구매자1: -집에 가서 이렇게 예쁜 걸
　　　　얘기하고 요거를 보여주면 그
　　　　거 그 언니가 이런 치마저고
　　　　리가 있는데{판매자1: 예} 큰
　　　　딸이 친정엄마 보고 해달라고
　　　　한데{판매자1: 예} 이거 이거
　　　　까만 저고리에{판매자1: 예}
　　　　이거 반회장 자주색 그거나
　　　　뭐 분홍 저고리가 뭐 저고리
　　　　하나 새로 해 달라고 한 대요
판매자1: 예 그래도 우린 상관없어요
구매자1: 그러니깐 이거 가선 얘기하면
　　　　그것도 딸도 해주고 사위 둘
　　　　도 마 이런 거 이거 마고자
　　　　하고 할라고 올라 할텐데
판매자1: 아 다 맞는데
구매자1: 아 아야
판매자2: (--) 오셔야 돼요
구매자1: 아저씨 [끝다리
판매자1:　　　[[4만 원 4만 원을 안
　　　　남는 거에요
구매자1: 아니 됐어
판매자1: 아니 그러지 마시고 2만 원만
　　　　주세요 [아줌마가 모시고 왔기
　　　　땜에
구매자1:　　　[[아야 아이 내가 혼난
　　　　다 말여 비싼 거 했다고
구매자4: 아니 2만 원 드려
판매자1: 아니 이거 25만 원이 비싸다
　　　　면 어떻게 해
구매자1: 아이 아이 갑시다
구매자1: 이거 차비 내야지 (--) 일어나
　　　　인나 인나 다음에 보야지
구매자4: 안감 맞춰야지
판매자1: 안감
구매자1: 우리 너이 지금 전철이라도 타
　　　　고 가야지
판매자1: 이거 팔으나 마난대 그럼
구매자1: 그니깐 우리 사돈 꼬셔가지고
　　　　이루 오게 만들게요
판매자2: 아니 안 그러시더니 왜 그러셔
구매자1: 우리 사돈이 용인 분당이니깐
　　　　다른데 한다 말이야 지금 그
　　　　러니깐
판매자2: 안 깎아야지 그럼
판매자1: 딴 데 가시면 어머님 이거 한거
　　　　70만 원 해요 최소 50-60만 원
　　　　주셔야 되는 거에요 근데 뭐
구매자1: 나 지갑이 텅텅 비었다 잘 됐네
구매자3: 일체 어머니한테 말말아

판매자1: 아니 근데요 지금 지금 말하
　　　　면 안돼는 거에요? 그건 공식
　　　　이에요 공식
구매자3: 아니 여기서 한 얘기 하지 말
　　　　라 그 얘기지
구매자1: 아 시어머니가 이리 깍쟁이란
　　　　소리를 하지 말라고
판매자2: 예 351번 빨리 한 벌만 내려
　　　　보네
구매자3: 여기서 잴거요?
판매자1: 예
구매자3: 재.
구매자2: 저요?
구매자1: 4시 시간 충분해요
판매자1: 금은방? 잘 아시는데 있어요?
구매자3: 예
구매자3: 그 너이를 다 그 집에서 다
　　　　해요 저거 아도공에서
판매자1: 세운상가?
구매자1: 세운상가가 아니지요
구매자3: 종로 3가
판매자1: 종로 3가에요 이 밀집돼 있거
　　　　든요
구매자3: 우리 친구 아들이 해요
구매자1: 우리 친목 계원 아들인데 부
　　　　대 같은 동료인데{판매자1: 아}
　　　　우리 애 너이다 그 집에서 해
　　　　요{판매자1: 아}
판매자1: 그럼 속진 않고 철저 철저하
　　　　게 하겠네요.
구매자1: 그래서 아들이 아들이 가게를
　　　　하는데 그 아버님이 지금 의
　　　　정부서 일부러 지금 오시 오
　　　　시기로 지금 여서 만나기로. 잘
　　　　해 주라고.
판매자1: 근데 거기서도 이렇게 깎으시
　　　　면 뭐라고 할텐데.
구매자1: 아이구 거도 깎지요.
판매자1: 아이구 안 깎는 거에요. 아는
　　　　사람한테는 데구 까면 안 갚는
　　　　거에요 클나요. 아이 그럼 아
　　　　는 사람 데리고 올 필요가 없
　　　　는 거지. 데리고 올 필요가 없
　　　　는 거에요. 안 깎고 정확하게
　　　　살라고. 아줌마는 무대뽀야.
<>((치수 재고 있음))
구매자1: (--)
<>
구매자1: 지금 이게 이거 이겁니까? 이
　　　　거이거
판매자1: 그거 아니죠.
판매자2: 거 그건 싼 거에요.
판매자1: 싼 거에요.

판매자1: 틀려요. 없어요. (책자) 손수 같
은 거 안나오는 거에요 이건
일반적인 이런 건 이런 거만
(--)

구매자1: 색깔이 뭐 그렇다하는데{판매
자1: 예 색깔이}

판매자2: 책자에 나오는 거는 싸요

<>

구매자1: 전부다 그런 것뿐이네 곤색 이
런{판매자1: 예}

<>

판매자1: 이것이 신랑엄마 신부엄마. 나
는 이거 인제 이거보담 이게
인제 좀 고상하니까{구매자1:
예} 그죠? [색깔이 틀리고

구매자1: [[이렇게 진하고 요
렇게 요러{판매자1: 예 고롷게
입} 따로따로 입는 거는{판매
자1: 예} 살결이 허옇고 부티
가 나야 멋있는데 나는 새카
매 가지고 [이레 입으면 어울
리지도 안 해.

판매자1: [[새카마키는 뭐가
새카매. 근데 이것이 색상이
굉장히 잘 나온 색깔이야.{구매
자1: 예}

구매자1: 조런 건 없어. 분홍 있고 자주
색 있고{판매자1: 예예} 노란
거 있고. 또 분홍 있고. 근데
난 아직까지 대추색 그게 맘
에 들어 그걸 잘 입어요.

판매자1: 곤색이요 참 대추 색깔 이뻐요.

구매자1: 첨 맨 처음 해 입던 거

판매자1: 첨 그것보담도 요즘에는 중간
색으로 나와요. 요즘에는 중간
색으로 나온다구요. 색깔 자체
가. 이렇게 나와요 이렇게. 그
리고 바닥도 틀리고.{구매자1:
예} 옛날 바닥하고 지금은 이
렇게 보면은 무네(무늬)가 있
어요{구매자1: 예} 이게 새로
나온거에요. 그만큼 고급인거
죠.{구매자1: 아 무네가 있네}
네 무늬가 있어요.

구매자1: 다양하네.{판매자1: 예예}

판매자1: (다양하죠)

구매자3: 다 적었어요?

판매자2: 예

구매자3: 벌써?

판매자2: 예

구매자3: 아 빠르네.

구매자4: 옷 한 벌하는데 뭐 두루마기
도 안 하는데

판매자1: 그럼요.

구매자3: 번개불에 콩 귀먹듯혀.

판매자1: 새로 나온거기 때문에 그래서
그런 거에요. 그전에 옛날에 나
왔던 것은 그냥 (--) 싸요.

판매자1: 그때 그게 18만 원이면 적은
돈이 아니에요

판매자1: 그렇죠.

구매자1: 15년 전에 17년인가 전이고.

판매자1: 그 대신에 그때는 안 안팎으
로 했겠죠{구매자1: 안 안팎}
네 안 안팎. 원래는 [

구매자1: [[(--)도
아니에요. 곤색 두루마기에다
가 {판매자1: 음} 빨간 치마에
다가 빨간 치마저고리 봉개로
해 가지고 25만 원 주고 했다
니까

판매자1: 예 그렇지요 그 정도 하죠.

구매자1: 그거하고 여름거 하고 전부 아
저씨 집에서 했지요. 그거 하
고 여름거하고.

판매자2: 신랑 집의 도리지 [친정 엄마
가 권한이 없어.

구매자4: [[친정 엄마
사정 봐서 두루마기를 왜 빼냐고

구매자3: 욕심이 안 계시지 (--) 욕심.

구매자4: 아니 두루마기를 왜 빼냐고

구매자1: 아이 집에 가서 엄마한테 혼날
까봐. 하지 마라캐 놔서요.―

구매자4: ―낄 혼난대요 아이구 그건 말
도 아니다.

판매자1: 시어머니 도리지 [친정어머니
상관 신랑 옷은 아마 친정어
머니가 권한이 있어요. 근데―

구매자4: [[시어머니
가 해주는 건데 친정 엄니하
고 시어머니하고 근데 시어머
니 권한이지.

판매자1: ―근데 신부 옷은 시어머니
권한이라 {구매자4: 그럼}

구매자4: [아니 메느리 옷 해주는 것은
시어머니 권한인데 왜

판매자2: [[해주면 고맙게 생각하지

구매자1: 아니 나도 안 해줘. 우리 아들
도 안 해주는데 내가 뭐 하러
해줘. 가서 그래라 우리 아들
아들 마고자도 안 해주는데
내가 뭐 하러 해주냐고.

<>

구매자4: 안 받침은 더 색이 산다.{판남
여: 네}

구매자1: 형님 내 옷 야 거보다 내 옷

판매자2: 아이 어머님 이거 120만 원짜리에요. 그러지 마세요.

구매자3: 아줌마 뭐야 저 가실 거에요? 그냥 가실 거에요 지금.

구매자4: 예

구매자3: 집에 가실 거에요? 우리 금방에 가야 하거든.

구매자4: 에.

판매자1: 그럼 가세요.

구매자4: 가세요 인자 나는 나 또 장볼 거 있어.{구매자3: 예예} 여그 여그 또 자꾸도 사고

구매자3: 가자 저저

판매자2: 요리 요리해서 나가시면 금방 쉬워요.

구매자3: 이짝으로 가야혀?

판매자1: 네 청계천 가실 거 아녜요?

구매자1: 뭐 주머니도 주든데 복주머니

판매자1: 복주머니. 거 뭐 하러 가져 아요기 주머니

구매자1: 아니요 저 뭐야

판매자1: 선전용?

구매자1: 시어머니 가지고 다니라고 주던데

판매자1: 아 이거요 이거

구매자1: 이쁜 복주머니가 있던데 저런 거 말고

판매자1: 이거 뭐 필요 있어요. 왜 그냐 믄은 아니 우리가 선전할려고 하는 거지 아니 뒤에 주머니가 있거든요. [명함 드릴께요.

구매자1: [[친정엄마 하나 갖다 드려라 아니 왜냐면은 혹시 전화 할 일 있더래도{구매자2: 아 예}

판매자1: 여깄어요 여깄어요 명함 가져 가세요

구매자1: 명함도 하나 넣고{판매자1: 예}

구매자1: 여도 하나 넣고. 이래야 선전이 되는 거지. [선전하고 (--)

판매자1: [[원래 선전할려고 주는 건데 뭐. 아니 또 있어요 그거 또 달라면 또 줄게요. 가져야 좋지도 않은 거 뭐.

구매자1: (--)한테 자랑할라고{판매자1: 그렇죠 그렇죠}

구매자1: 우리 집 선전해 주실라고 그러지

구매자1: 보재기나 하나 줘요.

구매자1: 보재기 두 개만 줘요 여 뭐야 뭐 사 보내야 돼.

판매자1: 신부 측에서 필요한 거지 뭐

신랑 측이

구매자1: 아 우리도 뭐 사 보내야 돼 두 개만.

<>

판매자2: 두루매기를 빼서 내가 섭섭하네.

구매자1: 하나 더

판매자1: 다음에는 다음에는 깎지 마세요.

구매자1: 색깔한 번 다 내 봐요 색깔 한 번 보게

판매자1: 다 이래요.

구매자3: 웬간히 싸돌라고 그려

<>

구매자3: 돈 안 들어서 좋은데

<>

구매자4: 행여 집의 집으로 갈거니까. 집의 거 신부 거 싸고 줘야지. 싸고 하나 담고.

판매자1: 아이구 살림 그렇게 알뜰하게 해서 어디가 쓰실려구 그래요

<>

구매자3: 비유 맞춰 주느라고.

판매자1: 담에 우리 아들 데려와서(--)

<>

구매자3: (--)

판매자1: 오시기가 쉬워요.

구매자1: 우리 어떻게 이리 어디로 나가?

판매자2: 나가는 길 좀 알려드려 (--) 아빠. 골로 해서 나가시면 찾기가 쉬워요

구매자1: 어디로 요리?

구매자3: 다음에 일시불 할테니까.

판매자1: 가까워요 쫌.

((※지하도를 건너서 세운 상가라고 가르쳐 줌.))

구매자3: 다음에 또 올게요. 여기서 꼭 한다구.

판매자1: 예 예 오세요 오세요.

구매자2: 감사합니다. 안녕히 계세요.

<자료 25>

장 소: 금은방(종로3가)
날 짜: 1998년 11월 4일
물 건: 패물
구매자: 구1: 50대(여), 구2: 20(여), 구3: 60대(남)
판매자: 판1: 30대(남), 판2: 30대(여)
구매 여부: 구매 성립

구매자1: 지금 우리 회장님이서 친목회. 아버 아버님이 회장님이시고.

판매자1: (--) 요새 바쁘신 데도 (하루도) 집에 안 계시드라고.

구매자1: 불나 가지고 손해 많이 봤지요.
판매자1: 네 많이 [봤지요.
구매자1: 　　　　　[[언젠가 내가 한 번
　　　　뭐 뭐 하러 왔드니 턱 이래 가
　　　　게가 적어져서 아이라고 이집
　　　　아이라고 했든 디 맞대. 왜 이
　　　　리 생겼노 가게가 [왜 이래 생
　　　　겼노
판매자1: 　　　　　　　　[[반은 줄어들
　　　　었어요.－
구매자1: －반이 뭐야. 반에 반도 아니지
　　　　전에 얼마나 컸는데. 불나 가
　　　　지고 새로 이 건물 새로 지어
판매자1: 뭐 드실래요?
구매자3: 먹었어요.
<>
구매자1: 팔찌:: 다이아는 저저 관두고
　　　　팔지 목걸이 데자인. 요새 신
　　　　가다로 보여줘요.
<>
구매자3: 그전에 시계포까지 같이 했잖여.
구매자1: [그러니까
판매자1: [[시계포는 (그게) 단일품으로
　　　　는 시계도 가져와야 하면 가
　　　　져와요. 아는 사람들이니까 백
　　　　화점에서 사는 거 보다 동생
　　　　들도 다 갖다 줬잖아요. 전부
　　　　다 내가 소개해 줘 가지고 동
　　　　생들은.
구매자1: 동생은 그 공장 해 가지고 좀
　　　　까먹었어요?
판매자1: 네
구매자1: 그럴 거 할 체질이 아닌데 공
　　　　자님같이 생겨가지고. 요새는
((※판매자2가 판매자1에게 다른 일로
애기를 걸자 대화가 끊김))
<>
구매자1: 먹는장사가 젤 남으니까 뭐
판매자1: (--)
판매자2: 몇 돈 정도로 하시게요?
구매자1: 보통 신부들 몇 돈 몇 돈 하나?
판매자2: 닷돈닷돈 세 돈
<>
판매자1: 많이 해주세요. (--)
구매자3: 우리 큰메누리가 서 돈 했어
　　　　다이아를. 똑같이 해줘야지.
구매자1: 아니아니 말고 서 돈 아니고
　　　　3부.{구매자3: 3부} 다이어 서
　　　　돈 해줬대.
구매자3: 3부. 큰메누리하고 똑같이 해
　　　　줘야지 나도.
<>
구매자3: 3부부텀 제값 받는다고 하드만

응? 그때 (--)
판매자1: 3부도 좋은 거 있고 나쁜 거
　　　　있으니까 사실 가격이 천차[
구매자3: 　　　　　　　　　　　[[현
　　　　대 현대
구매자1: 우리 아들 다 현대로 했거든
　　　　다 똑같이
<>
구매자1: 뭐 팔찌 팔찌 저거는 목걸이
　　　　고 이거는 팔젼데
구매자3: 골라봐 골라봐
구매자2: 예
구매자3: 금으로 된 거 골라봐
구매자1: 신랑신부 시계는 두 개 해야
　　　　하고 세트로
구매자1: 가지고 오라고 하면 돼요 가
　　　　지고 오라고
구매자3: (--)
구매자1: 시계 하라 캤어 엄마가{구매자
　　　　2: 예}
구매자3: 하라했데?
구매자1: 어
구매자1: 시계도 허야지.
구매자3: 철구 [(끌고--)
구매자3: 　　　[[왠간한 걸로 해 왠간한
　　　　걸로 (--)
판매자1: 아니 [여러 가지 갖고라 해서
구매자1: 　　　[[아니
구매자3: 왠간한 걸로 해 왠간한 걸로.
　　　　{구매자2: 예} 좋은 걸로 하지마
판매자2: 많이 나가는 거 두 개거든요.
　　　　골라 보실래요?
<>
판매자1: 많이 있으니까 [
구매자1: 　　　　　　　[[이걸 왠간한게
　　　　아니고 시계 왠간한 거 하라
　　　　해. 시계 너희가 헐은거 한다
　　　　{구매자2: 예} 헐은거 한다카니
　　　　까 이기사 좋은 거 해야지.
구매자3: 시계를 왠간한 걸로 한다 이
　　　　거야. 중질로
구매자1: 이게 (--)
구매자3: 아주 하빠리로 하면 안 돼고
　　　　중질로.
구매자1: 금을 그렇게 많이 바쳤는데도
　　　　많데 그래도.
구매자3: 아 거 돈 있는 놈 하나도 안
　　　　바쳤는데
판매자1: 진짜로 갖고 있는 놈들은 안
　　　　바쳤지
구매자3: 아여여 강남 있는데 하나도 안
　　　　바쳤잖여.
구매자1: 도봉구가 젤 많이 냈어 서민

들인데도
판매자1: 서민들이나 냈지
구매자3: 뺀까지 넥타이 뺀까지 다 냈어.
판매자2: 수수한거 하실려면 요거
구매자3: 이게 더 나요?
구매자3: 편하드라고 내뻐린게 (--)
판매자2: 요거는{구매자2: 예} (지금은) 이쁘긴 한데요 좀 지나면 많이 질리는 스타일{구매자2: 아 그래요}
구매자3: 아버님 못 믿어서 오신댜 나 같이 갈라고 우리가 안다고 그러니까 한참 찾았네.
구매자1: (--)
구매자2: 이런 건 어때요?
판매자2: 고런 것도 많이 하시고요
판매자2: 무난하게 많이 하시는 것들이구요{구매자2: 예} 쫌 이제 고급스러워 보이는 거는 (--) 그래서 따른 거보다 좀 가격이 쎄거든요
구매자1: 나이 들어 보이는 건가?
판매자2: 으응 그렇진 않아요.
구매자2: 그렇진 않아요.
구매자1: 팔지 닷 돈 목걸이 닷 돈{판매자2: 예} 반지는 서 돈.{판매자2: 예}
판매자2: 요렇게 하시면 (--)
<>
판매자2: 요즘에 별로 중량에 구애를 안 받으시더라구요. (해주는 편이고 마음에—)
구매자3: 근데 새끼들이 있으면 똑같이 해줘야지{판매자2: 맞아요} (--) 안돼.
<>
구매자2: 어떤 게 더 좋은 거 같애요?
구매자1: 이거는 쫌 구가다거든 이거 나온지 오래 됐어.
구매자2: ((웃음)) 그래요?
구매자1: 이거 구가다고. 이게 더 화려하잖아{판매자2: 예예}
구매자2: 이런 게
구매자1: 이거는
<>
구매자1: 이거는 뭐 무슨 악세사리 같아 가지고 안 돼고{구매자2: 음} 금걸질 안하잖아 그지{구매자2: 어} 이거 두 개는{구매자2: 어} 금걸질 안하잖아 보기에. 하도 요새 가짜 금이 많으니까 비스름하니까
<>

구매자1: 고래 생겨야 금걸이 보이는데 난 이기는 별로다 이거는 나온지 오래돼 가지고 이기이기 이거 저번에 큰며느리 볼 때 나 왔어{구매자2: 음}
<>
구매자2: 이거 한 번 볼까요?
구매자1: 이게 화려하고 젤 났네 이거 빼봐. 아니 여기서 보기도 어떤 게 잘 나가
판매자2: 글쎄 저희는 잘 나가는 거 지금 선별해 뽑아서 드린 거거든요 그까 고중에서 골르세요 저희가 예물로 젤 많이 나가는 것들이에요 이게
구매자3: [이이 이것이.
구매자2: [[목걸이 겸
판매자2: 예예 종류가
구매자1: 이건 치야 뿌리고 요거 둘 중에 니 맘에 드는 거 해
구매자2: 목걸이랑 같이 되는 거에요?
판매자2: 예
<>
구매자1: 목걸이는 세트가 아니고 또 달라.
구매자2: 팔찌랑 같은 모양 아닌가요?
구매자1: 으응 모양은 달라{구매자2: 어} 목걸이는 또 골라야지. 그렇지?
판매자2: 아뇨 세트로 다 돼요.
구매자1: 세트로 돼?
판매자2: 예
구매자1: 그럼 목걸이를 한 번 내봐 같이 보게.
판매자2: 드릴게요.
구매자1: 목걸이 보면 또 달라
판매자2: 똑같이 생각하시면 돼요. 두 가지 종류 골르셨으니까는{구매자2: 예} 어 똑같은 거.
구매자1: 비스름해 가지고 뭐가 뭔지 모르겠다.
<>
((※판매자2가 음료수를 대접하고 있다))
판매자2: 예 드세요
구매자1: 애플 애플 쥬스다. 비쌀 건데 다방에서 시켰어요 다방에서
판매자2: 아뇨 드세요
구매자1: 이게 더 낫나요?
<>
구매자3: 오서가지고 잘 못 찾는가 보구만
판매자1: 여기 잘 안 오세요.
구매자3: 어 이 사람도 지금 찾느라고 뺑뺑 돌구만

구매자1: 만날 와도 나는 여내 자주 왔
잖아 저 동생 집에 왔다가 여
만날 뭐 곤치러 오고 만날 그
랬쌌는데
구매자2: 이거 날까요?
구매자1: 어 고게 고게 [깜찍 깜찍하다
이 이게 좀 크고 번질번질하고
{구매자2: 예예} 깜찍하고 무난
하다
구매자2:   [[깜찍해 보여요
구매자2: 이게 낫다
판매자1: 주문하시고 가실 거죠?
구매자1: 에
판매자2: 사가실건가요?-
구매자1: 아니 맞차 맞챠 가구
구매자3: -반지는 맞차야하꺼여.
구매자1: 아직 날짜가 많이 있으니까
저 뭐야 저 뭐야 저기 우리는
또 안 올거고 오늘 돈을 다
주고 갈테니까 야들이 찾으러
올거야 우리 아들은 손가락
재가 왔거든.{판매자2: 네에}
[함 내봐{판매자2: 응} 실로
재 왔는데
구매자3: [[실로 재 왔어.
판매자1: 실로 재면 잘 안 맞아요 사실은
구매자1: [함 와야 되겠다
구매자3: [[쪼금 짝게 하면 킬 수 있잖
아{판매자2: 네}
판매자1: 그러면 돼요
구매자3: 음. 이렇게 두 거풀로 했거든.
고거보다 쪼금쪼금 작게 하면
돼지. 실로 했응게
판매자1: 근데 너무 너무 크다
판매자2: 어떻게 묶으셨대 손이
구매자2: 손 이케 묶어가지고 헐렁하게
구매자3: 커 [1메타 84여 큰놈은 막내는
구매자2:   [[아니 굉장히 커요
구매자1: 하지 말고 함 왔다 가야 되겠
다 안 되겠다
판매자1: 아니 이게 안나오는데
구매자2: 그때 25
판매자2: 안 나와 안 나와
판매자1: 25 25가 넘는 거 같은데
판매자2: 아이고 무슨 30(-)
구매자1: 그렇게 안 크다 잘못됐다
구매자2: 이게 약간 헐렁하게 됐어요
판매자1: 긍까 안돼요 그게
구매자1: 아아니 언제 한 번 데려와서
우선 이거만 해놓고 데려와서
거 해야 되겠다 이거 우선 묵고
숨 좀 돌리자. 목걸이는 됐고
판매자2: [(--) 다이아 셋트로 하실 거

에요?
구매자3: [[(--) 집의 제일 큰 거여? 싸
이스가?
판매자2: 제일 큰 게 34에요
구매자3: 제일 큰 거여 저게 지금
판매자2: 예
구매자3: 그것도 안 맞어?
판매자2: 예. 잘못 재 오신 거 같아요.
보통 크신 분이{구매자3: 응}
보통 남성 기성반지가 17호거
든요 [등치 크신 분 오면은 25
호를 넘어가신 분이 없어요.
구매자1:   [[지금 우리 어느 거 했나?
구매자2: 이거
구매자2: 24::를 했었거든요{판매자2: 예}
여기 손가락 근데 그게 좀 꽉
껴가지고 여기 새끼손가락에
헐렁하게 끼구 있었어요
판매자2: 아 그거 한 이십 [일호 아니면
구매자3:   [[너 그거 가
지고(--)
구매자2: 예전에-
판매자2: (--) 들어갔긴 들어갔었어요?
구매자2: -예 들어가긴 들어갔는데{판
매자2: 아} 이케 끼니까 힘들
불편하다고   그러더라구요{판
매자2: 아}
구매자1: 그럼 26 30가지고 안되겠네군
판매자2: [이십육 정도 하시면
판매자2: [[오:: 이십오나 육정도
판매자2: 면이 약간 넓은 거 하실 거니
까는 이십육 정도
구매자3: 너 그 외반지 한거 안 갖고
왔어?
구매자2: 잊어버렸거든요
구매자3: [저런
판매자2: [[저어:: 반지를:: 평상시에 잘
껴시는 사람들은{구매자2: 네}
반지 길이 들어서 살이 되는
데{구매자2: 예예예예} 반지 하
나도 안 한 사람은 두꺼워요.
구매자1: 그르고 쪼금 작은 거는 늘쿨
수도 있으니까{판매자2: 예예
예} 26을 쫌 했다가 {판매자2:
예} 다음에 큰 거는 뽀샤야
돼 작은거는 쪼끔 늘쿨 수가
있으니까
구매자1: 그래하고 반지 또 데자인 한
번 내봐요. 목걸이는 고거로
됐고. 닷 돈 닷 돈.
< >
구매자1: 아니 요새는{판매자2: 예} 다
음 뭐뭐 2002년에는 사대가

한집에 사는 사람들은 대학도 그냥 간다는데 우리는 4대 참 4형제가 이 집에 다 했는데 뭐 뭐가 있어야 되는 거 아이야

판매자2: 저희 [(남는 거)

구매자1: [[일편단심 민들레 우리 다른데 한 번도 안 갔어. 맨 날 여기 왔어.

판매자2: 대신에 싸게 하시잖아요 따른데보다. {구매자3: 맞어} 저희는요 소매 손님은 받지도 않아요. 저 가게만 상대하기 때문에 받지도 않고 [(--)

구매자1: [[알아 그걸 내가 왜 모르 알지.

구매자1: 아는데 오늘 오늘 회장님 모시고 가서 우리 목에 떼 한 번 뱃기고 갑시다

구매자3: 까불기는

구매자1: 아니 진짜 딱 다 드리니까

구매자3: (얼매나 남는다고)

구매자1: 암소 갈비 좀 얻어먹고 갑시다. 먹는기 남는기니까 그지? 그라고 나면 여 아드님한테 용돈 많이 얻어 가실 수 있지

<>

구매자1: 사과쥬스여 윤구 아버지 알뜰히 먹어야지 여 맛있네

구매자3: 됐어

구매자1: 우째 금이 떵 뭐 금 아닌 거 같이 베기 싫다 떵 길거리에서 저 뭐야 백 원짜리 산크멘치 [어째 저래 나와

판매자2: [네에? 아아 아니에요 저게 얼마나 잘 나가는 건데요

구매자1: 금은 그냥 이래 생겨야 금같이 생겼지

판매자2: 아유 요즘에 누가 금같이 해요. 원래 금같이 해놓으면 그게 위험하지

구매자1: 고건 또 고건 또 금 같다 이젠

구매자3: (칼로) 깎으면 그렇지 깎으면

판매자2: 이게 원래 본 금색깔이에요

구매자1: 요게 이쁘다

구매자2: 이거요?

<>

구매자1: 이런 거는 길거리에서 그냥 천 원주고 산거 같애 가지고 너무 베기 싫다 에이

구매자1: 그래서 새신부가 한복 입고 나가면 요래 요 정도는 돼야 반지 금 같은 맛이 나지. 이것도 뭘 입었다 요게 차라리 진짜

금같이 보이지.

구매자1: 이것도 뭘 입혔잖아 이걸{구매자2: 음}

구매자3: 놔둬 야보고 고르라고

구매자1: 그래도 잘 나가는 거로 가르켜줘요 [야는 잘 모르니까

판매자2: [[(--)

구매자3: 본인이 맘에 들어야지 뭐

<>

구매자1: 그렇지? 꼭 가짜 같제?

판매자2: 아우 저게 왜 저 이게 커플 반지로 캡이에요

구매자3: 이제 가짜 같다 이게 차라리

판매자2: 아니 왜 그러냐면 내가 이걸 왜 제일 먼저 팔찌가 화려한 거 했는데 반지가 너무 수수한거 하면은 바란스가 안 맞아서―

구매자1: ―팔찌가 그거 화려한거에요?

구매자2: 네

판매자2: 그럼요 팔찌가 이거 [굉장히 화려하지

구매자1: [[그럼 그럼 니 맘대로 해라.

판매자2: 딱 맞잖아요

구매자3: 결혼한지가

판매자2: 어머님 저도 예물 이거로 했어요

구매자3: 한 십년 됐지? 어?

구매자1: 응?

구매자3: 결혼한 지가 십년 됐어?

구매자1: 아아. 아 집에 결혼할 때 우리 아저씨가 오셨다고 결혼한 지 십년 됐느데

판매자2: 누가요? 저요? 아니에요 저는 이집 들어온 지 몇 달 몇 년도 안 됐는데요

구매자1: 이집 이집 사장 결혼할 때 (--) 종업원 종업원으로 있었어.

구매자2: 요거는 비닐에 싸여 있는 거? (--)

구매자1: 팔찌 팔찌?

구매자2: 아니 요기 반지요.

구매자1: 반지 어디 (-) 어어:: 고것도 내 반지하고 다 똑같은 건데 이자 이제 요새 많이 나가는 걸로 냈구만.{구매자2: 음} 비니루로 싼 거 가운데 이거 이 따 오거든 내달라고 그래

<>

구매자3: 헤 오시네.

구매자1: 회장님 아이구 잘 오셨어요.

회장: 네 (--)

구매자1: 이제 아드님 집도 못 찾아요
회 장: 아니 한 번도 안 와 봤어요 수
　　　　리하고 나서
구매자3: 우리도 한참 찾았어요
회 장: 수리하고 나서 한 번도 안 왔
　　　　어요
구매자1: 나는 불나고 세 번째 왔는데
　　　　못 찾았는데
<>
구매자1: 여 뭐뭐 싸인 거 한 번 보자
　　　　카는데 반지 비니루 싸인 거
판매자1: 어떤 거루?
구매자1: 어떤 거?
구매자2: 그거랑 그 밑에 있는 거 그거
　　　　하구요
판매자1: 요거?
구매자2: 네. 고 밑에 아니 네 그거요
<>
구매자1: 그게 그게 이거 이거 아이가
구매자2: 아니 쫌 달라요
판매자1: (--)
판매자2: 금 같지가 않으시데요 어머니.
　　　　나도 예물 이거로 했는데
구매자1: 요런 거는 금 같는데{판매자1:
　　　　예} 이걸는 꼭 가짜 그냥 길
　　　　거리에서 산거 같애 가지고
　　　　나는 그랬더니
판매자1: 반짝 반짝 광이 나서 그렇구
판매자2: 얼마나 이쁜데요
구매자1: 야도 그게 맘에 드는가 봐 그
　　　　런 거 보게
판매자2: 이뻐요
구매자1: 눈이 다 있는가봐 현대 요새
　　　　눈하고 옛날 눈하고
판매자1: [이것은─
구매자2: [[이거 뜯어도
판매자1: ─뜯어도 돼요. 이것은 (예를
　　　　들어서) 끼구 다녀도 (--) 않
　　　　아 가지구 [끼고 다닐 수 이것
　　　　은 진짜 이것은 쫌 그렇잖아요
　　　　이게
판매자2: 　　　　　[[이게요.
판매자2: 하나씩 끼구 다녀요{구매자2:
　　　　예} 저두요 이뻐요
판매자1: (--)
구매자1: 막 끼뿌려 애끼지 말고 막껴
　　　　그래 집에 빼놓으면 도둑 [맞고 막
　　　　끼지 뭐
판매자2: 　　　　　　　　[[껴요
구매자1: 그래 막낄라믄 그게 낫다 좋다
판매자1: 근데 끼구 다녀도
구매자1: [결혼했단 표시가 있어야지
판매자2: [[이쁘죠 하나 껴도 돼고 쌍으

로 두 개 껴도 돼고 보통 때
는 하나만 껴고 다니세요
구매자1: 조금 크다
구매자2: [(--)
판매자1: [[아뇨 두 개 끼면 괜찮아요
구매자1: 응?
판매자1: 두 개 끼면 괜찮아요
구매자1: 두 개 같이 한 번 끼봐라
판매자1: 쌍으로 끼니까 [(--)
구매자1: 　　　　　　　　[[이쁘긴 이쁘다
　　　　금걸질 않해서 [그렇지
판매자2: 　　　　　　　　　[[예뻐요. 아유 어
　　　　머니 요새 (--)
판매자1: (--)
판매자2: 옛날에는 디자인이 요런 거밖
　　　　에 없었는데요{구매자1: 그러
　　　　니까} 요즘에 이제 기계 개발
　　　　하고 그러니까 요런 게 나오
　　　　는거에요
판매자2: 세련돼 보이지.{구매자2: 음}
구매자2: 밑에 것도 한 번 보여주시겠
　　　　어요?
판매자2: 저건 싸이즈가 안 맞으실텐데.
　　　　이거요?
구매자2: 아니요 고 옆에 옆에. 예 그거
판매자1: 이거요?
구매자2: 아니요 그 위에 거요
판매자2: 똑같은 건데요
구매자2: 같은 거에요
<>
구매자3: 아버님 커피 한잔 타 드려야지.
<>
구매자1: 아버지 커피 한잘 드실래요?
회 장: 음.
판매자1: 여기 커피 좀 갖다 줄래?
구매자2: 쪼금 다르죠?
판매자2: 저건 좀 틀려요.
구매자2: 그렇죠
<>
구매자2: 이게 더 이쁘다 그죠?
구매자1: 이게 (--) 이게 지금 낸거 아
　　　　까 낸거 말고
구매자2: 네 지금 끄낸 거
구매자1: 음. 이게 더 낫다.
구매자2: 그죠?
구매자1: 새로 한 번 더 봐봐.
<>
구매자2: 이게 그 세로줄 들어가는 [모양
　　　　더 날씬해 보이는 거 같아요
구매자1: 　　　　　　　　　　　[[음.
　　　　쫌 특이하네.
구매자1: 여여 보여봐. 어떤 게 좋아 보
　　　　여요 둘중에. 아이 이 봐봐 둘

중에 어떤 게 이뻐

판매자2: 아이 전 다 이쁘구요.

판매자2: 전 이쁘니까 그런 걸 권해드리는거지

구매자1: 음 그게 쫌 특이하네.

판매자2: 어머님 볼수록 이쁘죠?

구매자1: 작은 메누리라 이제 아랫 사랑이라고 이제 막내니까 더 이뻐.

구매자2: 음 고거 좋다 음 아 잘 고르네. 고-

판매자2: 이거 싸이즈 딱 맞네요 그죠?

구매자1: -비니루 들었는데 어떻게 알았나 너 그거를. 젤 낫네 이거는 금 같다.

구매자1: 이거 다 치아라.

구매자1: 맞나 옳게 끼 봐라.

구매자2: 네 맞는 것 같아요

구매자1: 그게 그게 또 광이 더 난다{구매자2: 네}

구매자1: 때도 덜 타겠다 저보다 옆으로 줄이 있어 영 낫다

구매자1: 그리고 시계 두 개.

구매자1: 시계를

판매자2: 들고 나오세요.

구매자1: 세트 신랑신부 세트하고 다이아 가져오라 해.

<>

구매자1: 야 전부 돈 갖다 주러 오네.

<>

판매자1: ((전화를 걸음)) 어 난데 저기 시계 갖고라 그래. 시계 갖고라 그래 시계.

구매자3: 중질로

구매자1: 영감 이 넥타이핀 하나 하소.

구매자3: 응?

구매자1: 하나 해.

구매자1: 저번에 다 팔아먹었는디 하나 해 그래도 막내 기념으로 내 하나 해주께. 넥타이핀 하나 내봐라 넥타이 핀

판매자2: 네?

구매자1: 아부지 넥타이 핀

판매자2: 넥타이 핀요?

<>

판매자2: 그냥 보통 무난하게 끼우실 거죠? 이게 지금 저희가 다 나가고 두 가지 남았거든요

구매자3: 넥타이핀 금 이번에 다 내났다고 나는 (그거까지)

구매자1: 그거 말고 해바라기가 낫네 전에 무궁화 걸로 했는데 한 섭년 했거든

구매자3: 뱅뱅 돌아가고 돌아가지고 옳게 끼면 이것이 돌아 가지고 제대로 안 껴져 이렇게 무어라고 이상하다 (--)

<>

구매자1: 오래 꼈으니 그렇지 뭐 [저번에 이거 이거 무궁화로 한 섭년 꼈으니까는 다른 데자인으로 두 가지

판매자2: ⠀⠀⠀⠀⠀⠀⠀[[집게

판매자2: 지금은 저희 나가는게 무궁화하고 옛날부터 꾸준히 나가는 거라 요즘에는 무궁화 이케 해바라기 새로 나오고{구매자1: 응}

구매자1: 윤구 아버지 그전에 했던 게 무궁화 저거 아니요

판매자2: 무궁활거에요{구매자1: 그니까 응응 이게}

판매자2: 근데 지금 저게 나온 게 가다도 크게 나오고 굉장히 이쁘게 나온거에요

구매자3: (--) 이쪽으로 홱 돌아가고 홱 돌아가고(--)

구매자1: 이거 한 돈짜리에요 반돈?

판매자2: 이거를 위에다 하시지 마시구요{구매자3: 에} 약간 밑에 쪽에다가{구매자3: 어} [물리게 (--)

구매자1: ⠀⠀⠀⠀⠀⠀⠀[[꼽을 때 맨 날 급하게 잘못 꼽아서 뭐뭐 [휘어졌겠지

구매자3: ⠀⠀⠀⠀[[아니여 꼽는 게 귀퉁이 있어 가지고 딱 보믄 자동으로 돼 있어 가지구-

구매자1: 근데

구매자3: -빙빙 돌아 그래 가지구 딱 끼면 홱 돌아가지구 있어{판매자2: 응} 그래 빤뜻하니 꼽을하 하는데 안 꼽아지더라고

구매자1: 그나마 이번에 내뿌렸다 내 팔찌하고

구매자3: 그 내버렸다니까

구매자3: 5만 5만 아니 4만 7천 원인가 주더라구

판매자2: 그때 하실 때 오만 원 넘게 하셨죠?

구매자1: 요거 두 가지 중에

<>

구매자1: [요거 두 가지

구매자3: [[그럼 다 했냐 또 뭣 골라야 혀?

구매자1: 다 했어.

구매자3: 반진 다 골랐어?

구매자2: 예예

판매자2: 금방 사셨네요.
구매자1: 둘 중에 어디 거해요? 하나 해
구매자3: 그 무궁화를 (--) 무궁화가 좋
　　　　　나? 뭐가 좋냐?
구매자2: ((웃음))
구매자3: 어떤 게 낫겠냐 해고 다니면
구매자1: 둘 중에
구매자2: 음 무궁화 많이 하셨으니까
　　　　　해바라기로 하시는게
구매자3: 해바라기 괜찮아
구매자1: 무궁화 깜찍하이 아니 저 뭐
　　　　　야 해바라기 깜찍하이 이쁘네
　　　　　무궁화 그 전에 많이 했잖아
　　　　　저건 또 금배지도 저런 거 해
　　　　　가지고 그냥 배기 싫어 이거
　　　　　이거
구매자3: 그래 무궁화로 아니 무궁화래
구매자1: 해바라기
구매자3: 해바라기
구매자1: 몰라 그래 당신 맘에 드는 거
　　　　　하소
구매자3: 아니 그리구 이제 다 했어 그
　　　　　거 다 골랐어?
구매자1: 그럼 인자
구매자2: 뭐뭐?
구매자2: 팔찌, 목걸이, 반지요
구매자3: 팔찌, 목걸이, 반지{구매자2:
　　　　　예} 음
판매자1: 앞에서 저기서 [저기서 시계
　　　　　보시고
구매자2: 　　　　　　[[아버님 해바
　　　　　라기 하세요
구매자2: 이게 더 낫죠?
판매자2: 응응 세련되고 젊어보이게
구매자1: 뭐?
구매자2: 젊어보이게
구매자1: 뭐?
구매자3: 아니 [넥타이 핀
구매자2: 　　　[[해바라기
구매자1: 어떤 거 할 건데?
구매자2: 넥타이 핀 이거 요거 하세요
구매자1: 응 그게 좋아
구매자2: 왜냐하면 요즘 이거 옛날부터
　　　　　너무 흔해가지고
판매자1: 들어오세요 여기 다이야 반지
　　　　　있어요
판매자1: 아 오라캐요
판매자1: 예
구매자1: 가만있어 예 이거 골라놓고 갈게
구매자1: 고거 하나
구매자3: (--)
구매자1: 한 돈은 지금 가져가고
구매자3: (--)

구매자1: 그게 한 돈이여 반돈 이여?
판여; 한 돈이요
구매자3: 여와 여 와서 다이아 골라
구매자1: 나도 보고 올게 그럼
판매자1: (--)
시 아: 골라봐
판매자1: 여기 소규모구
구매자3: (--)

<자료 26>

> 장소: 시계점(종로3가)
> 날짜: 1998년 11월 4일
> 물건: 시계
> 구매자: 구1: 50대(여), 구2: 20대(여),
> 　　　　 구3: 60대(남)
> 판매자: 40대(남)
> 구매 여부: 구매 성립

(※금은방에서 소개시켜 준 가게임.)
판매자: 어서오세요.
판매자: 아는 사람이에요?
구매자3: 아니 학생 아버지하고 같은 직
　　　　　장 친목회지{판매자: 으음}
구매자3: 여기 여 꼭 있잖아 여기 와서
　　　　　근데 뭐야
판매자: (--)
구매자3: 뭐야 공작
판매자: 한두 번 오시지 않으셨어요?
구매자3: 여 매일 내 자식들 네 다 여
　　　　　웠을 때 다 왔잖아
판매자: 그러니깐요 시계 먼저 보시겠
　　　　　어요
구매자3: 이 사람이랑 왔지
판매자: 그러니깐요
<>
판매자: 구경하세요
구매자3: 골라 봐라 시계도 골라봐
판매자: 시계가 종류가 여러 가지니깐
　　　　　맞춰서 하세요.
구매자3: 네
구매자2: 시계를 저기 '부로바'로 해 달
　　　　　라고 하시던데
판매자: 네?
구매자2: 부로바걸로
판매자: 부로바로 해 달래요?
구매자2: 예
판매자: 부라바걸로 했다구요?
구매자2: 아니 그렇게 부탁을 하시거든
　　　　　요 어머님께서
판매자: 아하 골고루 시계가 있으니깐
　　　　　{구매자2: 예} 요런 거 요기 골
　　　　　고루 가져 왔어요{구매자2: 예}

구매자1: 맘에 드는 거로 해라.

판매자: 요게 부로바구요{구매자2: 예} 손 한 번 올려 보세요 그담에 이런 게 카리타스구. 골고루 보여드리께 그 담에 요런 게 스위스제 골고루 이렇게 손에 손에 찰 때 올려놔 보세요

판매자: 비교를 해봐요 잠구지 말고 차 봐야 돼. 보는 거하고 틀려요 요즘에 제일 잘 나가는 거 그건 (--) 그담에 요건 이제 엘레강스라고 해서 많이 나오고 골고루 메이커를 가져왔어요 보세요 맘에 드는 거 고르면 돼요 본인이 (--) 요렇게

구매자3: 네 네 가지뿐이여?

판매자: 아니요 다{구매자3: 응}

판매자: 다 골고루 있어요 한 세트씩

구매자3: 하나씩 하나씩 내 앞에 내나 봐 종목 좀 여기 좀 내나―

구매자1: ―아니 여기 있네 여 거 내 오지 말고

판매자: 다 가져와도 모릅니다. 차 봐야 요렇게 하나만 더 차 봐요 그럼 이제 비교가 됩니다

구매자2: 이거는 아니네요

판매자: 보는 눈이 다 비슷하니깐 응 (--)

구매자1: 니가 알아서 해라

구매자2: 이것도 나이 들어 보이잖아요

판매자: 아니면 빼 봐요

구매자1: 맘에 안 드니깐 빼버려{판매자: 예}

구매자2: 근데 저기 저희 집에서요 저희 어머님께서요 부로바거를{판매자: 예} 예전에 하셨나봐요. {판매자: 아 예전에}

구매자2: 근데 그게 계속 쓰시거든요 몇십 년을 계속 쓰셔가지고{판매자: 예} 그게 좋다고

구매자1: 부로바로 하셨어?

구매자2: 예 그거로 하시라고 하라고

판매자: 부로바로 하라고 하셨어요?

구매자2: 예

구매자1: 어느게 부로바야?

구매자2: 이게 그렇거든요 근데

판매자: 고거 요즘 잘 나가는 거에요

구매자2: 디자인은 별로 맘에 안 드는데

구매자1: 디자인 다른 거 없어요?

구매자2: 요런 거 말고 다른 건 없나요?

판매자: 근데 옛날에 부로바지{구매자2: 예} 사실 보면은 요즘에는 다 요고 부로바에요 근데 {구매자

2: 예} 물론 거의 기계는{구매자2: 예} 다 좋습니다. 물건은 다 좋으니깐 꼭 고거에 의식하지 말고 봐 봐요 보충 [설명을 내가

구매자1: [[이게 두 개가 다 부로바에요?

판매자: 예

구매자2: 로가디슨데요?

판매자: 예 로가디스가 부로바에서 나온 겁니다.{구매자2: 어어} 예 보증서가

판매자: 부로바에 의존하지 말고 부로바보다 싼 것도 있고 다 있으니깐 골고루 메이커 가져온거에요 기계가 다 좋으니깐 부로바로 지금 다 국내 조립이에요 {구매자2: 응} 옛날에는 수입했었는데{구매자2: 예} 요즘에는 다 국내 조립이니깐 본인이 다 예쁘면 다 예쁜거에요 지금

구매자1: 아저씨 요새 세트 잘 나가는 게 있을 거 아닙니까? [거 좀 가져와 보지

판매자: [[요게 잘 나가는 거만 가져온 겁니다 그래서 제가

판매자: 가격대는 어느 정도 예상하시는데요?

구매자2: 가격대는 어떠 어때요?

판매자: 가격대요? 가격대는 대개 40만 원대 많이 하시데{구매자2: 응} 예 저건 시중에 가면 다 7,80만 원 90만 원해요 여긴 싸죠 도매시장이니깐

판매자: 다 깔끔하죠 요거 요런 것두 남자건 제가 한 번 차보죠

구매자2: 그게 이건가요?

판매자: 예 고거 부로바에서 나온겁니다. 부로바에서 안 나온 거 같으면은 내가 돈 교환해 드릴게요{구매자2: 응} 물건이 좋으니깐. 요거 아주 괜찮은 디자인이에요{구매자2: 예} 요게 어 디자인이 차 보면은 잘 나가는 디자인이에요

구매자2: 남자 건 더 예쁘네요

구매자1: 응

구매자2: [남자께 예뻐요

판매자: [[여자 것도 예쁩니다.

구매자2: 남자 디자인 같애

판매자: 이게 손목을{구매자2: 예} 이렇게 딱 맞춰서 끼면요 요것도

아주 (--) 단순하게 그렇게 원
형이 아니라{구매자2: 예} 모양
을 이렇게{구매자2: 주변에다}
예 리렉스 모냥 이렇게 리렉스
모양을 살립니다 디자인이 괜
찮죠{구매2: 응}
구매자2: 이건 원형이고
판매자: 원형도 요걸 밴드에서 조화를
맞춰 가지고{구매자2: 예} 모양
을 살리게 만들고 원형에도 요렇
게 모양을 조금 조금 넣잖아요
<>
판매자: 요런 것도 많이 깜찍하고 요건
이제 레노마에서 나온 거고 파
리 레노마{구매자2: 예} 물건
다 좋은 겁니다
구매자2: 은 은빛
구매자3: 앉아서 봐
판매자: 제가 드리는 거는{구매자2: 예}
뭐든지 이 확신이 스고 재질을
우리가 고급 재질을 한 사람들
만 취급했기 때문에 확실한 것
만 드리니깐 좋고 나쁘고는 6
개월만 써 봐요 이상 있으면
우리가 다 책임집니다 그 정도
로 완벽하게 해 드리니깐
구매자3: (--)
구매자2: 이게 남자건가?
판매자: 예 고거
구매자2: 이거 아닌 거 같은데
구매자1: 여여
판매자: 요거
구매자1: 니한테 두 개 다 같이 걸어봐
판매자: 예 고건 제가 한 번 나란히 차
볼께요 고 여자분껏만 보세요
구매자1: 요렇게 매는 식으로 요렇게 해
같고 차
판매자: 네 먼발치서 한 번 봐봐요 (이
게 더) 잘 나가는 겁니다. 잘
나가는 거 부로바 카르타스 산
도스 우리나라 최고 브랜드만
가져오거니깐 {구매자2: 예} 그
중에서도 아무리 많아도 놓고
고르면 못 골라요 그러니깐 우
리가 추천해서 주는거
구매자3: 앞 것이 나아
구매자2: 이거요?
판매자: 봐봐요 내가
구매자3: 응 보니깐 깔끔하고 보니깐{구
매자2: 예} 여자들은 좀 환한
게 좋잖혀{구매자2: 예} 뭐 남
자들은 아무짝에나
판매자: 이이 한 색깔이 잘 나온거에요

얼뜻 보면 좀 투박하다 하는데−
구매자2: 예 그렇게 느끼죠 이렇게 딱
보면
판매자: −껴보면 끼면 낄수록 모양이
살아요
구매자3: 이게 나아 더 낫냐?
판매자: 예 이게 더 난거 같아요
구매자3: 낫지?
구매자2: 예
판매자: 맞아요 (--) 끼면 낄수록 모양
이 사는거에요
구매자3: 누군 여기서 못 고른다고?
구매자1: 차보소 당신 맘에 드는가 철
구 좋아하는 거?
구매자3: 아이쿠메 큰일 나지 깨져버리면
판매자: 괜찮습니다
구매자1: 깨버려
판매자: 떨어져도 괜찮아요 충격에 그
리 약한 게 아닙니다 요즘에는
그만큼 잘 나와요.{--}
구매자1: 아니 요렇게 해 보라니깐
구매자2: 시계 멋있는 거 차셨네(※판2
는 나중에 다이아를 파는 사
람임.)
구매자3: 네?
판매자2: 사장님?
구매자3: 네
판매자2: 멋있는 시계 차셨다구
구매자3: 이게 배타구 온거여 이거
구매자1: 손목을 요 이렇게 해보라니깐
차는 식으로
구매자3: 아 이걸 이걸
구매자1: 이거요{판매자: 음}
구매자3: 싸구려 싸구려
구매자1: 미군부대{판매자: 어} 37년 6
개월 근무해 가지고{판매자:
어} 양놈이 저기 선물했어요.
{판매자: 선물 받았어요} 정년
퇴직할 때 미국서 사가지고 왔
어.{판매자: 응} 값은 모르고
판매자: 예쁩니다. 손목을 좀 맞춰야겠네.
구매자1: 괜찮어?
구매자2: 예
구매자3: 철 철구 줄라고 해?
구매자2: 예
구매자1: 이거 철구 거잖아?
구매자3: 그냥 사줘
구매자2: 예
판매자: 아 좋다
구매자1: 갸는 좋고 나쁜 거 모르니깐
아무거나 해줘
판매자: 네 좋다 원래 디자인은
구매자3: 아버지가 골랐다고 해

258

판매자: 디자인은 남자지만은 신부님이(--)
구매자3: 왔다가는 바빠서 간거야
판매자: 그래요
구매자3: 간겨 야는 용산상가에 가는디 갸는
판매자: 아 물건 좋아요 지금 아주 가져가실래요?
구매자1: 네 시계는 가져가야지?
판매자: 가져가세요 저기
판매자: 저기 이게 시중에 가면여 어 80만 원 부르는거에요 근데 여기서는 두 개에 40만 원만 주세요 내가 41만 원 받기도 뭐하고 그래서 어 우리 이리 도매 시세로 나가는 [거니까 에
구매자3:   [[그렇지 사장 보고 오는 거이지 뭐 딴
판매자: 그니까 좋고 나쁘고는 써 봐요{구매자2: 예} 이게 재질이 여기 18K에다가 이게 18K라고 씌였어요 그 다음에 사파이어라 기스도 안 나고 한 번 좋고 나쁜 거 한 벌 써보래는 거야. [고급 시계 일수록 물은 조금 조심하고
구매자2: [[이상 있으면
구매자2: 아 물요 들어가면
판매자: 예 손목 한 번 맞춰보고
구매자3: 맞춰요 맞춰서
판매자: 단열 방수는 다 되는데{구매자2: 예} 완전히 목욕탕 같은데 들어가지 마시라고
구매자2: 아이 그러진 않죠
구매자3: 줄여줘야지 응
판매자: 줄여올게 가서 그다음 남자 분은 어느 정도 돼요 보통
구매자3: 남자는 지가 커 가는 갖구 와서 해야 돼
판매자: 그니간 보통으로 내가 줄여줄게 보통
구매자3: 갸는 큰 걸로 해
구매자2: 굉장히 두꺼워요
판매자: 사장님 비교해 보시죠 제 손목 정도면 되겠죠?
구매자2: 아니요 더 두꺼워요
구매자3: 반지 이것 이것도 지금 작아서 못해 이거 [일메타 84여
구매자1:   [[반지 맞는 게 없어
구매자2: 반지가 반지가 26이거든요
판매자: 그면 그대로 그냥 가져가요{구매자2: 예}

구매자1: (--)
구매자3: 반지 (--) 작아서 못혀{판매자: 네} 견본이 작아서
판매자: (--) 오히려 큰 게 더 나니까 {구매자2: 헐렁하게} 가서 인제 그리고 요거 칸 띤거 한상 받아 놓으라고 그래요 꼭
구매자2: 네?
판매자: 그래야-
구매자3: 이놈은 이놈은 놔두고 가 이놈 놔두고
판매자: -그래 내가 꽉에다 넣 가지고 올께요 요걸 줄 쭐일 때{구매자2: 네} 칸 띤거 받아 놓으셔야 제 줄을 못 구하니까
구매자1: 아들꺼 철구꺼 왜 놨두고 가?
구매자3: 아 이놈
판매자: 꽉에다 다 땪아서 내가 지금 다
구매자1: 이것도 오늘 안 주요? 뒤에 함 보낼 때 같이 보낼거에요 시계 오늘 안 주요
구매자3: 아니 여기서 놓고
판매자: 줄 쭐여 가지고 올게 걱정 마세요. 쪼금 더 얘기하고 계세요. 금방 해 오니까

<자료 27>

장소: 백화점 **날짜: 1998년 11월 21일** **물건: 청소기** **구매자: 구1, 구2: 20대(여)** **판매자: 20대(여)** **구매 여부: 구매 성립**

(※앞이 약간 짤림.)
판매자: 믹서까지는 안돼요.
구매자2: 근데 믹서까지 되는 거 확실히 맞아?
<>
구매자1: 그냥 15만 원 정도 해서 사고 {구매자2: 엉} 개보고 사라고 그래 그러면.
구매자: 개보고 물어봐. 윤성은보고.
구매자2: 윤성은?
구매자: 어엉 그럼 되겠다. 돈 안 넣으니깐
구매자1: 엉 그 개보고 사라고 그래
<>
구매자2: 이거랑 이거랑 뭐가 틀려요?
판매자: 저건 대우고 이건 엘지
구매자2: 그거밖에 틀린 거 없어요. 성

능은 다 똑같아요?
판매자: 예
구매자1: 뭐가 틀린다구?
구매자2: 엘지하고 대우-
구매자1: 아하
구매자2: -자만 틀리다고. 근데 가격 차
　　　　이가 왜 이렇게 많이 나는 거
　　　　에요?
판매자: 엘지가 조금 더 많이 기수가
　　　　돼 있어요 대우보다.
<>
구매자2: 삼성은요?
판매자: 그게 지금 500완튼가 어 500와
　　　　트다.
구매자2: 아 그게 또 뭐가 틀려요?
판매자: 이것도:: 이건 510와트
구매자2: 그니깐 이게 더 많이 빨아들
　　　　이고
판매자: 10와트 정도는 차이 없어요
구매자2: 차이 없어요?
판매자: 예
<>
판매자: 엘지 동글이도 470와트 (--)
구매자2: 야 어떤 게 예쁜 거 같애? 이
　　　　게 예쁘지 않니?
구매자1: 응
구매자2: 성실히 좀 대답해 봐. 어떤 게
　　　　더 잘 나가요?
판매자: 엘지게 더 많이 나가요. 보면.
구매자2: 요거는 되는게 뭐뭐 있어요?
판매자: 어떤 어떤 거 되는 거 [말씀하
　　　　시는 거에요?
구매자1: 　　　　　　　　　[[기능
　　　　적인 거
판매자: 청소기는 그냥 빨아들이는 기
　　　　능 [그거 하나에요
구매자2: 　　[[그거 하나밖에 없어요?
판매자: 예 예
구매자1: 물걸레를 원하는 거야?
판매자: 물걸레 같은 경우는 손님. 이거
　　　　물걸레가 있거든요
구매자1: 따로요?
판매자: 있긴 있는데 이거 물걸레를 하
　　　　고 손으로 다시 닦아 줘야 돼
　　　　요 손걸레로.
<>
구매자2: 이거 드는 거에요?
판매자: 예 들고 다닐 수 있게 손잡이.
구매자1: 어떻게 들어요? 이렇게 들어요?
　　　　뿌서질 것 같은데
판매자: 안 부서져요
구매자1: 들어봐 뿌서지나 안 뿌서지나
구매자2: 부서질 것 같애

판매자: 안 부서져요. 이거. 눕혀놓고
　　　　들으셔야지요{구매자: 아아}
<>
구매자2: 이걸로 살까 그냥?
<>
구매자2: 이걸로 해?
판매자1: 그게 낫지 않아?
구매자1: 또 없나 저 저쪽은?
판매자: 이건 수입업체 거.
구매자2: 여기가 이게{판매자: 예} 다 여
　　　　기 있는 거죠 지금?
판매자: 지금 대표적인 것만 갖다 논
　　　　거에요 잘 나가는 것만.
구매자2: 저런 거였어. 거기서 나왔던 게
　　　　저런 거 비슷한 거였어. 저건
　　　　뭐에요? 저런?
판매자: 저건 쥬스-믹서 다 되는거에요
구매자1: 그쵸?-
판매자: -예 과즙까지
구매자1: 저건 어딨어요?
판매자: 이거요?
구매자1: 예
판매자: 여기서 판매하는 거에요
구매자1: 엉
판매자: 7만 원
구매자1: 그거 봐 그 정도
구매자2: 아니야
구매자1: 걔 5만 원이랬어?
구매자2: 엉
구매자1: 갠 도대체 어디서 보고 왔대?
구매자2: 이걸루 해? 어떻게?
구매자1: 이거 사 그냥 동글이 괜찮네
판매자: 이걸루요 저희가 배달을 해드
　　　　릴게요 내일.
구매자1: 네.
구매자1: 그럼 걔 주소 불러주고 글루
　　　　가라 그럴까?
구매자2: 지금 전화할 수 있어? 아 핸드
　　　　폰 있구나. 언니 좀 [전화 좀 하고
구매자1: 　　　　　　　　　　[[잠깐만요
판매자: 예 주소 불러 주세요.
구매자1: 주소는 나한테 있어.
구매자2: 있어?
구매자1: 집주소
구매자2: 아 그 집주소
구매자1: 응
구매자2: 그래 그럼
구매자1: 그것보다 광명시로 가는 게 낫
　　　　지 않아?
구매자2: 언제 걔 매일 있지도 않는데
구매자1: 아 야 없다야.
구매자2: 바보 아니야.
구매자1: 물어봐?

<>
((구매자2 전화함))
구매자2: 전화 안 받는다.
<>
판매자: 저기. 주소 좀.
구매자2: 잠깐만요 주소를 잘 모르거든요.
<>
((구매자2 계속 전화함))
구매자2: 안돼. 야 유치원 전화번호 알아?
구매자1: 없어. 아 있을지도 모르겠다.
구매자2: 지금 유치원에서 나오지 않았
　　　　을까?
<>
구매자1: ((수첩을 보며)) 이거 같은데.
　　　　[이거 아니지?
구매자2: [[그건 집이야. 어 이거 뭐야?
　　　　아니구나
구매자1: 옛날 삐삐번호. 없어 없어. 없
　　　　어? 유치원 번호?
구매자2: 없어 몰라.
구매자1: 어떡해?
구매자2: 우리 집으로 배달시켜야지. 아
　　　　침 튀겨.
구매자1: 집으로 가져간다고 그냥?
구매자2: 우리 집으로 배달시켜야지 뭐.
　　　　그럼 [어떡해
구매자1: 　　　[[걔보고 찾으러 오라고
　　　　해? 어?
구매자2: 늦게 되잖아
구매자2: 엄마한테 전화할까? 아니야 이
　　　　건 저기 일산까지 배달 안 해
　　　　주잖아.
구매자1: 물어봐. 어디까지 배달이 되나.
구매자1: 이거 배달 어디까지 돼요?
판매자: 배달은 내일 모레.
구매자2: 아니요. 그 거리
구매자1: 지역이요?
판매자: 지역이요 어디쯤인데?
구매자1: 일산이요.
판매자: 일산 되는데요.
구매자1: 엄마한테 물어 봐
<> ((전화함))
구매자2: 모른데 집주소.
구매자1: 집주소를 모른데?
구매자2: 엉
구매자1: 아니 지금 사는=
구매자2: =그러니깐 잘 모른데
구매자1: 당신 집으로 해야지 뭐.
구매자2: (--)
구매자1: 걔보고 찾으로 오라고 그래.
구매자2: 엉?
구매자1: 걔보고 찾으러 오라고.
구매자2: 찾으러 오라고 그러라고? 핸

드폰으로 해 보라는데 핸드폰
이 안 터져
구매자1: 다시 한번 해봐
구매자2: (--) 해태마트에 갔대 지금 친
　　　　구들이랑.
구매자1: 저기 사러 갔나보다. 청동 스
　　　　탠드.
구매자2: 야 근데. 이렇게 얄상한게 더
　　　　이뻐 보이지 않냐?
구매자1: 그럼 당신 저거 사던지.
구매자1: 저게 좀더 잘 빠지긴 했다. 저
　　　　건 몇 몇?
구매자2: 어휴 안돼 피시에스 (--)
구매자1: 안돼?
구매자2: 우리 집? 언니 이거 언제 배
　　　　달해 줘요?
구매자1: 내일?
판매자: 330 tv 내일 배달? 330 tv? 내
　　　　일? 손님 내일이요? 시간 약속
　　　　을 못해. 내일 안 계세요? 시간
　　　　약속을 정확히 못해드려요 저
　　　　희가 스케줄에 따라서 시간이
　　　　변경될 수 있으니깐.
구매자1: 집에 없어요?
구매자2: 나 모르겠어. 집에 있겠지
판매자: 있으라 그러세요.
구매자2: 아니 저요.
판매자: 아하
구매자2: 그냥 우리 집 니네 집은 안돼냐?
구매자1: 집에 사람이 없잖아
판매자: 그러면은 있는 날 내일 모레는
　　　　어때요?
구매자2: 아니 내일로 해요.
<>
구매자2: 언니 이거 일단은 주소 써 넣
　　　　고요{판매자: 네} 이따가-
구매자1: [변경할 수는 없어요?
구매자2: [[-주소를 바꿀 수도
판매자: 이따가요?
구매자2: 예 전화로
판매자: 안 돼는데. 2시 아니 3시전까지
　　　　는 전화 주셔야 돼요. 왜냐면
　　　　내일 배달이면 저희가 접수를
　　　　끝내거든요.
구매자2: 그러면 배달을 내일 하지 말고
구매자1: 모레로?
구매자2: 응 있잖아. 낼모레 있잖아.
구매자1: 월요일 날로.
구매자2: 응 배달 날짜 틀린 거 말해
　　　　줘야 되는데.
구매자1: 그래 그럼.
구매자2: 언니 그럼 배달을 좀 늦게 하
　　　　면요?

판매자: 늦게 하셔도 상관없어요 늦게 하면은-

구매자2: -주소 바꿔도 돼요?

판매자: 예 안 그러시면 배달을 내일 모레 받는걸로 하시구요{구매자2: 예} 내일 2시 전까지 전화 주세요. 그렇게 할 수는 있잖아요.

구매자2: [네

구매자1: [[그래 그면

판매자: 이쪽에 일단 저기. 일단 주소 받으실 분.

구매자1: 보내는 사람인데.

구매자2: 나지

구매자1: 뭐가 그렇게 싸?

구매자2: 뭐가?

구매자1: 테레비

구매자2: 흑백 아니야? 야 아유 어디 간 거야 애는

구매자1: 해태마트 갔대며.

구매자2: 애가 성은인데요 그랬더니 미국에 사는 성은이? 아니요. 쓸 거 없구나

< >

판매자: 잠시만요

구매자2: 내일 집에 있겠지 나?

판매자: 있어요 언니?

구매자1: 뭐 없어도 상관없잖아 어차피 주소 변경할 거면. 여기 전화번호 달라고 해.

판매자: 손님 일단 저기 전화번호 적어드릴게요. 내일 모레로 해드릴께요.

구매자2: 네

판매자: 내일 2시까지 전화 주세요

구매자2: 네

< >

판매자: 5번이나 6번으로 전화 주세요

구매자2: 네

판매자: 김현수 씨 찾어서 가지구요{구매자2: 네} 없으면은 따른 분한테 메모 좀 꼭 좀 해달라고 전해 주시면 돼요.

구매자2: 네

판매자: 계산은 어떤걸로 해드릴까요?

구매자2: 현금이요.

< >

구매자1: 뭐가 이렇게 많아요?

< >

구매자2: 아냐

구매자1: 애는 뭐에요 애는?

구매자2: 애는 아니야.

구매자1: 애는 폼이에요?

구매자2: 엉

판매자: 14만 원 받았습니다. 손님 이거 AS 스티커니깐요{구매자2: 예} 이거 노란 거 떼면 떼지거든요{구매자2: 예} 그분 보구요. 저기 청소기에다 꼭 부착하서 가지고{구매자2: 예} 쓰시라고 그러세요. 보증서랑 똑같은 거니깐 안 붙이면 안 되니깐.{구매자2: 예}

< >

구매자2: 예 야 이거 10년 된 영수증 같애. ((웃음))

판매자: 4000원이요. 손님 이거 영수증이요{구매자2: 네} 당일 영수증에 한해 가지고 선물 드리는 거 {구매자2: 네} 아시죠? 15만 원 30만 원 이상.{구매자2: 네} 이거 안 받으셨어요? 이거?

구매자2: 네 아니 받았어요 어 어쨌어?

구매자1: 몰라

판매자: 이거 있어서야 돼요 똑같이.

구매자1: 어떻게 아 여깃다.

< >

구매자1: 수고하세요.

<자료 28>

```
장  소: 백화점
날  짜: 1998년 11월 21일
물  건: 난로
구매자: 구1, 구2: 20대(여)
판매자: 2-30대(남)
구매 여부: 구매 실패
```

구매자1: 저기 저기 좀 보러 가자.

구매자2: 뭐?

구매자1: 난로

구매자2: 난로?

구매자1: 엄마가 좀 물어보래.

구매자2: 물어만 보고 사지는 말래?

구매자1: 응 사지는 말래 물어만 보래.

< >

구매자1: 아 안돼는구나.

구매자2: 뭐가?

구매자1: 아니야.

< >

구매자2: 어떤 난로?

구매자1: 그냥 저기 가게다 틀어놓건데.

구매자2: (--)

구매자1: (--)

구매자1: 15평 정도에다 할 건 어느?

판매자: 가스 히터루요?

262

구매자1: 예.
판매자: 그럼 위에 꺼 보시면 돼요. 지금 요 제품이랑 요 제품밖에 없거든요. 둘 중에 선택.
구매자1: 이건 뭐에요?
판매자: 위니아건데 똑같에요. 근데. 제품이 아직 안 나왔어요
구매자1: 그니깐 이건 뭐에요?
판매자: 모델 나올거라고 전시하는 거죠.
<>
판매자: 보시면:: 요거는:: 좋은 점이 스팀이 되는 거에요.{구매자1: 아} 물 느끼면요. 고런 게 좋은 점이고. 속에 화력은 똑같구요. 요 제품은 (--) 요 제품은 이태리 제에요. 차이점은 요 제품은 좋은 점이 자동온도 조절 장치가 돼요.{구매자1: 아} 가스 히터 중에는 유일한 거구요. 요거는 그냥 누르시고 일단 이단 삼단 키실 수 있는 거구요 .
<>
구매자1: 이게 딱 킨 그 부분만 따뜻한 건 아니에요?
판매자: 아니죠 이거는:: 요런 거는 보조 난방이라가지구{구매자1: 예} 주변이 따뜻해지는 거 요런 거는 전체적으로 따뜻해지는 거 보시면은 뭐 식당 같은데 가시면 제일 많이 있어요. 식당에서 쓰는 큰 가스 쓸 수 있거든요.
구매자1: 또 보고 올께요
판매자: 예 안녕히 가십쇼.
구매자1: 예

<자료 29>

```
장   소: 백화점
날   짜: 1998년 11월 21일
물   건: 믹서기
구매자: 구1, 구2: 20대(여)
판매자: 2-30대(남)
구매 여부: 구매 실패
```

구매자2: 이건거 같애 개 말한거
판매자: (--) 보신적 있으세요?
구매자2: 예?
판매자: 보신적 있으세요?
구매자2: 아니요
구매자1: 이거 혹시 텔레비에서 중소기업 박람회 그걸로 나온거죠?
판매자: 그럼요. 히트 상품으로 나온 거구. 일반적으로 이제 믹서기에

서 칼날 2개를 드리는데 십자칼날하고(※칼날이 이상해서 고함치는 것임){구매자2: 어} 십자칼날하고. 아 왜 이래 십자칼날은 이제 물기 있는 거 하시는 거구 요 일자 칼날은 물기 없는 거 하시는 거거든요 일반적으로 이제 믹서기가 이제 쌀알콩을 잘 못 빻잖아요 못 갈아주니깐{구매자2: 네} 이렇게 갈아 주시고. 쌀 넣으면 이유식이나 선식 같은 거 해 드릴 수 있고 콩 볶으면 미숫가루 할 수 있고{구매자2: 네} 갈아주신 다음에 주의하실 게 뭐냐면 요기 날개가 있고 홈이 있잖아요. 홈이 있으니깐 이렇게 맞춰주셔야 돼요. 어느 어머님네는 아침에는 돌아가고 저녁에 하실려니깐 이렇게 맞춰주셔가지고 안 돌아가고 와서 구 이게 안 된다고 말씀하시는데 요리 이제 주의하시고. 그냥 돌리면 안 되니깐 약간만 요렇게 해가지고 눌러만 주시면 돼요. 한 번씩 흔들고 주시고. 흔들어 주시고. 마늘 빻는걸 보여 드리면 일반 믹서에다 마늘 빻으면 으깨고 물만 나오고 즙만 냈잖아요{구매자2: 네} (-) 컵에다 넣으시고.
구매자2: 이게 다 합쳐서 6만 8천 원이라는 [거에요?
판매자: 　 [[예 예. 여기 보시면은 이게 on off표시가 아니라 빠르게 느리게 표시거든요 믹서나 주서는 빠르게 해주시고요 마늘 같은 거 다지실 때는 느리게 고렇게 해 주시고요 잠시만 갈아도 이정도로 갈리니깐 충분히 좀더 곱게 빻실래면 쫌만 이제 1분 이내 갈아주시면 모든지 갈려지구요 마늘 빻는 거 보여드리는데 마늘 빻는 건 그냥 넣고 저녁 식사거리나 찌개거리 있죠 이렇게 그냥 갈리니깐 사용하실 수 있구요.
구매자2: 이거?
구매자1: 이거야?
판매자: 아저씨들:: 보시면은 이제 맥주 많이 드시잖아요. 맥주 드시고 와 갖구 속 안 좋다고 하시구 아침마다 뭐 얼큰한 거 찾으시는데. 그런 거 말고 신선초가

케일 같은 거 있죠? 고런 거
너 주시고 너 주시고 인제 햇
빛 받고 자란 인제 식품들은
요구르트 넣어 주시고 감자나
뿌리 같은 거 있죠 분마라든지
그런 거 우유 넣어서

구매자2: 근데 이거랑 저쪽거랑 똑같은
거 아니에요?

판매자: 틀리죠. 회사가 틀리고 기능도
틀려요

구매자2: 기능 뭐가 틀려요?

판매자: 보시면 저거는 on off 스위치가
없어요.

구매자1: 응.

구매자1: 그럼 저게 더 가격이 비싸지 않
아요?

판매자: 7만 원

구매자1: 그죠? 여기가 2천 원 빠지네

판매자: 넣어 주시고. 그냥 드시면은 맛
이 없으니깐. 단맛 나는 과일
있죠 바나나면 바나나 딸기면
딸기 요렇게 조금씩 넣어 주시
고. 얼음 있으면 시원하게 얼음
이니깐 그렇게 얼음 조끔 넣어
주시고 여기 물기가 있으니깐
십자 칼로도 요렇게 닫아 주시
고. 요것도 이렇게 돌려만 주시
면 돼요.

판매자: ((직접 갈면서)) 이렇게 돌려주
시고 (---) 드셔 보세요.

구매자2: 맛있어?

판매자: 드셔보세요.

구매자1: 와 맛있다 진짜

판매자: 이렇게 아침마다 이제 해 주시
면 되고요.

구매자2: 잘 안 갈렸어.

구매자1: 어?

판매자: 일반 녹즙기나 이제

구매자1: 이거 안돼요. 불량품이에요 안
갈렸어요.

판매자: 예? 어? 조금 간거죠. 이렇게
넣어 주시고 청소가 간편하니
깐. 맑은 물 이 정도만 넣시고
이제 돌려만 주시면 청소가 끝
나요.{구매자1: 아} 청소 끝나
고 이제 옛날 녹즙기 같은 경
우는 많이 하다보면은 요런 거
한 장 갈아도 이제 방울 조금
물방울 조금 나오고 버리는 게
반 이상이잖아요? 이렇게 해주
시고 커피 타는 거는 요 설명
서에도 안 들어 있는 거에요.
커피 타는 거 다른 거 다 들어

있는데 요건 안 들어 있어요
커피는 모가 젤 나쁘냐면 프림
이 젤 나쁘잖아요 지방질이다
보니깐 성인병 많이 걸리고.
프림은 프림은 넣 주시지 않으
셔도 프림 같은 부드러운 맛을
느끼실 수 있다는 거죠.

구매자2: 설탕하고 그 커피만 넣고요?

판매자: 달아야 맛있잖아요 커피가

구매자2: 그니깐 2개만 넣는 거에요?

판매자: 그렇죠. 요렇게 잠가 주신 다음
에{구매자1: 어} 잠시만 돌리면
얼음 넣으시면 냉커피 냉커피 되
고 한 10초만 돌려주시면 요거
하얗게 하얗게 올라오죠? 요거
보시면 호텔이나 커피숖 가 갖
구 사 먹으신 거품 때문에 사
먹었던 카푸치노 거품 커피.
이런 거 하실 수 있고. 아까
받아먹었던 한잔씩 안 드세요?
안 드세요?

구매자1: 괜찮다{구매자2: 어} 믹서보다
훨씬 낫다 야.

판매자: 옛날에는 인제 믹서기가 애들
이 잘못 잠가 갖구 물이 한 방
울 두 방울 떨어졌어요 그러면
감전되고 합선 됐잖아요 이런
거 같은 경우는 방수모터기 때
문에 물을 부어도 밑에 물 배
수구멍이 있어서 빠진다는 거
죠.{구매자1: 아하} 인제 안정
성 인제 되는 거구

구매자2: 야 우리 얼마나 더 사야되지?
만 만

구매자1: 만 만 얼마?

구매자2: 지금 지금 만 3천 원 돈 모자
라잖아 그러면

판매자: 오늘 사시면은 용기가 어떻게
드리냐면은 칼날 2개 십자 칼
날하고 일자 칼날 요거는 물기
있는 거 하시는 거구 이건 물
기 없는 거 이렇게 하시는 건
데 틀려요 이건 꼭 물기 있는
거 물기 없는 거 마른 거 고다
음 큰 컵 하나 작은 컵 2개 드
리는 거거든요. 근데 오늘은
사시면 이 컵 하나하고 이 컵
하나를 더 드려요 ((※다른 손
님에게 설명함.))

구매자1: 모자르나?

구매자1: 맞지 6만 8천 원이면 1,2천 원
모자라는거.

구매자2: 모자라는 건 모자라는 거잖아

264

구매자1: 그래 지금 돼?
구매자2: 지금 안 되지.
구매자1: 내일가면 더 주는 거 아니야.
판: 컵이 5개가 들어가요
구매자2: 원래는 몇 개 주는데요?
판매자: 컵 원래는 3개 드려요
구매자2: 아하 원래는 3갠데 오늘은 5개 준다구요. 오늘 만요?
판매자: 사은 행사하잖아요
다른 손님: 얼마에요?
판매자: 6만 8천 원이요
구매자2: 그럼 잠깐만. 아까 만 4천 원 남았었지?
구매자1: 음
구매자2: 1만 4천 원에다가 2만 4천 원. 아니지 돈 남는데
구매자1: 어?
구매자2: 돈 남는데.
구매자1: 그게 13만 얼마였잖아 13만
구매자2: 어. 13만 6천 원
구매자1: 그럼 이거 6만 8천 원
((※중간에 짧다))
구매자1: 밑에 있지 않아?
구매자2: 이거 그거 붙잖아
구매자1: 뭐 어됐건데?
구매자2: 기업은행
구매자1: 엉
구매자2: 기업 은행 기
구매자1: 밑에 내려가 봐 혹시 물어봐 롯데카드 없지?
구매자2: 어 없어
구매자1: 저기요 이 밑에 은행 있어요? 지하에?
판매자: CD기 말씀하시는 거에요?
구매자1: 예
판매자: 1층에 있어요 1층 후문에 가시면요
구매자1: 괜찮네 저거. 절로 가야 되지 않아요?
구매자1: 어떡해? 물어본 거야 그냥. 예의상 나오기 저기해서
구매자2: 근데 이거 지금 15만 원 이상 안 되갖고 저거
구매자1: 아 귀 아파
구매자2: 너 다 녹음했어?
구매자1: 음 지금 다 녹음 됐잖아.

<자료 30>

장   소: 노량진 수산 시장
날   짜: 1998년 12월 12일
물   건: 생선(횟감)
구매자: 구1, 구2, 구3, 구4: 2-30대(여)
판매자: 판1: 40대(남), 판2: 30대(남)
구매 여부: 구매 성립

판매자: 한 마리에 만 원이요.
구매자:(--)
판매자1: 조금 큰데 이거는.
구매자2: 고게 만 원이에요?
판매자1: 아니에요. 키로에 만 원.
구매자2: 키로에 만 원. 이게요?
판매자1: 요건 일 키로 쪼금 넘겄네요.
구매자1: 아이
판매자1: 요건 너무 작고.
판매자1: 몇 분 나오셨어요? 세 사람이면 한 마리만 하면 되고.
구매자1: 아니에요.
판매자1: 뭘 좋아해 좋아하는 걸로 싸게 해 줘야지 뭐.
판매자1: 우럭도 괜찮고 도미도 괜찮고.
구매자2: 광어 하나 더 골라보세요.
판매자1: 여서 일곱 명 돼요?
구매자2: 네.
구매자1: [근데 이거
판매자1: [[그럼 차라리 매운탕도 할 수 있는 우럭이나 도미좀 섞으시지 그래요. 광어는 양이 많이 안 나오잖아.
구매자1: 우럭은 어떠 어떻게 하는데요?
판매자1: 요거 우럭 [키로에 만 오천 원이요.
구매자2:   [[그럼 그거 키로에 어떻게 하는데요?=
판매자1: =만 오천 원이요.
구매자1: 아이 너무 비싸다.
구매자2: (너무한다)
판매자1: 아니면 요 도미를 하나 사도 괜찮고. 인원이 많으시니까.
구매자1: [아니 도미
구매자3: [[도미도 맛있는데.
판매자1: 도미는 싫어요?
구매자1: 도미는 아니지?
판매자1: 도미 맛이 좀 있어요.
구매자1: [도미는 얼만데요?
구매자3: [[그니까 양은 많아 양은 젤 많아 봐.{판매자1: 예}
판매자1: 지금이 제 철인데. 구매자2: 통통하니까{판매자1: 에}
구매자1: 애는 얼마요?

판매자1: 똑같애요 키로 단가는.
구매자1: 만 원이요?
판매자1: 만 오천 원이요. 우럭이랑 똑
같애요.
구매자1: 그른 뭐야.
판매자1: 근데.
구매자2: 우럭 (먹구갈까.)
판매자1: 근데 우럭은 양이 많이 안나
오잖아요. 요거 떠야 키로수만
많이 나가지 양이 별로 안 나
간다구.
구매자1: 그러면 도미랑 광어랑 같이
이르케.
판매자1: 요로케 한 번 보시고 가격이
맞으시면 고로케 잡수시고.
구매자4: 얼만데요?
판매자1: 잠깐만요. ((저울에 잰다))
구매자1: 애.
구매자3: 저기께 더 난거 같애.
판매자1: 이키로밖에 안나가요.
구매자1: 이키로나?
판매자1: 이키로 사백.
구매자1: 그럼 얼마야 이게?
판매자1: 삼만 원 만 사천 원 사만 사
천 원.
구매자1: 에이 애.
판매자1: 이건 너무 크잖아.
구매자1: 너무 크다.
판매자1: 요게 많지는 않지. 요렇게 떠
야 [(이렇게 나오니까) 양이
구매자1:   [[그러면은 애 이만 원에 주
세요.
판매자1: ((웃음)) 내가 싸게 드린다고
그랬잖아. 이게 [양이 많이 나
와요.
구매자1:   [[아니 이만 원
에 그니까
판매자1: 여서일곱 분 되시면 이정도 하
셔야 되는데.
구매자1: 그니까 두 마리 다 하면은 이
만 원에 달라구. 애 이만 원
애 삼만 원.
판매자1: 삼만 원 만 사천 원 사만 사
천 원인데. 이것두 너무 짝지
않겠어요 양이.
구매자1: 그래서 딴 거를 더 먹구. 잘해
주시면 여기서 먹구.
판매자1: (---) 요렇게 그냥 사만 원
줘요. 인원이 많으니까. 이건
무게가 많이 나가지.
구매자1: 한 번 달아봐.
판매자1: 이거하고 이거하고 두 배는 나
오겠네.

구매자1: 얘는 어쩨 비리비리하다.
판매자1: (---) 2키로 육백이 다 나가
네. 이렇게 해가지구 그냥 4
만 원 줘요 [아가씨들 나왔으
니까.
구매자1:   [[에 애두 2키로
쪼금 (더 나가네)
판매자1: 2키로 육백이면은 [돈이
구매자1:   [[에이 근데
생긴 게 얘는 팔팔한데 얘는
약간
구매자3: 맛이 갔어.
판매자1: 이렇게 가만있으면 놔두면 가
만있지.=
구매자1: =아니 여기 빛깔이{판매자1:
응} 이 색깔이
구매자2: [아 그거는 아무 상관없어 아
가씨.
판매자1: [[좋구만. 괜찮구만. 마찬가지지.
구매자1: [파는 사람이야 원래 다 아무
상관없지.
판매자1: [[이게 훨씬 좋구만. 요새는
생선이기 때문에 잘 살기만
하면 돼.
판매자1: 그렇게 해가지구 4만 원 줘요.
구매자1: 사만 원이요↗ 잠깐만 생각해
봐야지.
판매자1: 빨리 생각해요.
<>
구매자3: 샀어?
구매자1: 아니
구매자4: 안 샀어요?
구매자1: 응 아직 안 샀어. [돈을 내야지.
판매자1:   [[이렇게 잡쉬
요. 양을 큰 거로 드렸으니까.
우럭은 양이 많이 안 나와요.
구매자1: 근데 요기서만 봐도 되나. 저
기가 더 쌀지도 모르는데.
판매자1: 한두 번 먹어본 게 아니구만 뭐.
구매자1: 그러니까는.
판매자1: 내 딱 보믄 알지. 한 만 원정
도 [싸
구매자1:   [[서비스로 뭐 쪼금만
판매자1: 서비스로 들어가면 죽은 거나
썰어 넣지. 뭐. 매운탕 할 거
아니에요?
구매자2: 예.
판매자1: 매운탕 감이나 내 조금 서비
스로
판매자1: 매운탕 거리 좀 서비스해 드
려라. 인원이 많대.
판매자1: 오징어는 요 앞에서.
구매자1: 요 앞에 어디요?

266

구매자1: 저기에요. 아저씨랑 친해요?
판매자1: 아니 그냥 저 안쪽에 들어 가
　　　　가구 장사가. 오징어 가격은
　　　　마찬가진 대 쯤 들돼요 저 아
　　　　줌마네가.{구매자1: 아::} 오징
　　　　어 살라면 저기서 아줌마네서.
구매자1: (---) 사만 원이면
판매자1: 여덟 명 왔으면 만 원씩 걷으
　　　　면 팔만 원이면 너끈하지 뭐.
< >
판매자1: 여기서 먹구 갈거에요?
구매자4: 네.
판매자1: 어디 가는데 있어요?
구매자1: 아니. 우리 가는데 특별히 있
　　　　어요?
구매자1: 깨끗하구 쯤 깔끔하구 그런 데.
판매자1: 여 밑에는 방이 크고{구매자1:
　　　　예} 거 넓은 데가 제일 낫지
　　　　뭐. 밤에 손님들 많이 나오면
　　　　쫍으면은 또 쫍혀서 먹어야
　　　　되니까. 사요 살꺼. 아나고도
　　　　저 안에 있고 오징어도 여기
　　　　있고 낙지도 여깄고. 잠술 거
　　　　를 사요. 요건 여기서 바로 두
　　　　접시로 떠 줄테니까.
구매자1: 머리 띠내니까는 없네.
판매자1: 저 쓸어노면은 양 많아요.
< >
판매자1: 쯤 얇게 쯤 쓸어 주세요.
판매자2: 나 얇게 못 쓰는데 클 났네.
구매자4: [그냥 되는대로 얇게 해주세요.
구매자1: [[얇게 얇게 썰어야지.
구매자2: 입이 많아서.
구매자4: 싸워요.
판매자1: [한 마리 더하면 되지.
구매자1: [[회는 원래 아니 회는 원래 얇
　　　　게 써는 사람이 도사래며{구
　　　　매자2: 어} 원래. 두껍게 하면
　　　　아저씨 숨씨 좀.
< >
구매자1: 잘 떠 주세요. 요기 있어.
(※ 낙지 사고 와서)
구매자2: 세발 낙지 샀어.
구매자4: 야아.
< >
판매자1: 양 넉넉하죠?
구매자1: 네?
판매자1: 양 많죠?
< >
판매자1: (---) 이건 살이 두꺼워갖고
　　　　(---)
구매자1: 요게 다야?
판매자1: 한 접시가 다에요.

구매자1: 네? 또 있지 저만큼?
구매자4: 네.
구매자3: 뭐뭐 샀어요?
구매자1: 세발 낙지. 오징어가 왜 이렇
　　　　게 비싸.=
구매자3: =비싸요?
구매자1: -한 마리에 [오천 원이래.
판매자1: 　　　　　[[오천 원씩이죠.
　　　　맨날 그래요 맨날. 맨날 오천
　　　　원이에요.
구매자3: 옛날에 오징어 쌌잖아
< >
판매자1: 여기 방으로 내려가요.
< >
구매자1: 오징어 싸면 좀 사가지구 갈
　　　　라구 그랬더니 안 되겠다.
구매자1: ((판매자가 명함을 준다)) 아
　　　　저씨 뭐에요?
판매자1: 다음에 또 와야죠.
구매자1: 뭐 이렇게 많이 하나만 주세요.
판매자1: 한사람씩 애인이랑 따로따로 오
　　　　라고{구매자1: 아::} 회 좋아하
　　　　는 사람만 나눠줘요.
구매자1: 에이 뭐 아저씨 싸게 주지도
　　　　않으면서 뭐 에이.
판매자1: 매운탕감도 더 넣고 신경 많
　　　　이 썼다니까요((웃음)) 예 맛
　　　　있게 잡서요.

<자료 31>

```
장  소: 노량진 수산 시장
날  짜: 1998년 12월 12일
물  건: 오징어
구매자: 구1: 20대(여), 구2: 30대(여)
판매자: 2-30대 남자(모두)
구매 여부: 구매 실패
```

※ 구매자를 부르는 대화 시작 부분
1 아가씨 아가씨 오징어도 있고.
2 아가씨 한 번만 딱 보고 가요.
3 아가씨 여기 만 원씩만 주세요. 만
　　원씩 만요 광어요. 진짜 두 마
　　리에 만 원주세요. 진짜루.
4 아가씨 아가씨 아니 진짜 싸게 주께
　　이쪽도 한 번 보고 가야지.
5 뭐 드려요? 아나고도 있고 장어도 있
　　고. 아나고 장어 다 있어요. 아
　　가씨 왜 가요?
6 아가씨 아가씨 잠깐만 와봐요. 아가
　　씨 아가씨 예.

<자료 32>

```
장  소: 노량진 수산 시장
날  짜: 1998년 12월 12일
물  건: 오징어
구매자: 구1: 20대(여), 구2: 30대(여)
판매자: 30대(남)
구매 여부: 구매 실패
```

판매자: 오징어 여깄잖아요.
구매자1: 오징언 어떻게 해요?
판매자: 한 마리에 오천 원. [두 마리에
　　　　만 원.
구매자1:　　　　　　　[[에
구매자2:　　　　　　　[[오천 원 너
　　　　무 비싸다.
판매자: 다 똑같애요.
구매자2: 우리 동네랑 똑같네.
구매자1: 그러게.

<자료 33>

```
장  소: 노량진 수산 시장
날  짜: 1998년 12월 12일
물  건: 오징어
구매자: 20대(여)
판매자: 40대(남)
구매 여부: 구매 실패
```

구매자: 오징언 어떻게 해요?
판매자: 한 마리에 오천 원.
구매자: 두 마리에 오천 원요?
판매자: 한 마리에 오천 원이요.
구매자: 한 마리요?
판매자: 예 한 마리도 굉장히 많아.

<자료34>

```
장  소: 노량진 수산 시장
날  짜: 1998년 12월 12일
물  건: 오징어
구매자: 구1: 20대(여), 구2: 30대(여)
판매자: 판1, 판2: 4-50대(여)
구매 여부: 구매 실패
```

```
장  소: 노량진 수산 시장
날  짜: 1998년 12월 12일
물  건: 오징어
```
구매자1: 오징어 어떻게 해요?
판매자2: 오천 원.
판매자1: 값은 다 똑같애요.
판매자2: 에. 다 똑같애.
판매자1: 내 크고 좋은거 잡아드릴게

　　　　[몇분이에요.
판매자2: [[지금 금방 온거라 맛있어요.
판매자1: 집으로 갈꺼에요?
구매자1: 아니요 요기서 먹구갈건데.
　　　　[오징어 오천 원
판매자1: [[크고 좋은걸로 해드릴께.
구매자2: 오천 원?
구매자1: 어 한 마리에 오천 원 너무 비
　　　　싸지.
구매자2: 세 마리에 만 원달라 그러지.
판매자2: [산거라 그래 산거라.
판매자1: [[아니 두 마리 잡으믄요 만
　　　　원이믄 이런데 세 마리 네 마
　　　　리보다 양도 많고
구매자2: 낙지는?
판매자1: 낙지는 [요맨한 거 요즘 요맨
　　　　한 거
판매자2:　　　　　[[낙지는 더 비싸지.
구매자1: 아니 우리 동네에서두 저거보
　　　　다 컸던 거 같애.
판매자1: 아이 지금은 똑같애.
구매자2: 세 마리에 만 원해 주세요.
판매자1: 아니 지금은요 만 원짜리 세
　　　　마리에 만 원짜리 없구 이거
　　　　큰 거 사는 n게 나요.
구매자2: 왜 이렇게 비싸.
판매자1: 아가씨 똑같다니까.

<자료 35>

```
장소: 노량진 수산 시장
날짜: 1998년 12월 12일
물건: 낙지
구매자: 구1: 20대(여), 구2: 30대(여)
판매자: 40대(여)
구매 여부: 구매 성립
```

구매자1: 어떻게 해요?
판매자: 여섯 마리 만 원 다섯 마리에
　　　　만 원
구매자2: 음.
판매자: 요거 해요. 요거 맛있어요 세발
　　　　낙지.
구매자1: 여섯 마리라고 해야 얼마 안
　　　　되겠다 그치 응?
구매자2: 응 어휴 한 접시나 나오나.
판매자: 열 마리 해요 열 마리.
구매자1: 에이.
판매자: 열 마리.
판매자: 열 마리.
구매자2: 열한 마리 만 오천 원 (해주세요).
판매자: 열 마리 만 오천 원.
구매자1: [너무 비싸. 안 돼 안 돼 안 돼.

268

구매자2: [[열 마리 만 오천 원.
구매자1: 너무 비싸.
구매자2: 열한 마리 주세요
구매자1: 어↗
구매자2: 예 열한 마리
구매자1: 열한 마리에 만 오천 원.
구매자2: 어.
<>
판매자: 식당은 안 가요 아가씨?
구매자2: 저기 가는데 있어요.
구매자1: 이건 어떻게? 이거 저거 안 해
　　　줘 그냥.
판매자: 거기 가면 짤라줘요.
구매자1: 가자.
구매자2: 아 오천 원 있다.
구매자1: 수고하세요.

<자료 36>

```
장  소: 동네 가게
날  짜: 1998년 12월 20일
물  건: 빗
구매자: 20대(여)
판매자: 40대(여)
구매 여부: 구매 성립
```

구매자: 롤빗 있어요?
판매자: 롤빗이요?
구매자: 예
판매자: 네
<>
판매자: 큰 거요?
구매자: 얼만한데요?
판매자: ((물건을 건네주며)) 여기. 천 원
구매자: 천 원이요.
판매자: 얼만한 거 사실려구?
구매자: 그냥. 크구 작구 그래요?
판매자: (--) 크기를 봐야지. 재그만 것
　　　도 있구.
구매자: 아
<>((구매자가 물건을 뒤적이고 있다))
구매자: 같은 거에요?
판매자: 틀리잖아. 이게 쬐금 굵고{구매
　　　자: 음} (--) 가늘고
구매자: 가는 걸로 주세요
판매자: 이걸로요?
구매자: 네.
판매자: 천 원이요
구매자: 천 원이요
판매자: 넣을 수 있을까?
구매자: 네

<자료 37>

```
장소: 동네 시장
날짜: 1998년 12월 20일
물건: 양말
구매자: 20대(여)
판매자: 40대(여)
구매 여부: 구매 성립
```

(※앞이 조금 짤림)
판매자: (고기 천 원짜리)
구매자: 이거요?
판매자: 아니 요 요 이거
구매자: 이것도 어른이 신는 거에요?
판매자: 어른 양말
구매자: 엉
<>
구매자: ((살 물건을 먼저 하나 고른
　　　후)) 이거랑. 스타킹 좀 주세요.
판매자: 스타킹 뭐? 팬티여 밴드여?
구매자: 아니 여기 발목까지 오는거요
판매자: 색깔?
구매자: 그냥 살색
판매자: 살색
구매자: 이거에요?
판매자: 이거 두꺼운 거루 이거루
구매자: 아니 두꺼운 거 말고요
판매자: 아 고탄력. 몇 개 줘요?
구매자: 얼마에요?
판매자: 천 원에 3개
구매자: 3개요?
판매자: 응
구매자: 하나
판매자: 몇 켤레?
구매자: 이거 6개 2000원.
판매자: 하나 둘 셋 넷.
<>
구매자: 얼마에요?
판매자: 오천 원.
구매자: 안녕히 계세요.
판매자: 네.

<자료 38>

```
장  소: 빵집
날  짜: 1998년 12월 20일
물  건: 초콜릿
구매자: 구1: 20대(여), 구2: 10대(여)
판매자: 40대(남)
구매 여부: 구매 성립
```

판매자: 어서 오세요.
구매자1: ((물건을 보면)) 떡밖에 없어요?

판매자: 아니요. 저저 엿도 있고
구매자1: 예. 쪼꼬렛?
판매자: 초콜릿이요?
구매자1: 예
판매자: 초콜릿은 지금은 요 종류밖에
　　　　없어요. 그러구 세트로 할 수
　　　　도 있고.
<>
판매자: 맛있을 거에요.
구매자: 이게 얼마에요?
판매자: 2천 2백 원이요.
<>
구매자1: 이거?
구매자2: 맛있어.
구매자1: 이거 하나 싸 주세요
<>((판매자가 포장하고 있다))
구매자1: 얼마에요?
판매자: 2천 2백 원이요
구매자1: 2천 2백 원이요 ((돈을 건네
　　　　며)) 여기요
판매자: 예 감사합니다.
구매자1: 안녕히 계세요.

<자료 39>

```
장   소: 도매시장
날   짜: 1999년 1월 3일
물   건: 옷
구매자: 20대(여)
판매자: 판1: 30대(남), 판2: 30대(여)
구매 여부: 구매 실패
```

판매자1: 뭘 드릴까요?
구매자: 예 이런 거 얼마에요?
판매자1: 그거 원래는 13만 원까지 나
　　　　갔는데요{구매자: 예} 지금은::
　　　　첫날이니깐 10만 원까지 드릴
　　　　께요 그냥.
<>
판매자1: 보여드릴까요? 한 번.
구매자: 예. 근데 이게{판매자1: 예} 아
　　　　줌마들한테 맞을까.
판매자1: 맞죠. 이게 오리지날 완전 밍
　　　　크 인조 밍크거든요.
구매자: 굉장히 뚱뚱하시거든요 90Kg
판매자1: 싸이즈?
판매자2: 나도 맞아요 [나도.
판매자1: 　　　　　　[[저기 저 등치
　　　　이루 오세요 아주머니.
판매자2: 아이씨 맞다니깐
판매자1: 한 번 입어보게 일루 오세요
　　　　빨리. 등치 저 정도 되세요?
구매자: 더 하세요.

판매자1: 어 괜찮아 일루 와 보세요 한
　　　　번 입으세요.
판매자2: 아 싫어
판매자1: 딱 한 번만.
판매자2: 그거 넉넉해요
구매자: 네.
판매자2: 한 번만 입어보세요.
판매자2: 나 손에 메니큐 칠했단 말이
　　　　야 금방
구매자: 아 제가 한 번 입어 볼께요
판매자1: 그러실래요?
구매자: 네
판매자2: 되게 낙낙해요 제가 입을라고
　　　　입어봤었거든요.
구매자: 예 ((입어본다))
판매자2: 맞을지나 몰라.
판매자1: 이건 세일할 때도 11만 오천
　　　　원이었어요.
구매자: 제가 입을게 아니구{판매자1: 예}
　　　　저의 어머니 입을 거거든요.
판매자1: 싸이즈는 좋아요. (이건 색상
　　　　은)(---) 가방 이쪽 안쪽에 올
　　　　려놓는 게 낫겠다
구매자: 길이가 너무 길어요.
판매자1: 길이가요?
구매자: 52거든요 엄마 키가. 죄송합니다.
판매자1: 어 아니에요.
판매자1: 길이가 길구나.
구매자: (---)
판매자1: 이거는 수출하는 거라 옷이
　　　　좋아요 진짜루. 그리구 물건은
　　　　많은 게 아니라 샘플 한 장만
　　　　갖다 놓기 때문에.

<자료 40>

```
장   소: 도매시장
날   짜: 1999년 1월 3일
물   건: 옷
구매자: 20대(여)
판매자: 30대(여)
구매 여부: 구매 실패
```

판매자: 구경하세요
구매자: (--)
판매자: 따뜻해 이거는 언니 정장 같은
　　　　거 입으실 때 정장 입고 코트
　　　　입기 좀 거북스럽잖아 그니
　　　　깐 이런 건 딱 걸쳐도 되고
　　　　아니면 한복 같은 거 입고 요
　　　　런 거 예쁘잖아요 치마도 예
　　　　쁘고
구매자: 이런 건 얼마 하는데요?

270

판매자: 요거는 좀 가격이 쎄 9만 8천
       원. 요거는 이 밑에 털 같은 거
       붙이는 거 수공 다 받고하는
       거기 때문에 시간이 많이 걸려
       요. 운임이 좀 많이 들어가요.
       그 대신 요런 거는 한 번 하시
       면 후회는 안하지. 아이 고급스
       럽고 요런 건 오래 입잖아요
       요거는 밑에 가면은 폴라포리
       스 같은 걸로 만들어 주고 있
       는데 그런 거는 한 번만 입으
       면은 다 일어나요. 이거는 모직
       이잖아. 소재두 좋은 거구. 코
       트 가격이라 생각하시면 돼요.
구매자: 가격이 너무 비싸요.
판매자: 그죠 비싸죠. 그니깐 손님들이
       이거를 딱 보셨을 때 굉장히
       맘에 들어 하시는데 가격 때문
       에 조금 망설이세요. 근데 요런
       거는 한 번 해 두면은 계속 입
       을 수 있는 거니깐.
구매자: 아이 제가 팔만 원밖에 없거든요.
판매자: 언니 그 가격에는 해 드릴 수
       없어요. 제가 9만 원까지 해드
       릴 수는 있어요. 9만 원.
구매자: 진짜 돈이 없어갖고 그러거든요.
판매자: 그러세요. 언니 그럼 나중에 오
       세요.

<자료 41>

장   소: 도매시장
날   짜: 1999년 1월 3일
물   건: 옷
구매자: 20대(여)
판매자: 3-40대(여)
구매 여부: 구매 실패

판매자: 입어보셔도 되거든요.
구매자: 그게 아니구 엄마 입으실 거거
       든요.
판매자: 이거요?
구매자: 예. 한 번 보께요.
판매자: 좋아하실 거에요 아마. 굉장히
       따뜻하고 이건 저희 집밖에 없
       거든요. 소재도 좋고
구매자: 이런 건 얼마정도 해요?
판매자: 구만 원이요.
구매자: 구만 원이요?
판매자: 예
판매자: 싸이즈 몇 입으시는데요?
구매자: 99요.
판매자: 99?

구매자: 예.
판매자: 99가 뭐지?
구매자: 99.
판매자: 99싸이즈?
구매자: 예. 65싸이즈면 안 맞으나?
판매자: 싸이즈가 그렇게 크지는 않아요.
구매자: 그래요?
판매자: 예.
구매자: [좀 작을 거 같다.
판매자: [[66 66으로 나왔어요.
구매자: 이렇게 해서 갖고.
판매자: 이런 걸 하나 하시지?
구매자: 아니 지금 50대 넘어 60대 가까
       이 된 분이라서요.{판매자: 아}

<자료 42>

장   소: 도매시장
날   짜: 1999년 1월 3일
물   건: 악세사리
구매자: 20대(여)
판매자: 40대(남)
구매 여부: 구매 실패

판매자: 어서 오세요
구매자: 이런 목걸이는 어느 정도 하나요?
질문 판매자: 예: 어떤 거 보셨어요?
구매자: 이런 거요.
판매자: 아 그 칠보제품이요?
구매자: 예
판매자: 고 세트에 36만 원이에요. 거기
       서 30% 해드리는 거죠 세트
       에.{구매자: 으음}
구매자: 그럼 목걸이에 다는 매다는 건
       어됐어요?
판매자: 수입품으로요?
구매자: 아니 그냥.
판매자: 아 없어요. 여긴 완제품-
구매자: 완제품이요?
판매자: -목걸이하고 메달하고 같이. 한
       세트로 나와요.
<>
판매자: 어디에 사용하실 건데요? 줄이
       있으세요?
구매자: 예
<>
판매자: (---) 아{구매자: 예} 여기가
       이게 국내 회사 제품(--) 전면
       에 나와 있는 (--)

<자료 43>

```
장  소: 도매시장
날  짜: 1999년 1월 3일
물  건: 옷
구매자: 20대(여)
판매자: 3-40대(여)
구매 여부: 구매 실패
```

구매자: 이거는 싸이즈가 어느 정도까
        지 있어요?
판매자: 싸이즈 한 싸이즈에요.
구매자: 아 이 싸이즈요?
판매자: 예.

<자료 44>

```
장  소: 도매시장
날  짜: 1999년 1월 3일
물  건: 악세사리
구매자: 20대(여)
판매자: 3-40(남)
구매 여부: 구매 실패
```

구매자: 이런 메달은 얼마정도 해요?
판매자: 어떤 거요?
구매자: 요 요거요.
판매자: 그거 메달만?
구매자: 예
판매자: 8만 5천 원이요.
구매자: 8만 5천 원이요.
판매자: 예.

<자료 45>

```
장  소: 도매시장
날  짜: 1999년 1월 3일
물  건: 악세사리
구매자: 20대(여)
판매자: 20대(여)
구매 여부: 구매 실패
```

판매자: 어서오세요.
구매자: ((물건을 본다))
판매자: 메 보세요 언니. 2만 3천 원이
        요. 샤넬라인 (여기) 짤라드리
        고요{구매자: 응}
판매자: 요거 말고{구매자: 응}
<>
구매자: 이런 건요?
판매자: 2만 3천 원이요.

<자료 46>

```
장  소: 도매시장
날  짜: 1999년 1월 3일
물  건: 악세사리
구매자: 20대(여)
판매자: 30대(여)
구매 여부: 구매 실패
```

구매자: 이런 메달은 어느 정도 해요?
판매자: 어떤 거요?
구매자: 이거 목걸이에 다는 거.
판매자: 아 저거 요거요?
구매자: 예.
판매자: 이거는 저런 거 메달이 십 십
        십칠만 원 나가요.
구매자: 십칠만 원이요.
구매자: 이런 옥은?
판매자: 어떤? 아 그건 비췬데요{구매자:
        예} 비취 그런 거는 반지죠.
구매자: 메달?
판매자: 메달 그런 거는 18만 원 나가
        요. 그것도 원석이에요 다
판매자: 맘에 안 드세요?
((구매자 대답 없이 나온다))

<자료 47>

```
장  소: 도매시장
날  짜: 1999년 1월 3일
물  건: 악세사리
구매자: 20대(여)
판매자: 40대(여)
구매 여부: 구매 실패
```

구매자: 저기 이런 걸로 목걸이 메달은
        없나요?
판매자: 어떤 걸로요?
구매자: 이러거나 이런 걸로
판매자: 그런 걸로 목걸이 메달을 어떻
        게 해요?
구매자: 아.
판매자: (--)
<>
구매자: 아 금줄이거든요.
판매자: 금줄 같은 거는 메달이:: 크지
        요 이게.
구매자: 좀 큰 거.
판매자: 금줄이 커요?
구매자: 예예.
판매자: 금줄 큰 거는 이런 거.
구매자: 그런 건 얼마에요? 금줄인데
        색깔이 맞을까?
판매자: 만 칠천 원.
구매자: 만 칠천 원.

판매자: 괜찮지.
구매자: 이게 금색이었으면 좋겠는데.
판매자: 줄이 얼마나 굵어요?
구매자: 줄이요? 어느 정도냐면
판매자: 이 줄 정도 되면 금줄이 이 정
　　　　도면 이것도 괜찮지.
구매자: 아 저기요 아니 훨씬 두꺼워요.
판매자: 금줄이 두꺼워요?
구매자: 예.
판매자: 그럼 이거로 해도 돼.
구매자: 아니 근데 이게 금으로 된 거
　　　　이게 금색으로 된 거.
판매자: 없어요.
구매자: 은색만 있구요?
판매자: 응.

<자료 48>

| 장　　소: 도매시장 |
| 날　　짜: 1999년 1월 3일 |
| 물　　건: 악세사리 |
| 구매자: 20대(여) |
| 판매자: 50대(남) |
| 구매 여부: 구매 성립 |

판매자: 앉아보세요 잘 해드릴게요.
구매자: 메달요 메달만 팔아요?
판매자: 예 팔아요.
<>
판매자: 줄만도 팔고 메달만도 팔고.
구매자: 메달 종류는 이게 다예요?
판매자: 예{구매자: 음} 잘 보세요 가려
　　　　가지고 안 안 보이는 것도 많
　　　　아요.
구매자: 이런 거는 어느 정도 해요 가
　　　　격이 메달만?
판매자: 어떤 거 어떤 거?
판매자: 6천 원.
구매자: 6천 원이요?
판매자: 네.
<>
구매자: 금방 벗겨지나 이게?
판매자: 메달은 쉽게 안 변해요. 줄이 좀
　　　　변하지{구매자: 음} 근데 이제
　　　　줄도 쉽게 안 변해요. 메달은 안
　　　　변해요. 줄 변해서 못쓰지.
구매자: 메달은 이거 이 박힌 거 이거
　　　　밖에 없죠?
판매자: 어떤 거요? 저기 줄 종류에
구매자: 예.
판매자: 골라 보세요 맘에 든 거.
구매자: 늙으신 분이 할거라서요.
판매자: 아 노인 양반{구매자: 예} 노인

양반 수준이면. 노인 양반 수준
이면. 이런 것도 좋고{구매자: 응}
큼직막 한거{구매자: 예} 이런
렁 같은 이런 것도 좋고.
판매자: 아까 그거 찾으신 거{구매자:
　　　　응} 그것도 좋고.{구매자: 예}
판매자: 노인 양반은 큰 걸 좋아하시니
　　　　깐{구매자: 에}
판매자: 이런 것도 좋고.
구매자: 안돼요.
판매자: 안돼 큰 거 이런 것도 안돼요
　　　　이런 것도 큰 거.
구매자: 이런 거 이게 6천 원이라고요?
판매자: 네.
구매자: 그럼 이거만 주세요.
판매자: 그걸로요?
구매자: 네.
판매자: 줄은 안하시고?
구매자: 예 줄이 있어요.
판매자: 두꺼운 걸로 안 하시고?
구매자: 두꺼운 거 있어요.
구매자: ((돈을 주며)) 여기요.
판매자: 4천 원 6천 원이면 4천 원 빼
　　　　드리거든요.
<>
판매자: ((거스르돈 주며))여깃습니다. 감
　　　　사합니다.
<>
구매자: 부로치 부로치
<>
판매자: 노인 양반 되시는 부로치요?
구매자: 예.
판매자: 연세가 어느 정도 되세요?
구매자: 어 55세요.
판매자: 그럼 젊으시구만. 이러 거 채기
　　　　에는 좀 그렇잖아요 아깝잖아
　　　　요{구매자: 예} 연세 상으론{구
　　　　매자: 예}
구매자: 근데 이건 너무
판매자: 55세. 55세면 젊으신데. 약간
　　　　중후한 맛이 있어야 된다 말이
　　　　야. 좀 약 나이 드신 분들 채
　　　　는 것들 지금 집어 볼게 일단
　　　　이런 거{구매자: 응} 이런 거
　　　　이런 거{구매자: 응}
구매자: 이거는
판매자: 그러고 중후한 걸로는 이런 거
　　　　지금. 이런 거. 다 또
구매자: 이런 건 얼마예요?
판매자: 3만 원짜린데:: 2만 3천 원까지
　　　　드릴께요
구매자: 2만 3천 원.
판매자: 네.

구매자: 이쁘긴 이쁜데 좀.

판매자: 더 많이 빼드릴게 왜 그러냐면 아까도 하나 사셨으니깐 아무래도 좀 더 사시면 더 생각해 드려요.

구매자: 아까께 주된 거라서요.

판매자: 예?

구매자: 주된 거는 싸게 사고 부수적인 걸 비싸게 사고.

<>

구매자: 아니 감사합니다.

판매자: 싸게 해드릴게

구매자: 어떤 거?

판매자: 후하게 해드릴게.

판매자: 이왕 하시는 거 많이 빼드릴게.

구매자: 그럼 이런 줄은 어느 정도 해 주시겠어요?

판매자: 줄이요 알이요?

구매자: 아니 알

판매자: 알만?

구매자: 네.

<>

판매자: 잠깐만요. 삼만 천 원짜리죠. 계산 좀 해야지((계산한다))

<>

판매자: 7천 원까지 해드릴게.

구매자: 이게 조금 더 비싸군요.

판매자: 응 아까보다 싸죠.

구매자: 아까 거 6천 원이잖아요?

판매자: 그건 얼마짜린데 (--)

구매자: 6천 원에 해 주세요.

판매자: 네?

구매자: 6천 원에.

판매자: 1만 3천 원짜리 6천 원 6천 원에 (--) 최대한 빼준거야 아까 그거 사서가지고 최대한 빼준 거야

구매자: 그러지 말고 6천 원에 해주세요.

판매자: 아까 브러치 [제가 3만 원짜리 2만 원에 드릴게

구매자: [[똑같은 거

판매자: 그렇게는 안돼요. 왜 그러냐면 {구매자: 네} 이게 만 3천 원이 잖아요.{구매자: 네} 만 삼천 원인데 우리가 만 삼천 원에 30프로 세일은 한다고 해봐요. 그럼 만 원이지 만 원인데 거 의다가 값이 이거예요. 줄은 줄은 2천 원 정도밖에 안가여. 그럼 만 원에서 이천 원 빼봐요. 30프로 세일하고도 그러면 8천 원이죠. 그렇잖아요. 그런데 제가 얼마 불렀어요? 아까

구매자: 칠천 원이요.

판매자: 그러니까 저도 신중하게 생각 한 거예요. 최대한으로. 어떻게 하면 최대한도로 싸게 (--) 손님을 떨키지 않을까. 그렇게 신중하게 생각하고.

구매자: 알았습니다.

판매자: 예.

<자료 49>

장 소: 동네 가게
날 짜: 1999년 1월 25일
물 건: 귤
구매자: 20대(여)
판매자: 40대(여)
구매 여부: 구매 성립

구매자: 귤 좀 주세요.

<>

구매자: 얼마예요?

판매자: 천 원에 4개요.

구매자: 천 원에 4개요. 3천 원어치 주 세요.

<>

((판매자 과일을 담는다))

판매자: 으차.

구매자: 왜 더 주실려다 마세요?

판매자: 하나 더 드린거예요.

<자료 50>

장 소: 빵집
날 짜: 1999년 1월 25일
물 건: 빵
구매자: 20대(여)
판매자: 40대(여)
구매 여부: 구매 성립

판매자: 어서오세요.

구매자: 빵이 별로 없네.

판매자2: 어서 오세요.

<>

구매자: 이거 무슨 빵이에요?

판매자: 야채 빵이요. 햄 야채.

<>

구매자: ((빵을 고르면서))빵이 별로 없다.

<>

판매자: 다 요거 같이 하신 건가? 7천 6백 원이요.

구매자: 7천 6백 원이요?

판매자: 예 판매자: 감사합니다.

판매자: 안녕히 가세요.

274

<자료 51>

```
장   소: 화장품 소매점
날   짜: 1999년 1월 25일
물   건: 화장품
구매자: 20대(여)
판매자: 30대(여)
구매 여부: 구매 성립
```

판매자: 어서오세요.
구매자: 메이컵 베이스
판매자: 어디 걸로 드려?
구매자: (라끄베르)
판매자: 요걸로 써요 언니 요걸로 써
　　　　요? 요걸로 드릴까요?＝
구매자: ＝이거랑 이거 차이가 뭐예요?
판매자: 요게 건성인 분들이 쓰는 거구
　　　　요.{구매자: 예} 요건 언니처럼
　　　　{구매자: 예} 좀 지성인 분들
판매자: 근데 막 많이 일어나거든요.
판매자: 좀 땡겨요? 이건 썼을 때 느낌
　　　　이 어떠셨어요?
구매자: 이거요?
판매자: 예.
구매자: 그냥 괜찮아요.
판매자: 예 그럼 이거 쓰는 게 날 것 같
　　　　아요.
구매자: 이거 얼마예요?
판매자: 1만 3천 6백 원.
구매자: 1만 3천 6백 원이요.
판매자: 예
구매자: 이거 주세요.
판매자: 예
<>
판매자: 고거 언니
구매자: 예.
판매자: 리필도 가능하거든요.
구매자: 어떤 거요?
판매자: 고거 지금 사는 거.
구매자: 이거요?
판매자: 네.
판매자: 립라인 어떤 색깔 쓰세요?
구매자: 누드브라운 쓰는데{판매자: 예}
　　　　이걸로 썼거든요 연필로.
판매자: 이거는 연필 아니예요.
구매자: 연필 아니예요?
판매자: 예, 오토거든요.
구매자: 연필은 너무 깎아서 버리는 게
　　　　많은 거 같아요.
판매자: 누드 브라운 쓰셨어요?
구매자: 예.
판매자: 연한 걸로?
구매자: 예, 연한 걸로.

판매자: (--)
구매자: 이거는 거의 갈색인데.{판매자:
　　　　예} 갈색빛이 거의 아니거든요.
{판매자: 어엉} 팥죽색 같은 거요 연한
　　　　거요 붉은 계열.
<>((제품을 보여준다))
판매자: 색깔 예쁘죠?
구매자: 이거요?
판매자: 예, 팥죽색 들어가면 요거 바르
　　　　면 참 예쁜데. (--)
구매자: 이거보다 좀더 붉은 건 없어요?
판매자: 그런 건 없어요.
<>
구매자: 이건 얼마예요?
판매자: 3천 원.
구매자: 이거는요?
판매자: 똑같아요. 두 개다 한 면이 아
　　　　니라{구매자: 예} 양면이예요.
구매자: 아하,
구내자: 이거 주세요.
판매자: 예.
파매자: 다 사셨어요 언니?
구매자: 예.
판매자: 13,600원에다가 6천 원, 19,600
　　　　원이요.
<>((판매자 제품을 싸고 있다))
구매자: 퍼프주세요?
판매자: 예.
구매자: 퍼프 안 쓰거든요.
판매자: 어 안 쓰세요?
구매자: 예, 다른 걸루 주세요.
판매자: 언니 이거 스킨, 로션인데{구매
　　　　자: 예} 도브는 유리병에 안 담
　　　　겨 나오고{구매자: 아 예} 요렇
　　　　게 팩으로 나와요.
판매자: 병원에서 오셨죠?
구매자: 저요?
판매자: 예.
구매자: 아니요.
판매자: 아니예요?
구매자: 왜요?
판매자: 그냥요. 핸드크림 드릴께요.
구매자: 아, 고맙습니다.
구매자: 왜 병원에서 와요?
판매자: 여기 병원 직원들이 많이 오니까.
구매자: 아, 그래요.
판매자: 가끔 들려주세요.
구매자: 예.

<자료 52>

장 소: 동네 시장
날 짜: 1999년 1월 26일
물 건: 야채
구매자: 40대(여)
판매자: 50대(여)
구매 여부: 구매 성립

구매자: 이건 얼마예요 아줌마? 마늘 큰
　　　　다발?
판매자: 아하, 2500원
구매자: (--)
판매자: 2500원.
구매자: 아줌마가 2000원만 주세요. 내
　　　　가 계산할게. (제가 그럼)
판매자: 돈 바뀌가는 것도 여러 가지네.
　　　　(※옆집에서 바꾸어 감)
구매자: 아줌마. 이 대파는?
판매자: 1200원
<>
구매자: 풋마늘이 좀 생생한 거 없나?
판매자: 거 오늘 온 거야. 오늘 배타고
　　　　왔어. 배타고 올라오는 건 그
　　　　려. 비행기 타고 오는 건 안 그
　　　　런데, 배타고 오는 거는 그려.
구매자: 아줌마, 요거 1000원어치.
<>
구매자: 이 미나리는 아줌마?
판매자: 1000원
구매자: 아이구(※구매자가 물건을 떨어
　　　　뜨려서)
판매자: 그냥 나둬요.
판매자: 그러면 7700원
구매자: 예?
판매자: 7700원
구매자: 2500원
판매자: 4700원, 아 이거 3500원, 1200
　　　　원. 그러면 4700원. 5700원 저
　　　　기 (--)
구매자: 아이 이거 2500원 이라면서 한
　　　　(--)
판매자: 풋마늘?
구매자: 예
판매자: 3500원
구매자: 2500원이라고 하지 않았어요?
판매자: 3500원
구매자: 어 금방 2500원이라 그러셨어
　　　　요. 아줌마가
판매자: 아이 아녀. 3500원 2500원이라
　　　　그랬어 내가? 3500원
구매자: 그러면은
판매자: 예?
구매자: 대파하고 요것만 가지 갈게.
판매자: 그러면

구매자: 난 2500원 이라고 그러는 줄
　　　　알고, 지금
판매자: 아녀, 2500원에 가져오지도 못
　　　　해.
구매자: 요거하고 대파.
판매자: 2200원하고 4200원 맞죠? 4200원.
판매자: 4200원
<>
판매자: ((거스름돈을 주며)) 여기요 800원.
구매자: 예 고맙습니다.

<자료 53>

장 소: 동네 탕수육 가게
날 짜: 1999년 1월 26일
물 건: 탕수육
구매자: 구1: 40대(여), 구2: 20대(여)
판매자: 20대(여)
구매 여부: 구매 성립

판매자: 어서 오세요.
구매자1: 싸 가지고 갈까?
구매자2: 그래.
판매자: 싸 드려요?
구매자1: 아줌마 탕수육이요.
판매자: 얼마치 싸 드릴까요?
구매자2: 몇 인분?
구매자1: 1인분에 1000원 이니깐 2인분만
　　　　　주세요.
구매자2: 2인분? 3인분 주세요.
구매자1: 왜?
구매자2: 2인분 갖구 누가 먹어?
구매자1: 니가 돈 내?
구매자2: 엄마가 내야지.
<>
구매자1: 지 돈도 아닌데 인심은.
<>
판매자: 3인분 여깃습니다.
판매자: 넣어서 드릴께요. 7천 원.
구매자1: 예. 고맙습니다.
판매자: 안녕히 가세요.

<자료 54>

장 소: 정육점
날 짜: 1999년 1월 28일
물 건: 고기
구매자: 50대(여)
판매자: 50대(여)
구매 여부: 구매 성립

구매자: 고기 주세요. 저기 만두거리로 갈
　　　　아서 1근만.

판매자: 만두거리 같아줘?
구매자: 응, 응.
< >
판매자: 얼마나?
구매자: 1근만 갈아 줘.
판매자: 1근.
구매자: 할머니가 어제 두부를 저기서
100원인지 200원인지 3모를 사
다놨는데 그걸
판매자: 어디서?
구매자: 슈퍼에서.
판매자: 그렇게 싼 두부가 있구나.
구매자: 맛도 없어. 근데 그걸 사가지고
왔으니 만두나 해서 먹어 버려
야지 뭐. 판매자: 3모면 한 근
이면 적잖아?
구매자: 쪼그만 거야.
판매자: 응

<자료 55>

```
장   소: 정육점
날   짜: 1999년 1월 28일
물   건: 달걀
구매자: 구1: 50대(여), 구2: 30대(여)
판매자: 50대(여)
구매 여부: 구매 성립
```

(※자료54의 장면에 구매자2가 나타난
것임)
구매자2: ((계란을 가리키며)) 얼마에요
아줌마?
판매자: 6400원
구매자2: ((놀라면서)) 히이.
판매자: 그렇게 많이 올랐어.
구매자2: 허어 너무 하다. 왜 이렇게 많
이 오른대요.
구매자2: 대목 때라서 그러나?
판매자: 몰라
구매자1: 아이(--)
판매자: 계란이 딸리니깐.
< >
구매자2: 갈수록 더 오를 거 아니에요
딸려서.
판매자: 계란은 올랐다 내렸다 하잖아.
구매자2: 에, 계란은 올랐다 내렸다 하
는 것 같아 진짜.
구매자1: 닭이 추우면 계란을 안 낳는
거야. 덜 나아.
구매자2: 아 그런 거예요?
구매자1: 예 너무 추우면 올라가구{구매
자2: 예} 너무 더워도.
구매자2: 아 [몰랐어요. 춥고 덥고하면

안 낳는구나.
구매자1: 너무 [[더워도 안 낳고.
판매자: 더울 때 비싸고 추울 때 비싸고.
구매자2: 아하 그런 거예요?
구매자1: 그 그건 한 근에 얼마에요?
판매자: 2500원(--)
구매자1: 자, 감사합니다. ((돼지고기 받
아서 나감))
판매자: 예

<자료 56>

```
장   소: 동네 시장
날   짜: 1999년 1월 28일
물   건: 야채
구매자: 50대(여)
판매자: 30대(여)
구매 여부: 구매 실패
```

구매자: 아줌마 도라지 한 근에 얼마에요?
판매자: 4000원이요.
구매자: 한 근에 4000원?
판매자: 이거 금방 까 가지고 찢어났기
때문에 좋아요. 예.

<자료 57>

```
장   소: 동네 과일 가게
날   짜: 1999년 1월 28일
물   건: 과일
구매자: 50대(여)
판매자: 50대(여)
구매 여부: 구매 성립
```

(※ 앞부분 약간 짤림)
판매자: 5개, 천 원.
구매자: 이거는요?
판매자: 요거 4개요. 요거 가져가 요거
맛있어요.
구매자: 밑에서 지금 세일하는데
구매자: 밑에는 세일하는데.
판매자: 어이 그런 거하고 틀려요 물건이.
구매자: 이거 몇 개요?
(--)
판매자: 4000원
구매자: 미어지네 미어져 지하는.
판매자: 미어지죠.
구매자: 되게 싸게 하는데―
판매자: 싼 것도 없어요.
구매자: ―떼깔은 좀 안 좋더라.
판매자: 떼깔이 아니야. 물건 자체가 안.
틀리잖아.

판매자: 감사합니다. 안녕히 가세요.

<자료 58>

```
장  소: 과일 가게
날  짜: 1999년 1월 28일
물  건: 과일
구매자: 30대(여)
판매자: 50대(여)
구매 여부: 구매 성립
```

판매자: 예 어서 오세요.
구매자: 이거 몇 개에요?
구매자: 이거 이거 이거요?
판매자: 그거는요 2천 원에 9개요.
구매자: 어떤 게 맛있어요?
판매자: 응 귤은 잔 게 더 맛있어요. 잔
        게 더 비싸요.
구매자: 2천 원어치 주세요.
판매자: 예 ((귤을 담으며)) 하나 둘 셋
        네 개 2천 원
구매자: 왜, 뭔 사람이 이렇게 많아요.
        근데. 한라마트 세일하나?
판매자: 돈, 돈 떨어졌어.
구매자: 아, 잔돈.
판매자: 세일한다구.
구매자: 안녕히 계세요.
판매자: 예 안녕히 가세요.

<자료 59>

```
장  소: 동네 시장
날  짜: 1999년 1월 26일
물  건: 야채
구매자: 50대(여)
판매자: 20대(여)
구매 여부: 구매 성립
```

구매자: 아줌마 콩나물 500원어치 주세요.
판매자: 예.
<>
구매자: 마늘 2000원어치 하구요.
판매자: 예.

<자료 60>

```
장  소: 동네 시장
날  짜: 1999년 2월 6일
물  건: 야채
구매자: 구1, 구2: 30대(남),
        구3: 50대(여)
판매자: 50대 여자
구매 여부: 구매 성립
```

((구매자가 김치를 보고 있다))
판매자: 얼마나 드릴까요?
구매자1: 예?
판매자: 얼마나 드릴까?
구매자1: 김치 그 봉다리로 파는 거 있
         잖아요?
판매자: 아, 봉지 안하고 지금 김장 김
        치라{구매자2: 예} 다 풀어져
        있어요.
구매자2: 어, [그래요.

판매자: [[포기도 있어요.
구매자2: 가만있어봐. 그럼 키로수::로 팔
         아요?
판매자: 달라는 대로 드려요. 포기로도
        드리고, 키로로도 드리고.{구매
        자2: 포기로}
구매자1: [포기로 얼마예요?
구매자2: [[5,000원어치 줘요.
<>
구매자2: 또, 너무 많으면 시어 터지잖아.
구매자1: 담은 지 [아니
판매자: [[그렇게 시지 않아요
        우리 꺼.
구매자1: 담은 지 얼마 안 됐어요?
판매자: 우리 꺼 그렇게 안 시어요.
구매자2: 어 5천 원어치 주세요.
구매자1: 이거 가져(--)
<>
구매자2: 달걀도 가져가자 달걀. 응? 달
         걀 한판 가져가까?
구매자1: 응.
구매자2: 반판.
구매자2: 달걀도 반판 주시구요.
판매자: 예.
<>
구매자1: 풋고추 [매운 거 있죠?
판매자: [[(((김치를 담으며))이
        거 쪼그만 거 하나 더 넣은 거
        예요.
구매자1: 아, 예. [고맙습니다.
구매자2:   [[아, 예. 감사합니다.
구매자2: 많이 주세요. 아줌마.

278

구매자1: 아줌마 풋고추 좀 매운 거 없
　　　　어요?
판매자: 있어요.
구매자1: 어딨어요?
<>((판매자 김치를 담고 있다))
판매자: 계란 반판이여?
구매자1: 예, 반판.
((판매자 계란을 담는다))
<>
구매자1: 풋고추(--)
구매자2: 그럼 다 된 거야?
구매자2: 거기다가 감자는 안 넣냐?
판매자: 여기하고 풋고추 얼마치나 드
　　　　려요?
구매자1: 고추:: 1근 주세요.
판매자: 매운 거요?
구매자1: 매운 걸로 [(청양고추)
판매자: 　　　　　[[매운 거는 3,500원
　　　　이에요.
구매자1: 어떻게요?
판매자: 3,500원.
구매자1: 어디요?
판매자: 요거요.
구매자1: 아. 그게 3,500원.
판매자: 예, 요거 2,500원. 요거 안 매운 거.
구매자1: 매운 거 반 근만 주세요 반
　　　　근.{구매자2: 반 근}
판매자: 네 2,000원어치 드릴께요.
구매자1: 그래요 예.
<>((판매자 고추를 담고 있다))
((새로운 구매자3이 나옴))
구매자3: 아줌마.
판매자: 예.
구매자3: 고사리::
판매자: 예
구매자3: 한 근에 2,000원이에요?
판매자: 고사리 2,500원 주셔야 돼요.
　　　　[예 올라가지구
구매자3: [[아, 2,500원이에요?
판매자: 예. 올라가지고.
구매자2: 아하 다 얼마죠? 두부도 주시고.
<>
구매자2: 이 파는?
판매자: 파 1,500원이요.
구매자2: 파 있어?
구매자1: (--)
구매자2: (국수 끓여 먹으려면)
판매자: 고사리 한 근 드려요?
구매자1: 파 하나 주세요.
구매자3: 2근 주세요.{판매자: 예}
판매자: 요거 드려?
구매자2: 아무거나 좋은 거 주세요.
판매자: 똑같애.

구매자1: 얼마죠?
구매자2: 얼마예요?
판매자: 천오백, 여. 계산해 보세요?
구매자1: 1500원.
판매자: 두부하고 2000원.
구매자1: 오백 원. [2000원.
판매자: 　　　　[[풋고추 2000원 [4000원.
구매자1: 　　　　　　　　　　　[[4000
　　　　원. 김치가 .
판매자: 저 9000원. 김치하고 9000원.
　　　　{구매자2: 예} 겨란이 1800원.
　　　　10800원.
구매자2: 10800원.
구매자2: ((돈을 건네주며)) 여기요.
<>
구매자3: (--)
판매자: 품저울 아니야. 나는 그거 못 혀.
구매자1: 많이 파세요.
판매자: 예 안녕히 가세요.

<자료 61>

```
장  소: 동네 시장
날  짜: 1999년 2월 6일
물  건: 야채
구매자: 구1: 4-50대(남),
　　　　구2: 4-50대(여)
판매자: 50대(여)
구매 여부: 구매 성립
```

구매자1: 생강 있어요?
판매자: 깐 거 있구 안 깐 거 있구 그
　　　　래요.
구매자1: 음 저거.
판매자: 흙 생강 깐 거 있구.
구매자1: 흙 생강이 뭐야?
판매자: 흙 묻은 거, 이건 깐 거구.
구매자1: 저 수정과 한다구 그러는데.
판매자: 이거 가져가. 이거 (--). 수정과
　　　　할려면 이거 가져가.
구매자1: 그거 까야 되잖아 또.
판매자: 까야죠. 까도 이거해요. 얼마나 줘
　　　　요? 어휴 흙만 털면 되는데 뭐.
구매자1: (아니) 들통 하나 할 거거든.
판매자: 들통 하나면 한 근 가져가야
　　　　돼요. 계피 있어요?
구매자1: 예, 요 요거면 돼요?
<>
구매자1: 만져봐.
구매자2: (--)
구매자1: 이거면 돼요?
판매자: 될 거 같은데.

구매자1: 얼마에요?
판매자: 2천 원.
< >
판매자: ((돈을 받으며)) 예.

<자료 62>

```
장  소: 평촌 수산물 시장
날  짜: 1999년 2월 13일
물  건: 횟감
구매자: 구1: 30대(여), 구2: 30대(남),
        구3: 30대 (남), 구4, 구5:
        20대(여), 구6: 30대(남)
판매자: 3-40대(남)
구매 여부: 구매 성립
```

판매자: 오징어도 가격이라도 가격이라
        도 좀 보고 가세요 어디가도
        일이천 원 차이는 나요. 저희
        한 번 저희집 가격 비싸면 안
        사도 되니깐 가격이라도 내가
        화끈하게 들여 불라니깐. 이루
        와 보세요.
구매자1: 아니 좀 보구요
판매자: 사장님, 저희 집에서 오징어도
        있고 아나고도 있고 우럭 농어
        놀래미 개상어도 개상어 있습
        니다.
구매자1: 근데 거기보다 깨끗하다 거기
        보다 깨끗하다 가락동
구매자1: 어떻게 ○○○ 오면 사 아님
        지금 사?
판매자: 오징어도 있고 그러는데.
구매자5: 얼마나 기다려야 되는데?
구매자1: 어디요 아까 거기가 어디래요?
구매자4: 서울대
구매자5: 서울대
구매자2: 서울대
구매자4: 30분 정도 기다렸는데
구매자2: 그니깐 우리 거기서 아까 여
        기까지 오는 시간이 있잖아
구매자1: 그럼 잠깐 기다렸다가 (--) 물
        어보고 얼마에요?
판매자: 그라요 그러면. 광어 같은 거는
        적은 것은 만 원짜리도 있고
        그러니깐.
구매자1: 광어는 놀래미는 얼마에요?
판매자: 놀래미 키로에 이만 오천 원씩
        농어 키로에 삼만 원 몇 분이
        나 자시는데?
구매자4: 5명이요.
구매자1: 5명.
판매자: 다섯 분 정도 자실라면은 인자
        놀래미라든가 놀래미하고 광어

같은 거 좀 큰 담하시면 다섯
분 푸짐하게 드시거든요. [참 여기
서 드시고 가실 거죠?
구매자4:   [[아니
        오징어 얼마에요?
구매자1: 예.
판매자: 2층에 또 우리 집이 따로 있고
        그러니깐 해 가지고.
구매자1: 그럼 얼만데?
판매자: 누구 오시기로 했어요?
구매자1: 예 일행 한명이 아직 안 와
        갖구.
판매자: 아 오시면은 연락하서 가지고
        2층 몇 호에 있다고
구매자1: 잘 몰라요 길을 우리가 데리
        러 가야지{판매자: 아} 얼마에
        요 어쨌든 광어는?
판매자: 광어 같은 것은 해 가지고 보
        통 이자 요런 것은 만 원 만
        원 만 원 한 것은 보시면은 이
        런 것은{구매자1: 아아} 살이
        실상 안 나오거든요.{구매자4:
        음음} 통통해도 살은 안 나오
        고 보통 내서도 이만 원정도까
        지 하셔야지 살이 푸짐하게 나
        오니깐
구매자4: 2만 원이요?
판매자: 예에.
판매자: 자체가 그만큼 크니깐 두께가
        있고 그니깐 살도 많이 나오고
        놀래미 같은 건 키로 같은 경
        우는{구매자4: 응응} 키로로 재
        드리니깐 그만큼 하서 가지고
        내가 놀래미도 뭐 키로 딱드
        리는 것도 아니고 100그램이라
        도 더 드리면 이천 오백 원 이
        익 보시는 거니깐 여기다 해
        가지고 뭐 멍게 같은 거 서비
        스로 맞춰서 드리고.
구매자1: 좀 있다 올께요.
판매자: 멍게는 서비스로 맞춰서 드리
        니깐.
구매자1: 좀 있다 올께요.
판매자: 그래가지고.
구매자2: 요건 뭐에요?
판매자: 오징어도 있고 뭐?
구매자2: 오징어는 어떻게 해요?
판매자: 2마리에 만 원씩입니다. 큰 걸
        로 골라서
구매자2: 너무 비싸 딴 데 3마리라 그
        러는 것 같던데
판매자: 어디가요?
구매자2: 어?

280

판매자: 4마리짜리도 [있어요.
구매자2:   [[가락동에서
판매자: 이쪽으로 나와 보세요 오징어.
    적은 거 저런 것은 [저런 것은ㅡ
구매자2:   [[음 저거 저
    거는
판매자: ㅡ이것하고 부르는 시세가 틀
    립니다요 보시면은 오징어 크
    기를 보시면 알겠지만
구매자2: 에이 한두 번 먹나 지금
판매자: 와보세요.
구매자2: 여기저기 가서 먹는데.
판매자: 오징어가 이렇게 커요 오징어
    해가지고 지금 겨울철에는 원
    래 오징어가 비싸 않습니까?
    그만큼 산지에가 배가 많이 안
    나가고 그러니깐.
구매자2: 이게 더 큰 거하고 작은 거하
    고 있으면 되겠다.
구매자1: 지금 살 것은 아니면서 왜 그
    래 좀 나갔다 기다렸다 오자.
판매자: 그래요 일단 오시면은
구매자2: 저건 뭐에요?
판매자: 뭐요? 상어요
구매자2: 상어?
판매자: 개상어라고.
구매자2: 상어도 먹어요?
구매자5: 상어 먹어요 상어 먹어요
구매자2: 나 안 먹어봤어
판매자: 아휴 사장님 상어 지느러미 해
    가지고.
구매자2: 아이 그거야 먹어봤지.
구매자5: 상어 먹어요
구매자2: 저걸 통채 먹는다구?
판매자: 그냥 새꼬시로요{구매자2: 어}
    뼈째 드시는 거에요 저것은요
구매자2: 뼈째로?
판매자: 예예
구매자2: 아하
판매자: 얇게 썰어 가지구
구매자2: 비싸잖아 상어는?
판매자: 싸요
구매자2: 얼만데요?
판매자: 마리당 해 가지고 저것은 만
    원씩
구매자2: 그럼 저건 그냥 맛만 보는 거
    에요?
판매자: 그러죠 뭐 하신다면 맛만 보신
    다고 하면은 뭐 다른 거 사신
    다고 그런다고 하면은 내가 가
    격 들어오는 가격으로 내가 맞
    춰서 드릴 수도 있는 거니깐
    [그것은 그런 것은

구매자1: [[아 쫌 있다 구경하자구
판매자: 그래요 [사장님
구매자2:   [[있다 오면은 들릴께요
판매자: 기다리시다가 오시면은 장사도
    안 되고 웬간하면은 내가 맞춰
    서 드릴라니깐 전라도 사람입
    니다. 사장님
(((※다시 그 가게로 옴.)))
구매자1: 아저씨 잘 줘요.
판매자: 예예 잘 맞춰서 드릴께요. 걱정
    마세요.
구매자1: 어디 갔어?
판매자: 가만있어 다섯 분이라 그라더
    만 여섯 분이시네.
구매자1: 그니깐 깍두기가 왔어.
구매자3: 얘는 갈거에요 금방
구매자6: 금방 어딜?
판매자: 안 드시고 그냥 가서버려요?
구매자3: 예
판매자: 여섯 분 정도 하실라면 광어
    하고 놀래미보다도요 내가 봤
    을 때는 농어 같은 거 큰 거
    한 마리씩 하시는 게 낫겠는데.
    왜냐면 그만큼 자연산이고 그
    만큼 양이 많이 나오니깐.
구매자1: 농어는 자연산이에요?
판매자: 그럼믄 .
구매자4: 아 나 이번에 농어 먹었는데 기
    름이 너무 많아서 느끼했는데.
판매자: 아 기름
구매자1: 놀래미는 (ㅡㅡ)
구매자3: 아무거나 아무거나 줘요 그럼.
판매자: 요런 거는 끝내주니깐.
구매자3: 아무튼 양 많은 거면 돼.
판매자: 양이 양이 무지하게 크기를 보
    시면 알겠지만은
구매자1: 그게 얼만데요 아저씨?
구매자3: 그게 중요하지.
판매자: 가격이 가격이.
구매자2: 그것도 중요하지 가격이 중요
    하지.
구매자1: 우리 다시 왔잖아요 아저씨.
판매자: 그러니깐 내가 가격을 맞춰드
    리지. 이런 농어는 저런 농어
    하고는 가격 차이 면에 뭐 키
    로 백 이백짜리하고 삼백짜리
    하고. 이러는 것은요 좀 나가
    는 것은 이키로가 좀 넘게 나
    가는 건데
구매자3: ○○아 겁도 없니?
구매자1: 이게 멀잖아
구매자5: 뭐라고?
구매자1: (ㅡㅡ)

구매자3: 뭐한다구?
구매자1: 녹음
구매자3: 조용히 해야 되겠구나.
판매자: 아따 3 키로다.
구매자1: 얼마에요 아저씨?
판매자: 하서 가지고 요것은 못 나와도
　　　　지금 9만 원 대
구매자1: 히 9만 원이요? 아저씨 우리
　　　　안 먹어요
판매자: 9만 원대
구매자1: 난 농어 기름기 너무 싫어
구매자3: 돈 많게 보여요 우리가?
판매자: 아 인원수가 있기 때문에 자연
　　　　산 이런 이런 물건은 드시기
　　　　힘든 게 모처럼 오시고 그랬으
　　　　니깐 내가 해가지고 지금 최대
　　　　한 빼가지고 해드린거야 지금.
구매자1: 그래 일단 놀래미랑 광어 먹자.
구매자3: 그래.
판매자: 광어로?
구매자1: 네 놀래미랑 광어랑 섞어 줘요.
판매자: 그래요 그라면 그래 드샤요
구매자4: 오징어?
구매자3: 오징어 여기 있대.
구매자1: 알아요 놀래미 한 번 달아 봐요.
구매자1: (--) 놀래미 나 한 번도 안 먹
　　　　어 봤다.
구매자1: (--)
판매자: 놀래미 맛 좋죠.
구매자5: (--)
판매자: 예?
구매자2: (--)
구매자3: 어디 돌아다녔어?
구매자2: 놀래미는 되게 값 싸게 생겼다.
구매자1: 팔딱팔딱 뛰는 것 같애갖구 살
　　　　아 있어.
구매자5: 자식들 안 죽을려고
구매자3: 아 사람들 보면 잔인해 어떻
　　　　게 살아있는 걸 먹어.
구매자5: 먹기만 해봐.
구매자2: 젤 팔팔한 걸로 먹어야 돼. 너
　　　　기력 없다 그랬지 ○○.
구매자4: 응
구매자2: (--)
구매자4: 난 잔인한 여자야.
구매자2: 근데 (--)
구매자1: 아저씨 이거 얼마에요?
판매자: (--)
구매자2: (--)
판매자: (--) 대신 광어 광어 좀 큰 걸
　　　　로 맞춰 드려야지.
구매자1: 이거 얼만데요?
판매자: 키로에 25000원이요

구매자1: 이게 2키로 돼요?
판매자: 예예
구매자1: 어디 광어 좀 보여줘요. 광어
　　　　어떤 거요 크기가?
판매자: 뭐요? 광어는 아까 내가 말씀
　　　　않았습니까.
구매자1: (--)
판매자: 아까 내 보여드린 거 이게 이
　　　　게 아까 보여드린 거.
구매자1: 그게 얼마라 그랬죠?
판매자: 2만 원이라 했을 거에요 아마
구매자1: 2만 원이요.
판매자: 예
구매자2: 15000원만해도 돼.
구매자1: 15000원이요
판매자: 15000원짜리 하고는요 차이가
　　　　그만큼 많이 나기 때문에 양이
　　　　자실라면은 인원수가 인원수가
　　　　되시고 그러니깐.
구매자2: 그건 13000원이다 아저씨.
구매자1: 아까 13000원이라 그런 거다
　　　　이거.
구매자2: 아까 아저씨가 그랬어.
판매자: 어떻게요?
구매자2: 아저씨가 아까 그랬다고
판매자: 13000원짜리는 13000원이라 보
　　　　여드리지 않고
구매자2: 그거는 만 원짜리고
구매자3: 표시해 놨구나. 적혀 있네.
판매자: 보여드리지 않고 이만 원짜리
　　　　내가 하나 보여드리고 놀래미
　　　　말씀하셨어요 내가.
구매자2: 아니 내가 봤거든 아까 아저
　　　　씨가 이거는 얼마 하면서 얘기
　　　　했거든.
판매자: 그니까는 양이 자실라면은 이
　　　　게 해가지고 2마리는 15000원
　　　　짜리 2마리는 안 하실 거잖습
　　　　니까?
구매자1: 이게 2개가 15000원어치라구요?
판매자: 예예 그니까 해가고 양이면은
　　　　하시면은 광어는 크면 클수록
　　　　육질이 많이 살이 더 많이 나
　　　　와요 큰 게
구매자1: 근데 별로 큰 거 같지도 않네
　　　　이만 원짜리도 안 크고 아까
　　　　그거보다
판매자: (--)
구매자1: 별로 크지도 않구만
판매자: 고기를 내가 큰 걸 아이 보시
　　　　면 두께를 보시고 크기를 보셔
　　　　아지요 이모
구매자1: 저 광어는 그럼 얼마에요? 원

쪽 광어는?
판매자: 요거요?
구매자1: 네
판매자: 이게 15000원 지금 2만 원 불
렀지 큰 걸로 빼 드린 거요 지
금. 저기서 다 뿌리치고 다 왔
기 때문에 내가 해가지고 큰
걸로 지금 맞춰드린거에요.
구매자1: [(--)
판매자: [[처음에 내가 보여 드렸던 게
이거 보여 드렸고 2만 원에 나
간 것을 처음
구매자1: 저쪽 광어도 만 원에 줘요.
판매자: 가격 그렇게 해 가지고 가격
그렇게 막 이모 깎아 버리면은
구매자1: 아 자꾸 올게요 싸게 줘요.
판매자: 그렇게 안 나오니깐 아니 가격
에서는요 하서 가지고 그렇게
깎아버리면 안 나오고 [놀래미
하고 한다하시면은 내가 해서
구매자1:   [[그니
깐 놀래미 25000원 이거 2만
원 4만 5천 원 요거 만원하고
해서 5만 5천 원 하면 되겠네.
아 그렇게 해 딱
판매자: 아이 그렇게 안 나온다니깐요
이모
구매자1: 에이 [그렇게 줘요
판매자: [[아이 내가 멍게나 푸짐
하게 드릴께요. 해서 이왕에
오셨으니깐 가격에서 감해 갔
구 5천 원씩 깎아버리면요 남
는 거 없어요. 고기를 큰 거로
알아서 맞춰 드리지 벌써 키
로에 2만 원씩 이렇게 2천 원
씩 차이 나버리면은 200그램
차이가 이천 원 4천 원 차이
나는 거에요.
구매자1: 아이 일부러 왔는데 좀 싸게
줘요 그래도.
판매자: 그니깐 하서 가지고 하신다 하
면은 그렇게 갖고 가시고 내가
자연산 멍게 이것도 자연산이
니깐 자연산 멍게 내가 푸짐하
게 좀 넣어 드릴께요.
구매자2: 그래도 이왕이면 깎아주는 맛
도 있고 아저씨도 손해 안 보
는 범위 내에서 아저씨
판매자: 아니 그러지 마시고요. 매운탕
거리에나 넣시라고 가격에서는
그리 많이 깎아대지 마시고요
그렇게 하십시오. 매운탕거리
하고 내가 멍게 좀 넣어 드릴

라니깐. 이것은 매운탕 내가
토막쳐 가지고 매운탕 넣시라
고 여기서 드릴 라니깐.
구매자2: 이거 뭐에요?
판매자: 우럭 우럭이요 매운탕 우럭이
맛있잖아.
구매자1: 그럼 저것도 줄 거에요 아저씨?
판매자: 그렇죠 요것 드리고 제 가격
그렇게 주시면은.
구매자1: 줘요줘요 아저씨
구매자4: ((※앞에서 고기를 칼로 잘랐
기 때문에)) 나중에 하세요 아
저씨 나중에 나중에 하지
구매자2: 먹을 때 끝까지 먹을 거면서
<>
구매자5: 비싼 거야?
구매자4: 아니 저건
구매자2: 내가 들어가서 매운탕 양념비
내가 낼게.
구매자1: 당연히 내야지 그럼. 사장님이
내세요.
구매자4: 아줌마가 내세요 그래야 언닌.
구매자1: 아줌마가 내세요.
구매자2: 이제 여기 동료가 많아서 생
겼어. 하기사 여기는 아줌마
아니야
구매자3: 어떻게 오셨어요?
구매자5: 오빠 오징어 사줘.
구매자2: 어떻게 오셨어요?
구매자5: 오징어 사줘 오빠 뭐해
구매자4: 이렇게 돈 내 바들바들 떨면서
구매자2: 아 강사재벌 들어가서 매운탕
하고 오징어 사
구매자5: 오징어 사줘.
구매자2: 오징어 사줘.
구매자1: 먹고 나서 생각해 봐요.
구매자5: 뭐를?
구매자1: 저거 먹고 나서.
구매자4: 매운탕 저거 우럭하면 굉장히
많아.
구매자1: 밥도 나오고 .
구매자1: 술이 있었네.
구매자3: 아 그렇구나.
구매자4: 그럼 술값도 내야 되는거구나.
구매자2: 아 저기.
구매자5: 오빠 양념도 내고.
구매자2: 오늘 양념 내가 내고 술값 내고
구매자5: ○○, 언니 백세주가 맛있었지
좀 취하긴 했다
구매자1: 난 모른다 막 이래가면서
구매자4: 나도 몰라.
구매자3: 너 아직도 안 갔냐 지금?
구매자5: 차비 줘야지 차비.

구매자3: 그냥 가는 거 아니야?
구매자5: 네. 기다려야 돼?
구매자2: (--)
구매자5: 응?
구매자2: (--)
구매자5: 근데 제 너무 불쌍해.
판매자: 진짜 싸게 드렸다.
구매자2: 뭐가
판매자: 진짜 싸게 드렸다.
(※ 중간에 사담함.)
구매자3: 많이 주시와요.
판매자: 많이지.
구매자들: 얘게.
판매자: 키로에 5000원이에요.
구매자들: 에(※ 비아냥거리는 소리임)
구매자1: 2개만 더
구매자5: 몇 만 원치 샀는데
구매자3: 하나만 더 붙여 주세요. 많이
            바랄 순 없고
판매자: 3개만 집을 걸.
구매자5: 3개 아니었어?
구매자1: 5개
구매자2: 맛있게 잘라주세요
판매자: 잘게 잘라 드릴까요?
구매자3: 예
구매자5: 잘게 잘라야 돼
판매자: 아쭈구리(※물고기를 잡으면서
            하는 말.)
<>
(※중간에 사담함)
구매자1: 2층 어디에요?
판매자: 네네 따라가시면 돼요.
판매자: 요쪽에 요쪽에 사십니까요?
구매자3: 네.
판매자: 명함 하나
구매자3: 아니 됐어요 됐어. 맨날 같이
            다니니까
판매자: 왜요? 오서 가지고 맛있게 드
            시게.
<>
판매자: 푸짐하게 넜으니까 드셔 보시
            고{구매자3: 네}. 따라 가시면
            됩니다.
구매자: 예

<자료 63>

장 소:	평촌 수산물 시장
날 짜:	1999년 2월 13일
물 건:	횟감
구매자:	구1: 30대(여), 구2: 30대(남)
판매자:	40대(여)
구매 여부:	구매 실패

판매자: 뭐요? 광어 만 삼천 원씩이거
            든요 이거요.
구매자1: 예?
판매자: 만 삼천 원이요.
구매자1: 이거 하나에?
판매자: 예
구매자2: 만 삼천 원이래 이게
구매자1: 비싸다
구매자2: 만 삼천 원이래 이게
구매자1: 이거는?
판매자: 이것도 만 삼천 원씩이요.
구매자2: 크기가 다른데?
판매자: 원래 20000원 받는 건데 17000
            원에 드릴께요. 될 수 있는 대
            로 싸게 드릴께요.

<자료 64>

장소:	평촌 수산물 시장
날짜:	1999년 2월 13일
물건:	횟감
구매자:	구1: 30대(남), 구2: 30대(남)
판매자:	5-60대(남)
구매 여부:	구매 실패

구매자: 이 이건 뭐야? 얼마에요?
판매자: 광어 요런 거{구매자1: 예} 한 마리
            에 15000원짜린데{구매자1: 예}
판매자: 요거 2마리 해가지고 2마리 해
            가 내가 25000원 드릴게. 양
            많이 나옵니다.
구매자1: 어때요?
다른 사람들: 어?
구매자1: 25000원
구매자2: 아까아까 아니 아까
판매자: 2마리에 25000원이면 양 많이
            나와요
구매자1: ○○씨 어때요?
판매자: 장사들이 우리 대주는 가격이
            에요 2마리.
구매자2: 에이 2마리 2마리 그걸 누구
            코에 붙여요 2마리 갖고.
판매자: 그렇다는 얘기지. 기준을 하자
            면은. 요런 거는 2마리에 이만

원. 살이 많이 나옵니다. 요런
거는 2마리에 이만 원.
구매자1: 좀 있다 살께요
판매자: 어잉 2마리 2만 원이라면 좋은
　　　　거라니깐 이리 와 보세요. (--)
구매자1: 갈께요. 요쪽으로 나가자

＜자료 65＞

```
장소: 모란 시장
날짜: 1999년 3월 4일
물건: 생선
구매자: 구1: 40대(여), 구2: 50대(남)
판매자: 60대(여)
구매 여부: 구매 성립
```

구매자1: 한 마리에 얼마쯤 해요?
판매자: 예 그거 3만 원짜린디. 삼만
　　　　원. 요거 4만 원. 3만 5천 원
　　　　요거 2마리만
구매자1: 아줌마 아줌마 장어?
판매자: 장어
구매자2: 얼마요 관에?
판매자: 관에 3만 5천 원.
구매자2: 뭐 그렇게 비싸
판매자: (--) 것은 비싼거니까
구매자2: 2관에 14만 원. 아줌마 빨리
판매자: [14만 원 안 되지 (--)
구매자2: [[2관에 14만 원
구매자2: 2관에 14만 원 빨리 빨리 담어
판매자: 14만 원 안 되고 15만 원 본전
　　　　거기서 2만 3천 원에 가져오니깐
구매자2: 줄거야 안 줄거야 빨리 아줌
　　　　마 빨리)
판매자: (--) 계산서 있잖아 계산서
구매자: (--)
판매자: 거기 이 줘 봐봐 ((계산서를 보
　　　　여 주면서)) 20Kg 3만 칠천 원
　　　　만 7천 원 본전인데 14만 원
　　　　주면 안 되지 15만 원 내요 그
　　　　냥 (--)
(※ 뒤에 잘 못 알아들음)

＜자료 66＞

```
장  소: 모란 시장
날  짜: 1999년 3월 4일
물  건: 야채
구매자: 50대(여)
판매자: 60대(여)
구매 여부: 구매 성립
```

(※ 앞에 짤림)

판매자: 아줌마 이거는 갖다가 물어 보
　　　　면 알어 내말이
구매자: 아니 아는데 나 요런 거 주면
　　　　안돼
판매자: 알아서 하세요{구매자: 응↗} 알
　　　　아서 하세요
구매자: 요런 걸로 주면 안돼
판매자: 똑같아요 이것은 담아 높으면
구매자: 요런 걸로
판매자: 그래요. 또 그걸로 달라고 하는
　　　　사람은 또 잔 걸로 다 줘요
　　　　((비닐 봉투를 내밀면서)) 잡으
　　　　세요
구매자: 예 잘 달아줘요 무나물도 다
　　　　사고 샀는데
판매자: 아줌마 나가 치로 싸게 주는
　　　　사람 없어 진짜여.
구매자: 몰라 싼지 뭐한지 나는 뭐 [그냥ー
판매자: 　　　　　　　　　　 [[잡으
　　　　시오
구매자: ー들어오면 사니까 뭐 아나
판매자: 안으로 들어간 놈보다 여기가
　　　　휠::씬 싸요. 휠씬 싸.
＜＞
판매자: 취나물도 굉장히 맛있제.
구매자: 아니 근데 너무 잘면. 잔게 맛
　　　　있는데 너무 잘면 (--) 먹어보
　　　　니까
＜＞
구매자: 여기 오니까 너무 살게 많네
　　　　너무. 이것저것 그냥
판매자: 요런 거 사세요 고기보다 더
　　　　좋아 이런 게.
구매자: 자요. 이천 원
판매자: 네 고맙습니다.

＜자료 67＞

```
장  소: 모란 시장
날  짜: 1999년 3월 4일
물  건: 옷
구매자: 구1, 구2: 20대(여)
판매자: 40대(남)
구매 여부: 구매 실패
```

판매자: 구경하세요.
구매자1: 이런 거 얼마에요?
판매자: 8천 원
구매자1: 예?
판매자: 8천 원. 원피스 끝내주죠?
구매자1: 이 작은 거 같다
판매자: 거 하나 남았네요.
구매자1: 이거보다 큰 거 없어요?
판매자: 하나 남았어요

구매자2: 분홍색도 이쁘네.
판매자: 다 이쁘죠. 이렇게 팔 떼었다
　　　 붙였다 하는 원피스도 있고.{구
　　　 매자1: 어}
<>
구매자1: 이쁘지?
구매자2: 응
구매자1: 근데 애가 이런 게 있었던 거
　　　 같은데.
<>
구매자1: 이건 얼마에요?
판매자: 만 7천 원
구매자1: 오후 이건 비싸구나.
판매자: 고런 바바리 만 오천 원씩 드리
　　　 니까 맞으면 가져가구요 (--)
<>
판매자: 싸고 좋죠. 고건 원단 또 달라
　　　 요 이거 원단 다른데 같이 (드
　　　 릴께요)
<>
구매자2: 응 만 원이라 하지 않았어 만 원
구매자1: 얼마에요 이거는?
판매자: 만 5천 원
구매자1: 만 오천 원이잖아
<>
구매자1: 알겠습니다.

<자료 68>

```
장  소: 모란 시장
날  짜: 1999년 3월 4일
물  건: 옷
구매자: 구1, 구2; 20대(여)
판매자: 40대(여)
구매 여부: 구매 실패
```

구매자1: 저런 연두색 원피스는 얼마에요?
판매자: 만 삼천 원이요.
구매자1: 만 삼천 원이요.

<자료 69>

```
장  소: 모란 시장
날  짜: 1999년 3월 4일
물  건: 옷
구매자: 구1, 구2: 20대(여)
판매자: 30대(여)
구매 여부: 구매 성립
```

판매자: 보세요
구매자1: 얼마에요 이런 거는?
판매자: 9000원
구매자2: (---)

구매자1: 어디?
구매자1: 어디?
구매자2: 저기 봐
구매자1: 아 이거. 어 이쁘다. 저건 얼
　　　 마에요?
판매자: 저기 빨간 저 치마?
구매자1: 아니 윗도리는 말구.
판매자: 치마만?
구매자1: 예
판매자: 12000원
구매자1: 어허. 치마 살까?
구매자2: 너무 예쁘다 귀엽다
판매자: 요 치마도 잘 나가고
구매자1: 걔 회색은 있어.
구매자2: 회색 있어?
구매자1: 어 저번에 회색 이렇게 된 거
　　　 입고 왔더라고
구매자2: 이 블라우스는 얼마에요?
판매자: 만 원 줘야 돼
구매자2: 이것도 괜찮은 거 같애
구매자1: 블라우스만?
구매자2: 응 (이렇게 되 있는 건가봐)
판매자: 예뻐
구매자1: 또 공주를 만들겠군
구매자2: 이쁘잖아
구매자1: 메주같이 생긴 애를 이거 사
　　　 줄까
판매자: 고티가 요거거든요. 요거. 하얀
　　　 색 (--)
구매자1: 이건 어때
구매자2: 그거보단 이게 좋은 거 같애.
구매자1: 이게?
판매자: 요거야 디자인
<>
구매자1: 이건 만 원이요?
판매자: 예
구매자1: 이거 사줄까?
<>
판매자: 몇 살이에요 애기가?
구매자1: 애기가 좀 커요. 한 다섯 여섯
　　　 살짜리 입어야 돼요
판매자: 요거 요거 가져가세요
구매자1: 이거 이거{판매자: 예} 좀 작
　　　 은 거 같은데
판매자: 안 적어요
구매자1: 이런 건 어때?
구매자1: 응?
판매자: 가디건
구매자1: 가디건
구매자1: 이렇게 레이스 달린 거 좋아
　　　 하는구나.
구매자2: 공주 같으면 좋잖아

286

구매자1: 응·
구매자2: 안 좋으냐? 난 그런 게 이쁘
던데
구매자1: 난 이게 더 예쁜데. 색깔이 이
게 더 곱잖아
구매자2: 이거는 어디 있어요?
판매자: 그건 안 걸었어요. 한 번 보세요
구매자1: 분홍색 같은 게 이쁘더라
판매자: 크게 입는다구요?
구매자1: 예. 커요. 애가 커요
판매자: 이거보다 더 큰 걸로?
구매자1: 예 예.
구매자1: 예 더 큰 걸로.
<>
판매자: 더 큰 걸로
구매자1: 이건 얼마에요?
판매자: 그건 9천 원까지 드릴께요
구매자2: (---)
구매자1: 어 어 뭐라고 어?
구매자2: 9천 원이래지?
구매자1: 엉. 이거 살까?
구매자1: 넌 이게 더 이뻐 하얀 게
구매자2: 음
판매자: 요것도 귀여워요 입으면은.
<>
구매자1: 어떤 거 사지? 아 이거랑 이
거랑은 다른 거죠?
판매자: 예
구매자1: 이게 더 이쁘다.
구매자2: (--)
구매자1: 어느 거지?
판매자: 어떤 거요? 요거요?
구매자1: 예
판매자: 요 9호 가져가시면 돼. 9세.
판매자: 고건 쪼끔 큰 거
구매자1: 하얀 게 더 이쁘다구?
<>
구매자1: 그래
구매자2: 분홍색도 있는데.
구매자1: 아 그래 분홍색은
판매자: 핑크도 있고
구매자1: 핑크는 안 예뻐. 색깔이 안 예
뻐. 하얀 게 더 예뻐.
판매자: 요거 가져가서 그냥
판매자: 스판이고
판매자: 9, 10세꺼니깐 충분히 입지 뭐
구매자2: 이게 더 큰 거 같은데?
구매자1: 이게 더 크다구?
구매자1: 아니 싸이즈는 같아
판매자: 싸이즈 (--)
구매자1: 이거 하나 주세요.
<>
구매자1: 만 원이요?

판매자: 9천 원.
판매자: 안녕히 가세요

<자료 70>

| 장소: 모란 시장 |
| 날짜: 1999년 3월 4일 |
| 물건: 야채 |
| 구매자: 구1: 70대(여), 구2, |
| 구3: 20대(여) |
| 판매자: 60대(남) |
| 구매 여부: 구매 성립 |

판매자: 어서 오세요.
구매자1: 고구마는 얼마에요?
판매자: 거 삼천 원이요.
구매자1: 이런 거 밤고구마에요?
판매자: 예 예 예 틀림없이.
구매자1: (--)
판매자: 예?
판매자: 할머니 거 저저저저 신체검사
할 것이 없어. 이것은 KBS에
등록된 것이라 신체검사 할 것
없이.
구매자1: 머 어떻게 등록이 돼 있어 (--)
판매자: (--) 6시 내 고향 6번 들어보면은.
구매자1: 이거 2개 오천 원에 줄래요?
판매자: 아니요
구매자1: 아니 2개 오천 원이면 사고
아니면 안 사
판매자: 그럼 놔둬요. 나도 할머니처럼
이쁜 딸이 아홉이나 돼야. 퇴직
금이 없는 것이 요것이 근데
천 원을 깎아 버리면 근디 다
팔아도 천 원이 안남아.
판매자: 그래서 그래 할머니 내가 하나
더 드릴게 두 개 갖고가시오
잉↗ 잉↗
구매자1: 담아 봐요. 밑에 뭐 안 깔았나.
판매자: 키로에요 삼천 원씩이에요 할
머니
판매자: ((저울에 잰다)) 봐봐요 1kg에
600그램이 넘었는디. 우리 할
머니라 그라 안 하시거는디 어
째 오늘 (--)
<>
판매자: ((물건 주며)) 자 우리 할머니
이쁘장걸로 드렸는디.
구매자2: 감자 살까?
구매자1: 감자 얼마에요?
판매자: 3000원. 감자하고 고구마가 금
년에는 비싸요
구매자1: 어히 왜 그렇게 비싸

판매자: 자 맛있게 잡수세요 맛있게 잡수
　　　　시고 맛없으면 요리 오시오 잉
구매자3: 네
판매자: 오시면은 내가 틀림없이 책임
　　　　져 드리니깐
< >
판매자: 아가씨 왜 가버리는 거에요 엉
구매자3: 감자 사 갈까?
구매자2: 감자?
구매자2: 감자 쪄 먹자
판매자: 아가씨
구매자3: 감자는 얼마에요?
판매자: 어
구매자3: 감자는?
판매자: 감자 3천 원
구매자3: 예?
판매자: 감자 3천 원
구매자3: 감자도 3천 원이요?
판매자: 예. 감자가 올해 금값이여 지금.
구매자3: 고구마는
구매자2: 감자 비싸더라
구매자1: 왜 그래요 올해?
판매자: 감자 한 박스에 6만 원 내 생
　　　　애 처음이여 6만 오천 원 요것
　　　　이 4만 원짜리 한 박스에 예.
　　　　(--)
구매자3: 감자 사갈까?
구매자2: 감자 사. (--)
판매자: 어떤 놈 드릴까 요것 드릴까?
　　　　요것 드릴까?
구매자3: 큰 거 많은 거 좋은 거
판매자: 어어?
구매자3: 큰 거 많은 거 좋은 거주세요
판매자: 크고 많고 (--) 예
구매자3; 하나 더 안 주세요.
판매자: 아니 요게 퇴직금이 없는 거랑께
구매자3: 그래도 하나 더
판매자: 요것이 지금 4만 원이면은 키
　　　　로에 키로에 3000원씩이면 얼
　　　　맙니까?
다른 손님(60대 남자): 이거 하나데 얼
　　　　　　　　　　마에요?
판매자: 삼천 원입니다.
다른 손님: 요거 하나?
판매자: 예
다른 손님: 이것도 삼천 원이고.
판매자: 예.
판매자: 어떤 거 드릴까요? ((다른 손님
　　　　가버림))
판매자: 아가씨 돈나물 개시 좀 해줘?
구매자3: 아니요
판매자: 이건 2000원인데 1000원에 줄게
구매자3: 아니요

판매자: 얼른 와봐 1000원이요 [이거 간
　　　　장에 제일 좋은 거여
구매자2: 　　　　　　　　[[1000원
　　　　에요
판매자: 응
구매자1: 그럼 주세요 1000원어치만
판매자: 내가 진짜 우리 아가씨 이뻐서
　　　　1000원에 준다. 자 좀더 줘야
　　　　될거 아니여 잉?
구매자2: 예
판매자: 응 또 한 번 주면 정이 없잖아 잉.
구매자2: 고맙습니다.

<자료 71>

장　소: 모란 시장
날　짜: 1999년 3월 4일
물　건: 닭
구매자: 구1, 구2: 20대(여)
판매자: 20대(여)
구매 여부: 구매 성립

구매자1: 여있다
구매자2: 얼마에요?
판매자: 2000원 2500원씩이요. 육계닭이요
구매자2: 2500원이요?
판매자: 예
구매자2: 저거는요?
판매자: 이런 거는 2500원씩이요. 빨간
　　　　닭. 약간 질긴 닭이거든요. 육
　　　　계닭보다 조금 더 삶으셔야 돼
　　　　요. 이건 금방 익는 닭이거든요
구매자2: 아 그런 게 있어요?
판매자: 예
구매자2: 이것도 2500원이요?
판매자: 아니 2500원 3000원 이건 4000
　　　　원짜리 키로수 많은 거요.
구매자2: 어떤 거 사까?
구매자1: 빨리 익는 거 사야지.
구매자2: 3000원짜리 사까 이걸로 [사까.
판매자: 　　　　　　　　　　　[[4000
　　　　원짜리.
< >
판매자: 키로수대로 가격대 틀려요. 육
　　　　계닭은.
구매자2: 3000원짜리 사자.
구매자1: 그래.
판매자: 한 마리 드려요?
구매자2: 예.
구매자1: 안 짤라줘.
판매자: 어떻게 어떻게 드실 건데요?
구매자2: 닭도리탕.
판매자: 닭도리탕이요 예.

288

구매자1: 닭갈비 한대매.
구매자2: 더 크게 썰어 주세요.
판매자: 예.
구매자1: 닭갈비랑 닭도리탕이랑 다르
　　　　잖아.
구매자2: 어차피 (짤라야 돼) 닭갈비.
<>
구매자1: 여기도 잔인한걸.
구매자2: (--)
구매자1: 응.
판매자: 여겄습니다.
구매자2: ((돈을 건네주며)) (여기) 삼천
　　　　원이요
판매자: 감사합니다. 안녕히 가세요.
구매자2: 많이 파세요.

<자료 72>

```
장   소: 노량진 수산시장
날   짜: 2000년 6월 21일
물   건: 조기
구매자: 40대(여)
판매자: 50대(여)
구매 여부: 구매 실패
```

판매자: 이거 2만 원에 드릴께요. 알 배
　　　　긴 거
구매자: 이거 중국산 이예요?
판매자: 인자 우리 것이 중국산이예요
　　　　우리 바닥을 쳤기 때문에{구매
　　　　자: 아} 우리 바닥을 쳤잖아요.
　　　　근게 우리는 설령 잡는 다해도
　　　　우리가 못 들어가잖아. 그 사
　　　　람들 자리를 다 쳤기 때문에 2
　　　　만 원어치 다 가져가지 말고
　　　　만 원어치만 가져가 잡숴보고
　　　　다음에 와요 너무 맛있어요.
구매자: 예::
판매자: 자:: 2만 5천 원, 2만 원, 만 5
　　　　천 원, 만 원 다 가져가요.
구매자: 이거 한 마리 빼면 얼마예요?
<>
판매자: 그러지 말고 이게
구매자: 1킬로도 안 되잖아요?
판매자: 그니까 1킬로도 안 되니까 이
　　　　렇게 해서 가져가시라고요.

<자료 73>

```
장   소: 노량진 수산시장
날   짜: 2000년 6월 21일
물   건: 생선
구매자: 50대(여)
판매자: 50대(남)
구매 여부: 구매 실패
```

판매자: 이건 냉동이예요. 냉동이요. 요
　　　　런 거 2만 5천 원이예요. 배에
　　　　서 선 냉이예요. 그러니깐

<자료 74>

```
장   소: 노량진 수산시장
날   짜: 2000년 6월 21일
물   건: 생선
구매자: 30대(여)
판매자: 50대(여)
구매 여부: 구매 성립
```

판매자: 이거 9천 원에 그냥 가져가.
구매자: 아이 (--)
판매자: (4천 원 반이 넘어)
구매자: ((웃음))
판매자: 아줌마 뭘 몰라. (--) 9천 원에
　　　　가져가 내 말대로.
구매자: 8천 원에 줘. 그럼 아줌마.
판매자: (--) 본전도 안돼.
구매자: (--)
판매자: 아줌마 이게 이게 저기 가면
　　　　만 원어치야. 내 거짓말 안 해.
　　　　9천 원어친데 가져가야지.
(※물건 주고받음)

<자료 75>

```
장   소: 노량진 수산시장
날   짜: 2000년 6월 21일
물   건: 생선
구매자: 40대(여)
판매자: 50대(여)
구매 여부: 구매 성립
```

판매자: 저거 한 마리에 5천 원. 한 마
　　　　리예요. 저거는.
구매자: 꽥↗(※비싸다는 듯)
판매자: 저거는 5천 원짜리고, 요거는
　　　　다 요거 5천 원.
구매자: (--)
판매자: 요거요거 다 5천 원. 가져가요.
　　　　요거요. 이거는 횟감이야. 뭐
　　　　가져갈려?

구매자: 이건 얼마라고 그랬어요?
판매자: 다섯 마리만 가져가요. 그럼.
구매자: 다섯 마리에 얼마라고.
판매자: 어. 이만 오천 원.
(※물건 주고받음)

<자료 76>

```
장   소: 노량진 수산시장
날   짜: 2000년 6월 21일
물   건: 생선
구매자: 40대(여)
판매자: 40대(여)
구매 여부: 구매 실패
```

구매자: 이거 얼마예요?
판매자: 키로에 사만 원이요.
구매자: 키로에 사만 원?
판매자: 이건 2만 원 짜리예요. 맛있어
        요. (--) 뭐하실건데요?
(※ 아줌마 지나감.)

<자료 77>

```
장   소: 노량진 수산시장
날   짜: 2000년 6월 21일
물   건: 젓갈
구매자: 40대(여)
판매자: 30대(여)
구매 여부: 구매 실패
```

판매자: 이거 맛있어요. 초살이라.
구매자: 호박찌개 해 먹을 때.
판매자: 호박찌개 하면 맛있어요.
구매자: 얼마예요? 이건요?
판매자: 키로에 2만 원.
구매자: 음 키로에↗ 저기 멸치젓 그거
        저기 이거(--)
(※ 주위서 웅성거리는 소리 때문에 뒤
에 짤림)

<자료 78>

```
장   소: 노량진 수산시장
날   짜: 2000년 6월 21일
물   건: 젓갈
구매자: 40대(여)
판매자: 40대(여)
구매 여부: 구매 성립
```

구매자: 저기 뭐 다시마 쌈 싸먹으려고
        하면 이거 써야 돼요? 정어리?
판매자: 예

구매자: 무쳐먹을 만한거 이렇게 한거
        말고 또 없어요?
판매자: 이거이거 추자멸치 젓이요{구매
        자: 아} 이거 갖다 무쳐먹으면
        맛있어요 기름기가 없구 잔멸
        이라 맛있거든요.
구매자: 아 무쳐가지고 다시마에 싸먹
        으면 더 맛있다구 한게{판매
        자: 예예} 이거예요?
판매자: 잔멸이라 기름기도 없구. 비린
        것도 없는 거예요. 키로에 5천 원.
구매자: 5천 원어치.
판매자: 예. 예 고맙습니다.

<자료 79>

```
장   소: 노량진 수산시장
날   짜: 2000년 6월 21일
물   건: 젓갈
구매자: 30대(여)
판매자: 30대(여)
구매 여부: 구매 성립
```

판매자: 좋아요. 김장 안된 육젓이 살이
        많아서 곰삭아서 구수하고 맛
        있거든요. 잡숴보세요. 이게 짜
        면서도 구수하고 단맛이 많이
        나요. (※먹어봄) 맛있죠?
판매자: 키로에 2만 원.
판매자: 여름에 호박
판매자: 호박도 볶아먹구 김치도 하고
        무쳐두 먹을수도 있구 [다양하
        게 다 좋아요.
구매자: [[5천
        원어치만 주시겠어요?
판매자: 5천 원어치 얼마 안돼는데?
        ((웃음))
구매자: 싼 것도 있어요?
판매자: 예. 이것도 괜찮거든요. 육젓다
        음으로 나온 거 이거. 오젓인
        데 이거 깍지도 얇고 맛있어
        요. 맛은 육젓 못지않게 맛있
        어요.
판매자: 잡숴보세요.
구매자: 그럼 뭐 싼 거 쓰죠. 뭐.
판매자: 싸면서도 맛있어{구매자: 음} 진
        짜 맛있죠?
구매자: 음음 그런 걸루 (※맛을 보면서)
판매자: 이게 보통가정집에서 최고 잘
        나가는 새우젓{구매자: 음} 맛
        있다구 찾아와요.{구매자: 음}
        신용으로 팔아서 물건을 좋은
        걸 팔아야지.

구매자: 이렇게 하구 야채가게 하는데
　　　　도 (※돈을 내고 감)

<자료 80>

```
장  소: 노량진 수산시장
날  짜: 2000년 6월 21일
물  건: 생선
구매자: 30대(여)
판매자: 30대(여)
구매 여부: 구매 성립
```

판매자: 만 오천 원이구요 요고는 만 이
　　　　천 원 이건 생태가 제일 좋은
　　　　거거든요.
구매자: 키로에 어떻게 가요?
판매자: 키로에 삼만 원.
구매자: 비싸군요.
판매자: 예. 알자체가 오돌오돌해요.
구매자: 주세요 그럼.
판매자: 7천 원이요.
구매자: (※돈을 내면서) 네.

<자료 81>

```
장  소: 노량진 수산시장
날  짜: 2000년 6월 21일
물  건: 조개
구매자: 30대(여)
판매자: 40대(여)
구매 여부: 구매 성립
```

판매자: 어서오세요. 조갯살? 조갯살 몇
　　　　근 드릴까요?
구매자: 이거 얼마예요?
판매자: 이거요?
구매자: 예
판매자: 키로에 이천 오백 원씩요.
구매자: 바지락이예요?
판매자: 예. 바지락이요.
구매자: 이거 좀 줘보세요. 이거 좀 주
　　　　세요 키로
판매자: 일 키로만 드려요?
구매자: 일 키로가 한 어느 정도 되나?
판매자: 이거는
구매자: 국산이죠?
판매자: 이게 국산 국산인데{구매자: 예}
　　　　뻘이 있어요. 여수 바지락이서.
구매자: 아 국거리 좀 어떻게 되나?
판매자: 국거리는 저거 참다리랑 요거
　　　　가져가면 좋은데. 요거 한 자
　　　　루에 팔천 원인데.
구매자: 국거리 할 때 써야 되는데 국

할 때.
판매자: 예. 고거 좋아. 근데 요거는 좋
　　　　긴 좋은데. 이거 깐 거는 이건
　　　　데 뻘이 있어요.
구매자: 나는 삶아가지고{판매자: 예}
　　　　(--) 빼가거든요.
판매자: 아. 그럼 괜찮은데. 이거 까서
　　　　보여드릴께요. 그리고 이게 수
　　　　명이 저거보다 짧아요. 저거는
　　　　수명이 3일 가는데 이건 명이
　　　　하루밖에 못가. 그냥 이렇게
　　　　약간씩 뻘이 있어 이렇게{구매
　　　　자: 음} 씻어가지구 잡숴야돼
　　　　요. 못 잡숴.
구매자: 아 저거 되겠구나 모래가 씹히
　　　　는구나.
판매자: 모래는 안 씹히는데 해금을 좀
　　　　소금물에 간간핵 해보면 안 씹
　　　　히는데 근데 근데 전혀 조개가
　　　　뻘없다는 말은 거짓말이예요.
　　　　알은 이렇게 좋은데 이게 물어
　　　　밭(?)이라구 수명이 짧아요.
구매자: 오늘 가서 해먹으면요?
판매자: 예. 금방 가서 해먹으면 사갖구
　　　　먼데 놀러 다니시다가 이걸 이
　　　　렇게 하면 죽어. 물어밭이라
　　　　빨리 죽어. 저건 안 죽어 저건
　　　　한 자루에 8천 원인데 안 죽어
　　　　고걸 가져가시지. 차라리 4천
　　　　원어치 고걸 가져가시지.
구매자: 4천 원어치요? 샀다가 냉동에
　　　　다 넣었다가 먹어도 돼죠?
판매자: 예. 좋아요.
구매자: 그럼 주세요.
판매자: 너무 좋아. ((물건을 싸면서))
　　　　이거는 내일 가져가서서 난 이
　　　　게 물어밭이라서 잘 사란소리
　　　　않거든요. 왜냐면 수명이 짧아
　　　　서 금방 죽을까봐. 이건 안 죽
　　　　어 오래가도 안 죽어.
구매자: 많이 주세요.
판매자: 예. 많이 드릴께요.
< >
판매자: (--) 이걸 가져가서 해 잡숴봐
　　　　요. 이걸 잡수면 이걸 한 번
　　　　봐요. 뻘 하나 없구 알맹이가
　　　　너무 딱딱해가지구 이게 막 껍
　　　　데기가 깨질 정도로 딱딱해 이
　　　　거는. 어거 껍데기가 금방 하
　　　　면 깨진다니까 이렇게
구매자: 이거 바지락이죠?
판매자: 예. 바지락인데 싸다고 무조건
　　　　시장 간다구 사지마세요. 싸면

그만큼 물건이 안 좋구 비싸면 그만큼 좋은 거예요. 이건 며칠가요 수명이 며칠가요. 살아갖구 요거{구매자: 예} 틀리잖아요{구매자: 예예} 색깔이 벌써 또 몇 푼 차이도 안돼요.

구매자: 맛도 이게 훨씬 나요?

판매자: 예. 맛도 훨씬 나. 근데 손님 모르고 무조건 시장오시면 싼 것만 찾으니까. 우리가 또 싼 거를 안 갖다 놓을 수가 없어요. 이거 이거 2천 5백 원어치 사는 거보다 이거 4천 원어치가 키로수가 어 이게 많잖아요. 이건 1키로에 4천이면 이건 1키로 1키로 반이잖아요. 그렇게 실질적으로 보면 이게 많은데 손님들은 무조건 처음에 말할 때 싸면 좋은 건 줄로만 알아요.

구매자: 이거 주세요.

판매자: 예. 고맙습니다.

<자료 82>

```
장  소: 노량진 수산시장
날  짜: 2000년 6월 21일
물  건: 조개/오징어
구매자: 40대(여)
판매자: 30대(여)
구매 여부: 구매 성립
```

구매자: (--)

판매자: 예 키로에 5천 원주세요. 꽤 많이 달려요.

구매자: 예?

판매자: 꽤 많이 달린다구요.

구매자: 예. 한 번 달아봐 주세요. 굵은 걸루요 이거 그냥 썼어서 초고추장 찍어 먹으면 돼죠?

판매자: 예?

구매자: 초고추장 찍어먹으면 돼죠?

판매자: 예. 삶아갖구.

구매자: 삶아서.

판매자: 너무 맛있어요. 달아요 달아

구매자: 요리할 때 많이 썼는데 이게 어느 철이 제일 맛있어요?

판매자: 지금 맛있어요. 이거는 이거는 어느 철이 없어요.{구매자: 음} 아무 때나 다 맛있어요. (※돈을 내고 간다.)

<자료 83>

```
장  소: 노량진 수산시장
날  짜: 2000년 6월 21일
물  건: 해삼
구매자: 40대(여)
판매자: 30대(여)
구매 여부: 구매 성립
```

구매자: 이거 얼마예요?

판매자: 4천 원씩 줘

구매자: 음 아줌마 이거 손질 안 해주죠?

판매자: 손질 다 된 거예요 이거 썰기만 하면 되는 거예요.

구매자: 죽었어요 이거?

판매자: 아니. 살았어요. 다 살았어요.

구매자: 똥 빼야 돼잖아요.

판매자: 똥이 없다니까. 이거는 참해삼이여.

구매자: 참해삼이예요?

판매자: 음

판매자: 아니. 이게 맛은 있는데 오돌오돌 해가지구.

판매자: 이거 엄청 좋은 거예요. 비싼 거여 2만 원짜리예요. 4천 원이면 싸게 준거예요.

구매자: 이거 멍게는 어떻게 가요?

판매자: 이거 키로 5천 원 받는데 4천 원 줄게. 금방 5천 원 받았어.

구매자: 아니. 키로로 살게 아니라 이거 해삼사서 조금만 놓고 먹을려 그러는데.

판매자: 키로가 몇 개 안돼 키로가 몇 개 안된다니까 얼마치나 줘?

구매자: 한 3개 정도만 주세요 아버님 드실꺼니까

판매자: 예

<>

판매자: 그냥 2천 원 줘요. 2천 원 넘어 부렸네

판매자: 8천 원이요. 여기 있어요.

<자료 84>

```
장  소: 노량진 수산시장
날  짜: 2000년 6월 21일
물  건: 낙지
구매자: 40대(여)
판매자: 30대(여)
구매 여부: 구매 실패
```

판매자: 어떤 걸 드릴까? 키로로 2키로 넘어요. 이거 참낙지라 많이 안 줄고 까매요. 그리고 낙지

292

는 이 크기에서 이 크기가 제
일 맛있는 거거든요. 연하고 갖
다가 데쳐놔도 이런 참낙지는
다 붙어요. 줄지 않고 한 번
들어보세요. 낙지는 조그만 깔
판까지 다 들러 들러붙어요.
이렇 이렇게 해보세요. 아저씨
가 한 번 오빠가 한 번 해봐
요. 다 들러붙어요. 깔판에 다
들러붙어. 이렇게 손으로 해보
세요. 다 들러붙어요.

구매자: 얼마예요?
판매자: 예? 만 사천 원이요. 10마리 이
게 만 5천 원, 만 6천 원 팔던
거거든요. 들어보세요. 10마리
예요. 다 다른 겁 같은 경우에
는 8마리 9마리 껴놓구서는 만
3천 원, 만 4천 원 팔거든요.
10마리니까. 그러니까 거의 많
이 안 만드는거죠. 한 천 원 천
원정도 남죠. 한 번 들어보세
요. 낙지는 너무 좋아요. 하나
드릴까요?
(※그냥 슥 지나감)

<자료 85>

장   소: 노량진 수산시장
날   짜: 2000년 6월 21일
물   건: 생선
구매자: 10대(남)
판매자: 20대(남)
구매 여부: 구매 실패

구매자: 광어요?
판매자: 몇 분 드시는데요?
광어도 있고요. 광어거든요.. 양
식광어.. 자연산도 있고. 몇 분
드실꺼예요?
구매자: 글쎄요 한 넷
판매자: 네 분이요? 드시고 가실꺼예요?
구매자: 지금요?
판매자: 예.
구매자: 지금은 말구요
판매자: 가져가서 드실꺼예요?
구매자: 예. 아무래도.
판매자: 뭐 좋아하는 거 있어요?
구매자: 잘 모르겠어요. 엄마가 저보고
뭐 고르래요.
판매자: 어머니 뭐하셔야 돼요 장어하고
구매자: (--)
판매자: 아니 요즘 맛있는 것은 싼 거
는 뭐 이런 (--) 같은 거 자연

산 맛있어요. 아니시면 요거 양
식으로 드리니깐 뭐 자연산 우
럭 같은 거 괜찮아요. 매운탕
하려면 살도 맛있고 우럭 같은
거 있잖아요.
(※그냥 지나감)

<자료 86>

장   소: 노량진 수산시장
날   짜: 2000년 6월 21일
물   건: 조개
구매자: 40대(여)
판매자: 30대(여)
구매 여부: 구매 실패

구매자: 다 조갯살이예요 다?
판매자: 예. 조갯살.
구매자: 이거 얼마죠?
판매자: 키로 만 사천 원이요.
구매자: 에?
판매자: 키로 만 사천 원.
구매자: 키로로 팔아요?
판매자: 예

<자료 87>

장   소: 노량진 수산시장
날   짜: 2000년 6월 21일
물   건: 생선
구매자: 30대(여)
판매자: 30대(여)
구매 여부: 구매 성립

구매자: 이거 얼마예요?
판매자: 젤 큰 건 구천 원이요 삼십 마리.
구매자: 구천 원?
판매자: 네.
판매자: 명함 드릴께요 아줌마 이건 진
짜 국산이래니까 다 보이는 거
를 이렇게 지금 까놓은 거잖아.
구매자: 이건 얼마구요?
판매자: 이건 한바구니 팔천 원.
구매자: 왜 어건 만 원 비싸요?
판매자: 큰 거는 일 키로에 만 원씩 나
가니까 일 키로에
구매자: 이거 일 키로 나가요?
판매자: 넘어요.
< >
구매자: 그러니 싸게 드리는 거예요.
구매자: 요즘 조개판 안 줘요?
판매자: 싸게 드리는 건데 만 원이면
싸게 드리는 건데

구매자: 조개판 하나 줘요 그럼
판매자: (--) 만 원주세요

<자료 88>

```
장  소: 노량진 수산시장
날  짜: 2000년 6월 21일
물  건: 생선
구매자: 50대(남)
판매자: 40대(여)
구매 여부: 구매 성립
```

판매자: 며칠 둘게 아니야 이거 하루만
        얼음찜 해놓은 거야{구매자:
        (--) 정도는 돼야 하는데} 음
        그 정도는 올라오면 어제 거라
        그렇지 하루만 얼음찜하면 그
        래요 근데 얼음 채워서 그렇지
        불어놓면 이것도 물은 엄청 불
        어요
구매자: 이거 이만 오천 원 안돼요?
판매자: 이거 많이 안남아
구매자: 예?
판매자: 그건 많이 안 남는다구 아저씨
        물이 요렇게 좋은데 물이 어디
        어제 치라 그렇지.
구매자: (--)
판매자: 아니 100개 달라는 사람도 있
        어 게 물이 나쁘니까 그러지
        아저씨 여름철이라 그러지 이
        만하면 물이 싱싱한 거여 여
        이게 아무렇지도 않아요 얼음
        많이 채워놔서 그렇지
구매자: 줘
판매자: 아저씨 우예 싸게 줘? 얼음물
        에다 딱 놔둬서 그러지 그게
        하얗다고 해서 베껴놓으면 그
        렇게 좋아요 다 뒤져봐 아저씨
구매자: 이거 이만오천 원에 줘
판매자: 예↗
구매자: 이거 이만 오천 원에 줘
판매자: 안된다니까 아저씨 그렇게 많

이 남는다요
<>
구매자: 대구리 얼마예요?
판매자: 고거 만 원 두 마리 싱싱해요
        (--) 요런 거는 두 마리 만 오
        천 원
구매자: 제사 제사에 쓸려고 하는데.
판매자: 만 원 내요 네 마리
구매자: 요거 주쇼 그렇게
판매자: 아저씨 드리면 좋제 나두 자
        이렇게 삼만 원 한 마리 더 줄
        게. 여 여요 놈은 좋은 거야
        아저씨 이렇게 해서 삼만 원
        어째? 두 마리 더해서 그럼 아
        저씨 거 돈 돈은 아저씨 하려
        던 그대로야 삼만 원이면 두
        마리 더 하믄 거시 시밖에 들
        어가네 두 마리 더 가져가면
구매자: 담아 주쇼. 뭐야 저저 뭐야 얼
        음을 채워서 가져가야겠는데
        날 잔뜩 더워 가지고
판매자: 얼음 채 드릴게 여기 아저씨
        이거 싼 거여
구매자: 나한테 좋은 걸로 골라줘요. 뭐
        대구리담고
판매자: 아저씨 그러니깐 만 오천 원이
        지 크니까 그렇지 이거는 물은
        좋다니깐 물 나쁜 거 아니라니
        깐 참 눈을 보시라니깐 거 눈
        을 봐요. 거
구매자: 이건 이상해
판매자: 배가 불러서 그렇지. 그것도 오
        늘 치야 그것도 알배서 그래
        알배서
구매자: 이거 하나 바꿔.
판매자: 어↗
구매자: 이거 하나 바꿔
판매자: 바꿔?
구매자: 큰 걸로 물 안 좋은 거 같아
판매자: 이거 하나줘 요요 오늘 치 만
        오천 원

찾아보기

296

298

· 저자 ·

김정선(金貞善)　　학력
　　　　　　　　　한양대학교 인문과학대학 국어국문학과 졸업
　　　　　　　　　한양대학교 대학원 문학 박사

　　　　　　　　　경력
　　　　　　　　　한양대, 상명대, 한양여대 강사
　　　　　　　　　한양대학교 한국교육문제연구소 연구 교수

　　　　　　　　　연구논문
　　　　　　　　　「상거래 대화에서의 공손 책략」
　　　　　　　　　「유아의 요구 화행 수행 능력의 발달 단계」
　　　　　　　　　「초등학생 대화에서 관찰되는 질문의 기능과 발달 양상」 외

상거래 대화의 구조와 전략

· 초판 인쇄 | 2005년 7월 15일
· 초판 발행 | 2005년 7월 20일

· 지 은 이 | 김정선
· 펴 낸 이 | 채종준
· 펴 낸 곳 | 한국학술정보㈜
　　　　　　경기도 파주시 교하읍 문발리 526-2
　　　　　　파주출판문화정보산업단지
　　　　　　전화 031) 908-3181(대표) · 팩스 031) 908-3189
　　　　　　홈페이지 http://www.kstudy.com
　　　　　　e-mail(e-Book사업부) ebook@kstudy.com
· 등 　 록 | 제일산-115호(2000. 6. 19)
· 가 　 격 | 19,000원

ISBN　　89-534-2441-0 93320　(Paper Book)
　　　　　89-534-2442-9 98320　(e-Book)